RaumFragen: Stadt – Region – Landschaft

Reihe herausgegeben von
O. Kühne, Saarbrücken, Deutschland
S. Kinder, Tübingen, Deutschland
O. Schnur, Berlin, Deutschland

Im Zuge des „spatial turns" der Sozial- und Geisteswissenschaften hat sich die Zahl der wissenschaftlichen Forschungen in diesem Bereich deutlich erhöht. Mit der Reihe „RaumFragen: Stadt – Region – Landschaft" wird Wissenschaftlerinnen und Wissenschaftlern ein Forum angeboten, innovative Ansätze der Anthropogeographie und sozialwissenschaftlichen Raumforschung zu präsentieren. Die Reihe orientiert sich an grundsätzlichen Fragen des gesellschaftlichen Raumverständnisses. Dabei ist es das Ziel, unterschiedliche Theorieansätze der anthropogeographischen und sozialwissenschaftlichen Stadt- und Regionalforschung zu integrieren. Räumliche Bezüge sollen dabei insbesondere auf mikro- und mesoskaliger Ebene liegen. Die Reihe umfasst theoretische sowie theoriegeleitete empirische Arbeiten. Dazu gehören Monographien und Sammelbände, aber auch Einführungen in Teilaspekte der stadt- und regionalbezogenen geographischen und sozialwissenschaftlichen Forschung. Ergänzend werden auch Tagungsbände und Qualifikationsarbeiten (Dissertationen, Habilitationsschriften) publiziert.

Reihe herausgegeben von

Prof. Dr. Dr. Olaf Kühne
Universität Tübingen

PD Dr. Olaf Schnur
Berlin

Prof. Dr. Sebastian Kinder
Universität Tübingen

Weitere Bände in der Reihe http://www.springer.com/series/10584

Karsten Berr

(Hrsg.)

Transdisziplinäre Landschaftsforschung

Grundlagen und Perspektiven

 Springer VS

Herausgeber
Karsten Berr
Universität Vechta
Vechta, Deutschland

RaumFragen: Stadt – Region – Landschaft
ISBN 978-3-658-20780-9   ISBN 978-3-658-20781-6   (eBook)
https://doi.org/10.1007/978-3-658-20781-6

Die Deutsche Nationalbibliothek verzeichnet diese Publikation in der Deutschen Nationalbibliografie; detaillierte bibliografische Daten sind im Internet über http://dnb.d-nb.de abrufbar.

Springer VS
© Springer Fachmedien Wiesbaden GmbH, ein Teil von Springer Nature 2018

Gedruckt auf säurefreiem und chlorfrei gebleichtem Papier

Springer VS ist ein Imprint der eingetragenen Gesellschaft Springer Fachmedien Wiesbaden GmbH und ist ein Teil von Springer Nature
Die Anschrift der Gesellschaft ist: Abraham-Lincoln-Str. 46, 65189 Wiesbaden, Germany

Karsten Berr

(Hrsg.)

Transdisziplinäre Landschaftsforschung

Grundlagen und Perspektiven

 Springer VS

Herausgeber
Karsten Berr
Universität Vechta
Vechta, Deutschland

RaumFragen: Stadt – Region – Landschaft
ISBN 978-3-658-20780-9   ISBN 978-3-658-20781-6   (eBook)
https://doi.org/10.1007/978-3-658-20781-6

Die Deutsche Nationalbibliothek verzeichnet diese Publikation in der Deutschen Nationalbibliografie; detaillierte bibliografische Daten sind im Internet über http://dnb.d-nb.de abrufbar.

Springer VS

Gedruckt auf säurefreiem und chlorfrei gebleichtem Papier

Springer VS ist ein Imprint der eingetragenen Gesellschaft Springer Fachmedien Wiesbaden GmbH und ist ein Teil von Springer Nature
Die Anschrift der Gesellschaft ist: Abraham-Lincoln-Str. 46, 65189 Wiesbaden, Germany

Inhaltsverzeichnis

Einführung

Karsten Berr

Wenn etwas die landschaftsbezogenen Disziplinen gegenwärtig eint, dann ist es die Uneinigkeit über die Bedeutung und Reichweite des Gegenstandes ‚Landschaft‘, der innerhalb der Umgangssprache, aber auch in den jeweiligen Wissenschaftssprachen in eine unübersehbare Vielfalt begrifflicher Bestimmungen und Aspekte sowie Deutungs-Ansätze ausgelegt worden ist. Die gegenwärtige Landschaftsforschung ist dementsprechend durch die Ausdifferenzierung unterschiedlicher Landschaftsdisziplinen mit spezifischen Methoden im Hinblick auf den übergeordneten gemeinsamen Gegenstand ‚Landschaft‘ gekennzeichnet; die mögliche Bedeutungsfülle des Begriffs ‚Landschaft‘ (Ipsen et al. 2003; Bruns und Kühne 2013) wird dadurch in viele einzelne Aspekte thematisierende Bestimmungen und Deutungs-Ansätze aufgefächert. Diese Ausdifferenzierung ist aus wissenschaftshistorischer Perspektive hinsichtlich der „Komplexität der Wirklichkeit" wie auch den „pragmatisch bestimmten Erkenntniszielen" der jeweiligen Disziplinen sachlich und methodisch „angemessen" (Tetens 1999, S. 1769) und daher auch unproblematisch. Betritt Landschaftsforschung den sozialen, ökonomischen, kulturellen und politischen Raum der Praxis – etwa in Governance-Prozessen – wird sie zudem durch lebensweltlich verursachte Entwicklungen und Veränderungen herausgefordert. Stehen in der Praxis insbesondere *Nutzungs*ansprüche und damit Raum- und Landschafts-*Konflikte* (Kühne 2018a, b) im Mittelpunkt, so in der Forschung *Erklärungs*ansprüche und damit der wissenschaftliche *Streit* um Landschaftsdeutungen, Landschaftsbegriffe und Landschaftstheorien (vgl. z. B. Leibenath und Gailing 2012; Kühne 2013; Berr 2016; Kühne 2018c). Hintergrund solchen Streits sind beispielsweise unterschiedliche ‚Landschaftsverständnisse‘ oder ‚Landschaftsbegriffe‘, die sich etwa danach

K. Berr (✉)
Universität Vechta, Vechta, Deutschland
E-Mail: karsten.berr@uni-vechta.de

© Springer Fachmedien Wiesbaden GmbH, ein Teil von Springer Nature 2018
K. Berr (Hrsg.), *Transdisziplinäre Landschaftsforschung,* RaumFragen: Stadt –
Region – Landschaft, https://doi.org/10.1007/978-3-658-20781-6_1

unterscheiden lassen, ob sie ‚essentialistische', ‚positivistische', ‚konstruktivistische' oder ‚diskurstheoretische' ‚Wirklichkeitsverständnisse von Landschaft' voraussetzen (Kühne 2018c, S. 136–145).

Disziplinenübergreifende Landschaftsforschung gerät durch diese Entwicklungen in eine ambivalente Situation. Die Pluralität disziplinärer Thematisierungen des Gegenstandes ‚Landschaft' ist einerseits ein Gewinn, insofern dadurch die Vielfalt möglicher alltagssprachlicher und wissenschaftlicher Aspekte und Perspektiven erfasst und berücksichtigt und damit ein besseres Verständnis eigenen Forschungshandelns und zielorientiertere Forschung ermöglicht werden kann. Ein weiterer Vorteil könnte darin bestehen, diese Vieldeutigkeit, Heterogenität und Bedeutungsoffenheit des Landschaftskonzepts im Sinne eines ‚boundary object' (vgl. Gießmann und Taha 2017) für integrative Kooperationen inter- oder transdisziplinärer Art zu nutzen. Diesem doppelten Vorteil der Spezialisierung oder Ausdifferenzierung steht allerdings ein ebenso doppelter Nachteil gegenüber. Die entsprechenden Forschungsergebnisse bleiben häufig zusammenhanglos nebeneinandergestellt oder werden lediglich additiv ‚vereint' (Balsiger 2005, S. 214). Mit Blick etwa auf unterschiedliche ‚Landschaftsverständnisse' (Kühne 2018c) fällt es den beteiligten Landschaftsforschern schwer, die erzielten Ergebnisse auf gemeinsame Forschungsperspektiven oder Anwendungskontexte hin zu beziehen oder zu organisieren. Mit Blick auf inter- oder transdisziplinäre Kooperationen besteht die Gefahr, dass das Landschaftskonzept zum bloßen ‚catchword' bzw. „Fahnenwort" (Hard 1977, S. 22) oder zu einem Begriff „mit hohem Sympathiewert und geringem Festlegungsrisiko" (Franzen und Krebs 2005, S. 25) depotenziert wird.

Nun ließe sich die Tatsache, dass die Begriffe, Konzepte und Theorien, die in vielen Wissenschaften und wissenschaftlichen Disziplinen um ‚Landschaft' kreisen, in eine kaum noch überschaubare Vielfalt von Aspekten ausdifferenziert wurden, unter Verweis auf die Macht der Verhältnisse mit einem Achselzucken abtun. Und unter Verweis auf Wissenschaft überhaupt ließe sich zudem einwenden, dass dies kein spezifisches Problem der Landschaftsforschung sei, sondern letztlich jedweder Forschung. Diese Sichtweise ist weit verbreitet und wird durch den ‚Betriebscharakter' (Heidegger 1963 [1938]) oder den ‚Fabrikations'-Charakter (vgl. Knorr-Cetina 1984) der Wissenschaft (vgl. für die Landschaftsforschung: Kühne 2008, S. 270–281) und ihre ‚Aufmerksamkeitsökonomie' (Franck 2007) mit fachspezifischen Karrierewegen, Anerkennungsmaßstäben und -prozeduren, Wissenschaftlichkeitsstandards, Publikationsüblichkeiten sowie akademischen Belohnungssystemen begünstigt und perpetuiert. Sie mag auch eine gewisse Berechtigung haben, als Wissenschaften im Rahmen methodischer Abstraktionen von der Komplexität der Wirklichkeit zuerst einmal absehen müssen, um ihren ‚Gegenstand' überhaupt fachspezifisch konstituieren und untersuchen zu können.

Allerdings ist daran zu erinnern, dass Wissenschaft nicht Selbstzweck weltenthobener Wissenschaftler im Rahmen eines ‚bios theoretikos' (Aristoteles 2001) ist, sondern mit Martin Heidegger (1993 [1927]), Edmund Husserl (1954), Peter L. Berger und Thomas Luckmann (1966) sowie Protagonisten konstruktivistischer Wissenschaftstheorie Erlanger Provenienz wie Wilhelm Kamlah und Paul Lorenzen (1967) oder Marburger

Provenienz wie etwa Peter Janich (2015) in der ‚Lebenswelt‘ bzw. im Alltag der Menschen verwurzelt ist. Zwar ist es für Wissenschaften methodisch unerlässlich, Distanz zur vorwissenschaftlichen Lebenswelt aufzubauen, um wissenschaftliches Wissen gegenüber vorwissenschaftlichen Alltagsplausibilitäten und Kontingenzen zu gewinnen, die sich gegenüber den Anforderungen der Bewältigung lebensweltlicher Anforderungen und Probleme gerade als unsicher und unzulänglich erwiesen haben. Die *Motivation* zur Überschreitung der Lebenswelt in den Bereich der Wissenschaft entstammt somit dieser Lebenswelt selbst. ‚Theorie‘ zeigt bekanntlich vom Wortursprung her eine spezifische Wahrnehmungssituation an, die durch uninteressierte Distanz zum Beobachteten charakterisiert ist (Mittelstraß 2004b, S. 259; Thiel 2004, S. 260; Lembeck 2011a, S. 2180). Allgemein formuliert ist der „Theoretiker" somit der „uninteressierte Zuschauer" (Lembeck 2011a, S. 2180), der als unbeteiligter Beobachter nicht in das Beobachtete eingreift und in der theoretischen Einstellung „die vermeintlich wahre Welt als ein vom faktischen Leben gerade *unbetroffenes* bloßes Gegenüber" (Lembeck 2011b, S. 228) erklärt. Wird diese Beobachterperspektive aber zu einem szientistischen Ideal und Maßstab von Theorie überhaupt erhöht, droht eine „Verselbständigung der Theorie zur reinen Theorie" (Mittelstraß 2004b, S. 259). Die ‚Lebenswelt‘, der die Motive für Wissenschaft angesichts der Unzulänglichkeit des von ihr selbst produzierten vorwissenschaftlichen Wissens überhaupt erst entspringen, „betreibt ihre eigene Abschaffung" (Lembeck 2011b, S. 228), obwohl Wissenschaft und Theorie doch angesichts dieser Motive vom Anfang der Wissenschaftsgeschichte an auch als „praxisstabilisierendes Wissen" (Mittelstraß 2004b, S. 259) verstanden und gehandhabt wurden.

Infrage steht demnach das Verhältnis von ‚Lebenswelt und Wissenschaft‘ (vgl. exemplarisch Ströker 1979; Welter 1986; Gethmann 1991a; Gethmann et al. 2011). Es ist ein durchaus ambivalentes Verhältnis, da Verwurzelung in und Distanz zur Lebenswelt gleichermaßen dieses Verhältnis bestimmen. Außerdem ist die Lebenswelt nach dem bislang Gesagten nicht nur Ausgangs-, sondern auch Zielpunkt aller Wissenschaft. Lebenswelt und Wissenschaft sind gegenseitig aufeinander verwiesen. Die Wissenschaften *entspringen* aus der Lebenswelt, insofern vorwissenschaftliche „Handlungsroutinen" (Gethmann 1991b, S. 361) und entsprechendes Wissen sich bei spezifischen Problemen und Anforderungen als unzureichend erweisen und zwecks Klärung, Lösung und Verallgemeinerung eben jene Wissenschaften gebären. Zwar werden nach Heidegger auch diese ‚Handlungsroutinen‘ durch ein kognitives Moment gelenkt, das er *„Umsicht"* nennt (Heidegger 1993 [1927], S. 69). Insofern Akteure bei störungsfreiem Handeln die nötigen bewährten Erkenntnis- und Wissens-Mittel zur Hand haben, ist dieses vorwissenschaftliche Wissen und Können also keineswegs theoretisch blind, sondern hat seine eigene „Erkenntnis" (ebd., S. 67). Aber bei schwerwiegenden Störungen oder unlösbaren Problemlagen werden „situationsdistanzierte Problemlösungen" (Gethmann 1991b, S. 361) angestrebt, die nicht nur für den *einen* Problemfall, sondern über den Tag hinaus auch für andere, ähnlich gelagerte Fälle nutzbar sind. Damit ist die Lebenswelt auch der *Zielpunkt* aller Wissenschaft, insofern sie ein ‚praxisstabilisierendes Wissen‘ produziert. Wenn Menschen beispielsweise umsichtig in ihrem ihnen vertrauten Umfeld Landwirtschaft oder Handel betreiben, dann kann es für zweckmäßig erachtet werden, Regeln oder gar Gesetzmäßigkeiten der Landwirtschaft und des Handels zu entwickeln, die verlässlich und verständlich ein weitgehend störungsfreies und damit gelingendes Handeln steuern können, ohne stets für jeden Fall von vorne neu anfangen zu müssen.

In der bislang skizzierten Perspektive erscheint Wissenschaft als Mittel mit dem Interesse, nicht nur einzelfallbezogene, sondern auch verallgemeinerbare bis hin zu invarianten Lösungen für lebensweltliche Probleme zu finden. Eine Lebenswelt bzw. eine Gesellschaft, die dieses Interesse nicht hat, wird auch keine Wissenschaft brauchen oder ausbilden. Wenn sie aber Wissenschaften etabliert, und gar solche in dem Umfang, mit dem wir gegenwärtig konfrontiert sind, dann können Wissenschaftler, um ihre Aufgaben zu bewältigen, gar nicht anders als differenzieren, spezialisieren, abstrahieren, Begriffe und Theorien bilden, die notwendig autonom gegenüber den gesellschaftlichen Ansprüchen sein müssen, das heißt, sich den Erfordernissen wissenschaftlicher Methodik und Forschung verdanken. Wer beispielsweise die Natur zweckdienlich bearbeiten oder erforschen will, muss zuerst einmal ihre Eigengesetzlichkeit anerkennen und erforschen. Und wer diese Eigengesetzlichkeiten erforschen will, muss Methoden, Verfahren, Begriffe, Theorien zur Anwendung bringen, die diese Eigengesetzlichkeit erschließen, denn von sich selbst aus wird sie sich uns in ihrer Eigengesetzlichkeit nicht zu erkennen geben (vgl. Hegel 2000 [1823/24]). Diese Eigenart der wissenschaftlichen Methode kann aber zur Abgehobenheit der Wissenschaften gegenüber der Gesellschaft, aber auch zur Abgehobenheit der Wissenschaften gegeneinander führen. Wenn Wissenschaftler im Allgemeinen und Landschaftsforscher im Besonderen notwendigerweise und unabwendbar eine Situation produzieren, die schon untereinander zu Verständnisschwierigkeiten führt, erst Recht aber im Verhältnis zur Lebenswelt oder Gesellschaft kaum noch anschlussfähig ist, dann mag eine doppelte Aufgabe darin bestehen, jene Verständnisschwierigkeiten zu überwinden und die Ergebnisse der Landschaftsforschung anschlussfähig an den Erwartungs-, Erfahrungs-, Wissens- und Überzeugungshorizont betroffener Menschen zu gestalten. Als ein Mittel solcher Gestaltung wird gegenwärtig das Konzept der Transdisziplinarität diskutiert.

Wissenschaftstheoretischer und wissenschaftshistorischer Hintergrund

Das Konzept der Transdisziplinarität wird dem sachlichen Anspruch nach seit langem diskutiert, ohne dass dieser Begriff selbst verwendet würde (vgl. Balsiger 2005; Grunwald und Schmidt 2005, S. 10; Jahn 2008; Sukopp 2010; Vilsmaier und Lang 2014 u. a.). Vilsmaier und Lang haben „drei Diskussionslinien" unterschiedlicher „Transdisziplinaritätsverständnisse" (2014, S. 94) als Ergebnis verschiedener Entwicklungsprozesse skizziert: 1) als ‚echte Interdisziplinarität', 2) als ‚Einheit des Wissens' und 3) als ‚integratives Transdisziplinaritätsverständnis' (ebd., S. 95–101). Diese Aufteilung lässt sich auch mit J. Mittelstraß aufweisen und plausibilisieren, der die Unterscheidung von ‚theoretischer' und ‚praktischer' Transdisziplinarität (2005) vorgeschlagen hat. Beziehe Transdisziplinarität sich auf *inner*wissenschaftliche Problemstellungen ‚*außerhalb* der Welt', könne man von *theoretischer* Transdisziplinarität sprechen. Beziehe sie sich auf *außer*wissenschaftliche Problemstellungen ‚*in* der Welt', könne man von *praktischer* Transdisziplinarität sprechen. Theoretische Transdisziplinarität kann mit Mittelstraß als elaborierte Form „wirklicher Interdisziplinarität" (1998, S. 44) oder als ‚echte Interdisziplinarität' (2003) verstanden werden. Praktische Transdisziplinarität lässt sich mit Bezug auf lebensweltliche Probleme und unter Einbezug entsprechender Akteure (‚Stakeholder') als „argumentative Einheit" (Mittelstraß 2005, S. 23) einzelwissenschaftlicher und lebensweltlicher Argumente bzw. als ‚integratives Transdisziplinaritätsverständnis' bestimmen.

Die ‚Einheit des Wissens' als zweite Variante der ‚Transdisziplinaritätsverständnisse' wird von Mittelstraß ebenfalls thematisiert – und zwar kritisch als Varianten eines „Leibnizprogramm[s]" (1998, S. 35), das einseitig auf propositionales Wissen setze und dabei Vereinheitlichung im Rahmen theoretischer Transdisziplinarität entweder epistemologisch im Sinne einer enzyklopädisch verfassten ‚Einheitswissenschaft' bzw. einer „unity of knowledge" (Nicolescu 2008, S. 2) oder ontologisch im Sinne einer ‚Einheit der Welt' anstrebe. Eine solche Vereinheitlichung würde im Übrigen dem entsprechen, was Eisel (1992) mit Blick auf Landschaftsforschung als ‚euphorische Interdisziplinarität' bezeichnet hat: wenn diese nämlich ein „Ganzes" als „Einheit der Welt" bzw. als „Einheit des Gegenstands (und Wissens)" (Eisel 1992, S. 16) anstreben würde. Beide Vereinheitlichungsbestrebungen sind jeweils dadurch charakterisiert, alle Differenzierungen zwischen Begriffen, Theorien oder Paradigmen einebnen zu wollen. Gegen ein solches Streben nach „Einheit *statt* Vielheit" (Gethmann 1991b, S. 352; Hervorhebung: K.B.) bzw. gegen eine solche „kognitive Vereinheitlichung der Wissenschaften zu einer Einheitswissenschaft" (ebd., S. 350) ist von vielen Autoren Einspruch erhoben worden (vgl. exemplarisch: Balsiger 2005; Eisel 1992; Gethmann 1991b, 2005; List 2004; Mittelstraß 1992, 1998). Der gemeinsame Nenner dieser Kritik besteht in dem Vorwurf, dass diesen Vereinheitlichungsbestrebungen letztlich ein „ideologischer Szientismus" (Gethmann 1991b, S. 350) und ein oftmals uneingestandenes „wissenschaftsideologische[s] Postulat" (Balsiger 2005, S. 247) zugrunde liege, das mit einer „Ideologie der Interdisziplinarität selbst" (Eisel 1992, S. 7) oder der Sehnsucht nach einer holistischen Einheit im Rahmen eines „discourse of transcendence" (Klein 2014, S. 70) verbunden sei. Mittelstraß hingegen plädiert für einen „begründete[n] Begriff der Einheit der Wissenschaft", der „in der Einheit der wissenschaftlichen Rationalität bzw. in der Einheit der wissenschaftlichen Rationalitätskriterien besteht" (1998, S. 40).

Die ‚echte Interdisziplinarität' als erste Variante der ‚Transdisziplinaritätsverständnisse' verweist auf die lange Geschichte von Bemühungen, die „Inkooperativität der Fachwissenschaften" (Lorenzen 1974, S. 135) im Hinblick auf gemeinsame disziplinübergreifende Forschungen zu überwinden. Der Soziologe Ralf Dahrendorf hat das dieser ‚Inkooperativität' zugrunde liegende Verhalten vieler Wissenschaftler als Revierverhalten beschrieben, insofern „jeder Forscher sich gewissermaßen seinen eigenen kleinen Garten aus dem als endloses Grundstück vorgestellten Bereich der wissenschaftlichen Probleme herausschneidet, um ihn schleunigst einzuzäunen und keinen anderen mehr hereinzulassen" (1972, S. 304) – gleichsam wie in einer „Schrebergartenkolonie"

(Homann und Suchanek 2005, S. 393). Die Ergebnisse solcher Schrebergartenforschung werden demgemäß häufig isoliert voneinander rezipiert und bleiben nebeneinandergestellt, bestenfalls werden sie additiv ‚vereint' (Balsiger 2005, S. 214). Gemeinsame Forschungsperspektiven oder Anwendungskontexte sind kaum zu organisieren. Angesichts dieser Situation werden seit Jahrzehnten Formen möglicher Kooperation zwischen Disziplinen und ihrer Vertreter unter Stichworten wie ‚Multidisziplinarität', ‚Polyperspektivität' und insbesondere das Modell der ‚Interdisziplinarität' (vgl. Kocka 1987; Balsiger 2005, S. 157–173; Grunwald und Schmidt 2005; Jungert et al. 2010) diskutiert. Auch die Landschaftsforschung kennt das Problem der Fragmentierung wissenschaftlichen Wissens und der Inkooperativität beteiligter Landschaftsforscher und hat sich dem Phänomen ‚Landschaft' entsprechend interdisziplinär zugewandt (von Wallthor und Quirin 1977; Eisel 1992; Trepl 1996; Hard 2001; Kühne 2008; Felten et al. 2012; Krebs und Seifert 2012; Kühne 2018c).

Eine Schwierigkeit bereitet die Unterscheidung zwischen der ‚echten Interdisziplinarität' und einem ‚integrativen Transdisziplinaritätsverständnis'. Wenn Mittelstraß nämlich behauptet: „Interdisziplinarität im recht verstandenen Sinne (…) ist in Wahrheit Transdisziplinarität" (2005, S. 19), wäre solche Transdisziplinarität die elaborierte Version verbesserungs- oder gar reparaturbedürftiger Interdisziplinarität und sie würde „lediglich einen besonders hohen Intensitätsgrad interdisziplinären Zusammenwirkens bezeichnen" (Laitko 2012, S. 11). Diesen Bestimmungen mangelt es somit an der nötigen Trennschärfe zwischen ‚echter Interdisziplinarität' bzw. *theoretischer* Transdisziplinarität' und einem ‚integrativen Transdisziplinaritätsverständnis' als *praktischer* Transdisziplinarität'. Diese Trennschärfe ergibt sich erst dann, wenn ‚praktische Transdisziplinarität' als Transdisziplinarität *schlechthin* verstanden wird. In entsprechenden Diskussionen bezüglich der Unterscheidung zwischen Inter- und Transdisziplinarität (vgl. z. B. Völker 2004; Balsiger 2005; Grunwald und Schmidt 2005; Jahn 2008; Jungert et al. 2010; Sukopp 2010) wird in diesem Sinne Interdisziplinarität inzwischen von vielen Autorinnen und Autoren als Begriff für die Überwindung oder Grenzüberschreitung disziplinärer Grenzen und Trennungen, Transdisziplinarität als Konzept für die „These von der partiellen Abgrenzbarkeit von Wissenschaft und Gesellschaft" (Grunwald und Schmidt 2005, S. 7 f.) herangezogen. Interdisziplinarität thematisiert die Grenzen und Trennungen zwischen wissenschaftlichen Disziplinen, Transdisziplinarität die Grenzen und Trennungen zwischen Wissenschaft und Lebenswelt. Transdisziplinarität wird daher von „Interdisziplinarität im engeren Sinne" dadurch unterschieden, „dass ausdrücklich wissenschaftsexterne Fragestellungen und Personen aktiv die Forschung mit bestimmen" (Potthast 2010, S. 180 f.). Transdisziplinarität kann in diesem Sinne „als eine akteurserweiterte Variante" (Weith und Danielzyk 2016, S. 10) von Interdisziplinarität definiert werden. Ähnliche Definitionen finden sich beispielsweise bei Jahn (2008), Pohl und Hirsch Hadorn (2008), Laitko (2012) oder Vilsmaier und Lang (2014).

Mit diesen Bestimmungen ist die Bedeutungsvariante eines ‚integrativen Transdisziplinaritätsverständnisses' relativ deutlich definiert. Die Bestimmungsmomente ‚aktive Mitbestimmung der Forschung durch wissenschaftsexterne Fragestellungen

und Personen' sowie ,akteurserweiterte Variante von Interdisziplinarität' können freilich auch unter die Kategorie der ,Kontextabhängigkeit' der Forschung gefasst werden.
Wollen Wissenschaftler die Welt nicht nur „erklären, sondern auch Beiträge zu deren
Gestaltung" beitragen, genügt es offenkundig nicht, Objektivitätsansprüche gegen eine
mögliche Interessengebundenheit von Wissenschaft auszuspielen, sondern die „Kontextabhängigkeit wissenschaftlicher Erkenntnisgenese" (Vilsmaier und Lang 2014, S. 92)
und Forschung ist zu berücksichtigen. Die Berücksichtigung dieser Kontextabhängigkeit gilt als Charakteristikum von Transdisziplinarität, wurde aber bereits lange vor den
aktuellen Diskussionen thematisiert. So wies Ludwik Fleck (1980 [1935], 1983, 2011)
schon in den 1930er Jahren am Beispiel der Medizin auf die Kontextgebundenheit medizinischen Wissens hin. Eine medizinische Beschreibung kann keine allgemeingültige
Theorie formulieren, sondern ist immer an praktische Standpunkte forschender Akteure
gebunden. Diese Akteure werden im Rahmen berufsspezifischer Ausbildung in einen
entsprechenden berufs- und wissenschaftstypischen ,Denkstil' eingeführt, der in entsprechenden ,Denkkollektiven' praktiziert und tradiert wird und das Denken, Handeln und
Forschen der Wissenschaftler und Praktiker bestimmt und anleitet.

Wenn auf diese Weise von Fleck gezeigt wurde, dass und wie auch die vermeintlich
kontextunabhängigen Wissenschaften von historischen, sozialen und individuell-sub-
jektiven Voraussetzungen beeinflusst werden, sind damit zugleich die Grenzen wissenschaftlicher Objektivität und Rationalität aufgezeigt. Das Scheitern des Logischen
Empirismus und dessen Programm einer „Einheitswissenschaft" (vgl. Neurath et al.
1969/1970; Tetens 1999, S. 1769; Lorenz 2004) ist ein gutes Beispiel für diese Grenzen. Karl Popper (1966 [1959]) konnte zeigen, dass sowohl im Entdeckungs- als auch im
Begründungszusammenhang die empirische Basis von Beobachtungsdaten keineswegs
wissenschaftliche Objektivität und gesetzesförmige Verallgemeinerungen garantieren
kann. Der Induktionsschluss und damit das Induktions- wie auch das Verifikationsprinzip
sind „logisch unzulässig" (ebd., S. 14); möglich und zulässig ist lediglich eine Falsifikation. Poppers weitergehende These des grundlegenden Fallibilismus (1963) besagt, dass
alle Wissenschaft und Theorie unhintergehbar irrtums- und fehleranfällig ist und jede
Hoffnung auf ein ,absolutes' Wissen hoffnungslos illusionär bleiben muss. Im Anschluss
an Grundgedanken von Fleck haben Thomas Kuhns (1976 [1962]) Historisierung der
Wissenschaften und dessen Konzepte der ,Paradigmen', ,Paradigmenwechsel' und wissenschaftlichen ,Revolutionen' ebenfalls die Kontextabhängigkeit und die Grenzen wissenschaftlicher Objektivität und Rationalität aufgezeigt. Gernot Böhme, Wolfgang van
den Daele und Wolfgang Krohn (Böhme et al. 1973) haben in den 1970er Jahren das
Konzept einer ,finalisierten' oder ,post-paradigmatischen Wissenschaft' vorgeschlagen
und Wissenschaft an wissenschaftsexterne Bedingungen und Zwecke, insbesondere an
die Partikularinteressen gesellschaftlicher Akteure geknüpft (zur Kritik vgl. exemplarisch Dahrendorf 1976; Tietzel 1978; Weiteres zur Soziologie Ralf Dahrendorfs siehe
Kühne 2017). Wissenschaften entwickeln sich in modifizierter Anlehnung an Kuhns
Modell der Wissenschaftsentwicklung in drei Phasen von einer ,vorparadigmatischen'
Phase von ,Versuch und Irrtum' zu einer ,paradigmatischen' Phase einer ,reifen' und

‚abgeschlossenen' Theorie und mündet (‚finalisiert') letztlich in einer ‚postparadigma-
tischen' Phase der Ausdifferenzierung und Anwendung am Leitfaden gesellschaftlicher
Interessen. In den 1990er Jahren schließlich behaupteten einige Wissenschaftstheoretiker einen neuen Modus wissenschaftlicher Praxis, den so genannten ‚Modus 2' (vgl.
exemplarisch: Gibbons 1994; Nowotny 1999). Im Gegensatz zur traditionellen Forschung
im ‚Modus 1', die disziplinär organisiert und in reine und angewandte Wissenschaften
getrennt zweck- und nutzenfrei nach einer allgemeingültigen und wertfreien Objektivität
strebe, sei die Forschung im ‚Modus 2' zweck-, nutzen- und damit anwendungsorientiert,
auf interdisziplinäre Zusammenarbeit unterschiedlicher Disziplinen und Praktiker sowie
auf Orientierung an gesellschaftlichen Problemlagen und Fragestellungen ausgerichtet. In
eine ähnliche Richtung zielten die Überlegungen der sogenannten ‚post-normal science'
(Funtowics und Ravetz 1994) und die ‚problemorientierte Forschung' (Bechmann und
Frederichs 1996). Allerdings bleiben die Rolle und die Bedeutung des ‚Modus 2' ambi-
valent. Es mag zwar sein, dass die damaligen Diskussionen um diese vermeintlich neue
Form der Wissensproduktion „einen wichtigen Beitrag geleistet [haben], Aufmerksamkeit
für transdisziplinäre Forschung zu erregen" (Vilsmaier und Lang, S. 94). Richtig ist aber
auch, dass die Behauptungen der ‚Modus 2'-Vertreter häufig als „arrogante[r] Anspruch"
(Bergmann und Schramm 2008, S. 7) aufgefasst und kritisiert wurden.

Insbesondere wurde die Behauptung, mit ‚Modus 2' sei eine vermeintlich neuartige
Wissensproduktion und ein ‚Bruch' in der Wissensordnung verbunden, einer gründlichen
Kritik unterzogen (vgl. Carrier et al. 2007, S. 11–33). Demnach stehen die gegenwärtige
Wissensordnung und die vermeintlich neue und oftmals lautstark eingeforderte Verbindung von wissenschaftlicher Erkenntnis und gesellschaftlichem Nutzen in einem historischen Zusammenhang, innerhalb dessen der ‚Modus 2' als keineswegs neues Phänomen
verortet werden muss. Letztlich gebe es den „behaupteten Bruch des Modus 2" nicht,
eine solche Behauptung sei „historisch haltlos" (ebd., S. 24). Wissenschaft operierte
„von Anfang an unter der doppelten Verpflichtung auf Erkenntnis und Nutzen" (ebd.),
sie wurde, wie bereits gesagt, von Anfang an auch als „praxisstabilisierendes Wissen"
(Mittelstraß 2004b, S. 259) verstanden und gehandhabt. Die neuzeitliche Naturwissenschaft beispielsweise „war zu allen Zeiten spannungsreich auf [diese] zwei Ziele gerichtet" (ebd.), die allerdings nicht wie ursprünglich erhofft und keineswegs kontinuierlich
zu erreichen waren. In der Neuzeit lassen sich mit Carrier et al. drei Phasen des Verhält-
nisses von Gesellschaft und Wissenschaft unterscheiden: „1) Die neue Wissenschaft des
17. Jahrhunderts trat mit Versprechungen auf, die sie nicht einlösen konnte. 2) Erst im
späten 19. Jahrhundert kommt es zu der versprochenen Verbindung der Wissenschaft und
der technischen Entwicklung. 3) Im Verlauf des 20. Jahrhunderts gerät die Wissenschaft
durch die externe Ausweitung ihres Erklärungsanspruchs und der Anwendungskontexte
erneut in eine Situation der Überforderung. Die Erfolge haben Erwartungen erzeugt, die
wiederum nicht erfüllt werden können" (ebd., S. 11). Eine Folge davon sei die Forderung
nach möglichst schnellem und umstandslosem Anwendungsbezug, die „praktisch relevante oder angewandte Wissenschaft wird zum dominanten Forschungsmodus" (ebd.).
Von diesen allgemeinen sozialen und wissenschaftshistorischen Entwicklungen sind

selbstverständlich auch das Phänomen ‚Landschaft' und das Verhältnis von Gesellschaft und Landschaftsforschung nicht ausgenommen.

‚Landschaft' ist ein knappes Gut, um dessen Nutzung, Pflege und Schutz stets und erneut gestritten und gekämpft wird. Zu den Veränderungen, die den Nutzungsdruck und das damit verbundene Konfliktpotenzial gegenwärtig teils dramatisch erhöhen, gehören insbesondere die Veränderung von Akteurskonstellationen und Besitzverhältnissen, der demografische Wandel, der Klimawandel und die Energiewende, Verstädterungsprozesse sowie neue private und öffentliche Nutzungsansprüche in den Städten und auf dem Land. Diese Veränderungen bewirken kulturelle, soziale, ökonomische, ökologische und politische Herausforderungen für die Landschaftspraxis, das heißt für bestehende ‚Landnutzungssysteme' (Küster 2012) und ‚Energiesysteme' (Sieferle 1997), für die Bauleitplanung und Raumordnung sowie für entwerfende und planende Disziplinen wie Architektur, Stadtplanung, Landschaftsarchitektur, Raum-, Regional- und Landschaftsplanung.

Das gegenwärtige Verhältnis von Gesellschaft und Landschaftsforschung ist über die allgemeine wissenschaftshistorische Konstellation von Gesellschaft und Wissenschaft hinaus durch eine Besonderheit charakterisiert. Die an Landschaftsforschung beteiligten Disziplinen wie beispielsweise Raumplanung, Geografie, Landschaftsplanung oder Landschaftsarchitektur, aber auch historische Wissenschaften, Sprachwissenschaften, Literaturwissenschaften, die Kunstgeschichte, die Ethnologie, die Philosophie etc. teilen – im Gegensatz zu „kompakten" (Toulmin 1978) oder „harten" (Hard 2003) Disziplinen wie etwa die Physik, Chemie oder Biologie – ihre ‚Gegenstände' und Hauptbegriffe mit dem vorwissenschaftlichen Alltagsverständnis; und sie sind auf Anschlussfähigkeit an demokratische Aushandlungs- und Partizipationsprozesse angewiesen. Sie produzieren nicht ein für die Praxis umstandslos applizierbares theoretisches Wissen, sondern sie sind in einen politischen Raum hineingestellt, in dem beispielsweise Landschaftskonflikte und entsprechende Aushandlungsprozesse über die Befolgung rechtlicher Rahmenbedingungen hinaus auch die Berücksichtigung außerrechtlicher und außerwissenschaftlicher Herausforderungen in Gestalt der Bedürfnisse und Interessen lebensweltlicher Akteure erforderlich machen. Landschaft ist letztlich ein Politikum, ein Phänomen, das *alle* angeht, worauf etwa Hansjörg Küster deutlich hingewiesen hat (2005, S. 169–174; vgl. auch Warnke 1992) – dementsprechend sind damit auch *ethische* Fragen angesprochen (vgl. Hahn 2014; Berr 2014, 2017; Müller 2017; Berr 2018b).

Wenn Landschaftsforscher Antworten auf die Frage geben wollen, wie eine Welt mit Städten, Landschaften und anderweitigen Arealen bewohnbar gestaltet werden kann, müssen sie demzufolge auch mit den von Landschaftseingriffen betroffenen Menschen ins Gespräch kommen können. Dazu gehört dann aber auch, das verstreute Landschafts-Wissen so zu organisieren, dass gemeinsame Forschungsperspektiven und eine Zusammenarbeit von Wissenschaft und Lebenswelt möglich wird. Die mit Landschaftsforschung befassten Disziplinen sind daher zur Zusammenarbeit untereinander, aber auch zur Kooperation mit außerwissenschaftlichen Akteuren aufgerufen, um die Herausforderungen der Zukunft bei der nachhaltigen Gestaltung, Nutzung und Schonung einer weiterhin bewohnbaren Welt mit Städten und Landschaften annehmen, begleiten und mitsteuern zu können. Ob und wie dies im Rahmen *transdisziplinärer* Landschafsforschung geschehen kann, ist die Frage dieses Sammelbandes.

Übersicht über die Beiträge

Transdisziplinäre Forschung findet im deutschsprachigen Raum gegenwärtig insbesondere in der Umwelt- und Nachhaltigkeitsforschung (vgl. z. B. Pohl und Hirsch Hadorn 2008; Waag 2012; Schäfer 2013; Vilsmaier und Lang 2014), inzwischen aber auch in der Architekturwissenschaft (vgl. Doucet und Janssens 2011; Hauser und Weber 2015) und den Raumwissenschaften (vgl. Weith und Danielzyk 2016) statt. Bis auf Einzelarbeiten (Tress und Tress 2001; Tress et al. 2003; Stemmer 2016; Weber und Kühne 2016) und einzelne Forschungsprojekte (vgl. z. B. die Hinweise von Dettmar 2018) lässt sich für die Landschaftsforschung noch kaum (vgl. Küster 2012) ein *systematisches* Interesse für transdisziplinäre Forschung konstatieren. Die Autorinnen und Autoren wurden daher gebeten, entweder historische, systematische oder wissenschaftstheoretische *Grundlagen* transdisziplinärer Landschaftsforschung bereitzustellen oder transdisziplinäre *Perspektiven* zur Landschaftsforschung zu eröffnen.

Der Beitrag von *Dorothea Hokema* (2018) eröffnet den ersten Teil zu den Grundlagen mit einer ausführlichen Diskussion der entscheiden Begriffe ‚Landschaftsforschung‘, ‚Transdisziplinarität‘ und deren Verbindungsmöglichkeiten. Angesichts der Schwierigkeiten, Landschaft als Phänomen, Begriff oder Konzept über Disziplin- und Theoriegrenzen sowie Zugangsweisen hinweg innerwissenschaftlich einheitlich zu bestimmen und außerwissenschaftlich im Rahmen von Raumkonflikten eine Verständigungsbasis zu stiften, geht sie der Frage nach, inwiefern Transdisziplinarität die genannten innerwissenschaftlichen Differenzen überbrücken und zur Lösung von Problemen der Landschafsforschung beitragen kann. Auch wenn eine allgemeine objektbezogene Landschaftsforschung nicht möglich sei, so sei sie dies doch auf einer Metaebene im weiten Sinne einer ‚kulturwissenschaftlichen Disziplin‘, die die unterschiedlichen Positionen abgleicht, systematisiert, ordnet und deren Gemeinsamkeiten und Differenzen angesichts unterschiedlicher Denkstile herausarbeitet. Innerwissenschaftliche Transdisziplinarität zeigt sich in bekannter Gestalt als ‚seriöse Ausübung von Interdisziplinarität‘, außerwissenschaftliche Transdisziplinarität als Kooperation von Wissenschaft und Gesellschaft, letztlich als ‚Definition von Transdisziplinarität überhaupt‘. Als Landschaftsforschung ‚im eigentlichen Sinn‘ schlägt Hokema die systematische ‚Bestimmung der Differenzen und der paradigmatischen Rahmenbedingungen der mit Landschaft befassten Disziplinen‘ vor. Dies sei eine im weiten Sinne ‚kulturwissenschaftliche Aufgabe‘.

Karsten Berr (2018a) rekonstruiert in seinem Beitrag historisch und systematisch die wissenschaftstheoretische Funktion der unterschiedlichen Differenzierungen und Einheitsbildungen auf disziplinärer wie disziplinübergreifender Ebene von Forschung allgemein und Landschaftsforschung im Besonderen. Transdisziplinäre Landschaftsforschung wird in wechselseitiger Ergänzung zur disziplinären und interdisziplinären Forschung konzipiert. Innerhalb einer Einzeldisziplin erweist sich die Paradigmenvielfalt als *infrastrukturelle* Differenz, die, so Berrs Vorschlag, durch Beachtung der operationalen Basis dieser Paradigmen *infra*-disziplinär integriert werden kann. Die unterschiedlichen Begriffe und Theorien einer landschaftsbezogenen Disziplin führen zu einer *suprastrukturellen* Differenz, die im Rahmen *intra*-disziplinärer integrativer Theoriebildung einer metastufigen Integration zugeführt werden kann. Den innerdisziplinären Differenzen und integrativen Theorietypen korrespondieren integrative Theorietypen, die zwischen Disziplinen oder zwischen Disziplinen und Lebenswelt zu vermitteln haben. Im Gegensatz zu Mittelstraß, der den Begriff ‚theoretische Transdisziplinarität' für innerwissenschaftliche Problemstellungen verwendet, setzt Berr für diese Problemstellung das Konzept der *inter*-disziplinären Synthese, für die die Differenzen zwischen den Disziplinen das Problem darstellen. Für Mittelstraß' Begriff der ‚praktischen Transdisziplinarität' bestimmt er in Anknüpfung an aktuelle Diskussionen die Differenz zwischen Disziplinen und Lebenswelt als konstitutiv, deren *trans*-disziplinäre Synthese nur als ‚argumentative Einheit' (Mittelstraß 2005) unter Einbeziehung unterschiedlicher Stakeholder verstanden und erzielt werden kann.

Petra Lohmann (2018) zeigt in ihrem Beitrag, dass Transdisziplinarität zwar dem Begriff, nicht aber dem ‚Denkmodell' nach etwas gänzlich Neues ist. Auch schon in früheren Zeiten lassen sich Problematisierungen des Wissenschaftsbegriffs und entsprechende Lösungsstrategien aufzeigen, wie sie auch heute diskutiert werden. Diese These exemplifiziert Lohmann mit Karl Friedrich Schinkels Fichte-Rezeption, die eine Beziehung zwischen Architektur und Philosophie aus der Zeit um 1800 thematisiert und sich auf deren Bestimmungen des Naturbegriffs konzentriert. Sowohl bei Fichte als auch bei Schinkel seien ‚Haltung, Denkfiguren und Konstruktionsmuster des Transdisziplinären' bereits vorgebildet, insbesondere bei deren Wissenschaftsbegriffen. Bei beiden sei jeweils das Interdisziplinäre die Voraussetzung des Transdisziplinären. Bei Fichte lasse sich in Umrissen erkennen, dass und wie bei ihm – mit einer Begrifflichkeit von Mittelstraß – ‚praktisch transdisziplinär' ‚genetisch-systematisches und lebenspraktisch-propädeutisches Denken' ein Ganzheitskonzept ergeben sollen. Schinkel hingegen setze zuerst auf ein interdisziplinäres Wissen als Resultat der Kombination der beiden selbstständigen Disziplinen Architektur und Philosophie. Im Ausgang hiervon deute er die außerwissenschaftliche Alltagspraxis und modifiziere diese abschließend. Schinkels ‚Ganzheitskonzept', so Lohmann, sei daher als theoretisch und praktisch transdisziplinär zu interpretieren.

Gegen die Möglichkeit disziplinübergreifender Forschung wird bisweilen der Einwand vorgebracht, die Gebundenheit der Forscher an disziplintypische Paradigmen, Denkweisen oder ‚Denkstile' be- oder verhindere inter- oder transdisziplinäre Forschungen und Forschungsprojekte. *Achim Hahn* (2018) erinnert in seinem Beitrag an den Mediziner Ludwik Fleck, der Mitte der 1930er Jahre die Begriffe ‚Denkstil' und ‚Denkkollektiv' in die wissenschaftstheoretische Forschung einbrachte, die Jahrzehnte später in Thomas Kuhns Theorie der Paradigmenwechsel einflossen. Ein in einem überindividuellen ‚Denkkollektiv' eingeübter ‚Denkstil' ermögliche Wissenschaftlern eine gerichtete und aspekthafte Wahrnehmung spezifischer Beobachtungsdaten als ‚Gestalten' und

‚Tatsachen'. Es müssen spezifische ‚Denkgewohnheiten' und damit eine Wahrnehmungsbereitschaft ausgebildet werden, um im Rahmen einer Disziplin überhaupt etwas als dis-
ziplintypisch Gegenständliches sehen zu können. Um einen mit ‚Denkgewohnheiten'
schnell einhergehenden ‚Denkzwang' überwinden und einen ‚Denkstilwandel' herbeiführen zu können, müsse eine ‚Um-Stimmung' von eingestimmten Wahrnehmungswei-
sen auf eine ‚neu ausgerichtete Wahrnehmungsbereitschaft' angeregt werden. Hahn zeigt
dies am Beispiel von Thomas Sieverts, der anhand von Schwarzplänen eine neue Sicht
auf Zwischenstadtstrukturen und damit einen ‚Denkstilwandel' evozierte. Die Neutra-
lität des Begriffs ‚Denkstil' garantiert Hahn zufolge auch dessen Anwendung auf eine
transdisziplinäre Haltung, die insbesondere in Berufen und Disziplinen, die unmittelbar
mit menschlichen Angelegenheiten zu tun haben, theoretisch vermeintlich Unvereinbares
und übliche disziplinäre Hürden überwinden kann – durchaus im Rahmen einer ‚transdisziplinären Denkstilgemeinschaft' und auch in der Landschaftsforschung.

Hansjörg Küster (2018) erinnert in seinem Beitrag daran, dass ‚Landschaft' zuerst
einmal ein Bild einer Szenerie darstellt. In diesem Landschafts-Bild sind Naturphä-
nomene, aber auch Gestaltungsspuren sichtbar. Außerdem leitet jeweils eine Idee als
Abstraktion, Metapher oder Ideal die Darstellung, insofern eine spezifische kulturell
vermittelte Vorstellung von Natur oder Landschaft repräsentiert werden soll. Küster
erläutert die Bedeutung der Begriffe ‚Natur', ‚Kultur' bzw. ‚Landnutzung' und ‚Idee' in
ihrer unterschiedlichen Bedeutung und Verwendungsweise im Rahmen einer Rede über
‚Landschaft'. Im Gegensatz zur Natur, die stets dynamischen Veränderungs- und Ent-
wicklungsprozessen unterliegt, strebe der Mensch qua Landnutzung und Kultur nach
relativer Stabilität, etwa im Rahmen verschiedener Landnutzungssysteme. Am Beispiel
der Sächsischen Schweiz lasse sich zeigen, wie bei der Übertragung eines geografischen
Namens Sehnsüchte nach spezifischen Gegenden oder nach einem spezifischen Lebensgefühl mit der Vorstellung bzw. Idee einer konkreten Gegend oder Lokalität verbunden
werden. In der Landschaftsplanung oder im Naturschutz sei oftmals nicht leicht zu entscheiden, welche Charakteristika einer Landschaft natürlichen, kulturellen oder ideellen
Ursprungs sind. Das könne dazu führen, der spezifischen Eigenart einer Landschaft nicht
gerecht zu werden. Küster fordert daher alle theoretisch und praktisch mit Landschaftsplanung oder -forschung Befassten aus natur- und geisteswissenschaftlichen Disziplinen
zu einer Kooperation auf, die sich der gründlichen Erfassung der unterschiedlichen Her-
künfte der Landschaftscharakteristika zu versichern habe.

Die Autorinnen und Autoren des zweiten Teils eröffnen konkrete Perspektiven möglicher transdisziplinärer Landschaftsforschung und ein Spektrum verschiedenster Fragen:
Wie und zu welchem Zweck kann oder sollte transdisziplinäre Landschaftsforschung
angestoßen und organisiert werden? Wo liegen ihre Chancen und wo sind ihre Grenzen
in der Theorie und Praxis? Welche Unterschiede ergeben sich bei theoretischer und welche bei praktischer Transdisziplinarität im Rahmen der Gestaltung von Regionalparks?
Bei welchen theoretischen Problemen könnte sie zur Lösung mit beitragen, wie könnte
sie bei der Regelung von Landschaftskonflikten eine positive Rolle spielen? Ist Landschaft eher ein ‚Objekt der Analyse' oder ein ‚Zielobjekt der Synthese'? Wie können

überzogene Erwartungen an Transdisziplinarität bei Landschaftsführern vermieden werden? Welche Landschaften ergeben sich, wenn man die Argumentationen der Naturethik ernst nimmt und welche Chancen eröffnen sich dadurch für transdisziplinäre Landschaftsforschung?

Den Auftakt macht *Susanne Hauser* (2018), indem sie angesichts der Ausdifferenzierungen und Explizierungen unterschiedlicher Verwendungs- und Bedeutungsweisen des Ausdrucks ‚Landschaft‘ der Frage nachgeht, welcher Sinn oder welche Bedeutung die ‚variantenreichen Konzepte‘ zusammenhalten, ob es also einen ‚geteilten Kern‘ dieser Bedeutungen geben könne. Hauser schlägt vor, diesen Kern in dem Anspruch auf und Interesse an einer ‚perspektivierten Begegnung mit einer sich erstreckenden Gesamtheit‘ zu sehen. Ein solcher ‚Überblick‘ könne nicht nur Territorien und Räume, sondern auch Konzepte und Strukturen als ‚übergreifend‘ und in ‚Kontinuitäten‘ stehend verstehen und einer Betrachtung öffnen. Diese ‚Lizenz‘, Landschaften oder Konzepte als ‚Ganzheiten‘ zu erfassen, bringt Hauser auch für transdisziplinäre Projekte und Forschungen ins Spiel. Im Zentrum müssten eine ‚transdisziplinäre Begriffskritik‘ disziplinüberschreitender Gegenstands- und Problemzugänge, produktiver Thematisierungs- und Handlungsmöglichkeiten und deren Konsequenzen sowie thematische Verbindungen stehen, die durch den spezifischen Zugriff unterschiedlicher Disziplinen überhaupt erst erzeugt werden. Die Geschichte der Vorstellungen von Landschaften, etwa in der bildenden Kunst oder im Zusammenhang des Konzeptes der Kulturlandschaft, könne als Fluchtpunkt einer beispielsweise transdisziplinären Kritik der involvierten partialen Interessen verstanden werden und auf ‚weitere Potenziale‘ hoffen, die sich im ‚Überschreiten der Diskursgrenzen‘ und im transdisziplinären Diskurs zeigen könnten.

Jörg Dettmar (2018) geht der Frage nach, welche Rolle theoretische Konzepte und Ansätze zum Thema ‚Stadtlandschaft‘ für Akteure im Bereich der Landschaftsarchitektur, die an deren Weiterentwicklung mitwirken wollen, spielen oder spielen könnten. Am Beispiel der beiden Regionalparks Emscher Landschaftspark und Regionalpark Rhein-Main reflektiert Dettmar auf der Basis persönlicher Erfahrungen die ‚Wechselwirkungen zwischen Theoriebildung über und praktischer Entwicklung von Stadtlandschaften‘ und bezieht diese Reflexionen auf Transdisziplinarität. Da Stadtlandschaften sich im sozio-politischen Raum entwickeln und dessen Rahmenbedingungen mit unterschiedlichen Akteuren, Interessenlagen und Zielsetzungen unterliegen, ist praktische Transdisziplinarität eine Voraussetzung für die Umsetzung entsprechender Konzepte auf einer pragmatischen Ebene von Aushandlungs- und Umsetzungsprozessen zwischen politisch und planungsfachlich Verantwortlichen und Stakeholdern. Dabei erweist sich die konkrete praktische Zusammenarbeit verschiedener Disziplinen im Rahmen pragmatischer Verständigung als weitgehend unproblematisch. Wie Dorothea Hokema sieht auch Dettmar allerdings Schwierigkeiten im Rahmen theoretischer Transdisziplinarität, da hier zuerst ‚definitorische Fragen‘ und ‚paradigmatische Voraussetzungen‘ der Disziplinen geklärt werden müssen. Das gilt beispielsweise für interdisziplinäre Forschungsprojekte zur Stadtlandschaft – wie das ‚Ladenburger Kolleg‘ – deren Analysen und Bewertungen häufig sektoral bleiben und neben den Ergebnissen der anderen Disziplinen stehen bleiben. Da Transdisziplinarität insbesondere durch den Einbezug lebensweltlicher Probleme, Herausforderungen, Erfahrungen und Wissensbestände entsprechender Akteure charakterisiert wird, könnte die ‚Praxis' die Theoretiker dazu zwingen, sich ‚pragmatischeren Formen der Zusammenarbeit' untereinander und mit lebensweltlichen Akteuren zu öffnen.

Olaf Kühne (2018b) geht der Frage nach, ob und inwiefern aktuelle Landschaftskonflikte, insbesondere solche, die im Zuge der Energiewende aufbrechen, so geregelt werden können, dass sie gesellschaftlich produktiv sein können. Produktiv können Konflikte dann sein, wenn sie der Sicherung oder Maximierung von Lebenschancen dienen. Im Ausgang von einem sozialkonstruktivistischen Landschaftsverständnis, der Macht- und Herrschaftstheorie von Max Weber und Ralf Dahrendorf sowie insbesondere der Konflikttheorie von Dahrendorf entwickelt Kühne ein differenziertes Begriffsinstrumentarium, um Landschaftskonflikte zu beschreiben, zu analysieren und Rahmenbedingungen zu identifizieren, mit denen Landschaftskonflikte nach Möglichkeit produktiv geregelt werden können und dadurch auch ihre potenzielle Destruktivität verlieren. Grundsätzlich entstünden Konflikte dann, wenn die Ungleichverteilung von Macht zur Ungleichverteilung von Lebenschancen spezifischer sozialer Gruppen führt. Landschaftskonflikte erwachsen aus der Gegensätzlichkeit der ‚Kräfte der Beharrung und denen des Wandels' hinsichtlich des Landschaftsverständnisses oder der Landschaftsnutzung und der daraus möglicherweise entspringenden Ungleichverteilung von Lebenschancen. Problematisch bei Landschaftskonflikten sei insbesondere die Doppelfunktion des Staates als zugleich Konfliktpartei und konfliktschlichtende Instanz. Einer Konfliktregelung stünden insbesondere ein durch individuell verinnerlichte Überzeugungssysteme verfestigtes und inhaltlich bestimmtes Freund-Feind-Schema sowie eine tendenzielle Moralisierung der Argumente der Akteure entgegen. Hier, so Kühne, könne Transdisziplinarität dann einen Beitrag zur Funktionalität von Raumkonflikten beitragen, wenn in der Konfrontation mit *anderen* Sichtweisen wissenschaftlicher Experten oder außerwissenschaftlicher Nichtexperten die *eigene* Sichtweise in ihrer Relativität und Kontingenz erfahren und diejenige der Konfliktkontrahenten als gleichberechtigt akzeptiert werden kann. Diese Bereitschaft sei freilich von *allen* Konfliktparteien *wechselseitig* zu erwarten.

Hartmut Kenneweg (2018) bestimmt die Landschaftsplanung als eine Bezugsdisziplin des Forschungsfeldes ‚Transdisziplinäre Landschaftsforschung', die keineswegs zu vernachlässigen sei. Da Landschaftsplanung monodisziplinär nicht darstellbar, sondern nur als ‚Mixtum compositum' zu verstehen sei, könne sie als ein ‚a priori transdisziplinäres Wissens- und Handlungsfeld' angesehen werden. Die Frage, ob Landschaft in dieser Disziplin eher ein ‚Objekt der Analyse' oder ein ‚Zielobjekt für Synthesen' sei, sei so zu beantworten, dass beide Methoden stets zusammenwirken. Kenneweg verweist im Zuge seiner Argumentation auf unterschiedlichen transdisziplinären Forschungsbedarf. So könne beispielsweise im Ausgang von idealen Landschaftsvorstellungen eine ‚spirituelle Landschaft' als mögliches Objekt transdisziplinärer Landschaftsforschung hervorgehoben werden. Die Entstehungs- und kulturelle Vermittlungsgeschichte aktuell gegebener Landschaften, deren Kenntnis für ein angemessenes Landschaftsverständnis wichtig und unentbehrlich sei, rege vornehmlich Forschungsarbeiten in Form von Fallstudien an. Die Rekonstruktion der Entstehungsgeschichte der relativ jungen Disziplin Landschaftsplanung könne zeigen, wie stark diese Geschichte von transdisziplinären Strömungen vorangetrieben wurde. Abschließend geht Kenneweg auf die neuerdings stark intensivierte Verbindung zwischen Landschaftsplanung und technologiegetriebenen Ansätzen der Geo-Informatik ein.

Karl-Martin Born (2018) befasst sich mit der Frage, inwiefern landeskundliche Inventarisationen und Landschaftsführer sich auch inter- und transdisziplinären Ansätzen öffnen können. In der Rekonstruktion der Entwicklung von frühen Landschaftsbeschreibungen bis hin zu modernen Landschaftsführern zeige sich, dass die Ausweitung des Adressatenkreises und der inhaltlichen Ausgestaltung zu einer interdisziplinären Betrachtung der Landschaft führten. Nachdem Born vier wesentliche Herausforderungen herausgearbeitet hat, vor denen die Publikationsform ‚Landschaftsführer' stehe, zieht er ein vorläufiges Fazit. Landschaftsführer können einen gewichtigen Beitrag zu Fragen der Inter- und Transdisziplinarität leisten, da sie sich einem disziplinenübergreifenden und anwendungsbezogenen Gegenstand zuwenden. Mit dieser Publikationsform werden beispielsweise „wesentliche Erwartungen im Hinblick auf die Verdeutlichung von Komplexität im Sinne einer Bildung für nachhaltige Entwicklung oder der Notwendigkeit landschaftserhaltender oder – entwickelnder Maßnahmen verbunden". Allerdings warnt Born in Anknüpfung an kritische Diskussionen um Chancen und Reichweite transdisziplinärer Forschung vor zu hohen Erwartungen an Transdisziplinarität. Falls die Notwendigkeit kleiner Schritte – bei Landschaftsführern beispielsweise die allmähliche Weiterentwicklung des Suchpunktsystems – nicht akzeptiert werde, könnten unrealistische Erwartungen aus wissenschaftlicher wie auch planerisch-politischer Perspektive negative Wirkungen entfalten. Eine langsame Weiterentwicklung könnte dann zu Unrecht als Scheitern aufgefasst werden.

Gesine Schepers (2018) untersucht die in der Naturethik bekannten und etablierten naturethischen anthropozentrischen und physiozentrischen Argumente im Hinblick auf die Frage, zu welcher Art von Landschaft sie jeweils führen würden, wenn man sie nicht nur theoretisch Ernst nimmt, sondern auch praktisch mit ihnen Ernst macht. Schepers spielt die Annahmen der jeweiligen Argumente auf ihre möglichen Konsequenzen hin durch. Dabei zeige sich, dass die unterschiedlichen Argumente nicht nur, wie zu erwarten ist, zu unterschiedlichen, sondern auch, was nicht unbedingt zu erwarten ist, zu ähnlichen Landschaften führen. Außerdem könne es sein, dass eine naturethisch vorgestellte, gestaltete oder zugelassene Landschaft der Landschaft einer anderen Disziplin entspricht. Mit Blick auf transdisziplinäre Landschaftsforschung könnte eine solche Prüfung und Erwägung möglicher Konsequenzen in Gestalt spezifischer Landschaften zu einer offeneren und realistischeren Selbsteinschätzung eigener Annahmen und Standpunkte bei den beteiligten Wissenschaftlern und Laien beispielsweise im Rahmen von Aushandlungsprozessen führen.

Forschungshintergrund und Forschungsperspektiven

Ziel des vorliegenden Tagungs-Bandes ist es, angesichts einer punktuell und sporadisch einsetzenden Aufmerksamkeit für und Zuwendung zu transdisziplinärer Forschung in Wissenschaften und Disziplinen, die direkt oder indirekt und theoretisch oder praktisch auch mit ‚Landschaft' befasst sind, historische, systematische und wissenschaftstheoretische Grundlagen sowie mögliche aktuelle Perspektiven transdisziplinärer Landschaftsforschung als Anstoß für weiterführende Diskussionen anzubieten. Die Autorinnen und Autoren eint bei allen Unterschieden ihrer jeweiligen Forschungs- und Arbeitsschwerpunkte und der von ihnen jeweils thematisierten Aspekte, Themen und vorgetragenen Argumente die Überzeugung, dass transdisziplinäre Landschaftsforschung einen wichtigen Beitrag zur Gestaltung einer bewohnbaren Welt leisten kann. Der Anspruch dieses Bandes besteht insbesondere darin, andere Wissenschaftler dazu anzuregen, sich ebenfalls der beschriebenen Thematik zuzuwenden und sich zukünftig an weiterführenden Diskussionen zu beteiligen.

Bei den vorliegenden Beiträgen handelt es sich um die schriftlichen Fassungen von Vorträgen im Zusammenhang eines von der DFG geförderten Workshops zum Thema ‚Transdisziplinäre Landschaftsforschung' im Februar 2017 an der Universität Vechta. Die Schriftfassungen der Vorträge werden durch die Beiträge von Petra Lohmann und Susanne Hauser ergänzt, die auf dem Workshop nicht selbst vorgetragen und diskutiert werden konnten. Dank gebührt zum einen der DFG für die finanzielle Förderung des Workshops, allen Beteiligten, Mitwirkenden und Unterstützern an der Universität Vechta, dem Verlag Springer VS, den Herausgebern der Reihe ‚RaumFragen' und den Autorinnen und Autoren, ohne deren Engagement der Workshop wie auch der vorliegende Band nicht hätten realisiert werden können. Sollten die bereitgestellten historischen, systematischen und wissenschaftstheoretischen Grundlagen und Perspektiven transdisziplinärer Landschaftsforschung der Autorinnen und Autoren einen Anstoß für weitere Diskussionen auch anderer Wissenschaftler geben, hätte der Band eine wichtige Aufgabe erfüllt.

Literatur

Aristoteles (2001). *Die Nikomachische Ethik*. Griechisch-deutsch. Übersetzt von Olaf Gigon, neu herausgegeben von Rainer Nickel. Düsseldorf, Zürich: 2001.

Balsiger, P. W. (2005). *Transdisziplinarität. Systematisch-vergleichende Untersuchung disziplinübergreifender Wissenschaftspraxis*. München: Wilhelm Fink.

Bechmann, G. & Frederichs, G. (1996). Problemorientierte Forschung. Zwischen Politik und Wissenschaft. In Bechmann, G. (Hrsg.), *Praxisfelder der Technikfolgenforschung* (S. 11–37). Frankfurt am Main, New York: Campus.

Berger, P. L. & Luckmann, T. (1966). *The Social Construction of Reality. A Treatise in the Sociology of Knowledge*. New York: Anchor books.

Bergmann, M. & Schramm, E. (Hrsg.). (2008). *Transdisziplinäre Forschung. Integrative Forschungsprozesse verstehen und bewerten*. Frankfurt am Main: Campus.

Berr, K. (2014). Zum ethischen Gehalt des Gebauten und Gestalteten. *Ausdruck und Gebrauch. Wissenschaftliche Hefte für Architektur Wohnen Umwelt 12*, 29–55.

Berr, K. (2016). Stadt und Land(schaft) – Ein erweiterter Blick mit dem „zweyten Auge" auf ein frag-würdig gewordenes Verhältnis. In K. Berr & H. Friesen (Hrsg.), *Stadt und Land. Zwischen Status quo und utopischem Ideal* (S. 75–117). Münster: mentis.

Berr, K. (Hrsg.). (2017). *Architektur- und Planungsethik. Zugänge, Perspektiven, Standpunkte.* Wiesbaden: Springer VS.

Berr, K. (2018a). Differenzierung und Einheitsbildung in der Landschaftsforschung. In K. Berr (Hrsg.), *Transdisziplinäre Landschaftsforschung. Grundlagen und Perspektiven* (S. 1–21). Wiesbaden: Springer VS.

Berr, K. (2018b). Ethische Aspekte der Energiewende. In O. Kühne & F. Weber (Hrsg.), *Bausteine der Energiewende* (S. 57–74). Wiesbaden: Springer VS.

Böhme, G., van den Daele, W., Krohn, W. (1973). Die Finalisierung der Wissenschaft. *Zeitschrift für Soziologie 2/1973*, 128–144.

Born, K.-M. (2018). Von der Landeskundlichen Inventarisation zum Landschaftsführer – Herausforderungen transdisziplinärer Forschung in einem Wahrnehmungs- und Interpretationsraum. In K. Berr (Hrsg.), *Transdisziplinäre Landschaftsforschung. Grundlagen und Perspektiven* (S. 191–203). Wiesbaden: Springer VS.

Bruns, D. & Kühne, O. (2013). Einleitung. In D. Bruns & O. Kühne (Hrsg.), *Thema: Landschaftstheorie. Landschaften: Theorie, Praxis und internationale Bezüge* (S. 15–20). Schwerin: Oceano.

Carrier, M., Weingart, P., Krohn, W. (2007). *Nachrichten aus der Wissensgesellschaft. Analysen zur Veränderung der Wissenschaft.* Weilerswist: Velbrück.

Dahrendorf, R. (1972). *Konflikt und Freiheit. Auf dem Weg zur Dienstklassengesellschaft.* München: Piper & Co.

Dahrendorf, R. (1976). *Die Unabhängigkeit der Wissenschaft. Vorläufiges Schlußwort in einer wichtigen Debatte.* http://www.zeit.de/1976/22/die-unabhaengigkeit-der-wissenschaft/komplettansicht.

Dettmar, J. (2018). Landschaftsarchitektonische Strategien für die Stadtlandschaft – zum Verhältnis von Theorie und Praxis. Mit Anmerkungen zur transdisziplinären Landschaftsforschung. In K. Berr (Hrsg.), *Transdisziplinäre Landschaftsforschung. Grundlagen und Perspektiven* (S. 133–153). Wiesbaden: Springer VS.

Doucet, I. & Janssens, N. (Hrsg.). (2011). *Transdisciplinary Knowledge Production in Architecture and Urbanism. Towards Hybrid Modes of Inquiry.* Dordrecht u. a.: Springer.

Eisel, U. (1992). Über den Umgang mit dem Unmöglichen. Ein Erfahrungsbericht über Interdisziplinarität im Studiengang Landschaftsplanung. *Das Gartenamt 9/92*, 593–605; *10/92*, 710–719. Zitiert nach Online-Version: http://ueisel.de/fileadmin/dokumente/ausgetauscht%20ab%20november%202009/Ueber_den_Umgang_mit_dem_Unmoeglichen_INTERDIS_1992.pdf. Zugegriffen: 07.08.2017.

Felten, F., Müller, H. & Ochs, H. (Hrsg.) (2012). *Landschaft(en). Begriffe – Formen – Implikationen* [Geschichtliche Landeskunde, Bd. 68]. Stuttgart: Franz-Steiner-Verlag.

Fleck, L. (1980 [1935]). *Entstehung und Entwicklung einer wissenschaftlichen Tatsache. Einführung in die Lehre vom Denkstil und Denkkollektiv.* Mit einer Einleitung von Lothar Schäfer und Thomas Schnelle. Frankfurt am Main: Suhrkamp.

Fleck, L. (1983). *Erfahrung und Tatsache. Gesammelte Aufsätze.* Frankfurt am Main: Suhrkamp.

Fleck, L. (2011). *Denkstile und Tatsachen. Gesammelte Schriften und Zeugnisse.* Frankfurt am Main: Suhrkamp.

Franck, G. (2007). *Ökonomie der Aufmerksamkeit. Ein Entwurf.* München: dtv.

Franzen, B. & Krebs, St. (Hg.) (2005). *Landschaftstheorie. Texte der Cultural Landscape Studies.* Köln: König.

Funtowics, S. O. & Ravetz, J. R. (1994). Uncertainty, Complexity and Post-Normal Science. *Experimental Toxicology and Chemistry 13*, 1881–1885.

Gethmann, C. F. (1991a). *Lebenswelt und Wissenschaft. Studien zum Verhältnis von Phänomenologie und Wissenschaftstheorie*. Bonn: Bouvier.

Gethmann, C. F. (1991b). Vielheit der Wissenschaften – Einheit der Lebenswelt. In: Akademie der Wissenschaften zu Berlin (Hrsg.), *Einheit der Wissenschaften* (S. 349–371). Berlin, New York: De Gruyter.

Gethmann, C. F. (2005). Ist das Wahre das Ganze? Methodologische Probleme Integrierter Forschung. In G. Wolters & M. Carrier (Hrsg.), *Homo Sapiens und Homo Faber. Epistemische und technische Rationalität in Antike und Gegenwart. Festschrift für Jürgen Mittelstraß* (S. 391–404). Berlin, New York: Walter de Gruyter.

Gethmann, C. F. in Verbindung mit J. C. Bottek und S. Hiekel (Hrsg.) (2011). *Lebenswelt und Wissenschaft. XXI. Deutscher Kongreß für Philosophie 15–19. September 2008 an der Universität Duisburg-Essen. Kolloquienbeiträge*. Hamburg: Meiner.

Gibbons, M. (1994). *The new Production of Knowledge*. London: Sage Publications.

Gießmann, S. & Taha, N. (2017). *Susan Leigh Star (verst.). Grenzobjekte und Medienforschung*. Bielefeld: Transcript.

Grunwald, A. & Schmidt, J. C. (2005). Method(olog)ische Fragen der Inter- und Transdisziplinarität. Wege zu einer praxisstützenden Interdisziplinaritätsforschung. *Technikfolgenabschätzung. Theorie und Praxis. Nr. 2, 14. Jahrgang, Juni 2005*, 4–11. http://www.tatup-journal.de/downloads/2005/tatup052.pdf. Zugegriffen: 15.01.2017.

Hahn, A. (2018). Denkstil und Denkkollektiv. Zur Wissenschaftstheorie von Ludwik Fleck. In K. Berr (Hrsg.), *Transdisziplinäre Landschaftsforschung. Grundlagen und Perspektiven* (S. 97–108). Wiesbaden: Springer VS.

Hahn, A. (Hrsg.) (2014). *Themenheft: Positionen einer Architektur- und Planungsethik*. Ausdruck und Gebrauch. Wissenschaftliche Hefte für Architektur Wohnen Umwelt. Band 12.

Hard, G. (1977). Zu den Landschaftsbegriffen der Geographie. In A. H. von Wallthor & H. Quirin (Hrsg.), *,Landschaft' als interdisziplinäres Forschungsproblem* (S. 13–23). Münster: Aschendorff.

Hard, G. (2001). *Landschaft und Raum. Aufsätze zur Theorie der Geographie, Bd. 1*. Osnabrück: Universitätsverlag Rasch.

Hard, G. (2003). Studium in einer diffusen Disziplin. In G. Hard (Hrsg.), *Dimensionen geographischen Denkens. Aufsätze zur Theorie der Geographie, Bd. 2* (S. 173–230). Göttingen: Universitätsverlag Rasch.

Hauser, S. & Weber, J. (Hrsg.). (2015). *Architektur in transdisziplinärer Perspektive. Von Philosophie bis Tanz. Aktuelle Zugänge und Positionen*. Bielefeld: Transcript.

Hauser, S. (2018). Landschaft als Prinzip. Über eine Technologie des Blicks und ihre transdisziplinären Optionen. In K. Berr (Hrsg.), *Transdisziplinäre Landschaftsforschung. Grundlagen und Perspektiven* (S. 121–131). Wiesbaden: Springer VS.

Hegel, G. W. F. (2000 [1823/24]). *Vorlesung über Naturphilosophie Berlin 1823/24. Nachschrift von K. G. J. v. Griesheim*. Hrsg. und eingeleitet von Gilles Marmasse (Hegeliana. Bd. 12). Frankfurt am Main: Lang.

Heidegger, M. (1963 [1938]). Die Zeit des Weltbildes. In M. Heidegger, *Holzwege* (S. 69–104). Frankfurt am Main: Klostermann.

Heidegger, M. (1993 [1927]). *Sein und Zeit*. Tübingen: Max Niemeyer Verlag.

Hokema, D. (2018). Was ist und was kann transdisziplinäre Landschaftsforschung? In K. Berr (Hrsg.), *Transdisziplinäre Landschaftsforschung. Grundlagen und Perspektiven* (S. 25–40). Wiesbaden: Springer VS.

Homann, K. & Suchanek, A. (2005). *Ökonomik: Eine Einführung*. Tübingen: Mohr Siebeck.

Husserl, E. (1954). *Die Krisis der europäischen Wissenschaften und die transzendentale Phänomenologie: eine Einleitung in die phänomenologische Philosophie*. Hrsg. von Walter Biemel. HUA 6 (= Husserliana Bd. 6). Den Haag: Nijhoff.

Ipsen, D., Reichhardt, U., Schuster, St., Wehrle, A. & Weichler, H. (Hrsg.). (2003). *Zukunft Land-schaft. Bürgerszenarien zur Landschaftsentwicklung*. Kassel: Universität.

Jahn, Th. (2008). Transdisziplinarität in der Forschungspraxis. In M. Bergmann & E. Schramm (Hrsg.), *Transdisziplinäre Forschung. Integrative Forschungsprozesse verstehen und bewerten* (S. 21–37). Frankfurt, New York: Campus.

Janich, P. (2015). *Handwerk und Mundwerk. Über das Herstellen von Wissen*. München: C. H. Beck.

Jungert, M., Romfeld, E., Sukopp, Th. & Voigt, U. (Hrsg.). (2010). *Interdisziplinarität. Theorie, Praxis, Probleme*. Darmstadt: WBG.

Kamlah, W. & Lorenzen, P. (1967). *Logische Propädeutik oder Vorschule des vernünftigen Redens*. Mannheim: Bibliographisches Institut.

Kenneweg, H. (2018). Landschaft: Objekt der Analyse oder Zielobjekt einer Synthese? Eine plane-rische Sicht. In K. Berr (Hrsg.), *Transdisziplinäre Landschaftsforschung. Grundlagen und Pers-pektiven* (S. 171–189). Wiesbaden: Springer VS.

Klein, J. T. (2014). Discourses of transdisciplinarity: Looking Back to the Future. *Futures, Volume 63*, 68–74. http://dx.doi.org/10.1016/j.futures.2014.08.008. Zugegriffen: 04.10.2017.

Knorr-Cetina, K. (1984). *Die Fabrikation von Erkenntnis. Zur Anthropologie der Naturwissen-schaft*. Frankfurt am Main: Suhrkamp.

Kocka, J. (Hrsg.). (1987). *Interdisziplinarität. Praxis – Herausforderung – Ideologie*. Frankfurt am Main: Suhrkamp.

Krebs, St. & Seifert, M. (Hrsg.). (2012). *Landschaft quer Denken*. Leipzig: Universitätsverlag.

Kuhn, T. S. (1976 [1962]). *Die Struktur wissenschaftlicher Revolutionen*. Frankfurt am Main: Suhrkamp.

Kühne, O. (2008). *Distinktion – Macht – Landschaft. Zur sozialen Definition von Landschaft*. Wiesbaden: VS Verlag für Sozialwissenschaften.

Kühne, O. (2013). *Landschaftstheorie und Landschaftspraxis. Eine Einführung aus sozialkonstruk-tivistischer Perspektive*. Wiesbaden: Springer VS.

Kühne, O. (2017). *Zur Aktualität von Ralf Dahrendorf. Einführung in sein Werk*. Wiesbaden: Springer VS.

Kühne, O. (2018a). ‚Neue Landschaftskonflikte' – Überlegungen zu den physischen Manifestatio-nen der Energiewende auf der Grundlage der Konflikttheorie Ralf Dahrendorfs. In O. Kühne & F. Weber (Hrsg.), *Bausteine der Energiewende* (S. 163–186). Wiesbaden: Springer VS.

Kühne, O. (2018b). Macht, Herrschaft und Landschaft: Landschaftskonflikte zwischen Dysfunkti-onalität und Potenzial. Eine Betrachtung aus Perspektive der Konflikttheorie Ralf Dahrendorfs. In K. Berr (Hrsg.), *Transdisziplinäre Landschaftsforschung. Grundlagen und Perspektiven* (S. 155–170). Wiesbaden: Springer VS.

Kühne, O. (2018c). *Landschaftstheorie und Landschaftspraxis. Eine Einführung aus sozialkonst-ruktivistischer Perspektive*. Zweite Auflage. Wiesbaden: Springer VS.

Küster, H. (2005). *Das ist Ökologie. Die biologischen Grundlagen unserer Existenz*. München: Beck.

Küster, H. (2012). *Die Entdeckung der Landschaft. Einführung in eine neue Wissenschaft*. München: Beck.

Küster, H. (2018). Landschaft: Natur, Kultur und Idee. In K. Berr (Hrsg.), *Transdisziplinäre Land-schaftsforschung. Grundlagen und Perspektiven* (S. 109–117). Wiesbaden: Springer VS.

Laitko, H. (2012). *Grenzüberschreitungen*. www.leibniz-institut.de/archiv/laitko_08_07_12.pdf. Zugegriffen: 04.10.2017.

Leibenath, M. & Gailing, L. (2012). Semantische Annäherungen an „Landschaft" und „Kul-turlandschaft". In W. Schenk, M. Kühn, M. Leibenath & S. Tzschaschel (Hrsg.), *Suburbane Räume als Kulturlandschaften* (S. 58–79). Hannover: ARL.

Lembeck, K.-H. (2011a). [Artikel] „Theorie". In P. Kolmer & A. G. Wildfeuer (Hrsg.), *Neues Handbuch philosophischer Grundbegriffe*. Begründet von Hermann Krings, Hans Michael Baumgartner, Christoph Wild. Band III (S. 2180–2194). München: WBG.

Lembeck, K.-H. (2011b). Einführung: „Phänomenologie der Theorie: der lebensweltliche Grund des Theoretischen. In C. F. Gethmann in Verbindung mit J. C. Bottek und S. Hiekel (Hrsg.), *Lebenswelt und Wissenschaft. XXI. Deutscher Kongreß für Philosophie 15–19. September 2008 an der Universität Duisburg-Essen. Kolloquienbeiträge* (S. 227–230). Hamburg: Meiner.

List, E. (2004). Einleitung. Interdisziplinäre Kulturforschung auf der Suche nach theoretischer Orientierung. In E. List & E. Fiala (Hrsg.), *Grundlagen der Kulturwissenschaften. Interdisziplinäre Kulturstudien* (S. 3–12). Tübingen, Basel: A. Francke.

Lohmann, P. (2018). Natur in Architektur und Philosophie. Transdisziplinarität im Kontext künstlerischer und philosophischer Perspektiven am Beispiel von Schinkels Fichte-Rezeption. In K. Berr (Hrsg.), *Transdisziplinäre Landschaftsforschung. Grundlagen und Perspektiven* (S. 79–96). Wiesbaden: Springer VS.

Lorenz, K. (2004). [Artikel] „Einheitswissenschaft". J. Mittelstraß (Hrsg.), *Enzyklopädie Philosophie und Wissenschaftstheorie. Unveränderte Sonderausgabe. Band 1: A-G* (S. 530). Stuttgart: Metzler.

Lorenzen, P. (1974). Interdisziplinäre Forschung und infradisziplinäres Wissen. In P. Lorenzen, *Konstruktive Wissenschaftstheorie* (S. 133–146). Frankfurt am Main: Suhrkamp.

Mittelstraß, J. (1992). Auf dem Wege zur Transdisziplinarität. *GAIA 1, no. 5*, 250.

Mittelstraß, J. (1998). Interdisziplinarität oder Transdisziplinarität? In J. Mittelstraß, *Die Häuser des Wissens: wissenschaftstheoretische Studien* (S. 29–48). Frankfurt am Main: Suhrkamp.

Mittelstraß, J. (2003). Transdisziplinarität – wissenschaftliche Zukunft und institutionelle Wirklichkeit. Konstanzer Universitätsreden 214. Konstanz: Universitätsverlag Konstanz.

Mittelstraß, J. (2004b). [Artikel] „Theoria". In J. Mittelstraß (Hrsg.), *Enzyklopädie Philosophie und Wissenschaftstheorie*. Unveränderte Sonderausgabe. Band 4: Sp-Z (S. 259–260). Stuttgart: Metzler.

Mittelstraß, J. (2005). Methodische Transdisziplinarität. *Technikfolgenabschätzung. Theorie und Praxis. Nr. 2, 14. Jahrgang, Juni 2005*, 18–23. http://www.tatup-journal.de/downloads/2005/tatup052.pdf. Zugegriffen: 15.01.2017.

Müller, A. (2017). Planungsethik. Eine Einführung für Raumplaner, Landschaftsplaner, Stadtplaner und Architekten. Tübingen: utb.

Neurath, O., Carnap, R. & Morris, C. (Hrsg.). (1969/1970). *Foundations of the Unity of Science. Toward an International Encyclopedia of Unified Science. I–III.* Cicago, London: University of Chicago Press.

Nicolescu, B. (2008). *Transdisciplinarity. Theory and Practice*. Cresskill, NJ: Hampton Press.

Nowotny, H. (1999). *Es ist so. Es könnte auch anders sein. Über das veränderte Verhältnis von Wissenschaft und Gesellschaft*. Frankfurt am Main: Suhrkamp.

Pohl, Ch. & Hirsch Hadorn, G. (2008). Gestaltung transdisziplinärer Forschung. *Sozialwissenschaften und Berufspraxis 31*, 5–22. http://nbn-resolving.de/urn:nbn:de:0168-ssoar-44574. Zugegriffen: 18.10.2017.

Popper, K. (1963). *Conjectures and Refutations. The growth of scientific knowledge*. London: Routledge and Paul.

Popper, K. (1966 [1959]). *Logik der Forschung*. Tübingen: Mohr.

Potthast, Th. (2010). Epistemisch-moralische Hybride und das Problem interdisziplinärer Urteilsbildung. In Jungert, M., Romfeld, E., Sukopp, Th. & Voigt, U. (Hrsg.), *Interdisziplinarität. Theorie, Praxis, Probleme* (S. 173–191). Darmstadt: WBG.

Schäfer, M. (2013). Inter- und Transdisziplinäre Nachhaltigkeitsforschung – Innovation durch Integration? In: Rückert-John, J. (Hrsg.), *Soziale Innovation und Nachhaltigkeit* (S. 171–194). Wiesbaden: Springer VS.

Schepers, G. (2018). Landschaft als Gegenstand der Naturethik. In K. Berr (Hrsg.), *Transdisziplinäre Landschaftsforschung. Grundlagen und Perspektiven* (S. 205–218). Wiesbaden: Springer VS.

Sieferle, R. P. (1997). *Rückblick auf die Natur*. München: Luchterhand.

Stemmer, B. (2016). *Kooperative Landschaftsbewertung in der räumlichen Planung: sozialkonstruktivistische Analyse der Landschaftswahrnehmung der Öffentlichkeit*. Wiesbaden: Springer VS.

Ströker, E. (1979). Lebenswelt und Wissenschaft in der Philosophie Edmund Husserls. Frankfurt am Main

Sukopp, Th. (2010). Interdisziplinarität und Transdisziplinarität. In Jungert, M., Romfeld, E., Sukopp, Th. & Voigt, U. (Hrsg.), *Interdisziplinarität. Theorie, Praxis, Probleme* (S. 13–29). Darmstadt: WBG.

Tetens, H. (1999). [Artikel]: Wissenschaft. In H. J. Sandkühler (Hrsg.), *Enzyklopädie Philosophie, Bd, 2, O-Z* (S. 1763–1773). Hamburg: Meiner.

Thiel, C. (2004). [Artikel] „Theorie". In J. Mittelstraß (Hrsg.), *Enzyklopädie Philosophie und Wissenschaftstheorie*. Unveränderte Sonderausgabe. Band 4: Sp-Z (S. 260–270). Stuttgart: Metzler.

Tietzel, M.: Die Finalisierungsdebatte oder: Viel Lärm um nichts. *Zeitschrift für Allgemeine Wissenschaftstheorie, Nr. 2, 1978, Heft 9*, S. 348–360

Toulmin, S. (1978). *Menschliches Erkennen I: Kritik der kollektiven Vernunft*. Frankfurt am Main: Suhrkamp.

Trepl, L. (1996). Die Landschaft und die Wissenschaft. In W. Konold (Hrsg.), *Naturlandschaft – Kulturlandschaft: die Veränderung der Landschaften nach der Nutzbarmachung durch den Menschen* (S. 13–26). Landsberg/Lech: Ecomed.

Tress, B. & Tress, G. (2001). Begriff, Theorie und System der Landschaft. Ein transdisziplinärer Ansatz zur Landschaftsforschung. *Naturschutz und Landschaftsplanung 33 (2/3)*, 52–58.

Tress, B., Tress, G. & Fry, G. (2003). Potential and limitations of interdisciplinary and transdisciplinary landscape studies. In: Tress, B., Tress, G., van der Valk, A. & Fry, G. (Hrsg.), *Interdisciplinary and transdisciplinary landscape studies: Potential and limitations* (S. 182–192). Wageningen: Delta Programm.

Vilsmaier, U. & Lang, D. J. (2014). Transdisziplinäre Forschung. In H. Heinrichs & G. Michelsen (Hrsg.), *Nachhaltigkeitswissenschaften* (S. 87–113). Berlin, Heidelberg: Springer-Verlag.

Völker, H. (2004). Von der Interdisziplinarität zur Transdisziplinarität? In F. Brand, F. Schaller & H. Völker (Hrsg.), *Transdisziplinarität. Bestandsaufnahme und Perspektiven* (S. 9–28). Göttingen: Universitätsverlag.

Von Wallthor, A. H. & Quirin, H. (Hrsg.). (1977). *‚Landschaft' als interdisziplinäres Forschungsproblem*. Münster: Aschendorff.

Waag, P. (2012). Inter- und transdisziplinäre (Nachhaltigkeits-)Forschung in Wissenschaft und Gesellschaft. Bremen: Artec.

Warnke, M. (1992). *Politische Landschaft: zur Kunstgeschichte der Natur*. München: Hanser.

Weber, F. & Kühne, O. (2016). Räume unter Strom. *Raumforschung und Raumordnung, 74*(4), 323–338.

Weith, T. & Danielzyk, R. (2016). Transdisziplinäre Forschung – Mehrwert für die Raumwissenschaften. Fünf Thesen zur Diskussion. *Nachrichten der ARL 2*, 8–12.

Welter, R. (1986). Der Begriff der Lebenswelt. Theorien vortheoretischer Erfahrungswelt. München.

Teil I

Historische, systematische und wissenschaftstheoretische Grundlagen transdisziplinärer Landschaftsforschung

Was ist und was kann transdisziplinäre Landschaftsforschung?

Dorothea Hokema

1   Hintergrund und Fragestellung

Die wissenschaftlichen und lebensweltlichen Verständnisse von Landschaft im deutschsprachigen Raum sind mannigfaltig: Gegenwärtig gilt Landschaft u. a. als ästhetisch erfahrbarer Gegenstand, als ökologischer Funktionszusammenhang, als räumliche Ressource oder als politischer Handlungsraum. Je nach Disziplin[1], Standpunkt und Interesse schließen sich die Perspektiven aus oder überlagern einander – dies betrifft beispielsweise auch die Frage, ob Landschaft physisch-materiell existiert oder aber eine Konstruktion ist. Wird davon ausgegangen, Landschaft sei eine materielle Ganzheit, können ihre Erholungseignung, ihre ökonomische Verwertung, ihre Funktion für den Naturschutz usw. betont werden. Wird angenommen, Landschaft sei konstruiert, können wiederum verschiedene Schwerpunkte im Hinblick auf subjektive, kulturelle, politische oder andere Determinanten gesetzt werden.

Die vielfältigen Möglichkeiten, Landschaft zu verstehen, bringen eine große Zahl lebensweltlich und wissenschaftlich geprägter Zugänge zu Landschaft als Gegenstand, Konzept und Begriff mit sich. Landschaft, die durch ökologische Funktionen bestimmt wird, ist mit naturwissenschaftlichen Mitteln zu erforschen; gesellschaftlich konstruierte Landschaft ist Gegenstand sozialwissenschaftlicher Methoden; lebensweltlich erfahrene

---

[1]Als Disziplinen werden im Folgenden historisch gewachsene, kognitive und soziale Einheiten in den Wissenschaften verstanden (Defila und DiGiulio 1998).

D. Hokema (✉)
TU Berlin, Berlin, Deutschland
E-Mail: dorothea.hokema@tu-berlin.de

© Springer Fachmedien Wiesbaden GmbH, ein Teil von Springer Nature 2018   25
K. Berr (Hrsg.), *Transdisziplinäre Landschaftsforschung,* RaumFragen: Stadt –
Region – Landschaft, https://doi.org/10.1007/978-3-658-20781-6_2

Landschaft ist im Rahmen analytischer Wissenschaft nur bruchstückhaft darstellbar. Die Befassung mit Landschaft ist demnach ebenso divers wie die Landschaftsbegriffe. Während dies im Hinblick auf individuelle Landschaftserfahrung ohnehin unproblematisch ist, wird eine Verständigung auf gemeinsame Begriffe immer dann notwendig, wenn Landschaft analytisch betrachtet wird. Dennoch ist, trotz phasenweise angeregter Auseinandersetzungen über Funktion und Inhalt des Landschaftsbegriffes (beispielsweise im Zusammenhang mit dem Kieler Geografentag 1969 (Weichhart 2016) oder in jüngerer Zeit anlässlich der Diskussion des Konzepts der „Landschaft 3" (s. u. a. Eisel und Körner 2009), eine Einigung der Wissenschaftsgemeinde darüber, was Landschaft ist, nicht in Sicht. Zahlreiche Versuche, den Begriff zu vereinheitlichen, stehen nebeneinander (s. dazu Berr 2015, S. 211 f.), bleiben aber kategorial unvereinbar.

Unterschiede finden sich nicht nur entlang der angedeuteten inhaltlichen und der damit verbundenen methodischen Positionen. Weitere Divergenzen ergeben sich zwischen analytischen Herangehensweisen einerseits und planerisch-handlungsorientierten Perspektiven andererseits. Raumplanung, Landschaftsplanung und Landschaftsarchitektur sind anwendungsbezogene Disziplinen, unterliegen also nicht nur wissenschaftlichen, sondern in besonderer Weise auch politischen und gesellschaftlichen Einflüssen. Entsprechend sind in diesen Disziplinen explizit auch lebensweltliche Auffassungen über Landschaft sowie deren ökonomische und politische Funktionen von Bedeutung. Wissenschaften mit ausgeprägtem Anwendungsbezug fügen der herrschenden Diversität demnach explizit normative Aspekte hinzu.

Die Heterogenität der Auffassungen vom Gegenstand, seiner Konstitution und der zugehörigen Begriffe und Theorien ist im Hinblick auf die wissenschaftliche Weiterentwicklung der Landschaftsforschung hinderlich. Unklar ist, welcher wissenschaftliche Zugang dem Gegenstand gerecht wird, was also überhaupt Landschaftsforschung sein kann. Denn solange keine Einigkeit über den Gegenstand der Landschaftsforschung herrscht, bleiben auch die Ziele und Methoden der mit dem Gegenstand befassten Disziplinen vage. Neben der innerwissenschaftlichen sind auch außerwissenschaftliche Perspektiven im Hinblick auf die Verständigung über Landschaft von Belang: Deutschland und Europa haben während der letzten Jahrzehnte enorme Landnutzungsänderungen erfahren. Diese räumlichen Veränderungen erzeugen zahlreiche Konflikte etwa in Gestalt von Nutzungskonkurrenzen, Umweltbelastungen oder von Verlusterfahrungen im Hinblick auf bislang positiv besetzte (Landschafts-)Bilder. Die konflikthaften Veränderungen werden von einem großen Spektrum gesellschaftlicher Akteure wahrgenommen, deren Betroffenheit beim Versuch der planerischen Steuerung räumlicher Veränderungen zu berücksichtigen ist. Konflikte um Landnutzung und deren materielle wie immaterielle Auswirkungen sind demnach ein weiterer Anlass zur Auseinandersetzung mit der Frage, was Landschaft sei, welcher wissenschaftliche Zugang zu Landschaft angemessen sei und welche Aufgaben und Möglichkeiten den mit Landschaft befassten Disziplinen zukommen.

Vor dem angedeuteten Hintergrund möchte ich mich mit der Frage auseinandersetzen, auf welche Weise Transdisziplinarität dazu verhelfen kann, die Differenzen zwischen den Positionen, Motiven und Herangehensweisen zu überbrücken. Die Fragestellung ist von Berrs Anregung, Landschaftsforschung transdisziplinär zu organisieren (Berr 2015, S. 210 f.), inspiriert. Sie schließt außerdem an die raumwissenschaftliche Diskussion über die Potenziale transdisziplinärer Forschung an (Weith und Danielzyk 2016) und bezieht sich schließlich auf die Möglichkeiten der transdisziplinären Forschung im Allgemeinen (z. B. Mittelstraß 2007; Bergmann und Schramm 2008). Im Hinblick auf die Landschaftsforschung erwägt Berr die Möglichkeit der „Integration disziplinärer Begriffs- und Theorie-Differenzen" (Berr 2016, S. 104) mit dem Ziel, „die Differenzen in ‚übergeordnete' Fragestellungen zu überführen und mit Blick auf gemeinsame forschungspragmatische Perspektiven hin zu organisieren" (ebd.).

Es soll deshalb hier der mögliche Einsatz von Transdisziplinarität zur Lösung von Problemen der Landschaftsforschung besprochen werden. Mögliche Rahmenbedingungen und Voraussetzungen einer „transdisziplinäre[n] Synthese" (ebd.) sowie die Chancen zur Lösung inner- und außerwissenschaftlicher Probleme werden beschrieben. Von besonderem Interesse erscheint, was genau Ebene und Gegenstand von Synthese und Integration sein sollten, welches der systematische Ort ist, an dem die Differenzen – im Hinblick auf das Thema Landschaft – zusammenzuführen sind. Es wird deshalb zuerst auf die Frage eingegangen, was Landschaftsforschung sein kann. Anschließend wird der Zusammenhang von Transdisziplinarität und Landschaftsforschung erörtert, um darzustellen, ob und im Hinblick auf welche Fragestellung der Ansatz der Transdisziplinarität hilfreich sein könnte.

2   Landschaftsforschung

Landschaftsforschung kann man als eine Gruppe von Fächern – und ihre Tätigkeit – begreifen, deren Zusammenhang durch ihren Forschungsgegenstand entsteht. Demnach ist Landschaftsforschung die Forschung zum Thema Landschaft. Die einleitenden Andeutungen verweisen auf die Probleme, die mit dieser Annahme einhergehen. Eine ‚Bestandsaufnahme' dessen, was Landschaftsforschung sein kann, ist dennoch unabdingbar, denn nur wenn klar ist, was genau transdisziplinär verbunden oder gar in Übereinstimmung gebracht werden soll, können verschiedene Ansätze einer Synthese unterzogen werden.

Kühne (2013) systematisiert die gegenwärtig vorfindbaren wissenschaftlichen Herangehensweisen an Landschaft und entwirft Kategorien verschiedener „Wirklichkeitsverständnisse" (ebd., S. 130) in der Landschaftsforschung. Er beschreibt sie anhand ihrer jeweiligen Landschaftsbegriffe und benennt erstens einen „positivistische(n) Landschaftsbegriff" (ebd.), der Landschaft als allgemeingültig, mit empirischen Methoden beschreibbaren physischen Gegenstand versteht, zweitens einen „essentialistischen Landschaftsbegriff" (ebd., S. 131), der davon ausgeht, Landschaft sei eine eigenständige ganzheitliche Realität von örtlich und kulturell besonderem Wesen und drittens eine gemäßigt sozialkonstruktivistische Haltung (ebd., S. 132), die Landschaft gleichermaßen als physisches Objekt und als Konstruktion begreift. Darüber hinaus führt er viertens das „nominalistisch-sozialkonstruktivistische Landschaftsverständnis" (ebd.) an, das Landschaft als soziale Konstruktion auf der Basis physischer Objekte versteht sowie schließlich fünftens das radikal-konstruktivistische Landschaftsverständnis (ebd., S. 133), das Landschaft als Ergebnis sozialer Kommunikation und physische Objekte als Kommunikationsmedien sieht. Diese Ansätze stehen konkurrierend nebeneinander, werden in Mischformen praktiziert oder ohne weitere Berührungspunkte parallel betrieben. Oft wird der eigene Ansatz nicht ausdrücklich beschrieben, das jeweilige Wirklichkeitsverständnis wird vielmehr selbstverständlich vorausgesetzt.

Die Tatsache, dass Landschaft, mit jeweils guten Gründen, sowohl empirisch als auch konstruktivistisch konstituiert werden kann, dass sie ebenso natur-, als auch kultur- oder sozialwissenschaftlich untersucht werden kann, legt nahe, dass es „die" Landschaft als Objekt an sich nicht gibt. Was Landschaft ist, scheint von der jeweiligen Perspektive abzuhängen, aus der sie betrachtet wird. Denn disziplin- und insbesondere fallspezifisch kann Landschaft durchaus definiert werden (etwa ökonomisch im Hinblick auf die Bewertung von Standorteigenschaften für freiraumbezogene Erholung, ökologisch bezogen auf die Struktur von Biotopverbindungen, kunstgeschichtlich im Zusammenhang mit der Interpretation von Landschaft in der Malerei usw.). Dagegen ist die Untersuchung des Ganzen der Landschaft, verstanden etwa als Raumausschnitt oder auch als Ganzheit der darin wirkenden Prozesse, wissenschaftlich nicht operationalisierbar. Der Vergleich mit anderen, holistisch konstruierten Gegenständen mag die Problematik noch deutlicher machen: Eine ‚Wissenschaft vom Menschen' beispielsweise ist nur auf ganzheitlich argumentierender Grundlage vorstellbar – und entspricht damit nicht mehr den überkommenen Kriterien für Wissenschaftlichkeit. Zwar gibt es Wissenschaften vom Menschen, die sich als Medizin, Psychologie, Soziologie usw. mit Aspekten menschlicher Existenz befassen. Eine wissenschaftliche Annäherung an den ‚ganzen' Menschen ist aber nicht denkbar. Solche Herangehensweise bleibt der Kunst und lebensweltlicher Subjektivität vorbehalten.

Vergleichbares gilt für den Gegenstand Landschaft: Ästhetisch ist sie als Ganzheit erfassbar und darstellbar, wissenschaftlich kann sie nur fragmentarisch abgebildet werden. D. h., unterschiedliche Disziplinen können einzelne Aspekte dessen untersuchen, was wir lebensweltlich als Landschaft verstehen. Während die gesellschaftliche Sozialisation in kulturspezifische Landschaftsbegriffe und, auf dieser Basis, die individuelle ästhetische Erfahrung subjektive Sicherheit darüber verleiht, was Landschaft ist, ist dies doch nicht verallgemeinerbar. Die Unterschiedlichkeit der Perspektiven auf Landschaft, die in sich jeweils schlüssig, insgesamt aber unvereinbar sind, lassen die Annahme, Landschaft sei eine soziale Konstruktion (Kühne 2008), unabweisbar erscheinen. Gewohnheitsmäßig setzen wir voraus, es gäbe Landschaft, tatsächlich setzen wir sie – kontextabhängig – immer wieder neu zusammen aus räumlichen Elementen natürlichen oder gesellschaftlichen Ursprungs. Diese Elemente – Vegetation oder Böden, Siedlungs- oder Nutzungsstrukturen usw. – können wissenschaftlich untersucht werden. Das tun beispielsweise die

Biologie, die Bodenkunde, auch die Ökonomie oder die Soziologie u. a. Landschaft als ganzheitliches Objekt dagegen lässt sich wissenschaftlich nicht erschließen.

Zwar wurde dies, insbesondere in der Geografie, lange anders gesehen. Die Definitionen von Landschaft als wissenschaftlichem Gegenstand sind bekannt[2]. Trepl (1995, S. 11) verweist auf die Versuche der wissenschaftlichen Operationalisierung von Landschaft etwa mittels eines „Sphären-" Begriffes (Bio-, Geo-, Noosphäre usw., s. Neef und Neef 1977[3]). Mit dessen Hilfe werden zwar wissenschaftliche Untersuchungen von Aspekten des Landschaftlichen möglich. Ungelöst bleibt aber das Verhältnis der Sphären, ihre Integration oder Durchdringung zur Landschaft (Trepl 1995, S. 16 f.).

Die Diskussionen in der Geografie seit Ende der sechziger Jahre legen nahe, dass ein ganzheitlich verstandener objektbezogener Landschaftsbegriff als wissenschaftliche Kategorie nicht tauglich sein kann. Allerdings zeigt Weichharts Analyse dieser Auseinandersetzung, dass die Kritik an Landschaft als Objekt und ihrer konstituierenden Funktion für die Geografie dort „nicht ernsthaft zur Kenntnis genommen" (Weichhart 2016, S. 8) wurde. Ein eindeutiger Paradigmenwechsel ist nicht eingetreten, vielmehr ist die Geografie heute durch die parallele Existenz mehrerer Paradigmen gekennzeichnet; auch das Konzept der Landschaftskunde spielt noch eine Rolle (ebd., S. 10). Wie in der Geografie hat sich auch in anderen raumbezogenen Wissenschaften ein ganzheitliches Landschaftsverständnis sowohl explizit als auch implizit erhalten (Hokema 2013); dies ist möglicherweise der Attraktivität der lebensweltlichen Konnotationen des Landschaftsbegriffes, die Hard (1970) analysiert hat, zu verdanken. Insgesamt verweist die Vielfalt der Dekonstruktionen des Begriffes, die in den letzten Jahrzehnten vorgenommen wurden (z. B. Kilper und Gailing 2013; Kühne 2008; Prominski 2004), darauf, dass die gemeinsame Übereinkunft über einen wissenschaftlichen Begriff von Landschaft als Objekt bröckelt.

Wenn es Landschaft als Objekt nicht gibt, dann kann es auch keine allgemeine und objektbezogene Landschaftsforschung geben. Dennoch ist Landschaftsforschung möglich: Das wäre dann diejenige wissenschaftliche Praxis, die sich mit Landschaft auf einer Metaebene befasst, die das Verständnis von Landschaft, ihre Bedeutung, ihre gesellschaftliche Funktion und vergleichbare Fragen untersucht. Dieser Landschaftsforschung geht es immer um Perspektiven auf etwas, nicht um einen Gegenstand an sich. Sie widmet sich nicht der Erforschung von Landschaft als Objekt, sondern der Forschung über Landschaft als Konstruktion. Solche Landschaftsforschung ist weder planerisch noch ökologisch orientiert und nicht auf Umweltschutz bezogen; sie ist eine im weiteren Sinne kulturwissenschaftliche Disziplin.

---

[2]Z. B.: „Landschaft ist der gesamte Inhalt eines Teilstücks der Erdoberfläche, soweit er normativer Betrachtung zugänglich ist" (Bobek und Schmithüsen 1949).

[3]Auch Buchwald arbeitet mit der Gliederung von Landschaft in „Sphären" (Buchwald 1978, S. 15).

Landschaftsforschung bestünde dann im Abgleich und in der Systematisierung von Positionen und im Herausarbeiten ihrer Gemeinsamkeiten und Unterschiede. Mit anderen Worten: Es ginge ihr um die Analyse unterschiedlicher Vorstellungen über Landschaft und ihre konzeptionellen Differenzen als Resultat unterschiedlicher Denkstile (Höhne 2010). Solche Synthese würde, wie von Kühne (2013) angedeutet, vergleichbare Standpunkte gruppieren und zu anderen Positionen ins Verhältnis setzen. Sie würde insofern die vorliegenden Auffassungen zum Landschaftsbegriff ordnen und den Diskurs über Ähnlichkeiten und Differenzen erleichtern. Eine Vereinheitlichung des Landschaftsbegriffes, die Einigung auf *eine* Begriffsbedeutung ist entsprechend von einer solchen Synthese nicht zu erwarten.

Jenseits solcher historischen und erkenntnistheoretischen Einordnung erscheint eine Integration aller wissenschaftlichen Interpretationen des Landschaftsbegriffes nach den Regeln der Wissenschaftlichkeit aber nicht möglich. Die Vielfalt der Auffassungen gibt vielmehr unterschiedliche Zugänge zum Gegenstand in unterschiedlichen Kontexten wieder, die entstehenden Differenzen ergeben sich notwendig aufgrund verschiedener Paradigmen.

3   Transdisziplinarität

Warum sollte Landschaftsforschung transdisziplinär sein und was bedeutet das? Was kann transdisziplinäre Forschung, was disziplinäre und interdisziplinäre Forschung nicht können? Und welche Probleme soll transdisziplinäre Landschaftsforschung lösen?

Transdisziplinarität kann als „Wissenschafts- und Forschungsprinzip" (Bergmann et al. 2010, S. 23) verstanden werden, das in Reaktion auf veränderte epistemische Anforderungen an die Wissenschaften entstand. Transdisziplinarität ist ein „Versuch, wissenschaftlich geregelt und reflektiert mit hybriden Problemstellungen umzugehen" (ebd.). Die Notwendigkeit, Wissenschaft transdisziplinär zu organisieren, wird einerseits begründet mit lebensweltlichen Problemen (und damit verbundenen wissenschaftlichen Aufgaben), die als zunehmend komplex eingeschätzt werden (Jahn 2008, S. 25). Dieser Problemwahrnehmung steht andererseits die wachsende – inhaltliche und organisatorische – wissenschaftliche Spezialisierung gegenüber, die auf vieldimensionale Fragestellungen nicht angemessen reagieren kann.

Mittelstraß (2012) beschreibt transdisziplinäre Forschung als forschungsleitendes Prinzip und wissenschaftliche Organisationsform. Transdisziplinarität ist demnach eine Form wissenschaftlicher Kooperation, die zu einer „andauernden, die fachlichen und disziplinären Orientierungen selbst verändernden wissenschaftssystematischen Ordnung" (Mittelstraß 2007, S. 3) führt. Sie wird für geeignet befunden, „historische Engführungen" (ebd.) aufzuheben, die aufgrund disziplinärer Spezialisierung entstanden seien. Transdisziplinarität beeinflusse zwar die Ordnung des wissenschaftlichen Wissens und der wissenschaftlichen Forschung, verfestige sich aber nicht in theoretischen Formen (ebd., S. 3 f.; Mittelstraß 2012, S. 12).

Wie muss man sich den Einfluss transdisziplinärer Kooperation auf die Ordnung des wissenschaftlichen Wissens vorstellen? Hier scheint das Verhältnis der unterschiedlichen Wissensbestände ausschlaggebend zu sein, also: die Integration dieser Wissensbestände im Hinblick auf ein gemeinsames Interesse. Die Methodenliteratur befasst sich mit der Frage der Integration und versteht übereinstimmend die Wissensintegration als die zentrale Herausforderung transdisziplinärer Forschung (Schäfer 2013, S. 178). Bergmann et al. (2010) beschreiben Integration als Kooperation in zentralen Phasen der Vorbereitung und Durchführung von Forschungsprojekten. Die Verfahren der Integration werden im Verlauf der Reflexion und Diskussion von gemeinsamen Grundlagen bestimmt, dies betrifft etwa Begriffsklärung und theoretische Rahmung, Forschungsfragen, Hypothesenbildung, Methodenwahl usw. Die transdisziplinäre Integration und Ordnung des Wissens bezeichnet daher die Verständigung über die disziplinären Ausgangsbedingungen und über die potenziellen Berührungspunkte anhand definierter Forschungsinteressen. Wie beim interdisziplinären Arbeiten sind die Methoden immer auf bestimmte Fallkonstellationen und die Perspektiven der beteiligten Disziplinen bezogen. Es geht also darum, im transdisziplinären Arbeitsprozess durchgängig die gemeinsame Problemdefinition, das Forschungsziel, die Forschungsfrage usw. zu beachten. Gelingen solche transdisziplinären Untersuchungen, ist das Ergebnis ein an möglichst vielen Punkten verknüpftes Netz von Schlussfolgerungen über bestimmte praktische Fälle oder konzeptionelle (inhaltliche oder methodische) Fragen. Das Ergebnis des Integrationsprozesses muss aber nicht in jedem Fall ein disziplinübergreifend geteilter Wissenskörper sein. Auch ein pluralistisches Problemverständnis, das ein Spektrum an parallelen Lösungsoptionen nach sich zieht, gilt als mögliche Einlösung des Anspruches der Integration (Pohl und Hirsch Hadorn 2008, S. 76).

4 Transdisziplinäre Landschaftsforschung: die innerwissenschaftliche Perspektive

Mittelstraß (u. a. 2007, 2012, 2017) unterscheidet die innerwissenschaftliche Bedeutung von Transdisziplinarität von ihrer außerwissenschaftlichen Bedeutung. In ähnlichem Sinn differenziert Jahn (2008, S. 28 ff.) einen wissenschaftszentrierten und einen lebensweltzentrierten Zugang zu transdisziplinärer Forschung (sowie eine dritte, integrierte Variante). Als Ausgangspunkt wissenschaftszentrierter transdisziplinärer Forschung gelten komplexe innerwissenschaftliche Probleme, die auf Theorien, Begriffe und Konzepte bezogen sind; Ziel ist die Erzeugung neuer wissenschaftlicher Erkenntnisse (ebd., S. 29). Lebensweltliche Zugänge gehen von gesellschaftlich definierten Problemen aus, sind partizipativ und – im Hinblick auf das Wissen der Akteure – integrativ angelegt; sie streben praktisches Problemlösungswissen an (ebd., S. 28).

Obgleich die Unterscheidung von Transdisziplinarität hinsichtlich ihrer wissenschaftlichen und ihrer gesellschaftlichen Funktion von anderen Autoren ausdrücklich nicht vorgenommen[4] oder anders eingeordnet wird[5], erscheint sie doch analytisch hilfreich für die Untersuchung der Potenziale von Transdisziplinarität für die Landschaftsforschung und wird deshalb hier vorläufig übernommen.

Mittelstraß schildert erfolgreich praktizierte innerwissenschaftliche Transdisziplinarität fallbezogen an Beispielen aus der Gesundheits- oder der Klimaforschung (Mittelstraß 2007, 2012). Er bezieht sich auf die Kommunikation zwischen mehreren wissenschaftlichen Disziplinen, die eine gemeinsame Fragestellung aus jeweils disziplinärer Perspektive, darüber hinaus aber im Bemühen um eine gemeinsame Sprache mit dem Ziel der Problemlösung betrachtet. Damit beschreibt er den Prozess des integrationsorientierten Zusammenwirkens verschiedener Disziplinen. Dies kommt Balsigers (2005) Definition von *Inter*disziplinarität sehr nahe, wonach Interdisziplinarität eine „Form kooperativen wissenschaftlichen Handelns in Bezug auf gemeinsam erarbeitete Problemstellungen und Methoden" (ebd., S. 173) sei. Interdisziplinarität wird von Balsiger beschrieben als das Zusammenwirken von Vertretern unterschiedlicher wissenschaftlicher Disziplinen mit dem Anspruch, Lösungen für gemeinsam bestimmte Ziele bereitzustellen (ebd.). Damit bleibt unklar, inwiefern innerwissenschaftliche Transdisziplinarität sich von Interdisziplinarität unterscheidet, denn in beiden Fällen geht es um die problemlösungsorientierte Kooperation wissenschaftlicher Disziplinen.

Neben der fallbezogenen Kooperation stellt Mittelstraß als weitere Form innerwissenschaftlicher transdisziplinärer Praxis institutionelle Kooperationen vor (Mittelstraß 2007, S. 4). Er beschreibt solche Kooperationen, die – statt an gemeinsamen Gegenständen – an strukturell verwandten Fragestellungen in unterschiedlichen Gegenstandsbereichen orientiert sind. Institutionalisierte transdisziplinäre Kooperation erkennt er aber auch im Zusammenhang mit der gemeinsamen Erforschung von Einzelproblemen, die zwar disziplinär erfolgt, sich aber durch methodische Anleihen bei anderen Disziplinen auszeichnet.

Wenngleich die angedeuteten Formen und Effekte der Zusammenarbeit zwischen Disziplinen wünschenswert sind, weil sie versprechen, dem Problem der Erzeugung fragmentierten Spezialwissens und der Isolierung von Subsystemen des Wissenschaftsbetriebes zu begegnen, drängen sich *systematische* Unterschiede zwischen Trans- und Interdisziplinarität nicht auf. Entsprechend erläutert Mittelstraß an anderer Stelle: „Transdisziplinarität lässt sich (…) auch als wirklich ernst genommene und für die jeweils eigene Forschungspraxis relevante interdisziplinäre Forschungsform bezeichnen" (Mittelstraß 2012, S. 12).

Damit erscheint Transdisziplinarität in vertrauter Gestalt: Sie wird als seriöse Ausübung von Interdisziplinarität präsentiert. Solche Gleichsetzung von Inter- und

---

[4]„Transdisziplinäre Forschung (…) greift (…) lebensweltliche und nicht rein innerwissenschaftliche Problemstellungen auf." (Bergmann et al. 2005, S. 16).

[5]Innerwissenschaftliche oder „theoretische" Transdisziplinarität wird auch als Entsprechung zu den Paradigmen von Kybernetik oder allgemeiner Systemtheorie diskutiert (Waag 2012).

Transdisziplinarität wird allerdings von anderen Autoren kritisiert, die auf eine zunehmend eindeutige Tendenz der Ausdifferenzierung beider Begriffe hinweisen (z. B. Laitko 2012, S. 11). Demnach werden spezifisch solche Forschungssituationen als transdisziplinär bezeichnet, in denen die Grenze zwischen Wissenschaft und praktischer Lebenswelt überschritten wird, während die innerwissenschaftliche Kooperation, die Wechselwirkung von Disziplinen innerhalb des Wissenschaftssystems, weiterhin als Interdisziplinarität bezeichnet wird (ebd.).

Warum wird innerwissenschaftliche Transdisziplinarität dennoch als möglicher Lösungsansatz für die Probleme der Landschaftsforschung diskutiert? Für das Beharren auf der Möglichkeit einer innerwissenschaftlichen Konstruktion von Transdisziplinarität mag es mehrere Gründe geben. U. a. kann der Wunsch zugrunde liegen, „aus Partikularitäten soll(e) wieder ein Ganzes entstehen" (Mittelstraß 2007, S. 2). Während Mittelstraß sich nachvollziehbar gegen die Interpretation abgrenzt, Transdisziplinarität strebe holistisch universale Erklärungsmuster an (Mittelstraß 2012, S. 13), *kann* sie doch im holistischen Horizont interpretiert werden und als ‚Königsweg' zur Erforschung ganzheitlich verstandener Gegenstände oder als Möglichkeit zu ganzheitlicher Erkenntnis aufgefasst werden. So verstandene transdisziplinäre Forschung erhebt dann den Anspruch, gleichermaßen lebensweltliche wie wissenschaftliche Fragen nicht nur zu berücksichtigen, sondern auch Antworten und Problemlösungen zu integrieren[6]. Klein (2014) beschreibt dieses holistische Verständnis von Transdisziplinarität. Sie unterscheidet mehrere Transdisziplinaritätsdiskurse und schildert u. a. einen „discourse of transcendence"[7]. Der erkenntnistheoretische Kern dieses Diskurses sei die Idee der Einheit. Der Diskurs der Transzendenz stehe – in Zeiten der Fragmentierung von Wissen und Kulturen – für das Verlangen nach einer Synthese[8].

Hier drängt sich der Zusammenhang zwischen Transdisziplinarität und Landschaftsforschung auf. Transdisziplinarität im Horizont des transzendenten Diskurses enthält das Versprechen, Landschaft wissenschaftlich doch noch ganzheitlich auffassen zu können und Landschaftsforschung synthetisierend in einem holistischen Sinn betreiben zu können. Dann wären beispielsweise essenzialistische und konstruktivistische Definitionen von Landschaft vereinbar und Landschaft wäre ein universaler Gegenstand. Auch wenn Fragestellungen und Methoden sich unterschieden, letztlich würden Forschungsergebnisse integrierbar und synthetisierbar. Das Motiv für diese Interpretation von Transdisziplinarität könnte das Interesse sein, die Attraktivität des ganzheitlichen

---

[6]Wie solche Integration methodisch vorzunehmen ist, bleibt ebenso ungelöst, wie die Frage der Integration beim oben erwähnten Sphären-Modell.

[7]Neben dem discourse of transcendence beschreibt Klein einen „discourse of problem solving" (Klein 2014, S. 70) und einen „discourse of transgression" (ebd., S. 72) (und erläutert transgression als Überschreitung reduktionistischer Herangehensweisen und normaler Wissenschaft).

[8]Als Beispiel können etwa die Arbeiten von Nicolescu (etwa Nicolescu 2012) gelten.

Landschaftserlebnisses, also eine lebensweltliche Dimension, auf der Ebene der Wissenschaften zu spiegeln: Landschaft soll als Ganze auch wissenschaftlich konstituierbar sein.

Ob aber tatsächlich der Begriff der Transdisziplinarität in den Landschaftswissenschaften auch deshalb auf Interesse stößt, weil er erneut die Möglichkeit einer Einheit des Gegenstandes und eines gemeinsamen Zuganges zu diesem Gegenstand verspricht, wäre anhand von Fallbeispielen vertiefend zu untersuchen. Während demnach vorerst fraglich bleibt, inwiefern transdisziplinäre Methoden die innerwissenschaftlichen Probleme der Landschaftsforschung lösen könnten, erscheint der Bezug von Transdisziplinarität auf das Zusammenwirken wissenschaftlicher Disziplinen und gesellschaftlicher Akteure erfolgversprechender.

5   Trandisziplinäre Landschaftsforschung: Kooperation von Wissenschaft und Gesellschaft

Wenn oben zwischen inner- und außerwissenschaftlicher Transdisziplinarität unterschieden wurde, so geschah dies mit dem Ziel, die mögliche Funktion einer hypothetischen innerwissenschaftlichen Transdisziplinarität für die wissenschaftliche Auseinandersetzung mit Landschaft darzustellen. Im Folgenden soll, mit Rücksicht auf die Fortentwicklung und Präzisierung des Begriffes der Transdisziplinarität, von dieser Unterscheidung abgesehen werden. Vielmehr soll die bisher als außerwissenschaftlich bezeichnete Transdisziplinarität, also die kluge und effiziente Kooperation wissenschaftlicher und zivilgesellschaftlicher Akteure zur Lösung praktischer Probleme (Mittelstraß 2007) etwa des Umweltschutzes, des Klimawandels, des demographischen Wandels usw. als Definition von Transdisziplinarität überhaupt verstanden werden. Transdisziplinarität wird also im Sinn von Jahns integrativem Modell als konstruktiver Zugang zu solchen Fragen verstanden, die gleichzeitig gesellschaftliche Probleme und Wissensprobleme sind (Jahn 2008, S. 30) und die kooperativ sowohl aus lebensweltlicher als auch aus wissenschaftlicher Perspektive bearbeitet werden.

Damit ist der Idealfall der ‚angewandten Landschaftsforschung' beschrieben, d. h. die gelungene Ausübung von Landschaftsplanung und Landschaftsarchitektur in Wissenschaft und Praxis. Beide Disziplinen speisen sich einerseits aus disziplinär und interdisziplinär gewonnenem Wissen (etwa aus Ökologie, Ökonomie und weiteren gesellschaftswissenschaftlichen Fächern). Andererseits werden lebensweltlich bestimmte Fragestellungen behandelt, die von außen an die Disziplinen herangetragen werden (und die außerdem, aufgrund der systematischen und deshalb internalisierten Anwendungsorientierung, auch aus der Disziplin selbst gestellt werden[9]). Der kontinuierliche Wandel

---

[9]Landschaftsplanung und Landschaftsarchitektur sind junge Disziplinen und sind auch als Wissenschaften stark geprägt vom „Wesen des ursprünglich Handwerklichen" (Eisel 1998, S. 127), der Realität praktisch ausgeübter Berufe.

gesellschaftlicher Anforderungen, die wissenschaftlichen Reaktionen, die erneute Konfrontation mit lebensweltlichen Realitäten usw. führen zur stetigen Modifikation der als relevant verstandenen Fragestellungen und Gegenstände.

Die transdisziplinäre Ausrichtung von Landschaftsplanung und Landschaftsarchitektur geht nicht auf explizite Diskussionen und Entscheidungen über Inhalte und Organisationsform der Disziplinen zurück. Vielmehr ergibt sie sich als notwendige Folge aus der Anwendungsorientierung der Planungswissenschaften. Diese werden definitionsgemäß zur Lösung mehrfach (z. B. ökologisch, ökonomisch, sozial) determinierter Probleme eingesetzt, bearbeiten also solche Fragestellungen, für die transdisziplinäre Forschung als besonders angemessen gilt (also z. B. „komplexe gesellschaftliche Problemstellungen" (Bergmann et al. 2016, S. 59), „hybride Probleme" (Jahn 2008, S. 25) „ill-defined problems" (Vilsmeier und Lang 2014, S. 90)).

Ebenso beruht die wachsende Bedeutung des gesellschaftlichen Einflusses auf Landschaftsplanung und -architektur nicht auf der Reflexion wissenschaftstheoretischer Modelle und der gezielten Entscheidung für Transdisziplinarität. Dagegen ergibt sich aufgrund der Adressatenorientierung von Planung und des verbreiteten öffentlichen Interesses an Stadtentwicklung, Natur- und Umweltschutz zwangsläufig die Notwendigkeit der Berücksichtigung partizipativer Elemente. Will die Landschaftsforschung ihren Anwendungshorizont nicht ignorieren (und ihre Existenzberechtigung als anwendungsorientierte Disziplin nicht verlieren), muss sie die Anliegen von zivilgesellschaftlichen Akteuren, sozialen Bewegungen, institutionalisierter Politik und Verwaltung aktiv einbeziehen.

Auch wenn dies methodisch und inhaltlich in der Regel nicht reflektiert wird, können Inhalte und Organisationsform einer ,angewandten Landschaftsforschung' (d. h. der Landschaftsplanung und -architektur) als transdisziplinär gelten: Die Kooperation zwischen den genannten Disziplinen und zivilgesellschaftlichen wie staatlichen Akteuren mit dem Ziel der Lösung praktischer Probleme ist dort, wenn vermutlich auch optimierbar, gängige Praxis. Eisel (1998) nennt diese Praxis „pragmatische Interdisziplinarität" (ebd., S. 126 ff.). Dabei geht er nicht explizit auf die Rolle der zivilgesellschaftlichen Beteiligung ein, denn er diskutiert insbesondere den Charakter und die Funktion von Interdisziplinarität in der Lehre und er tut dies in den 1990-er Jahren – seitdem hat der Umfang von Kommunikation und Partizipation deutlich zugenommen; der Anspruch (auch der Planenden) an eine Demokratisierung von Planung ist gewachsen. Obgleich aber die Beteiligung der Öffentlichkeit in den neunziger Jahren weniger intensiv praktiziert wurde, darf sie trotzdem als Aspekt „pragmatischer Interdisziplinarität" verstanden werden, denn diese wird als Auseinandersetzung mit „räumlich-lebensweltlichen" (ebd., S. 126) Einzelfällen beschrieben. Damit schließt sie potenziell auch die Befassung mit der Wahrnehmung und den Interessen zivilgesellschaftlicher Akteure ein. Allerdings nehmen mittlerweile die Anforderungen an Partizipation größeren Raum ein und auch die Methoden haben sich verändert (z. B. citizen science). In der praktischen Landschaftsplanung, wie auch in vielen anderen Feldern, sind hier weiterhin substanzielle Verbesserungen denkbar. Dennoch gehe ich davon aus, dass pragmatische Interdisziplinarität

in etwa gleichbedeutend mit Transdisziplinarität die wissenschaftliche und die Planungspraxis von Landschaftsplanung und -architektur beschreibt.

Ob die Kooperation nun als trans- oder als interdisziplinär bezeichnet wird, an ihre
Grenzen stößt die Zusammenarbeit verschiedener Disziplinen und Interessen dann, wenn –
jenseits der einzelfallbezogenen Problemlösung – eine theoretische Verallgemeinerung
der Fälle ansteht. Solange die zu lösenden Probleme fallspezifisch definiert werden, können auch die verwendeten Begriffe und Methoden kontextabhängig zugeschnitten und
die Ergebnisse fallspezifisch, in der Regel als Entwurf für die Gestaltung eines konkreten
Ortes, zusammengefasst werden. Auch die Verständigung über verschiedene Vorstellungen von Landschaft, die oben für die disziplinäre Kommunikation als Problem benannt
wurde, dürfte keine grundsätzlichen Probleme verursachen, da sie ohne jeden Anspruch
an Allgemeingültigkeit am einzelnen Fall diskutiert und gelöst werden kann. Die erforderliche Integration der beteiligten Disziplinen und lebensweltlichen Positionen kann
also am empirischen Einzelfall erfolgen, der – als Raum – alle Dimensionen der Fragestellung vereint.

Wenn aber fallbezogen praktizierte Transdisziplinarität theoretisch wird, ergeben
sich Schwierigkeiten. Soll es nicht bei der Analyse von Einzelfällen bleiben, sondern
die Übertragung der Erkenntnisse auf weitere Fälle möglich werden, ist die Verallgemeinerung von Einzelresultaten erforderlich. Dies erfolgt in Prozessen der Kritik und
Theoretisierung, die allerdings, so Bergmann et al. (2010, S. 21 f.), nicht notwendig in
die Formulierung von Gesetzen und Theorien münden müssen. Vielmehr gelten auch
Modelle als adäquate Form der wissenschaftlichen Verallgemeinerung komplexer Realitäten[10]. Auch wenn das Thema der Integration disziplinärer Ansätze umfangreich bearbeitet wurde (Krohn 2008; Jahn 2008; Defila et al. 2006), wird doch zugestanden, dass
die Entwicklung integrativer Methoden, deren Loslösung aus fachlichen Kontexten und
Anwendung in anderen Aufgabenbereichen „ein ausgesprochen schwieriger Prozess"
(Bergmann et al. 2010, S. 26) sei.

Die Schwierigkeiten liegen in der Natur der Sache, denn was im Hinblick auf
bestimmte Fragestellungen oder räumliche Abgrenzungen als Einheit definiert wurde,
muss sich – wenn es von verschiedenen Disziplinen mit verschiedenen Begriffen,
Methoden und Theorien bearbeitet wird – als theoretisch heterogen erweisen. So produktiv transdisziplinäre Zusammenarbeit bei der Lösung definierter Einzelfälle sein mag,
so begrenzt erscheinen die Möglichkeiten der theoretischen Verallgemeinerung, denn
sie widersprechen der immanenten Tendenz wissenschaftlicher Disziplinen zur Spezialisierung und Ausdifferenzierung (Stichweh 2014). In seiner Auseinandersetzung mit

---

[10]Die Begründung für die besondere Eignung von Modellen anstelle von Theorien zur Verallgemeinerung von Einzelfällen sind allerdings eher am Einzelnen als am Allgemeinen ausgerichtet:
Modelle können an der gegenständlichen Komplexität von Problemlagen orientiert werden, lassen
die Abbildung von Prozessen und die Anpassung an Prozesse zu und erlauben, beispielsweise im
Rahmen von Szenarien, quantifizierende Aussagen (Bergmann et al. 2010, S. 21 ff.).

Interdisziplinarität, die für das Verständnis transdisziplinärer Ansätze hilfreich ist, beschreibt Eisel (1998) das Problem der Integrationsarbeit als die Herausforderung, „zwischen Theorien und auch Handlungsanweisungen verschiedenartiger Paradigmen – z. B. der verstehenden Soziologie, der empirischen Naturwissenschaft und dem architektonischen Entwerfen – kontrolliert wechseln" (ebd., S. 131) zu können. Damit handelt man sich das nicht lösbare „Problem der Übersetzung von Theorien in ganz andere Theorien" (ebd.) ein.

Transdisziplinarität hat für die mit Landschaft befassten Disziplinen deshalb zweierlei Bedeutung. Für die Praxis von Landschaftsplanung und Landschaftsarchitektur stellt sie einen angemessenen (und implizit eingeführten) Zugang zu ihrem Gegenstand dar. Die theoretische Landschaftsforschung scheint dagegen von transdisziplinären Ansätzen nicht profitieren zu können. Hier kann nur die Argumentation auf einer Metaebene – etwa der kulturwissenschaftlichen Landschaftsforschung – klärend wirken. Deren Interesse kann nicht mehr auf eine Generalisierung von Einzelfällen gerichtet sein, es muss vielmehr auf die paradigmatischen Rahmenbedingungen der Fälle abzielen.

6　　Resümee

Zusammenfassend komme ich auf den Ausgangspunkt dieser Ausführungen zurück, d. h. auf die Frage nach dem Nutzen transdisziplinärer Ansätze für die Landschaftsforschung im Allgemeinen und nach den Möglichkeiten einer transdisziplinären Integration von Begriffs- und Theoriedifferenzen im Besonderen. Im Hinblick darauf habe ich diskutiert, was Landschaftsforschung sei und inwieweit Transdisziplinarität für die Lösung inner- und außerwissenschaftlicher Probleme hilfreich sein könne. Die Fragen wurden beantwortet

1. mit dem Verweis auf die Heterogenität der Auffassungen über Landschaft unter den mit dem Thema befassten Disziplinen,
2. mit der Vermutung, Transdisziplinarität sei auch deshalb innerwissenschaftlich attraktiv, weil sie die Möglichkeit eines holistischen Zugriffes auf den Forschungsgegenstand erlaube und
3. mit der Feststellung, dass (außerwissenschaftliche) Transdisziplinarität in den Disziplinen der Landschaftsplanung und der Landschaftsarchitektur praktiziert werde.

Während die transdisziplinäre Praxis in Landschaftsarchitektur und Landschaftsplanung, wenn auch unter der Bezeichnung Interdisziplinarität, seit langem angewandt wird und prinzipiell unproblematisch ist, könnte Transdisziplinarität als theoretische oder innerwissenschaftliche möglicherweise ein weiterer Versuch sein, den Gegenstand Landschaft wissenschaftlich ganzheitlich zu fassen – und insofern keine adäquate Problemlösung darstellen.

Die Probleme der ‚Landschaftsforschung‘, für deren Lösung transdisziplinäre Ansätze erwogen werden, entstehen, wie beschrieben, aufgrund des breiten Spektrums an Forschungsansätzen (und aufgrund der Konstruktion einer Forschungsgemeinde, die keine ist, weil sie keinen gemeinsamen Gegenstand hat). Schwierigkeiten resultieren daraus, dass die verschiedenen Gegenstandsdefinitionen derartig unterschiedliche Paradigmen, Methoden, Inhalte und Sprachen implizieren. Differenzen, Verständigungsprobleme oder Sprachlosigkeit sind demnach der Vielfalt der beteiligten Wissenschaften und Disziplinen geschuldet, sie entstehen entsprechend aufgrund der systematisch eingeschränkten Fähigkeit zu integrativem Handeln über disziplinäre Grenzen hinweg. Nicht mangelnde Kooperationsbereitschaft oder wissenschaftstheoretische Unaufgeklärtheit, sondern die Verschiedenheit der Paradigmen macht es so schwer, einen Konsens über den gemeinsamen Gegenstand zu finden.

Die Vielfalt der Herangehensweisen kann bis zu einem gewissen Grad entlang der paradigmatischen Rahmenbedingungen systematisiert werden; dies wäre Aufgabe einer kulturwissenschaftlichen Landschaftsforschung. Sie könnte sich mit der Darstellung und Systematisierung unterschiedlicher Herangehensweisen an die Landschaftsforschung befassen, d. h., grundsätzlich verschiedene Diskussionsstränge identifizieren und diesen die verschiedenen Diskurse und Positionen zuordnen. Als systematische Kategorien könnten einerseits ganzheitliche und andererseits analytische Positionen unterschieden werden, auch eine Systematisierung nach einerseits essenzialistischen, andererseits konstruktivistischen Ansätzen erscheint denkbar. Als Ausgangspunkt (oder Endpunkt, je nach Perspektive) einer solchen Rekonstruktion ist möglicherweise Alexander von Humboldt geeignet, der mit seiner gleichzeitig ästhetischen wie naturwissenschaftlichen Herangehensweise (Trepl 1987, S. 108) an Natur und Landschaft in Personalunion konträre Pole besetzt. Kulturwissenschaftliche Landschaftsforschung würde demnach das Spektrum der Paradigmen der Landschaftsforschung beschreiben und damit den wissenschaftlichen Rahmen, innerhalb dessen die Möglichkeit einer gewissen ‚Integration' von Positionen der Landschaftsforschung zu überprüfen wäre. Wahrscheinlich ist aber, dass innerhalb des aufgespannten Rahmens hauptsächlich Differenzen zu beschreiben sind. Dies ist hilfreich, weil damit Möglichkeiten und Grenzen der Kommunikation zwischen verschiedenen Ansätzen veranschaulicht werden. Ein solcher Überblick über die verschiedenen (wissenschaftlichen) Perspektiven auf Landschaft und die systematische Darstellung ihrer Unterschiede verhilft aber weder zu einer einheitlichen Gegenstandsdefinition noch zur Lösung außerwissenschaftlicher Probleme.

Eisel (1998) kritisiert das Bemühen um die Integration von Wissensbeständen (sofern es nicht auf der pragmatischen Ebene des Einzelfalles erfolgt), als „metaphysisches Vereinheitlichungsmodell" (ebd. S. 131). Anstelle der (interdisziplinären) Suche nach der Einheit des Gegenstands und des Wissens regt er die Bestimmung der Differenz der Theorien über den Gegenstand als „objektkonstitutiven Diskurs über Differenzen" (ebd., S. 132) an. Solche Bestimmung der Differenzen und paradigmatischen Rahmenbedingungen der mit Landschaft befassten Disziplinen wäre eine im weiteren Sinn kulturwissenschaftliche Aufgabe und erscheint mir als Landschaftsforschung im eigentlichen Sinn. Landschaftsforschung wäre demnach diejenige Disziplin, die verschiedene Perspektiven auf den Gegenstand Landschaft herausarbeitet, erläutert und gegeneinander abgrenzt. D. h. aber: Es bleibt notwendig bei der Vielzahl heterogener Perspektiven auf Landschaft. Die beteiligten Disziplinen müssen ein gewisses Spektrum an Begriffsverständnissen in Kauf nehmen und damit möglichst produktiv umgehen.

Literatur

Balsiger, P. W. (2005). *Transdisziplinarität. Systematisch-vergleichende Untersuchung disziplinübergreifender Wissenschaftspraxis*. München: Wilhelm Fink.

Bergmann, M., Brohmann, B., Hoffmann, E., Loibl, M. C., Rehaag, R., Schramm, E., Voß, J. (2005). *Qualitätskriterien transdisziplinärer Forschung*. www.isoe.de/uploads/media/st-13-isoe-2005.pdf. Zugegriffen: 07.06.2017.

Bergmann, M., Schramm, E. (2008). *Transdisziplinäre Forschung. Integrative Forschungsprozesse verstehen und bewerten*. Frankfurt am Main: Campus.

Bergmann, M., Jahn, T., Knobloch, T., Krohn, W., Pohl, C., Schramm, E. (2010). Methoden transdisziplinärer Forschung. Ein Überblick mit Anwendungsbeispielen. Frankfurt am Main: Campus.

Bergmann, M., Jahn, T., Lux, A., Nagy, E., Schäfer, M., (2016). Wirkungsvolle transdisziplinäre Forschung. *Gaia 1*, 59–60.

Berr, K. (2015). Landschaftsarchitektur und Philosophie. In: Berr, K., Franz, J. H. (Hrsg.), *Prolegomena – Philosophie, Natur und Technik* (S. 203–218). Berlin: Frank und Timme.

Berr, K. (2016). Stadt und Land(schaft) – Ein erweiterter Blick mit dem „zweyten Auge" auf ein frag-würdig gewordenes Verhältnis. In: Berr, K., Friesen, H. (Hrsg.), *Stadt und Land. Zwischen Status quo und utopischem Ideal*. (S. 75–117). Münster: Mentis.

Bobek, H., Schmithüsen, J. (1949). Die Landschaft im logischen System der Geographie. *Erdkunde, Bd. III*, 112–120.

Buchwald, K. (1978). Landschaft – Begriff, Elemente, System. In: Buchwald, K., Engelhardt, W. (Hrsg.), *Handbuch für Planung, Gestaltung und Schutz der Umwelt, Band 2: Die Belastung der Umwelt* (S. 1–23). Bonn: BLV.

Defila, R., Di Giulio, A. (1998). Interdisziplinarität und Disziplinarität. In: Olbertz, J., *Zwischen den Fächern – über den Dingen? Universalisierung versus Spezialisierung akademischer Bildung* (S. 111–137). Wiesbaden: VS.

Defila, R., Di Giulio, A., Scheuermann, M. (2006). *Forschungsverbundmanagement. Handbuch für die Gestaltung inter- und transdisziplinärer Projekte*. Zürich: vdf.

Eisel, U. (1998): Über Formen der Interdisziplinarität und Formen des Lebens. Das Beispiel Landschafts- und Umweltplanung. In: Nehring, M., Steigerwald, M., (Hrsg.), *Bild und Sprache. Modellvorstellungen in den verkehrswissenschaftlichen Disziplinen*. Arbeitsbericht Nr. 115 (S. 125–136). Stuttgart: Akademie für Technikfolgenabschätzung in Baden-Württemberg.

Eisel, U., Körner, S. (Hrsg.). (2009). *Befreite Landschaft. Moderne Landschaftsarchitektur ohne arkadischen Ballast?* Freising: Lehrstuhl für Landschaftsökologie, TU München.

Hard, G. (1970). *Die "Landschaft" der Sprache und die "Landschaft" der Geographen*. Bonn: Ferd. Dümmler.

Höhne, T. (2010). Aspekte einer transdisziplinären Transferforschung. ISOE-Materialien Soziale Ökologie, Nr. 34. http://www.isoe.de/publikationen/isoe-reihen/isoe-materialien-soziale-oekologie/. Zugegriffen: 21.06.2017.

Hokema, D. (2013). *Landschaft im Wandel? Zeitgenössische Landschaftsbegriffe in Wissenschaft, Planung und Alltag*. Wiesbaden: Springer VS.

Jahn, T. (2008). Transdisziplinarität in der Forschungspraxis. In: Bergmann, M., Schramm, E. (Hrsg.), *Transdisziplinäre Forschung. Integrative Forschungsprozesse verstehen und bewerten* (S. 21–37). Frankfurt am Main: Campus.

Kilper, H., Gailing, L. (2013). Die politische Konstruktion von Kulturlandschaften als kollektive Handlungsräume: Die Dessau-Wörlitzer Kulturlandschaft als Beispiel. In Leibenath, M., Heiland, S., Kilper, H., Tzschaschel, S. (Hrsg.), *Wie werden Landschaften gemacht?* (S. 69–204). Bielefeld: Transcript.

Klein, J. T. (2014). Discourses of transdisciplinarity: Looking Back to the Future. In: *Futures*. http://dx.doi.org/10.1016/j.futures.2014.08.008.

Krohn, W. (2008). Epistemische Qualitäten transdisziplinärer Forschung. In: Bergmann, M., Schramm, E. (Hrsg.), *Transdisziplinäre Forschung. Integrative Forschungsprozesse verstehen und bewerten* (S. 39–67). Frankfurt am Main: Campus.

Kühne, O. (2008). *Distinktion – Macht – Landschaft*. Wiesbaden: VS.

Kühne, O. (2013). *Landschaftstheorie und Landschaftspraxis. Eine Einführung aus sozialkonstruktivistischer Perspektive*. Wiesbaden: Springer.

Laitko, H. (2012). Grenzüberschreitungen. www.leibniz-institut.de/archiv/laitko_08_07_12.pdf. Zugegriffen: 21.06.2017.

Mittelstraß, J. (2007). Methodische Transdisziplinarität. www.leibniz-institut.de/archiv/mittelstrass_05_11_07.pdf. Zugegriffen:21.06.2017.

Mittelstraß J. (2012). Transdisziplinarität. http://www.gegenworte.org/heft-28/gegenworteheft28.html. Zugegriffen: 21.06.2017.

Mittelstraß, J. (2017). Emergenz und Transdisziplinarität. In: Pietsch, W., Wernecke, J., Ott, M. (Hrsg.), *Berechenbarkeit der Welt?* (S. 515–524). Wiesbaden: Springer VS.

Neef, E., Neef, V. (1977). *Sozialistische Landeskultur – Umweltgestaltung, Umweltschutz*. Leipzig: VEB F. A. Brockhaus.

Nicolescu, B. (2012). Transdisciplinarity: the Hidden Third, Between the Subject and the Object. *Human and Social Studies*. https://doi.org/10.2478/v10317-012-0002-5.

Pohl, C., Hirsch Hadorn, G. (2008). Methodenentwicklung in der transdisziplinären Forschung. In: Bergmann, M., Schramm, E. (Hrsg.), *Transdisziplinäre Forschung. Integrative Forschungsprozesse verstehen und bewerten* (S. 89–91). Frankfurt/New York: Campus.

Prominski, M. (2004). *Landschaft entwerfen*. Berlin: Reimer.

Schäfer, M. (2013). Inter- und Transdisziplinäre Nachhaltigkeitsforschung – Innovation durch Integration? In: Rückert-John, J. (Hrsg.), *Soziale Innovation und Nachhaltigkeit* (S. 171–194). Wiesbaden: Springer VS.

Stichweh, R. (2014). *Wissenschaft, Universität, Professionen: Soziologische Analysen*. Bielefeld: transcript.

Trepl, L. (1987). *Geschichte der Ökologie. Vom 17. Jahrhundert bis zur Gegenwart*. Frankfurt a. M.: Athenäum.

Trepl, L. (1995). Die Landschaft und die Wissenschaft. In: Erdmann, K.-H.; Kastenholz, H. G. (Hrsg.), *Umwelt- und Naturschutz am Ende des 20. Jahrhunderts* (S. 11–26). Berlin, Heidelberg, New York: Springer.

Vilsmeier, U., Lang, D. J. (2014). Transdisziplinäre Forschung. In: Heinrichs, H., Michelsen, G. (Hrsg.), *Nachhaltigkeitswissenschaften* (S. 87–113). Berlin, Heidelberg: Springer.

Waag, P. (2012). Inter- und transdisziplinäre (Nachhaltigkeits-)Forschung in Wissenschaft und Gesellschaft. URL: http://www.uni-bremen.de/de/artec/publikationen/artec-paper.html. Zugegriffen: 21.06.2017.

Weichhart, P. (2016). Der Kieler Geographentag 1969 – Modernisierungsschub, Mythos, Paradigmenwandel oder vergessene Geschichte? *Geographica Helvetica*. https://doi.org/10.5194/gh-71-7-2016.

Weith, T., Danielzyk, R. (2016). Transdisziplinäre Forschung – Mehrwert für die Raumwissenschaften. Fünf Thesen zur Diskussion. In: *Nachrichten der ARL* 2, 8–12.

Differenzierung und Einheitsbildung in der Landschaftsforschung

Karsten Berr

1   Einleitung

In der Transdisziplinaritätsforschung ist die These vertreten worden, bei transdisziplinärer Forschung gehe es darum, sich „Situationen hoher Unsicherheit und Komplexität" (Vilsmaier und Lang 2014, S. 90) zu nähern – das heißt den bekannten „wicked problems" (Rittel und Webber 2013) jedweder Planung –, um diese als ‚Ganzes' zu erfassen. Freilich bedeute dieses ‚Ganze' *nicht,* „Wirklichkeit (vollständig) abbilden oder als Ganzheit erfassen" zu können, stattdessen gehe es darum, „die Vielfalt an Betrachtungswinkeln zu erhöhen", um „das Bild einer Situation, das WissenschaftlerInnen durch ihre spezifische Kenntnis von Teilaspekten erfassen", zu „komplettieren" (ebd.), das heißt, eine forschungs- oder handlungsorientierende ‚Einheit' zu gewinnen. In der Landschaftsforschung gibt es den sachverwandten Vorschlag, neben oder nach Analysen in einer ‚Synthese' die zuvor auseinandergelegten Aspekte und Perspektiven unterschiedlicher Landschaftsbegriffe, entsprechender Landschaftstheorien und Forschungsstrategien wieder ‚komplettierend' zusammenzuführen und „Perspektiven für die Zukunft zu entwickeln" (Küster 2009, S. 115). Mit den Begriffen ‚Einheit', ‚Ganzes' oder ‚Synthese' werden allerdings in der Transdisziplinaritäts- und Landschaftsforschung ebenso häufig *negative* Konnotationen verbunden – entweder epistemologisch im Sinne einer enzyklopädisch verfassten ‚Einheitswissenschaft' bzw. einer „unity of knowledge" (Nicolescu 2008, S. 2) oder im Sinne einer ontologisch konzipierten ‚Einheit der Welt', die jeweils alle Differenzierungen zwischen Begriffen, Theorien oder Paradigmen einebnen wollen (zur Kritik vgl. exemplarisch: Balsiger 2005; Eisel 1992; Gethmann 1991, 2005; List

K. Berr (✉)
Universität Vechta, Vechta, Deutschland
E-Mail: karsten.berr@uni-vechta.de

© Springer Fachmedien Wiesbaden GmbH, ein Teil von Springer Nature 2018
K. Berr (Hrsg.), *Transdisziplinäre Landschaftsforschung,* RaumFragen: Stadt – Region – Landschaft, https://doi.org/10.1007/978-3-658-20781-6_3

2004; Mittelstraß 1992, 1998). Obwohl Transdisziplinaritätsforschung dieses Missverständnis inzwischen weitgehend aufgeklärt und verschiedene „Transdisziplinaritätsverständnisse" (Vilsmaier und Lang 2014, S. 94) ausdifferenziert und expliziert hat, könnte immer noch der Eindruck entstehen, als sei mit den Begriffen ‚Einheit', ‚Ganzes' oder ‚Synthese' der Versuch gemeint, den Reichtum phänomenaler Differenzen und wissenschaftlicher Differenzierungen einem vorkritischen Einheitsstreben aufzuopfern.

Gegen diese mögliche negative Einschätzung dieser Begriffe ist die These der folgenden Ausführungen gerichtet:

> In jeder disziplinären und disziplin-übergreifenden Forschung – so auch in der Landschaftsforschung – greift ein wechselseitiger Prozess von (Aus)-Differenzierungen und integrierenden Einheitsstiftungen ineinander, dessen Nachvollziehbarkeit zu einem besseren Verständnis des eigenen Forschungshandelns als Wissenschaftler und damit zu zielorientierter Forschung beitragen kann.

Um diese These vorläufig zu plausibilisieren, sei zuerst einmal an den *genetischen* Ursprung von Wissenschaften und wissenschaftlichen Disziplinen erinnert, der sich als Aus-Differenzierung eben dieser Wissenschaften und wissenschaftlichen Disziplinen aus vortheoretisch-vorwissenschaftlichen Kunstfertigkeiten oder ‚Künsten' (gr. *téchnai*; lat. *artes*) im Rahmen alltags- bzw. lebensweltlicher Praxen als „Handlungsweisen zur Bewältigung wesentlicher Bedingungen der alltäglichen Lebenswelt" (Gethmann 2010, S. 26) rekonstruieren lässt. Diese vortheoretischen Handlungsroutinen bzw. ‚Künste' können mit Aristoteles näher als „praktisches Können" (téchne) (Aristoteles 2001, NE, VI, 4) oder als „standardisierte Geschicklichkeit" (Türcke 2016, S. 22) im Sinne „regelgerechte[n] Tun[s]" (Plumpe 1993, S. 27; vgl. Aristoteles 1991, Met. I, 1) beschrieben werden. Ulrich Eisel beschreibt die Könnerschaft dieser Praxis als „die Gestalt der Gesamtheit aller Fertigkeiten, die der Gegenstand als konstruktiver Problemfall jemandem ‚abverlangt'", das heißt als Einheit von Können und Wissen, in der ‚Können' „nicht unterscheidbar" von ‚Wissen' sei (Eisel 1992, S. 3). Ähnlich zielt nach Gerhard Plumpe der Begriff ‚téchne' „auf die Einheit von Tätigkeit und explizitem Wissen von dieser Tätigkeit" (Plumpe 1993, S. 27). Diese *Einheit* des ‚praktischen Könnens' lässt sich daher als Ununterschiedenheit von erfahrungsbasierter Tätigkeit (Können) und Regelkenntnis (Wissen) bestimmen.

Die Alltags- oder Lebenswelt ist somit der „Sitz der Wissenschaften im Leben" und „Wissenschaften sind Hochstilisierungen lebensweltlicher Praxen" – denn es „ist ebenso selbstverständlich wie häufig übersehen, daß Wissenschaften sich historisch aus Lebenswelten entwickelt haben, in denen es sie noch nicht gegeben hat. Gegeben hat es jedoch – praktisch zu jeder Einzelwissenschaft – bestimmte vor- und außerwissenschaftliche Praxen, aus denen sie sich herausspezialisiert haben" (Janich 1996, S. 77). Dass vortheoretisches oder vorwissenschaftliches ‚praktisches Können' als Einheit von Können und Wissen zu wissenschaftlichen Begriffen und Methoden „hochstilisiert" bzw. „verwissenschaftlicht" werden kann (Janich 2011, S. 684), verdankt sich daher der ausdrücklichen Thematisierung und letztlich Trennung des Wissens aus dessen Einheit mit dem

Können. Diese Trennung ist daher auch eine Voraussetzung für autonome und kritische Wissenschaft, worauf K. Popper und daran anschließend R. Dahrendorf (vgl. Kühne 2017, S. 15–18) hingewiesen haben: Die Trennung von Wissenschaft und lebensweltlicher Praxis ist erforderlich, um die ‚Theorie' von impliziten Wertvorstellungen und dem Handlungsdruck lebensweltlicher Praxis zu entlasten. Zudem sind Können und Wissen „verschieden codiert. Beim Wissen geht es um die Unterscheidung von wahr und falsch; beim Können geht es um Gelingen und Misslingen" (Prange 2017, S. 106). Praxis, so Dahrendorf (1987), beantwortet lebensweltliche ‚Fragen', die nicht aufgeschoben werden können, sondern beantwortet und unter Zeit- und Handlungsdruck in gelingendes Handeln umgesetzt werden müssen. Wissenschaft befasst sich hingegen mit ‚Problemen', die ‚theoretisch' verschoben oder vergessen werden können, ohne dass ein lebenspraktischer Handlungsdruck zur Eile drängen würde. Daher lässt sich sagen: „Praxis kann nicht warten und die Theorie nicht hasten" (Dahrendorf 1987, S. 22) – oder anders formuliert: „das Wissen [ist] immer hypothetisch, das Handeln aber kategorisch" (Gethmann 2009, S. 2).

Die *Fundamente* wissenschaftlicher Disziplinen liegen demnach in fachspezifischen lebensweltlichen Praxen. Beispiele für mathematische Disziplinen sind die Geometrie und Arithmetik. Der Anfangsgrund der Geometrie liegt im „Behauen" und vor allem paarweise aneinander „Abschleifen" (vgl. Janich 2015, S. 42–46) von Stein- oder Metallplatten im „Dreiplattenverfahren" (Dingler, 1952, S. 8), der Anfangsgrund der Arithmetik in der „Rechenkunst der Kauf- und Seeleute" (Janich 1996, S. 77). Die beiden Naturwissenschaften Chemie und Biologie basieren „auf den Künsten der Gerber und Färber, Metallscheider und Heilkundigen" und „auf den Künsten des Züchtens und Nützens von Tieren und Pflanzen und wieder der Heilkunst" (Janich 1996, S. 77). Das Fundament der Medizin ist der „Eingriff" (Schipperges 1970, S. 7), das der Ethik das „Streitschlichten" (Gethmann 1992) und das der Pädagogik das „Zeigen" (Prange 2005) – um weitere Beispiele zu erwähnen. Was schließlich Landwirtschaft, Gartenbau, Forstwirtschaft, Fischerei und Bergbau als lebensweltliche Praxen betrifft, können als Fundamente landschaftsbezogener Disziplinen im weitesten Sinne der „Umgang mit der Erde" (Kluxen 1997, S. 229) in Gestalt von ‚Anbau', ‚Abbau' und ‚Raubbau' sowie die „allgemeine Landnutzung" als „Urproduktion" (Potthast 2011, S. 1252) im Rahmen von ‚Landnutzungssystemen' (Küster 2016) angegeben werden (vgl. Berr 2017b).

2 Das System der Künste (artes): Ausdifferenzierung und Einheitsstiftung

Die Ausdifferenzierung vieler ‚Künste' forderte von der Antike bis in die frühe Neuzeit hinein die Gegenbewegung einer Einheitsstiftung heraus. ‚Synthese' kann dann als ‚Einheit' im Sinne der *Systematisierung* dieser ‚Künste' verstanden werden. Ein bekanntes historisches Beispiel, das diese Einheitsstiftung exemplarisch veranschaulichen mag, sind die ‚Artes-Lehren', die seit der Antike in unterschiedlichen Systematisierungen entwickelt wurden (vgl. Klinkenberg 1971; Wühr 1950; Curtius 1965, S. 44 ff.).

Die bekannteste ist die von Martianus Capella im 5. Jahrhundert n. Chr. entwickelte Einteilung der Künste in die ‚artes liberales' (‚freie Künste') und ‚artes mechanicae' (‚mechanische Künste'), die das europäische Bildungssystem bis ins 18. Jahrhundert hinein maßgeblich bestimmte (Plumpe 1993, S. 29; Capella 2005). Einteilungskriterium für diese Systematik ist eine in der Antike und bis in die Neuzeit hineinreichende Unterscheidung zwischen körperlicher handwerklicher Arbeit und theoretischer Kontemplation. In der antiken Gesellschaftsordnung war die Geringschätzung handwerklicher Arbeit tief verankert, die man beispielsweise als freier Bürger des griechischen Stadtstaates (pólis) „doch lieber den Frauen, den Sklaven, den Periöken (bäuerlichen Umlandbewohnern) und eben den Banausen, also den Handwerkern überließ" (Janich 2015, S. 15). Das setzt sich dann fort bis in die Höherbewertung der ‚Theorie' gegenüber praktischen Tätigkeiten bis in die Neuzeit hinein. Entscheidend ist demnach die Unterscheidung „von freier beschaulicher Betrachtung (Theorie)", die eines freien Mannes allein würdig, und „lebensnotwendiger körperlicher Arbeit", die für einen freien Mann unangemessen sei – d. h. die soziale Leitdifferenz „von ‚frei'/‚unfrei'" (Plumpe 1993, S. 28). Ackerbau und Architektur beispielsweise wurden daher als unfreie Künste den ‚artes mechanicae' zugeordnet.

An der Wende zum 18. Jahrhundert wurde dieses System der Künste anhand einer neuen Leitdifferenz umbenannt und umstrukturiert. Statt einer stratifizierenden sozialen Differenzierung (‚oben'/‚unten') erfolgte die Differenzierung nunmehr nach einem „funktionalem Prinzip", insofern die mechanischen Künste nunmehr eine „wesentliche soziale Funktion" (Plumpe 1993, S. 31) erfüllen. Hintergrund dieser Umstrukturierung war der soziale und ökonomische Aufstieg des Bürgertums (mit Handwerkern, Manufakturen etc.), das sich gegen die Abwertung ‚unfreier' handwerklicher Tätigkeiten im Rahmen der ‚artes mechanicae' gegenüber den ‚freien' Tätigkeiten der ‚artes liberales' zur Wehr setzte. Prominentes Beispiel für diese Abwehr ist der Angriff von Denis Diderot auf die Bezeichnung ‚artes liberales' in der ‚Enzyklopädie' (1969, S. 185): Das Vorurteil, die Ausübung der ‚artes mechanicae' sei eine „Entwürdigung des menschlichen Geistes (…) trug dazu bei, die Städte mit hochmütigen Schwätzern und unnützen Betrachtern und das Land mit unwissenden, faulenzenden und anmaßenden kleinen Tyrannen zu füllen". So wurde gegen Ende des 18. Jahrhunderts die vormalige Unterscheidung der ‚artes *liberales*' und ‚artes mechanicae' durch die neue Unterscheidung der so genannten ‚*schönen* Künste' und ‚mechanischen Künste' abgelöst. Das Kriterium für ‚schön' war die auswählende und verdichtende Nachahmung der Natur, das Kriterium für ‚mechanisch' der nützliche Gebrauch der Natur (vgl. exemplarisch Gottsched 1962 [1730]; Batteaux 1967 [1746]). Im 18. Jahrhundert wurden schließlich die heutigen Wissenschaften aus den ‚schönen Künsten' und zu Beginn des 19. Jahrhunderts aus den ‚mechanischen Künsten' die heutige Technik ausdifferenziert. Jetzt erst tritt das Wort ‚Kunst' im heute gebräuchlichen Singular und mit der Konnotation ‚ästhetisch' im modernen Sinne auf (vgl. Grassi 1962; Ritter 1971; Kristeller 1980; Plumpe 1993; Schneider 1996, S. 7–20). Und es treten auch erst jetzt *neben* die Kunst als weitere autonome Praxen die Wissenschaft und die Technik (vgl. Plumpe 1993, S. 32). Die Heimatschutz- und die

Kunstreformbewegung im Übergang vom 19. zum 20. Jahrhundert wendete sich dann sowohl gegen eine technisierte Massenproduktion von Gebrauchs- und Zierartikeln als „maschinell hergestellte[r] Pseudoluxus" (Sieferle 1984, S. 175) wie auch gegen einen architektonischen Historismus und Funktionalismus und wollte zu diesem Zweck die ‚mechanischen Künste' jeweils rehabilitieren und aufwerten. Heimatschützer forderten entsprechend eine „Rückkehr zur handwerklichen Qualität" (ebd., S. 181), wenn sie die „Pflege der überlieferten ländlichen und bürgerlichen Bauweise" (Bund Heimatschutz 1904/05, S. 1) propagierten; diese Betonung des ‚Regionaltypischen' konnte dann im Rahmen der Kunstreformbewegung „für Kunstschaffende in Abgrenzung zu massenhaft industriell reproduzierten Kunstwerken ‚als Quelle reichster Anregung' (Pazaurek 2007 [1912], S. 119) dienen" (Kühne 2013, S. 48 f.).

3   Einheitsstiftung als ‚Einheit' der Wissenschaften?

Das eine ist die Systematisierung der ‚Künste', etwas anderes hingegen ist die Systematisierung oder gar Vereinheitlichung der aus dem System der Künste in der Moderne ausdifferenzierten Wissenschaften. Wissenschaft ist ein dynamisches System, das stets neue Disziplinen produziert, zusammenführt, in anderen Disziplinen aufgehen oder schlichtweg untergehen lässt. Denn „hinter dieser Dynamik steht eine wichtige methodologische Grundtatsache jeder Forschung" (Tetens 1999, S. 1769): Die zu erforschende Wirklichkeit ist dem einzelnen Wissenschaftler oder einer Wissenschaftlergruppe nicht in ihrer Totalität, sondern nur in wissenschaftsspezifischen Aspekten zugänglich, die dann auch spezifische Methoden erforderlich machen. Um Kriterien der Wissenschaftlichkeit angeben zu können, die Wissenschaften *als* Wissenschaften zu identifizieren vermögen, wurde daher in der Wissenschaftsgeschichte bis in die Gegenwart hinein immer wieder die Frage nach einer angemessenen Systematisierung der Wissenschaften aufgeworfen, wobei die Systematisierungsversuche dementsprechend entweder gegenstands- oder methodenbezogen erfolgen (vgl. Tetens 1999, S. 1769). Bekannte Systematisierungen dieser Art sind beispielsweise die von D. Diderot und J. le Rond d'Alembert herausgegebene „Encyclopédie" (1751–1780) als „*wissenschaftssystematisches*, nämlich *klassifikatorisches* Programm" (Mittelstraß 2004, S. 559) oder die Einteilung der Wissenschaften in Natur- und Geisteswissenschaften (Dilthey 1970), in ‚nomothetische Gesetzeswissenschaften' und ‚idiographische Ereigniswissenschaften' (Windelband 1924 [1894]) oder in Natur- und Kulturwissenschaften (Rickert 1986 [1902]).

Problematisch werden solche durchaus sinnvollen Systematisierungen als Stiftung einer „Einheit *in* der Vielfalt" (Gethmann 1991, S. 352) allerdings dann, wenn eine spezifische Wissenschaft (exemplarisch: Mathematik oder Physik) oder ein spezifisches Wissenschaftsparadigma (exemplarisch: das „deduktiv/induktiv-hypothetische Modell der empirischen Wissenschaft" (Tetens 1999, S. 1767)) zum paradigmatischen Modell von Wissenschaft schlechthin erhöht werden oder gar der Anspruch erhoben wird, sämtliche Theorien auf eine einzige Theorie zu reduzieren oder alle Theorien in einer umfassenden Theorie zu inkorporieren, was auf „Einheit statt Vielheit" (Gethmann 1991, S. 352) hinausliefe. Das hätte zur Folge, die Vielfalt der Einzelwissenschaften in einer ‚Einheitswissenschaft' aufzulösen. Eine bekannte Reduktionsstrategie ist das Programm des logischen Empirismus in den 1930er Jahren, alle Wissenschaften und Theorien auf die Physik zu reduzieren bzw. in die physikalische Sprache zu übersetzen (vgl. Carnap 1931; Lorenz 2004; Tetens 1999, S. 1769). Ein Beispiel für eine Inkorporierungsstrategie ist das von Werner Heisenberg und nachfolgenden Wissenschaftlern „unter dem Titel ‚Einheit der Natur' verfolgte Vereinheitlichungsprogramm physikalischer Theorien", das auf der „Vorstellung der einen Natur" beruht, „der ein einheitliches Theoriegebäude zu korrespondieren habe, das alle Naturgesetze involviere" (Gethmann 1991, S. 356 f.).

Angesichts der empirisch gegebenen Pluralität und Ausdifferenzierung vieler Wissenschaften und wissenschaftlichen Disziplinen stellt sich somit die Frage, was eigentlich gegen eine Vielfalt der Wissenschaften sprechen soll? Ist es nicht so, dass diese Vielfalt *„offensichtlich sowohl der Komplexität der Wirklichkeit als auch den pragmatisch bestimmten Erkenntniszielen allein angemessen"* ist (Tetens 1999, S. 1769)? Und profitieren wir nicht immer schon von Vielheit überhaupt, so auch in den Wissenschaften? Welcher Handwerker strebt nach einem „Einheitswerkzeug" (Gethmann 1991, S. 350), welcher Teetrinker nach einem Einheitstee, welcher Bäcker nach einem Einheitsbrot und welcher Landschaftsarchitekt nach einer Einheitslandschaft (einmal abgesehen von Vertretern quantifizierender ‚Landschaftsbewertungsverfahren' wie etwa der ‚Landschaftsbildanalyse' in der Landschaftsplanung – dieses Verfahren führt zumeist zur ‚landschaftlichen Nivellierung' (vgl. Kühne 2013, S. 238–240; Körner 2006b))? Gethmann (1991, S. 350) vermutet, hinter den Einheitssehnsüchten mancher Wissenschaftler stecke „ein ideologischer *Szientismus"*. Anstatt daher nach einer „*kognitiven* Vereinheitlichung der Wissenschaften zu einer Einheitswissenschaft [zu suchen], muss man ein Einheitspostulat ganz anderer Art unterscheiden, nämlich (…) im Sinne der *einheitlichen Verwendung* der Wissenschaft als Problemlösungsinstrument (…). Somit handelt es sich hier um die Konzeption einer *operativen* Einheit der Wissenschaften (…) [also um] ein pragmatisches Projekt" (Gethmann 1991, S. 350 f.). Gethmann führt entsprechend weiter aus:

> Die Einheit der Wissenschaften entspricht keineswegs einer geheimnisvollen Einheit der *Natur*, die man durch angestrengtes Suchen *entdecken* kann, sondern sie resultiert aus dem Ensemble unserer Zwecke und unseres zweckgerichteten Handelns und muß somit im Rahmen unserer *Kultur erfunden* werden. Der Aufbau einer Kultur menschlicher Kooperation und Kommunikation ist keine wissenschaftliche, sondern eine genuin lebensweltliche Aufgabe, so daß die angestrebte ‚Einheit der Wissenschaften' nicht in Form einer Theorie, sondern in Form einer Praxis realisiert werden muss (Gethmann 1991, S. 351).

Wenn der Rede von einer ‚Einheit der Wissenschaften' also ein Sinn jenseits szientistischer oder gar metaphysischer Spekulationen abgewonnen werden kann, dann liegt dieser Sinn in einem einheitlichen Verständnis der Praxis der Wissenschaft. Diese Praxis ist rückgebunden an lebensweltliche Zwecke und die Funktion der Wissenschaften als ‚Problemlösungsinstrument‘.

4 Einzel-Disziplinen als ‚Einheitsgesichtspunkt‘

Ein wenig beachteter Aspekt der Frage nach Differenzierung und Einheitsbildung in der Wissenschaft ist die spezifische Verfasstheit der Einzelwissenschaften oder einzelnen wissenschaftlichen Disziplinen. *Geltungs*theoretisch gibt der Ausdruck ‚Disziplin‘ nämlich selbst schon „einen Einheitsgesichtspunkt" an, „unter dem bestimmtes Wissen der Form nach von anderem abgetrennt werden kann" – denn unabhängig davon, ob eine Disziplin als „*historisch gewachsene* Zusammenfassung" oder als eine „systematisch-rekonstruktive Zusammenstellung von Wissen und Wissensformen" verstanden wird, müssen jeweils *Kriterien* angegeben werden, „wodurch sich die jeweilige ‚Einheit‘ der betreffenden Disziplin erweisen ließe" (Gutmann 2005, S. 70).

Zu erinnern ist auch daran, dass Disziplinen zum einen in „*historisch gewachsene* Grenzen" (Mittelstraß 2005, S. 19) eingeschlossen sind, das heißt, ihre Herkunft den Problemstellungen der Lebenswelt (vgl. exemplarisch: Janich 2015; Gethmann 2010) und den disziplinären Zuständigkeitsverschiebungen innerhalb der Wissenschaftsgeschichte verdanken (ist ‚Wärme‘ ein ‚Gegenstand‘ der Physik oder der Chemie; ist ‚Landschaft‘ ein Gegenstand der Landschaftsplanung, der Geografie oder anderer Disziplinen?). Das bedeutet, dass nicht Gegenstände, Phänomene oder Methoden *allein* „die Disziplin [definieren], sondern die Art und Weise, wie wir theoretisch mit ihnen umgehen" (Mittelstraß 2005, S. 19).

Will man diese Hinweise verallgemeinern, bedeutet dies erstens, dass Disziplinen Konstrukte unter pragmatischen Einheitsaspekten sind (Gutmann 2005), und zweitens, „dass sich bestimmte Probleme dem Zugriff einer einzelnen Disziplin entziehen" (Mittelstraß 2005, S. 19). Dies gilt in besonderem Maße für solche Disziplinen, die mehr oder weniger direkt mit Problemen der Lebenswelt konfrontiert werden. Das betrifft gerade landschaftsbezogene Disziplinen wie die Raumplanung, Geografie, Landschaftsplanung und Landschaftsarchitektur, die ihre Gegenstände und Begriffe – im Gegensatz zu ‚kompakten‘ (Toulmin 1978) oder ‚harten‘ (Hard 2003) Disziplinen wie etwa die Physik, Chemie oder Biologie – mit dem Alltagsverständnis gesellschaftlicher Akteure teilen und daher sehr stark auf Anschlussfähigkeit an gesellschaftliche demokratische Aushandlungsprozesse und die Motivationen, Überzeugungen und Werthaltungen der Akteure angewiesen sind. Es sind demnach Probleme, die sich „anderen als allein wissenschaftlichen Fragestellungen verdanken" (Mittelstraß 2005, S. 19).

Im Übrigen ist alles wissenschaftliche bzw. disziplinäre Wissen möglicherweise immer schon auch auf Wissen aus anderen Disziplinen angewiesen und somit „seiner *Form* nach *interdisziplinär*" (Gutmann 2005, S. 70). Disziplinen sind daher grundsätzlich von sich aus interdisziplinär angelegt. Die von Gutmann thematisierte konstruierte ‚Einheit‘ kann mit Heinz Heckhausen (1987) auch als „theoretische[s] Integrationsniveau" bezeichnet werden, „auf dem der gewählte Gegenstandsaspekt theoretisch integriert, ja rekonstruiert wird" (zit. nach Balsiger 2005, S. 146).

5   Disziplinäre und disziplinübergreifende Differenzen und Einheitsbildungen

Für den Gang der weiteren Überlegungen, in denen Differenzierungen vorgestellt und mögliche Einheitsbildungen vorgeschlagen werden, seien zuerst einmal die Differenzen in und zwischen Disziplinen überblicksartig in Tab. 1 dargestellt:

Die infra- und intradisziplinären Differenzen können als disziplininterne, die inter- und transstrukturellen Differenzen als disziplinübergreifende Differenzen beschrieben werden.

5.1   Disziplinäre Differenzen und Einheitsbildungen

5.1.1 Infra-disziplinäre Differenzen und Einheitsbildungen

Der Ausdruck „infradisziplinär" stammt von Paul Lorenzen (1974) und soll die allen Disziplinen und fachdisziplinären Tätigkeiten zugrunde liegenden Fundamente bezeichnen (vgl. Balsiger 2005, S. 145). Lorenzen betrachtet in diesem Sinne Logik, Ethik und Wissenschaftstheorie als „die grundlegenden Schritte, durch die die Wissenschaften in Gang kommen, das sind die Teile, die zusammen ein infradisziplinäres Wissen bilden" (Lorenzen 1974, S. 145). Allerdings hat sich weder der Begriff ‚infradisziplinär' durchgesetzt noch ließ sich das damit verbundene Fundierungsprogramm tatsächlich realisieren. Der Begriff kann aber als Bezeichnung für die grundlegende Infrastruktur einer Wissenschaft oder Disziplin herangezogen werden, wie sie durch die Wissenschaftstheoretiker Ludwik Fleck, Thomas Kuhn und Yehuda Elkana thematisiert wurden: als die grundlegenden und gemeinsam geteilten Sichtweisen, das heißt, ‚Denkstile' (Fleck 1980

Tab. 1 *Differenzen* in und zwischen Disziplinen

	(1) *Infra*-disziplinär	(2) *Intra*-disziplinär	
Infrastrukturelle Differenzen in Einzel-Disziplinen	Paradigmen-Vielfalt	Begriffs- und Theorien-Vielfalt	*Suprastrukturelle* Differenzen in Einzel-Disziplinen
Interstrukturelle Differenzen zwischen *Disziplinen*	Vielfalt disziplinärer Denkstile, Paradigmen, Theorien, Begriffe	Vielfalt wissenschaftlicher *und* lebensweltlicher Argumente	*Transstrukturelle* Differenzen zwischen *Disziplinen* und *Lebenswelt*
	(3) *Inter*-disziplinär	(4) *Trans*-disziplinär	

[1935]), ‚Paradigmen' (Kuhn 1976 [1962]) oder ‚Wissensvorstellungen' (Elkana 1986) einer Disziplin bzw. einer Wissenschaft und ihrer Vertreter.

Worin bestehen in der disziplinären Infrastruktur die infradisziplinären Differenzen? Thomas S. Kuhn (1976 [1962]) hatte die These vorgebracht, die Wissenschaftsentwicklung verlaufe in einem Wechsel von ‚normalwissenschaftlichen' Phasen eingespielter Routinen und wissenschaftlicher ‚Revolutionen'. Die Wissenschaftler der ‚normalen' Wissenschaften seien durch ein ‚Paradigma' verbunden, das spezifische Theorien, Hintergrundannahmen, ein Vorverständnis ihres disziplinspezifischen Gegenstandes, eine angemessene Methodologie samt Methoden sowie die Forschungspraxis orientierende Zielvorstellungen umfasst. Solche ‚reifen' Wissenschaften seien nach ihrer Etablierung monoparadigmatisch verfasst und überwiegend mit der Vertiefung dieses Paradigmas und der Auflösung von Problemen und Rätseln, die mit diesem Paradigma verbunden sind, beschäftigt, weniger hingegen auf wissenschaftliche Neuerungen ausgerichtet. Das wissenschaftlich Neue ereigne sich im Rahmen nicht intendierter und rational kaum zu rekonstruierender wissenschaftlicher ‚Revolutionen', die Kuhn auch als ‚Paradigmenwechsel' bezeichnet. Im Rahmen dieser normalwissenschaftlichen Entwicklung seien so genannte ‚reife' Wissenschaften wie die Physik, Chemie oder Biologie dadurch ausgezeichnet, dass sie sich an *einem* Paradigma orientieren, ‚unreife' Wissenschaften hingegen seien ‚polyparadigmatisch' verfasst. Analog unterscheiden der Wissenschaftstheoretiker Stephen Toulmin (1978) zwischen ‚kompakten' und ‚diffusen' sowie der Geograf Gerhard Hard (2003 [1982]) und der Landschaftsplaner Stefan Körner (2006a) zwischen ‚harten' und ‚diffusen' Disziplinen. Dementsprechend wird die Geografie als „konstitutionell vor- oder polyparadigmatische" bzw. „diffuse" (Hard 2003 [1982], S. 179) Disziplin, die Landschaftsarchitektur als „diffuse Disziplin" (Körner 2006a, S. 19) und die Landschaftsplanung als ‚undeutliche, sanfte' (Eisel 1992) Disziplin eingestuft. Diese (und andere) Disziplinen sind demnach durch *mehrere* Paradigmen gekennzeichnet. Als weitere Beispiele für Disziplinen, in denen mehrere Paradigmen nebeneinander bestehen und dadurch zu wissenschaftstheoretischen oder praktischen Problemen führen können, mögen die Soziologie und die Geografie dienen. So haben beispielsweise Pierre Bourdieu (1992) oder Kneer und Schroer (2009) die Soziologie als ‚multiparadigmatische' Disziplin bestimmt. Peter Weichhart (2006) hat für die Humangeografie zwölf ‚Einzelparadigmen' rekonstruiert und voneinander abgegrenzt.

Ulrich Eisel (1997) hat entsprechend die Landschaftsarchitektur analysiert. Eisel rekonstruiert drei Traditionen, denen sich jeweils eine Subdisziplin mit spezifischem Paradigma zuordnen lässt. Die Landschaftsarchitektur als Entwurfsdisziplin knüpfe an die Tradition der Gartenkunst an, ihr sei das ästhetische Paradigma des Entwerfens und damit der produktiven Einbildungskraft zugeordnet. Die Landschaftsplanung sei der „naturwissenschaftliche[n] Tradition bio- und geoökologischer Wissenschaften" verpflichtet, ihr Paradigma daher „empirisch-analytisch" und an Kausalurteilen orientiert. Die Freiraumplanung sei der „sozio-ökonomische[n] Tradition" verbunden, ihr Paradigma daher gesellschaftstheoretisch an politisch relevanten normativen Urteilen orientiert. Jörg Dettmar zufolge hat die Landschaftsarchitektur daher gegenwärtig die drei

Subdisziplinen „Landschaftsarchitektur im engeren Sinne oder Objektplanung", eine naturwissenschaftlich orientierte Landschaftsplanung und eine „sozialwissenschaftlich orientierte Freiraumplanung" herausgebildet (2017) (Tab. 2).

Eisel zeigt also, dass und warum die Landschaftsarchitektur als polyparadigmatische Disziplin gleichsam zwischen mehreren Stühlen sitzt. Eisel will diese „Zwischenstellung" allerdings nicht diskreditieren, sondern zeigen, dass diese „keiner Verhaltensunsicherheit entspringt, sondern eben der Ort der Disziplin, gewissermaßen ihr Paradigma, ist" (1997, S. 2). Das heißt, auch auf andere Disziplinen übertragen: das Multiparadigmatische ist (gegenwärtig zumindest) der Normalfall einer Disziplin. Denn gegen Kuhns Vorstellung, ‚reife' Wissenschaften seien monoparadigmatisch verfasst, zeichnet sich nach bereits früh und gelegentlich erfolgter Kritik (z. B. Stegmüller 1985; Schurz und Weingartner 1998; Weichhart 2006) inzwischen immer deutlicher ab, dass die von ihm *rekonstruierte* und *beschriebene* Abfolge normalwissenschaftlicher Entwicklung dann, wenn sie unzulässigerweise *normativ* gedeutet wird, „wie Wissenschaften sein sollen" (Kornmesser und Schurz 2014, S. 11), der gegenwärtigen faktischen Wissenschaftsentwicklung und deren Produktivität nicht gerecht wird. Der Normalfall wissenschaftlicher Entwicklung scheint nicht monoparadigmatisch gekennzeichnet zu sein, sondern der Normalfall ist eine wissenschaftliche Situation, in der ein Paradigma oder ein Denkstil „nicht im Singular, sondern im Plural" (Kneer und Schroer 2009, S. 7) auftreten. Wenn etwa wie gezeigt die Landschaftsarchitektur in drei Subdisziplinen ausdifferenziert wurde, dann fokussieren offenbar zu Recht „die Fachvertreter ihre Praxis unter denjenigen Gesichtspunkten, die es ihnen erlauben, sich von dem abzusetzen, was die Metatheoretiker als Einheit sehen" (Eisel 2011, S. 8).

Es ist daher sicherlich empfehlenswert, ein differenziertes Wissenschaftsverständnis anzustreben, das in der Lage ist, mit wissenschaftlichen Konflikten (Dissense, Pluralismus der Denkstile, Paradigmen-Vielfalt) produktiv umzugehen. Traditionen, Paradigmen und Denkstile lassen sich nicht auf eine *differenzenlose* Einheit hin auflösen, indem sie etwa „*inhaltlich* gleichgeschaltet werden" (Eisel 2011, S. 60). Eine Integration könnte aber in Gestalt einer *differenzierten* Einheit erfolgen, etwa im Sinne einer „Kommunikation über Differenzen" (Eisel 1992; Trepl 1996), die, wenn sie nicht epistemisch als „kognitive Vereinheitlichung" (Gethmann 1991, S. 350) verstanden wird, als „operative Aufgabe" bzw. als „pragmatisches Projekt" (Gethmann 1991, S. 351) anzustreben ist. Der Sinn *dieser* Einheitsstiftung bestünde darin, von dieser differenzierten Einheit

Tab. 2 Landschaftsarchitektur als polyparadigmatische Disziplin. (Nach Eisel 1997 und Dettmar 2017)

Naturwissenschaftliche Tradition	Tradition des Entwerfens	Gesellschaftswissenschaftliche Tradition
Empirisch-analytisches Paradigma	Ästhetisch-künstlerisches Gestaltungs-Paradigma	Gesellschaftstheoretisches Paradigma
Landschaftsplanung	Landschaftsarchitektur als Objektplanung	Freiraumplanung

aus die Differenzen der Paradigmen überhaupt erst zu verstehen und angemessen damit *umzugehen*. Aber auch dann, wenn die polyparadigmatische Verfasstheit wissenschaftlicher Disziplinen gegen jedwede epistemologischen Vereinheitlichungsbestrebungen (vgl. Gethmann 2005) gerechtfertigt werden kann, bleibt das Problem der Wirkmächtigkeit von Paradigmen und ihren Denkstilen oder „Habitustypen" (Prominski 2004, S. 119) und die Frage, *wie* diese praxiswirksam vermittelt werden können, *ohne* eine ominöse metatheoretische Einheit heraufbeschwören zu wollen.

Daher lautet mein Vorschlag, die Paradigmen-Vielfalt innerhalb einer Disziplin zu integrieren, indem im Rahmen einer lebenspraktischen Fundierung dieser Disziplin die „operationale Basis" (Hartmann und Janich 1996, S. 47) rekonstruiert wird, die als gemeinsames Fundament einer polyparadigmatischen Disziplin dienen kann. Beispiele solcher lebenspraktischen Fundierungen für die Physik, Chemie, Psychologie, Geometrie und andere Wissenschaften finden sich bei Janich (2015). Bei der Landschaftsarchitektur kann diese operationale Basis als Gestaltung einer (städtischen oder ländlichen) Umwelt zu bewohnbaren Gärten, urbanen Freiräumen, Park- und Freizeitanlagen, Spiel- und Sportplätzen sowie öffentlichen landschaftlichen Freiflächen rekonstruiert werden (vgl. Berr 2017b) – und zwar im allgemeineren Rahmen des „Bauens", das seinerseits als „Summe der Eingriffe, durch die sich der Mensch der Erde bemächtigt" (Kluxen 1997, S. 230), rekonstruiert werden kann. Dieses gemeinsame Handlungsfundament integriert die drei Subdisziplinen der Landschaftsarchitektur, und zwar im Rahmen ihrer Mitwirkung an der Gestaltung einer bewohnbaren Welt im Medium einer gestalteten Natur, die damit zugleich – das ist das Alleinstellungsmerkmal der Landschaftsarchitektur gegenüber anderen bauenden Praxen und Disziplinen – „Natur" symbolisch vermittelt (vgl. Eisel 2003; Berr 2017b). Das Integrierende als ein die drei Traditionen und Paradigmen Verbindende besteht demnach nicht in einer theoretischen, sondern in einer *pragmatischen* Vermittlung – letztlich mit dem bescheidenen, aber nicht unwesentlichen Ziel, das bereits *Be*kannte, aber noch nicht in seiner Bedeutung vollständig *Er*kannte zur Evidenz zu bringen (vgl. den klassischen Topos: Hegel 1980, S. 26).

Die Frage, ob eine Theorienvielfalt im Allgemeinen und die Paradigmen-Vielfalt im Besonderen *grundsätzlich* von Vorteil oder Nachteil sei, ist in der Philosophie (vgl. im Überblick: Welsch 1996, S. 541–610) und in der Wissenschaftstheorie (vgl. im Überblick: Stegmüller 1985) intensiv und ausführlich diskutiert worden. Im nächsten Abschnitt werden wir sehen, wie im Anschluss an Popper und Dahrendorf der wissenschaftliche Wettbewerb als ‚geregelter Konflikt' (vgl. Dahrendorf 1972; Kühne 2017) zwischen Theorien der Vermeidung von Dogmatismus dienen und zu wissenschaftlicher Toleranz und zu Innovationen führen kann. Das gilt ohne Frage auch für den Umgang mit der Paradigmenvielfalt. Kneer und Schroer (2009, S. 12–13) haben für die Soziologie fünf unterschiedliche Umgangsformen mit dieser Pluralität rekonstruiert: die „Konvergenz"-, die „Integrations"-, die „Konkurrenz"-, die „Komplementaritäts"-, die „Indifferenz"- und – sofern diese Systematisierung ihrerseits eine theoretische Perspektive beansprucht (ähnlich für ethische Theorien: Düwell 2001) – die „Unübersichtlichkeitsperspektive". Weichhart listet für die Humangeografie ebenfalls fünf

‚Reaktionstypen' auf: „Ignoranz, Beharrender Dogmatismus, Ablehnung der Paradigmenvielfalt, Evolutionärer Pragmatismus, Akzeptanz" (2006, S. 196), und als systemati-
sierenden Grund gibt er die (sechste) Position einer „unübersichtlichen Situation" (ebd.,
S. 197) an. Dem Typus der ‚Akzeptanz' ordnet er die Position des ‚Komplementaritäts-
Idealisten' (ebd.) zu, die die „einzig adäquate und fachpolitisch sinnvolle Reaktion zu
sein [scheint], die auch am ehesten dem ‚postmodernen Zeitgeist' entspricht" (ebd.). Er
plädiert wie Dahrendorf für Toleranz, im Zeitalter der ‚Postmoderne' freilich für „postmoderne Toleranz" (ebd., S.182). Weichhart plädiert gegen jede Art von wissenschaftlichem „messianischen Eifer" dafür, das eigene wissenschaftliche Tun gegen jede Form
übertriebenen ‚tierischen Ernstes' auch als „intellektuelles Spiel" zu begreifen (ebd.,
S. 197). Ähnlich hat Holm Tetens für die Philosophie die These vertreten, Philosophen
seien *auch* „Gedankenspieler, sie erhalten das pluralistische Spektrum möglicher metaphysischer Weltsichten offen, ohne einen letzten Wahrheitsentscheid zu erzwingen"
(1994, S. 28). Gerade der Philosoph als Theoretiker habe, entlastet vom Handlungsdruck, eine große Chance, „auch ganz neuartige Überzeugungen auszuprobieren und auf
ihre manchmal verblüffenden Konsequenzen hin zu durchdenken" (ebd.). So gesehen sei
Philosophie „eine Übung im toleranten, weltoffenen Umgang mit Pluralität" (ebd.; vgl.
hierzu auch Berr 2013). Diese ‚Übung' ergibt sich sicherlich auch im Wettbewerb der
Paradigmen innerhalb einer Disziplin, weshalb hier in Anknüpfung an Gottfried Gabriel
ebenfalls für einen Paradigmen-Pluralismus „nicht relativistischen, sondern komplemen-
taristischen Zuschnitts" (2005, S. 326) plädiert wird.

5.1.2 Intra-disziplinäre Differenzen

Der Ausdruck ‚Intradisziplinarität' wird zuerst von Margret Luszki eingeführt, später
wird er von Heinz Heckhausen zur Bezeichnung eines „theoretischen Integrationsni-
veaus" innerhalb einer Disziplin verwendet, ohne sich allerdings etablieren zu können
(Balsiger 2005, S. 145–147). Mit dem Ausdruck intra-disziplinäre Differenzen soll von
uns hingegen die Theorien- und Begriffsvielfalt innerhalb einer Disziplin bezeichnet
werden, die gleichsam *oberhalb* einer Disziplin mit ihren Paradigmen nicht ein ‚Integrations'-, sondern ein *Differenzierungs*niveau als disziplinäre Suprastruktur anzeigt.

  Diese Theorien- und Begriffsvielfalt ist erfahrungsgemäß mit Kämpfen um begriffliche oder theoretische Deutungshoheit in Disziplinen und Diskursen verbunden.
Außerdem ist mit diesem Kampf um Deutungshoheit, dem letztlich ein Kampf um akademische Reputation, wissenschaftspolitisches Renommee und finanzielle Ressourcen
zugrunde liegt, stets die Gefahr unreflektierter bzw. methodisch unkontrollierter Reduk-
tionismen, Essenzialismus und dogmatischer Positionen verbunden. In einem solchen
‚Kampf um Anerkennung' (Honneth 1992; Eisel 1997), der sich im Kampf um kolle-
giale ‚Aufmerksamkeit' und institutionelle Sicherung im gegenwärtigen ‚Wissenschafts-
betrieb' (Franck 2007) manifestiert, kann eine Disziplin wie die Landschaftsarchitektur,
die als ‚verwissenschaftlichtes Handwerk' (Eisel 1992) bzw. als „akademisierte Profes-
sion" (Hard 1991, S. 18) unsicher zwischen handwerklicher Herkunft und wissenschaftlichen Ansprüchen changiert, leicht an den akademischen Rand gedrängt werden oder sie

muss sich sogar den „Vorwurf der Unwissenschaftlichkeit und Theorielosigkeit" gefallen lassen – eine Entwicklung, die womöglich „zwingend" zur „Diskriminierung der Landschaftsarchitektur" (Eisel 2007, S. 27) führen könne.

Als Hintergrund solcher Kämpfe um Anerkennung oder Deutungshoheit kann die neuzeitliche Entwicklung der Wissenschaften rekonstruiert werden, deren Charakter Martin Heidegger bereits 1938 als „Betrieb" kennzeichnete und daher vom „Betriebscharakter der Forschung" und vom „Institutscharakter der Wissenschaften" (Heidegger 1963 [1938], S. 77 f.) sprach. Dieser „Betriebscharakter" zeige sich beispielsweise darin, die „wechselweise Überprüfung und Mitteilung der Ergebnisse [zu] fördern" (Heidegger 1963 [1938], S. 78) – was dann unweigerlich zum Kampf um ‚Aufmerksamkeit' im Rahmen einer ‚Aufmerksamkeitsökonomie' (Franck 2007) führen muss (vgl. ausführlich für die Landschaftswissenschaften: Kühne 2008, S. 270–281). Jetzt kann „Wissenschaft als Beruf" (Weber 2011 [1919]) verstanden und von ‚Fachmenschen' praktiziert werden. Die Wissenschaften entwickeln spezifische Karrierewege, sie werden zunehmend in immer weiter differenzierte Disziplinen, Fächer und Forschungsrichtungen entfaltet, dies führt zu einem Spezialisierungs- und zu einem unaufhörlichen Innovationszwang.

Positiv und *sachlich* gewendet ist jede Wissenschaft oder Disziplin auch ein Kampf um die aktuell jeweils wissenschaftlich *bestmögliche* Erklärung fraglicher Phänomene im Rahmen von Begriffen und Theorien. Alle Forschung unterliegt freilich dem ‚Fallibilismus' (Popper), niemand kann daher ein wissenschaftlich gesichertes Wissen darüber beanspruchen, welche Begriffe, Theorien oder Paradigmen hinsichtlich fraglicher Phänomene, drängender Probleme oder spezifischer Forschungsfragen die *unzweifelhaft* ‚richtigen' Erklärungen oder Lösungen bieten. Um den Horizont möglicher Erklärungen und Lösungsvorschläge gegen Immunisierungsstrategien oder angemaßte Deutungshoheiten offenzuhalten, ist gerade diese Theorien- und Begriffsvielfalt wissenschaftlich produktiv, insofern der offene Horizont dieser Pluralität den Verfechtern von Begriffen und Theorien eine verschärfte Begründungsarbeit abverlangt und damit allgemein die Chancen erhöht, nach menschlichem Ermessen bestmögliche Theorien und entsprechendes Wissen zu generieren. Im ökonomischen Markt heißt dies: ‚Konkurrenz belebt das Geschäft'; das gilt sicher auch für das wissenschaftliche Begründungsgeschäft. Mit Dahrendorf ist daher „die gegenseitige Kritik der Forschenden Bedingung der Möglichkeit der Vermeidung des dogmatisierten Irrtums. Solche Kritik verlangt vom Einzelnen vor allem die Offenheit für neue und bessere Lösungen ‚seiner' Probleme" (1972, S. 305). Hier zeigt sich gleichsam eine „Ethik der Freiheit" auch in Gestalt einer „Ethik des [wissenschaftlichen; KB] Konfliktes, des ertragenen und gebändigten Antagonismus" (ebd., S. 313f.). Eine Theoriewahl kann daher auch nicht mit Alleinerklärungsanspruch *gegen* andere Theorien gerichtet sein, sondern nach Maßgabe klar definierter Forschungszwecke lediglich als *eine* Lösung mit spezifischen Erklärungsansprüchen neben Theorien mit anderen Erklärungsansprüchen vorgeschlagen werden. Das hat dann allerdings zur Folge, den „eigenen Theorieansatz zu alternativen Konzeptionen in Beziehung zu setzen und damit eben Theorie über Theorie, also Metatheorie zu betreiben" (Kneer und Schroer 2009, S. 8).

Karl Popper hatte das Induktionsprinzip des logischen Empirismus als „logisch unzulässig" und Theorien als „niemals empirisch verifizierbar" bezeichnet (Popper 1966 [1959], S. 14) und daher das Verifikationsprinzip durch das Falsifikationsprinzip ersetzt. Das *Induktionsprinzip* ist *logisch* nicht gerechtfertigt, denn der Schluss von noch so vielen Einzelbeobachtungen auf ein allgemeines Gesetz geht nicht auf, da der höhere Informations- oder Sachgehalt der Konklusion (Gesetz) nicht durch den niedrigeren Informations- oder Sachgehalt der Prämissen (Beobachtungsdaten) gedeckt ist. Auch das induktive Schlussschema selbst kann durch Erfahrung nicht hergeleitet werden, denn dann müsste es als Erfahrung ebenfalls logisch unzulässig durch Induktion gewonnen werden. Das *Verifikationsprinzip* geht nicht auf, weil auch im Rechtfertigungszusammenhang – wie schon zuvor im Entstehungs- oder Entdeckungszusammenhang (vgl. Reichenbach 1935, 1938; Hoyningen-Huene 1987) – durch auch noch so viele Einzelhinweise (etwa durch Experimente) der Wahrheitsgehalt der gewonnenen allgemeinen Gesetzesaussagen oder Theoreme nicht gerechtfertigt werden kann. Denn wiederum ergibt sich das Induktionsproblem, wie aus einzelnen Daten als Rechtfertigungsbasis etwas Allgemeines diesmal nicht gewonnen, sondern *begründet* werden kann.

Popper musste angesichts einiger Schwächen seines Falsifikationsansatzes allerdings einige Änderungen vornehmen. Sein Falsifikationsprinzip erwies sich ebenfalls als ‚naiv' (vgl. zur entsprechenden Kritik Lakatos 1974 [1970]), da es nur bei einfachsten Verallgemeinerungen (*ein* schwarzer Schwan widerlegt die All-Aussage „Alle Schwäne sind weiß"), nicht aber bei komplexen Theorien anwendbar ist. Es erschwert zudem die Theoriebildung und stellt sogar jede naturgesetzliche Verallgemeinerung aufgrund der Möglichkeit einfacher Falsifikation leicht infrage. Popper sah sich daher gezwungen, die Gegenüberstellung von Theorie und *Empirie* durch die von Theorie und *Theorie* zu ersetzen. Nunmehr geht es nicht mehr um eine direkte Überprüfung der Theorie an der Empirie, sondern um die Konkurrenz mehrerer Theorien untereinander hinsichtlich der Frage, welche Theorie sich angesichts der empirischen Daten am besten *bewährt*. Das führt zur Ablehnung eines monotheoretischen und zur Befürwortung eines polytheoretischen Modells der Prüfung von Theorien, damit zur Befürwortung eines Pluralismus untereinander konkurrierender Theorien. Popper etabliert damit einen ‚*Fallibilismus*', d. h. eine Wissenschaftsauffassung, die der grundsätzlichen Irrtumsanfälligkeit aller Theorie und allen wissenschaftlichen Denkens und Wissens deutlich Rechnung trägt (Popper 1963). Der Theorienpluralismus wurde dann von Paul Feyerabend (1981) insbesondere gegen den ‚naiven Falsifikationismus' (Lakatos 1974 [1970]) von Karl Popper, aber auch gegen das historisch modellierte und an Wissenschaftsrevolutionen und Paradigmenwechsel geknüpfte Konzept einer ‚Theoriendynamik' von T. S. Kuhn sowie gegen das von Imre Lakatos (1974 [1970]) vorgeschlagene Konzept der ‚Forschungsprogramme' in die Diskussionen der Wissenschaftsphilosophie „eingebracht und vertreten" (Gethmann 2004, S. 281 f.).

Wenn alle Wissenschaft und Forschung dem ‚Fallibilismus' unterliegt, niemand ein absolut wissenschaftlich gesichertes Wissen beanspruchen kann und jede Disziplin oder Wissenschaft polytheoretisch verfasst ist, wie kann dann eine wissenschaftlich *bestmögliche*

Erklärung fraglicher Phänomene im Rahmen von Begriffen und Theorien erreicht werden? Wer entscheidet nach welchen Kriterien darüber, welche Theorie diese bestmögliche Erklärung leisten kann? Münden diese wissenschaftstheoretischen Positionen nicht in einen Theorienrelativismus, der eine ‚Rationalitätslücke' (W. Stegmüller) anzeigt, wenn Theorieentscheidungen nur dezisionistisch zustande zu kommen scheinen? Muss nicht der Begriff einer „metatheoretischen" (Gethmann 2004, S. 282) oder ‚wissenschaftlichen Rationalität' (Stegmüller 1973) gebildet werden, „der es erlaubt, unter faktischen Theorien eine rechtfertigungsfähige Entscheidung zu liefern (z. B. Theorie der Forschungsprogramme bei Lakatos, non-statement-view von Theorien bei J. D. Sneed und W. Stegmüller" (Gethmann 2004, S. 282)? Dem stehen zwei Einwände entgegen. Der erste Einwand erinnert daran, dass Wissenschaft nicht nur ein System wissenschaftlich ‚wahrer' Aussagen (‚Propositionen') ist (‚Propositionalismus' (vgl. Gabriel 2005)), sondern auch ein System handelnder und interagierender Wissenschaftler, die die Kriterien der Wissenschaftlichkeit, der wissenschaftlichen ‚Wahrheit' und entsprechende Kriterien historisch erreichten und vorläufig bewährten Wissens im Rahmen spezifischer Zwecke, Ziele, Standards und Gebräuche bestimmen. Es gibt keinen wie auch immer vorgegebenen ‚Weg zur Wahrheit', den die Wissenschaften zu begehen hätten und von dem abzuweichen eine ‚falsche' Theoriewahl das Ergebnis wäre. Der zweite Einwand betrifft den eingangs erörterten ‚Sitz der Wissenschaften im Leben', der nicht nur die Genese der Wissenschaften bestimmt, sondern auch die Praktikabilität ihrer Geltungsansprüche. Denn die „lebensweltlichen Grundlagen wissenschaftlicher Theoriebildung" schränken die Bedeutung des Theorienpluralismus ein, insofern zwar „theoretisch vieles gedacht werden (…), doch pragmatisch nicht alles davon eingelöst werden" (Gethmann 2004, S. 282) kann. Wissenschaft ist, wie bereits gesagt, mit Popper und Dahrendorf an ‚Problemen' orientiert und damit ein Erkenntnisprojekt. Wissenschaft *zielt* aber von ihrem ursprünglichen Sinn als „Störungsbewältigungsinstrument" (Gethmann 1991, S. 361) her zugleich auf die Lösung lebensweltlicher ‚Fragen' und Zwecke. Das führt dann freilich zu einer „praktischen Allianz von Theorie und Praxis im Bemühen um mittelfristige Lösungen und Antworten" (Dahrendorf 1987, S. 30) in alltagsweltlich-praktischen Zusammenhängen. Dies betrifft gerade auch Disziplinen der Landschaftsforschung, die qua Voraussetzung in die Interessen und Bedürfnisse der Lebenswelt verstrickt sind.

Wie kann eine intradisziplinäre Integration erreicht werden und welchen Zwecken kann sie dienen? Wie kann das *Differenzierungs*niveau als disziplinäre Suprastruktur auf ein ‚theoretisches *Integrations*niveau' gebracht werden? Nimmt man die bisherigen Überlegungen zusammen, so scheint neben den bereits etablierten Vorschlägen von Popper, Lakatos, Sneed und Stegmüller ein anderes Integrationsverfahren sinnvoll, nämlich das einer integrativen Theorie als *dialektische* Integration (vgl. Stekeler-Weithofer 1992; Berr 2016, S. 80–82). Demnach unterliegen alle Disziplinen in ihrer Begriffs- und Theoriebildung der Dialektik objekt- und reflexionstheoretischer Bestimmungen, die in ihrer jeweiligen Aspektvereinseitigung oder Aspektübergewichtung im Rahmen einer ‚Synthese' ‚aufgehoben' werden können und müssen.

Objektstufige Begriffe und Theorien greifen auf eine vermeintlich unmittelbar gegebene objektive Wirklichkeit zu und blenden dabei die objektkonstituierenden Voraussetzungen und die Vielfalt der möglichen theoretischen und methodischen Zugänge zum
Phänomen aus. Beispielsweise lassen sich ‚Natur' oder ‚Landschaft' in der Landschaftsplanung nur dann zu ‚Ökosystemen' reifizieren, wenn die ästhetischen Assoziationen des
Landschaftsbegriffs als objektive Eigenschaften eines Ökosystems ausgegeben werden
(Trepl 2012, S. 215–238; vgl. Berr 2014). Reflexionstheoretische Begriffe und Theorien
beziehen sich antithetisch auf solche objektstufigen alltagssprachlichen oder wissenschaftlichen Sprachgebräuche oder eine entsprechende Praxis, wenn und insofern sich
ihr Erklärungswert durch Störungen, Fehlerhaftigkeit oder Zweifel als fallibel erweist
und bemühen sich darum, gleichsam das ‚Wesentliche' oder ‚Eigentliche' eines Phänomens aufzudecken, etwa indem ‚Landschaft' als ausschließlich vermittelt durch ‚Komplexität' (Prominski 2004) oder ‚Weltbilder' (Trepl 2012) bestimmt wird. Leicht werden
dann aber der *relative* Erklärungsgewinn dogmatisch als *einzig richtiger* behauptet
und andere Aspekte ausgeblendet. Aber auch hier zeigt sich die ‚Negativität', das heißt
das Potenzial der ausgeschlossenen anderen Aspekte in der *Widerständigkeit* der theoretisch vermeintlich umfassend verstandenen und erklärten Phänomene. Die neukonzi-
pierten Theorien und Begriffe stoßen gleichsam an ihre Erklärungsgrenzen, stets stören
Erklärungslücken und Ungereimtheiten die Plausibilität der neuen Theorien. Eine meta-
stufige Integration reagiert daher auf das faktische Erfordernis, auch die bislang als Ver-
besserungsvorschläge erarbeiteten Begriffe und Theorien ihrerseits auf ihre Berechtigung
und Reichweite hin zu überprüfen und hätte daher die Funktion, die bislang thematisierten Aspekte im Rahmen des historischen Entwicklungsstandes einer Disziplin zu integrieren. Dabei sollte und kann eine solche ‚Synthese' bestenfalls nachweisen, „daß es sich
um die *zur Zeit beste* Wahl aller real möglichen antithetischen Wesenserklärungen handelt" (Stekeler-Weithofer 1992, S. 20). Mit dieser epistemisch *und* pragmatisch begrün-
deten Integration ist allerdings kein letztgültiger Stand des Wissens erreicht, sondern
dieser Wissensstand ist ebenfalls nur unter dem Vorbehalt der ‚Fallibilität' zu rechtfer-
tigen und provoziert zudem als *„Differenzgenerator"* (Reckwitz 2005, S. 67; Hervorhebung im Original) „die Produktion von Gegenvokabularen" (Reckwitz 2005, S. 65).
Zweck dieser Integration bzw. ‚Synthese' kann und sollte daher lediglich *Orientierung*
sein. Denn erst aus einer solchen Perspektive kann die Vielheit der Begriffe und Theorien
in ihrer Differenziertheit bislang berücksichtigter Aspekte überhaupt erst *gesichtet, verstanden* und *gewürdigt* werden.

Dieses Problem der unaufhörlichen Differenzenproduktion, aber auch der unentrinn-
baren Kontextualität aller Aussagen, Paradigmen und Theorien in Verweisungszusam-
menhängen wurde intensiv im Rahmen der sogenannten ‚Postmoderne' (vgl. Welsch
1993) und insbesondere des sogenannten ‚Poststrukturalismus' diskutiert (vgl. im
Überblick: Welsch 1996). Traditionell sollte Kontroverses oder Widerstreitendes in eine
Richtung gewendet *(‚ad unum vertere')* werden. Dieses Denken wurde im 20. Jahrhundert
im Ausgang von insbesondere Friedrich Nietzsche und Martin Heidegger einer Fundamen-
talkritik unterzogen. Das Denken soll sich nunmehr nicht mehr auf ‚Eines', nicht mehr

auf ,Identität', sondern auf Vielfalt, auf ,Differenzen', ,Zerstreuung', ,Netze', ,Bahnen', ,Rhizome' und letztlich auf ,Verflechtungen' und ein ,unendliches Spiel der Differenzen' richten. Gedacht und angestrebt werden soll fortan die „Differenz als Differenz" (Heidegger 1990, S. 63), die ,différance' (Derrida 1988), der ,Widerstreit' (Lyotard 1987) und damit letztlich ,Pluralität' (vgl. Welsch 1993, insbesondere S. 327 f.).

Eine andere Variante einer *,Dialektik'* der Wissenschaftsentwicklung hat im Übrigen Gottfried Martin vorgeschlagen. Auch er betont, dass die Vielfalt möglicher Standpunkte nicht nivelliert werden kann, sondern anerkannt werden müsse. Daher sei es zunächst notwendig, „die Vielheit der Standpunkte anzuerkennen" (Martin 1965, S. 328) und diese Vielheit der Standpunkte könne „dialektisch genannt werden" (Martin 1965, S. 330). Aus zwei Gründen bezeichnet er diese Dialektik zudem als eine *,aporetische* Dialektik': Erstens können einzelne Standpunkte „nicht aporienfrei gemacht werden" und zweitens könne „die Vielheit der möglichen Standpunkte nicht systematisch abgeleitet" und daher „auch nicht vollständig dargestellt werden" (Martin 1965, S. 331). Eine ,Einheitsbildung' oder Integration der Theorien ist auch bei Martin nur im Sinne einer Systematisierung im Rahmen einer Orientierungs- und Aufklärungsfunktion denkbar: und zwar, um die Grenzen (,Aporien') und damit die Reichweite der Theorien kritisch aufzuzeigen.

Diese Orientierungs- und durchaus auch Aufklärungsfunktion integrativer Theorien kann im Rahmen disziplinärer wie auch interdisziplinärer (Landschafts-)Forschung angestrebt werden. Dorothea Hokema weist in ihrem Beitrag in diesem Band auf disziplinübergreifende Integrationsbemühungen und Autoren wie Höhne (2010) und Kühne (2013) hin, die in diesem Sinne „Standpunkte gruppieren und zu anderen Positionen ins Verhältnis setzen" – eine solche ,Synthese' „würde insofern die vorliegenden Auffassungen zum Landschaftsbegriff ordnen und den Diskurs über Ähnlichkeiten und Differenzen erleichtern (…). Die Einigung auf eine Begriffsbedeutung ist entsprechend von einer solchen Synthese nicht zu erwarten" (Hokema 2018, S. 30). Darauf wird im nächsten Abschnitt zurückzukommen sein.

5.2 Disziplinübergreifende Differenzen und Einheitsbildungen

Die Thematisierung der Differenzen in disziplin*übergreifenden* Forschungen betrifft nicht die infra- oder suprastrukturellen Differenzen in Einzeldisziplinen, sondern die inter- und transstrukturellen Differenzen zwischen Disziplinen oder zwischen Disziplinen und Lebenswelt. Vorausgeschickt sei an dieser Stelle: Interstrukturelle Differenzen zwischen Disziplinen betreffen *inter*disziplinäre Forschung, transstrukturelle Differenzen zwischen Disziplinen und Lebenswelt *trans*disziplinäre Forschung. Wenn Forschungen die Disziplinen übergreifen, heißt dies allerdings nicht zwangsläufig, die zu übergreifenden Disziplinen zu marginalisieren oder deren Wissen und Methoden durch wie auch immer bestimmtes interdisziplinäres Wissen zu ersetzen oder aufzuheben. Darauf weist auch Philipp Balsiger hin: „Ein disziplinenübergreifender Forschungsprozess baut zumeist auf dem inhaltlichen wie methodologischen Wissen von problemgerecht ausgewählten

Wissenschaftsdisziplinen auf. Ein disziplinenübergreifender Forschungsprozess kann deshalb immer nur ‚komplementär' (…) zu einem disziplinären Forschungsprozess verstanden werden" – es sei gerade die „Vielfalt der Perspektiven" gegenüber einem „spezialisierten Fokus" der Einzeldisziplinen, der disziplinenübergreifende Forschung auszeichne (Balsiger 2005, S. 189). Mit Blick beispielsweise auf Interdisziplinarität bedeutet dies zugleich, dass „gute Disziplinarität eine Voraussetzung für gute Interdisziplinarität ist" (Sukopp 2010, S. 19). Auch Mittelstraß betont unmissverständlich: „Disziplinarität bleibt (…) die institutionelle Organisationsform der Wissenschaften" (1998, S. 45).

Was die Frage nach disziplinübergreifenden Integrationen anbelangt – auch dies sei an dieser Stelle vorausgeschickt – sind inter- wie transdisziplinäre Forschung jeweils auf einen „integrativen Rahmen für den Forschungsprozeß" (Balsiger 2005, S. 213) angewiesen. Diesen Rahmen müssen die Beteiligten der jeweiligen Disziplinen und die Vertreter lebensweltlicher Interessen allerdings selbst erst schaffen. Denn dieser Rahmen steckt den Spielraum von Forschungszwecken und entsprechenden Forschungshandlungen (Methoden, Theorien, Begriffe) ab. Der integrative Rahmen in interdisziplinärer Forschung kann mit Balsiger als „integrative Wissenschaftsforschung" (2005, S. 214), der integrative Rahmen in transdisziplinärer Forschung mit Mittelstraß (2005) als ‚pragmatische Einheit' disziplinärer und lebensweltlicher Argumente bezeichnet und konzipiert werden.

5.2.1 Interdisziplinäre Differenzen und Einheitsbildungen

Das Problem der „Inkooperativität der Fachwissenschaften" (Lorenzen 1974, S. 135) im Hinblick auf gemeinsame disziplinübergreifende Forschungen wird schon seit langem beklagt, etwa wenn Paul Lorenzen (1974) den damaligen Direktor des Bielefelder Zentrums für interdisziplinäre Forschung, Harald Weinrich, wie folgt zitierte: „Wir stehen aber vor der Tatsache, daß die zunehmende Differenzierung die Fächer gegeneinander ‚verhärtet und verkrustet' hat. (…) Als Kruste dient … das Gehäuse der Terminologien und Nomenklaturen, die … mit großer Befriedigung rezipiert und reproduziert werden, weil sie so schön leicht lehrbar und lernbar sind" (Lorenzen 1974, S. 135 f.). Dahrendorf hat dieses Forscherverhalten mit der Metapher des Gartens beschrieben, insofern „jeder Forscher sich gewissermaßen seinen eigenen kleinen Garten aus dem als endloses Grundstück vorgestellten Bereich der wissenschaftlichen Probleme herausschneidet, um ihn schleunigst einzuzäunen und keinen anderen mehr hereinzulassen" (1972, S. 304). Ähnlich haben die beiden Wirtschaftsethiker K. Homann und A. Suchanek dieses Verständnis parzellierten Forschens mit der Metapher der „Schrebergartenkolonie" (2005, S. 393) beschrieben. Angesichts dieser Situation wurden in den letzten Jahrzehnten unterschiedliche Formen möglicher Kooperation zwischen Disziplinen vorgeschlagen und untersucht, insbesondere das Modell der ‚Interdisziplinarität' (vgl. Kocka 1987; Balsiger 2005, S. 157–173; Grunwald und Schmidt 2005; Jungert et al. 2010). Die Vielfalt der Denkstile, Paradigmen, Theorien und Begriffe, die sich im Vergleich unterschiedlicher Disziplinen abbildet, welche sich jeweils einem spezifischen Gegenstand oder Forschungsproblem zuwenden, wird als erkenntnis- und forschungshinderlich betrachtet. Daher wird eine Kooperation der je zu beteiligenden Disziplinen angestrebt, um zu gemeinsamen Forschungslösungen zu kommen.

Das Beispiel des Phänomens ‚Landschaft' und die um diesen ‚Gegenstand' kreisenden Forschungen (vgl. z. B. von Wallthor und Quirin 1977; Hard 2001; Felten et al. 2012; Kühne 2013) sind ein gutes Beispiel für das Thema Interdisziplinarität. Wenn etwas die landschaftsbezogenen Disziplinen gegenwärtig eint, dann ist es die Uneinigkeit über die Bedeutung und Reichweite des Gegenstandes Landschaft, der schon umgangssprachlich, aber auch wissenschaftlich in eine kaum übersehbare Vielfalt von Bestimmungen, Aspekten und Deutungs-Ansätzen ausgelegt worden ist. ‚Landschaft' erscheint manchen Wissenschaftlern daher als „ein ‚schwieriger' Gegenstand" (Hasse 2013, S. 123) der Begriffsbildung oder als „Fahnenwort", das „alles und nichts bedeuten kann" (Hard 1977, S. 22), überhaupt als eines der „äußerst unklaren Konzepte der europäischen Politik- und Geistesgeschichte des letzten Jahrtausends" (Hauser und Kamleithner 2006, S. 74). Diese „vielsagende Vagheit" ist dann auch der Grund dafür, dass „der Landschaftsbegriff sowohl klassische Tradition aufnehmen wie Neuerungen erleichtern" (Hard 1977, S. 15) kann. Diedrich Bruns und Olaf Kühne knüpfen angesichts der geschichtlich vermittelten Bedeutungsfülle des Begriffs Landschaft an Detlef Ipsen (Ipsen et al. 2003, S. 13) an, für den dieser Begriff ein „kompositorischer" ist. Er beinhalte „lebensweltliche, ästhetische, territoriale, soziale, politische, ökonomische, geografische, planerische, ethnologische, aber auch philosophische Bezüge, und er ist mit jedem dieser Bezüge inhaltlich veränderbar" (Bruns und Kühne 2013, S. 15). Winfried Schenk spricht daher ebenfalls von der „Vagheit des Begriffs" Landschaft (Schenk 2002, S. 7). Fasst man mit Schenk die sprachgeschichtlichen und kulturhistorischen Forschungen zusammen, „ist ‚Landschaft' ein ‚getönter' Begriff mit einer Vielzahl von Konnotationen, womit er sich einer allgemein gültigen Definition entzieht" (ebd.) und „aufgrund seines holistischen Charakters (…) nicht operationalisierbar" ist (ebd., S. 12).

Versuche, im Rahmen einer begrifflichen Vereinheitlichung (vgl. Jessel 1995, S. 7) einen allumfassenden, alle Konnotationen integrierenden oder universal und konsistent vereinheitlichenden Oberbegriff oder ein „Super-Paradigma" (Hard 2002, S. 67) zu entwickeln und damit Landschaft oder Kulturlandschaft „allgemeingültig zu definieren", erscheinen vielen Autoren als suspekt oder „illusorisch" (Leibenath und Gailing 2012, S. 58). Es ist zudem fraglich, ob eine solche begriffliche Vereinheitlichung überhaupt sinnvoll sein kann. Eine solche Vereinheitlichung würde dem entsprechen, was Eisel (1992) als ‚euphorische Interdisziplinarität' bezeichnet hat, wenn nämlich Landschaftsforschung ein „Ganzes" als „Einheit der Welt" bzw. als „Einheit des Gegenstands (und Wissens)" (Eisel 1992, S. 16) anstreben würde – worauf unten nochmals zurückzukommen sein wird. Durch die Aufladung des vorwissenschaftlichen wie wissenschaftlichen Sprachgebrauchs mit überwiegend positiven Assoziationen (‚schöne Landschaft') und durch die Bandbreite des ‚semantischen Hofes' (z. B. Hard 1970, 1977) des Landschaftsbegriffs und damit vielfältiger Identifikationsmöglichkeiten kann der Begriff ‚Landschaft' aber auch entweder für die einen ironisierend „ein dankbarer Begriff mit hohem

Sympathiewert und geringem Festlegungsrisiko" sein (Franzen und Krebs 2005, S. 25) oder es scheint zweifelhaft, ob er wissenschaftstauglich sei. Während aber beispielsweise Schenk „pragmatische, forschungspolitische und -konzeptionelle Gründe" (2002, S. 12) benennt, um am Landschaftsbegriff als wissenschaftstauglichen Begriff festhalten zu können, ziehen dies etwa Gerhard Hard (1970, 2002), Karlheinz Paffen (1973) oder Ludwig Trepl (1996, 2009) ausdrücklich in Zweifel. Hard will angesichts der Vieldeutigkeit eines unreflektierten Landschaftsbegriffs, der „sich am Gängelband einer traditionellen Semantik entlanghangelt" und „Evidenzerlebnisse höchster Trivialität" (2002, S. 84) provoziert, diesen nur noch umgangssprachlich verwenden; Paffen lehnte diesen Begriff rundweg als wissenschaftlich inexakt ab. Trepl plädiert angesichts der Vieldeutigkeit des Landschaftsbegriffs dafür, dieses Wort ‚Landschaft' wissenschaftlich – wenn überhaupt – nur auf einer „Meta-Ebene" zu gebrauchen: „Man befaßt sich dann nicht mit Landschaften, sondern mit den Reden und Theorien über sie" (1996, S. 24).

Der disziplinenübergreifende Diskurs um ‚Landschaft' gerät angesichts dieser Entwicklungen in eine ambivalente Situation. Selbstverständlich ist die disziplinäre Aufspaltung des Gegenstandes ‚Landschaft' ein Gewinn, insofern dadurch die Vielfalt möglicher Aspekte und Perspektiven, die mit ‚Landschaft' alltagssprachlich und wissenschaftlich verbunden sind, als reichhaltige differenzierte Einheit (Trepl 1996) erfasst und berücksichtigt werden kann. Diesem Vorteil der notwendigen disziplinären Spezialisierung steht aber der Nachteil gegenüber, dass die Forschungsergebnisse dieser Spezialisierung oftmals isoliert voneinander rezipiert und entsprechend nebeneinander gestellt bleiben oder additiv ‚vereint' (Balsiger 2005, S. 214) werden. Sie lassen sich kaum noch auf gemeinsame Forschungsperspektiven und Anwendungskontexte hin organisieren oder applizieren. Genau dieser Nachteil wird seit Jahrzehnten unter Stichworten wie ‚Multidisziplinarität', ‚Polyperspektivität', ‚Interdisziplinarität' und ‚Transdisziplinarität' thematisiert.

Wie kann der integrative Rahmen in interdisziplinärer Forschung, den Balsiger in Anlehnung an den ‚Erlanger Konstruktivismus' als „integrative Wissenschaftsforschung" (2005, S. 214) bezeichnet, hergestellt und umgesetzt werden? Da Wissenschaftler sich in interdisziplinärer Zusammenarbeit verständigen müssen, liegt der Gedanke nahe, der integrative Rahmen sei sprachlich verfasst. Eine schon früh thematisierte und kritisierte sprachliche Form ist die Umgangssprache. In der Landschaftsforschung zeigte sich die Problematik einer Inanspruchnahme der Umgangssprache in dem bereits erwähnten Umstand, dass der Begriff ‚Landschaft' dadurch, dass er in umgangssprachlicher Bedeutung unreflektiert Einzug in die unterschiedlichen Wissenschaftssprachen hielt, zur Forderung führte, diesen aus den Wissenschaftssprachen zu verbannen. Eine interdisziplinäre Synthese qua Zuflucht zur Umgangssprache scheint dadurch verwehrt. Paul Lorenzen hatte in diesem Sinne schon frühe Kritik an einer solchen Zuflucht zur Umgangssprache geübt: „Mit dem Zwang also, sich im interdisziplinären Gespräch zumindest in anderer Terminologie, vielleicht sogar ohne eine Terminologie, das heißt in der Umgangssprache auszudrücken, wird … im *Glücksfall* die Routine aufgebrochen. (…) Diese Basis [der „Rückgriff auf die Umgangssprache"; KB] ist aber zu schmal, wenn man sich über Methode und Ziel von Wissenschaften verständigen will" (1974, S. 136 f.). Daher müsse sich vielmehr „jede interdisziplinäre Forschung als erstes explizit um die *Konstruktion* einer sprachlichen Basis bemühen, auf der dann die Fachsprachen schrittweise zu errichten sind" (ebd., S. 137). Lorenzen zielte damit auf eine „infradisziplinäre Sprache", die als „Grundsprache, die unter *allen* Fachsprachen liegt", erst noch zu „erarbeiten" sei – erst dann habe interdisziplinäre Forschung „überhaupt eine Chance" (ebd., S. 138). Es wurde allerdings bereits erwähnt, dass diese ‚Grundsprache' bislang nicht realisiert wurde. Auch ist zu fragen, ob mit dieser ‚Grundsprache' eine interdisziplinäre Kooperation tatsächlich erleichtert würde. Denn die spezifischen Probleme der unterschiedlichen Disziplinen mit ihren unterschiedlichen Methoden führt unweigerlich zu unterschiedlichen Fachsprachen (vgl. Balsiger 2005, S. 247).

Wenn das so ist, stellt sich die nächste Frage, ob stattdessen Fachsprachen ineinander *übersetzt* werden sollten und ob diese ‚Übersetzung' überhaupt möglich, sinnvoll oder sogar notwendig ist. Diese Frage wird unter dem Titel „Übersetzungsproblem" (Balsiger 2005, S. 245) oder „Übersetzungsarbeit" (Eisel 1992, S. 10) seit langem diskutiert. Allerdings ist auch diese Übersetzungsarbeit mit einem grundsätzlichen Problem behaftet. Zwar kann „Übersetzungsarbeit zwischen den Sichtweisen zu leisten" bedeuten, „wechselseitig die Theorien anzuerkennen" (ebd.), aber die geforderte gegenseitige Anerkennung und „Übersetzungsarbeit" verläuft häufig doch nur „in eine Richtung": in der Landschaftsplanung beispielsweise in die naturwissenschaftliche (ebd., S. 11). Daher fordert Balsiger, die Lösung des Übersetzungsproblems könne nur „in der Entwicklung einer eigenen (Fach–)Sprache [bestehen], die eine adäquate Problembeschreibung zu leisten vermag. Dadurch wird das sogenannte ‚Übersetzungsproblem' hinfällig" (Balsiger 2005, S. 247). Dennoch bleibt auch dann das grundsätzliche Problem bestehen, ob und wie Wissenschaftler aus unterschiedlichen Disziplinen miteinander kommunizieren können. Die Frage wird daher sein, was mit einer eigenen ‚Fachsprache', die nicht einseitig ‚übersetzt' (‚reduziert') und dennoch Verständigung stiften soll, gemeint sein kann.

Es kann keine *letzte* Entscheidung darüber getroffen und begründet werden, wie interdisziplinäre Landschaftsforschung konkret zu gestalten ist. Stattdessen sei auf zwei Möglichkeiten hingewiesen, wie und zu welchem Zweck solche Forschung betrieben werden könnte. Die erste Möglichkeit knüpft an die obigen Überlegungen zur ‚dialektischen Synthese' bzw. ‚integrativen Theorie' in einzelnen Disziplinen an, insbesondere solche in der Landschaftsforschung. Wenn die Funktion einer *intra*disziplinären Integration in einer Orientierungs- und Aufklärungsfunktion besteht, so wird diese Funktion a fortiori auch für eine *inter*disziplinäre Integration gelten. So wurde die Vielfalt unterschiedlicher Landschaftsbegriffe, -konzepte und -theorien positiv als Angebot zum wissenschaftlich fruchtbaren „Widerspruch" und zur „produktive[n] Reibung" (Leibenath und Gailing 2012, S. 59) der Wissenschaftler untereinander gedeutet. Diesem Anliegen entsprechen unterschiedliche Begriffs- und Theorie-Typologien, die durch ihre Reflexion auf Bedeutung und Gebrauch der Begriffe eine „Steigerung der konzeptionellen Sicherheit der Entwerfer und Planer" (Vicenzotti 2012, S. 272) erreichen sollen. Beispielsweise lassen sich Landschaftsbegriffe nach Sprach- oder Reflexionsstufen ordnen, sodass sich mit Leibenath und Gailing (2012, S. 61) „essentialistisch-ontologische" von „reflexiv-konstruktivistischen Landschaftsbegriffen" unterscheiden lassen. Eine häufig genutzte Typologien-Variante ist die Idealtypen-Bildung, entweder am Leitfaden politisch-weltanschaulicher Idealtypen (Vicenzotti 2011), einer idealtypischen Kulturgeschichte (Kirchhoff und Trepl 2009; Trepl 2012) oder der historischen Unterscheidung von „Landschaft 1, 2 und 3" (Jackson 1984; Prominski 2004). Die weitgehend etablierte kulturhistorische Standard-Rekonstruktion der *Genese* des europäischen Landschaftsbegriffes unterscheidet einen ursprünglich politisch-regionalen von einem späteren ästhetischen und einem inzwischen etablierten physischen Landschaftsbegriff (vgl. von Wallthor und Quirin 1977; Jessel 1995; Kühne 2013; Kirchhoff 2017). Zu solchen Systematisierungen mit Ordnungs- oder Orientierungs-Absicht gehören auch Rekonstruktionen, die verborgene Konstitutionsmechanismen enthüllen. So kann man beispielsweise diskursanalytisch die „diskursive Konstituierung von Kulturlandschaft" rekonstruieren (Leibenath und Otto 2012) oder die verborgenen Machtverhältnisse der sozialen Konstruktion von Landschaft aufdecken (Kühne 2013).

Diese Form der interdisziplinären Integration kann mit Kühne (2013, S. 12) als „multiperspektivische Herangehensweise" bezeichnet werden, um „einen Überblick über wesentliche Stränge der Landschaftsforschung zu ermöglichen", oder mit Potthast als positiv modellierte „Multidisziplinarität" (2010, S. 180) verstanden werden. Die Integration ist hier nicht im Sinne einer Übersetzung des einen wissenschaftlichen Vokabulars in ein anderes, sondern als eine Form pragmatischer Systematisierung des Wissens mit Orientierungsfunktion zu verstehen. Diese Form der Integration kann präziser bestimmt werden, wenn wir zur zweiten Möglichkeit übergehen.

Diese zweite Möglichkeit knüpft an die Frage an, ob und wie eine Sprache mit gemeinsamen Begriffen für interdisziplinäre Forschung entwickelt werden kann. Christoph Hubig hat im Rahmen der Technikphilosophie eine gemeinsame begriffliche Basis für die Technikwissenschaften vorgeschlagen (Hubig 2006, 2011; Hubig und Luckner 2006). Hubig verweist auf die bereits im ‚Deutschen Idealismus' diskutierte Problematik der „fundamentalen Aporie unseres Weltverhältnisses": *Einerseits* „zielen unsere Erkenntnisbemühungen auf die Freilegung unseres Status und unserer Verortung in der Welt" (Hubig 2011, S. 97) und die Schwierigkeit, „zu erklären, wie das Verhältnis desjenigen Geistes", der diese Weltverhältnisse „als Teil der Welt modelliert, als Moment eben des derart Modellierten erfaßt werden kann" (ebd., S. 98). *Andererseits* „rücken uns" alle „Versuche, unsere Weltverhältnisse als Teil der Welt zu *begreifen* (..) in die Position, mit den unterschiedlichen Optionen eines solchen Begreifens umgehen zu müssen. (...) Die Reflexion vermag sich nur selbst zu potenzieren, nicht aber in die Welt zu integrieren, die ihr eigentliches Erkenntnisziel ist" (ebd.). Wird diese Aporie nicht beachtet, erfolgen objekt- oder reflexionsstufige Bestimmungen der Begriffe ‚Technik', ‚Natur' und ‚Kultur' häufig ohne Reflexion des eigenen theoretischen Standpunktes und münden daher in „dogmatische Systeme" (Hubig 2011, S. 105). Hubig plädiert deshalb dafür, die Begriffe ‚Natur' und ‚Kultur' am Leitfaden des Begriffs ‚Technik' als Reflexionsbegriffe im Kantischen Sinne zu rekonstruieren (Hubig 2006, 2011). Wenn man in

Anlehnung an Kant zwischen empirischen Allgemeinbegriffen, logischen Reflexionsbegriffen und transzendentalen Reflexionsbegriffen unterscheidet (vgl. Nerurkar 2008), lassen sich *Allgemein*-Begriffe als objektstufige Regeln zur Subsumption von Vorstellungen unter Gegenstandsklassen, *logische* Reflexionsbegriffe als immerhin höherstufiger als Allgemeinbegriffe, aber dennoch objektstufige „Oberbegriffe bzw. Titelworte für Vorstellungen über das, was es gibt" (Hubig und Luckner 2006, S. 291) bestimmen. Sie lassen sich daher auch als „Inbegriffe" (Hubig 2006, S. 11, 229 ff.) oder angesichts der Höherstufigkeit der Reflexionstermini gegenüber Prädikatoren als „Metaprädikate" (Janich 2001, S. 152) charakterisieren.

Die in der Technikphilosophie gebrauchten Begriffe ‚Natur', ‚Kultur' und ‚Technik' sowie analog die in der Landschaftsforschung vorgeschlagenen Begriffs- und Theorie-Typologien mit Orientierungs- und Aufklärungsfunktion lassen sich in diesem Sinne mit Hubig als ein Sortieren, Vergleichen und Klassifizieren von Vorstellungsweisen bzw. sprachlichen Mitteln unter einer spezifischen Hinsicht oder einem „einheitliche[n] Interesse" und daraus resultierendem „einheitliche[n] Bemerken" (Husserl zitiert in Hubig 2011, S. 101) interpretieren. So drücken logische Reflexionsbegriffe als *‚Inbegriffe'* „höherstufige Vorstellungen von denjenigen Vorstellungen aus, die durch prädikative Ausdrücke vermittelt werden" (Hubig und Luckner 2006, S. 290 f.). Auf diese Weise können die „allgemeinen Formen und Konstitutionsbedingungen eines Gegenstandsbereichs" (Nerurkar 2008, S. 6) – in unserem Fall: ‚Landschaft' – rekonstruiert werden. Entscheidend ist die Einsicht, dass der eigene wissenschaftliche Standpunkt kontingent ist und ausgewiesen werden muss, daher das mit diesem Standpunkt verbundene ‚einheitliche Interesse' und das daraus resultierende ‚einheitliche Bemerken' letztlich die angestrebte ‚Synthese' anleitet.

Die angekündigte zweite Möglichkeit integrierender Landschaftsforschung knüpft an den kantischen Typ *‚transzendentaler* Reflexionsbegriffe' an, der sich nicht direkt auf Gegenstände, Vorstellungen oder Konstitutionsbedingungen von Gegenständen bezieht, sondern Vorstellungen einem spezifischen Erkenntnisvermögen zuordnet. Da „Technik" auf einen *praktischen* Weltbezug verweist, ist Hubig zufolge der *Bezug* der Reflexionsbegriffe ‚Technik', ‚Kultur' und ‚Natur' auf das „Handlungsvermögen als Vermögen der Freiheit herzustellen bzw. zu unseren Vorstellungen hiervon" (Hubig 2011, S. 117). Da die „basale Vorstellung", die wir mit dem Handlungsvermögen verbinden, subjektive *Freiheit* als „Disponibilität von Mittel- und Zwecksetzungen" (ebd., S. 118) sei, zeige ‚Technik' *als ‚transzendentaler Reflexionsbegriff'* an, dass wir Tätigkeiten, „Verfahren, Vollzüge und deren Resultate nach Maßgabe ihrer Disponibilität bzw. Verfügbarkeit relativ zu unserem Freiheitsanspruch identifizieren" (ebd.) können. Entsprechend zeige ‚Natur' als Reflexionsbegriff „abduktiv erschlossene (mithin unsicher unterstellte) Wirkschemata bezüglich der Realisierung unseres Freiheitsanspruchs" relativ zum Stand der Technik und Kultur an: Wir interpretieren dies als Widerständigkeit bzw. ‚In-Disponibilität'. ‚Kultur' als Reflexionsbegriff zeige „Schemata der Mittel-Zweck-Verknüpfung" an, die „bedingt nicht-disponibel [sind], sofern die Realisierung eines konkreten Zweckes für erforderlich gehalten wird" (ebd., S. 119). *Was* allerdings als disponibel oder nicht-disponibel *anerkannt* wird, kann Hubig zufolge keineswegs theoretisch fundiert, sondern nur *pragmatisch* entschieden und gerechtfertigt werden – und zwar im Rahmen „unterschiedlicher normativer Orientierung" (Hubig 2011, S. 119). Je nach Art der Orientierung konnten daher bislang unterschiedliche Konzepte von Technik, Natur und Kultur entwickelt werden, für Hubig letztlich als „Manifestation reflexiver Kultur" (ebd.).

Die Integration ist hier ebenfalls nicht im Sinne einer Übersetzung des einen in ein anderes Vokabular zu verstehen, sondern als ‚*gemeinsame* Sprache' in Gestalt der transzendentalen Reflexionsbegriffe. Das Integrierende oder Synthetisierende besteht in einer höherstufigen Reflexion darauf, wie der „Bezug einschlägiger Vorstellungen zu unserem Handlungsvermögen" (ebd.) rekonstruiert und zur Orientierung in Forschungen, die der ‚fundamentalen Aporie unserer Weltverhältnisse' nicht zu entrinnen vermag, nutzbar gemacht werden kann.

An anderer Stelle (Berr 2016) habe ich den Vorschlag gemacht, das Konzept der transzendentalen Reflexionsbegriffe auch auf die Landschaftsforschung zu beziehen. Hier stellt sich zuerst die Frage, in welcher Perspektive, d.h. in welchem ‚einheitlichen Interesse' und ‚einheitlichen Bemerken' der Begriff ‚Landschaft' als Reflexionsbegriff im angegebenen Sinne bestimmt werden kann. Als integrierender *Rahmen* kann im Anschluss an Überlegungen von Martin Heidegger, Wolfgang Kluxen, Jürgen Mittelstraß und Jürgen Hasse die Frage nach der ‚Bewohnbarmachung der bebauten oder unbebauten Welt' (Berr 2016, S. 104–107, 2017b, S. 140–141) genutzt werden, die sich nicht nur auf Gebäude bezieht, sondern auch auf Landschaften: „Ein Mensch wohnt in verschiedenen räumlichen Maßstabsdimensionen: Wohnung, Haus, Umgebung, Land und Erde" (Hasse 2009, S. 21). Da sich dieses ‚Bewohnen' und ‚Bewohnbarmachen' nicht in einem theoretischen Verhältnis zu einer objektivierten ‚Umwelt' in einer ‚Beobachterperspektive' erschöpft, sondern vornehmlich auch ein situativ gebundener, leiblicher und empfindender Handlungsvollzug in der Teilnehmerperspektive aktiven Sich-Einlassens auf und Sich-Einwohnens in eine Welt ist, können Vorstellungen, die mit ‚Landschaft' verbunden sind, auf das Handlungsvermögen bezogen werden. Die damit verbundene „basale Vorstellung" (Hubig 2011, S. 118) ist die Vorstellung der Freiheit als Möglichkeit oder Fähigkeit, die bebaute oder unbebaute Welt gegen Widerständigkeiten und gegen die Unwirtlichkeit der ‚natürlichen' wie ‚kulturellen' Gegebenheiten *bewohnbar*, d. h. human zu *gestalten*: ob der Mensch also durch seine Tätigkeiten in seine Welt hineinpasst oder nicht. Unter welchen Bedingungen und im Lichte welcher Kriterien gelingt oder misslingt ein Wohnen in der bebauten oder unbebauten Welt, die eine *bewohnbare* Welt sein soll? Freilich gilt auch hier: Die Kriterien für die *konkrete* Bewohnbarkeit oder Nicht-Bewohnbarkeit oder für das konkrete Hineinpassen oder Nicht-Hineinpassen in die phänomenale Welt können nicht einfachhin theoretisch abgeleitet oder begründet, sondern nur pragmatisch *entschieden* und *gerechtfertigt* werden. „Bewohnen" oder „Bewohnbarmachung" sind stets eine situativ (sozial, kulturell und politisch) gebundene Herausforderung, daher eine sittlich-politische Frage, wie eine Abwägung und Entscheidung zwischen einerseits Einpassen in Gegebenes (Natur oder Kultur) und andererseits Anpassen des Gegebenen an die eigenen (individuellen oder kollektiven) Bedürfnisse stattfinden kann und die entsprechenden Handlungen und Entscheidungen gerechtfertigt werden können.

5.2.2 Transdisziplinäre Differenzen und Einheitsbildungen

Ein viel diskutiertes Problem in den Diskussionen um Inter- und Transdisziplinarität ist die Frage, worin oder wodurch genau sie sich voneinander unterscheiden (vgl. z. B. Völker 2004; Balsiger 2005; Grunwald und Schmidt 2005; Jahn 2008; Jungert et al. 2010; Sukopp 2010). Jürgen Mittelstraß als einer der maßgeblichen Initiatoren des Transdisziplinaritätsdiskurses hat selbst mit zu solchen Diskussionen beigetragen. Mittelstraß hatte vorgeschlagen, dass man dann, wenn Transdisziplinarität sich auf *außer*wissenschaftliche Problemstellungen ‚in der Welt‘ beziehe, von *praktischer* Transdisziplinarität sprechen könne; beziehe sie sich auf *inner*wissenschaftliche Problemstellungen ‚außerhalb der Welt‘, könne man von *theoretischer* Transdisziplinarität sprechen (vgl. Mittelstraß 2005, S. 22). Beispiele für transdisziplinäre Forschung, die Mittelstraß an dieser Stelle vorstellt, hinterlassen den Eindruck, als sei Transdisziplinarität lediglich Interdisziplinarität in anderer Gestalt. Das betrifft die Beispiele für *praktische* Transdisziplinarität (ökologische Forschung, Gesundheitsforschung) ebenso wie die Beispiele für *theoretische* Transdisziplinarität (Strukturforschung). In mehreren Publikationen spricht Mittelstraß dies auch selbst aus: „Interdisziplinarität im recht verstandenen Sinne (...) ist in Wahrheit Transdisziplinarität" (2005, S. 19) bzw. Transdisziplinarität ist „im Sinne wirklicher Interdisziplinarität" (1998, S. 44) zu verstehen. So gesehen wäre Transdisziplinarität die elaborierte Version verbesserungs- oder gar reparaturbedürftiger Interdisziplinarität und würde „lediglich einen besonders hohen Intensitätsgrad interdisziplinären Zusammenwirkens bezeichnen" (Laitko 2012, S. 11).

Ein weiteres Abgrenzungsproblem besteht darin, dass das von Mittelstraß als ‚*theoretische* Transdisziplinarität‘ bezeichnete innerwissenschaftliche „Forschungsprinzip" (1998, S. 48) als Variante holistischer Vereinheitlichungsbestrebungen im Sinne der erwähnten ‚euphorischen Interdisziplinarität‘ (Eisel 1992) verstanden werden könnte. Gegen dieses Missverständnis ist schon früh und von unterschiedlichen Autoren Einspruch erhoben worden. Bei der eingangs gestellten Frage nach der Systematisierung der Wissenschaften konnte gezeigt werden, dass hinter einem solchen Streben nach „Einheit statt Vielheit" (Gethmann 1991, S. 352) bzw. nach einer „kognitiven Vereinheitlichung der Wissenschaften zu einer Einheitswissenschaft" letztlich ein „ideologischer Szientismus" (Gethmann 1991, S. 350) steckt und solche Forderungen daher einem oftmals uneingestandenen „wissenschaftsideologischen Postulat" (Balsiger 2005, S. 247), einer „Ideologie der Interdisziplinarität selbst" (Eisel 1992, S. 7) oder der Sehnsucht nach einer holistischen Einheit im Rahmen eines „discourse of transcendence" (Klein 2014, S. 70) geschuldet sind. Gegen solche Ideologien gerichtet kann daher gefordert werden, kein „Ganzes" als „Einheit der Welt" bzw. als „Einheit des Gegenstands (und Wissens)" zu suchen oder zu konstruieren, sondern sich an einer „vernünftigen Organisation des Dissenz" (Eisel 1992, S. 16) zu beteiligen. Interdisziplinarität sei dann, wenn sie gelingen soll, ein „objektkonstitutive[r] Diskurs über Differenzen": Denn nicht „die Einheit des Gegenstandes (und Wissens) muß ‚gesucht' werden, sondern die Differenz der Theorien über den Gegenstand muß ‚bestimmt' werden. Diese Differenz ist die Einheit des Gegenstandes als interdisziplinärer" (Eisel 1992, S. 8), das heißt, eine ‚*differenzierte Einheit*' (Trepl 1996) als Einheit unterschiedlicher Perspektiven und thematisierter Aspekte.

Diesen Gegenargumenten entsprechen auch weitere Überlegungen von Mittelstraß selbst. Gegen alle kunstsprachlichen, formalistischen, propositionalistischen, semantischen oder nomologischen – und damit letztlich epistemologischen – Vereinheitlichungsbestrebungen als Varianten eines „Leibnizprogramm[s]" (1998, S. 35) plädiert Mittelstraß für einen „begründete[n] Begriff der Einheit der Wissenschaft", der „in der Einheit der wissenschaftlichen Rationalität bzw. in der Einheit der wissenschaftlichen Rationalitätskriterien besteht" (ebd., S. 40). Wissenschaft lässt sich nicht auf „im engeren Sinne propositionales Wissen" (ebd., S. 47) reduzieren, sondern der Wissenschaftsalltag besteht in Forschung, und Forschung „ist im wesentlichen ein Handeln, Praxis, zwar unter Theorie- und Methodenbedingungen, doch eben selbst nicht als Theorie und Methode. Das ist Forschung nur, wenn sie sich in ihren Ergebnissen selbst darstellt oder die Wege beschreibt, die sie gegangen ist (ebd., S. 46). Die Rationalität des Handelns und die des Wissens, ‚Tun' und ‚Wissen' sind gleichberechtigt miteinander verschränkt und „aufeinander bezogen (…). Unsere Vorstellung von Wissenschaft greift also zu kurz, wenn sie nur deren theoretische, ‚propositionale' Seiten erfaßt" (ebd., S. 47).

Interdisziplinäre Integration kann daher – so mein Vorschlag – als ‚theoretische Transdisziplinarität' beschrieben werden, also tatsächlich im Sinne einer elaborierten Form von ‚Interdisziplinarität'. Sprachgebräuche lassen sich weder einfachhin abschaffen noch lässt sich ein neuer Sprachgebrauch erzwingen. Das ist in diesem Fall auch gar nicht erforderlich. ‚Interdisziplinarität' als bewährter Sprachgebrauch bezeichnet eine hinreichend bestimmte und weitgehend akzeptierte ‚Forschungsform', die vom *sachlichen* Anspruch her *auch* als ‚theoretische Transdisziplinarität' oder mit Potthast (2010, S. 180) als „Interdisziplinarität im engeren Sinne" beschrieben werden kann.

Die beim Konzept der ‚theoretischen Transdisziplinarität' mangelnde Trennschärfe gegenüber dem Konzept der ‚Interdisziplinarität' ergibt sich erst beim Konzept der ‚*praktischen* Transdisziplinarität' – allerdings nur dann, wenn ‚*praktische* Transdisziplinarität' als Transdisziplinarität *schlechthin* verstanden wird. Inzwischen setzt sich eine Sichtweise durch, die Interdisziplinarität als Begriff für die Überwindung oder Grenzüberschreitung disziplinärer Grenzen und Trennungen bestimmt, wohingegen für Transdisziplinarität die „These von der partiellen Abgrenzbarkeit von Wissenschaft und Gesellschaft" konstitutiv (Grunwald und Schmidt 2005, S. 7 f.) sei. Das heißt, es geht bei Interdisziplinarität um Grenzen und Trennungen zwischen wissenschaftlichen Disziplinen, bei Transdisziplinarität um Grenzen und Trennungen zwischen Wissenschaft und Lebenswelt. Transdisziplinarität wird von „Interdisziplinarität im engeren Sinne" also dadurch unterschieden, „dass ausdrücklich wissenschaftsexterne Fragestellungen und Personen aktiv die Forschung mit bestimmen" (Potthast 2010, S. 180 f.) und kann daher auch „als eine akteurserweiterte Variante" (Weith und Danielzyk 2016, S. 10) von

Interdisziplinarität definiert werden. Ähnliche Bestimmungen finden sich beispielsweise bei Jahn (2008), Laitko (2012) oder Vilsmaier und Lang (2014).

Dorothea Hokema weist in ihrem Beitrag in diesem Band darauf hin, dass Transdisziplinarität im bislang beschriebenen Sinn im Zusammenhang der Landschaftsforschung in etwa mit dem Konzept der ‚pragmatischen Interdisziplinarität‘ von Eisel (1992) übereinstimmt. Diese Übereinstimmung wird plausibel, wenn berücksichtigt wird, dass landschaftsbezogene Planungsdisziplinen wie beispielsweise die Landschaftsplanung nicht einfachhin theoretisches Wissen produzieren, sondern insbesondere in den politischen Raum hineingestellt sind, in dem es um Aushandlungsprozesse und entsprechende Berücksichtigung außerwissenschaftlicher Herausforderungen in Gestalt der Bedürfnisse und Interessen lebensweltlicher Akteure geht. Insbesondere der demografische Wandel, die Veränderung von Akteurskonstellationen und Besitzverhältnissen, Verstädterungsprozesse, die auf den Klimawandel reagierende Energiewende sowie neue private und öffentliche Nutzungsansprüche in den Städten und auf dem Land schaffen neue kulturelle, soziale, ökonomische, ökologische und politische Herausforderungen für die Landschaftsforschung und Landschaftspraxis. Disziplinen wie Architektur, Stadtplanung, Landschaftsarchitektur, Geografie, Raum- und Landschaftsplanung sind daher zur Zusammenarbeit aufgerufen, um die Herausforderungen der Zukunft bei der nachhaltigen Gestaltung, Nutzung und Schonung einer weiterhin bewohnbaren Welt mit Städten und Landschaften annehmen, begleiten und mitsteuern zu können. In Anlehnung an das ‚Stakeholder‘-Modell der Wirtschaftsethik (Freeman 1984) sind die Beteiligten an solchen disziplinübergreifenden praxisbezogenen Kooperationen nicht nur Fachwissenschaftler, sondern auch Anspruchsträger aus der Bevölkerung, Verwaltung, Politik, Planung und Wirtschaft, die differenzierte Erwartungen und Ansprüche an das Phänomen ‚Landschaft‘ haben. Die hierbei beteiligten Akteure sind nicht nur als ‚Objekte‘ einer Forschung zu beachten, sondern auch als Subjekte in Forschungs- und Aushandlungs- oder Partizipationsprozessen aktiv mitbeteiligt.

Es ist hier nicht der Ort, die Möglichkeiten und Grenzen der ‚*Gestaltung* transdisziplinärer Forschungsprozesse‘ zu entfalten – hierzu sei insbesondere auf die instruktive Übersicht von Ulli Vilsmaier und Daniel J. Lang (2014, S. 101–109) hingewiesen, die entsprechende ‚Phasen‘ und ‚Prinzipien‘ transdisziplinärer Forschung sowie als Beispiele das ‚ISOE-Modell‘ und den ‚Transdisciplinary Case Study Ansatz‘ vorstellen. Allerdings ist die Frage nach der Art und dem ‚Mehrwert‘ der transdisziplinären Integration zu beantworten. Eine prägnante Antwort auf die erste Frage liefert J. Mittelstraß. Die transdisziplinäre *Integration* besteht Mittelstraß zufolge als ‚*praktische* Transdisziplinarität‘, also mit Bezug auf lebensweltliche Probleme und unter Einbezug entsprechender Akteure, als „argumentative Einheit" (Mittelstraß 2005, S. 23) einzelwissenschaftlicher und lebensweltlicher Argumente. Im transdisziplinären Forschungsprozess ist diese ‚argumentative Einheit‘ die letzte „methodisch rekonstruierbare Stufe" nach folgenden vorhergehenden Stufen: „disziplinärer Ansatz, Einklammerung des Disziplinären, Aufbau interdisziplinärer Kompetenz, ‚Entdisziplinierung‘ im Argumentativen" (ebd.). Für Christian Pohl und Gertrude Hirsch-Hadorn wäre es in diesem

Zusammenhang wünschenswert, als Ziel transdisziplinärer Zusammenarbeit gemeinsam anzustreben, die Perspektiven der beteiligten Wissenschaftler und Nichtwissenschaftler „und ihre Bedeutung auf das gemeinsame Anliegen der Problembearbeitung zu beziehen und nicht auf die Frage, wer Recht hat" (2008, S. 13). Ein unkritisches, unreflektiertes oder gar dogmatisches Beharren auf Deutungshoheit wird kritisch als ‚boundary work' (Gieryn 1983) bezeichnet. Die von Eisel und Trepl geforderte ‚Kommunikation über Differenzen' (Eisel 1992; Trepl 1996) besteht daher auch im Rahmen transdisziplinärer Forschung sicherlich „in einer analysierenden Gegenüberstellung der unterschiedlichen Entscheidungslogiken und Spielregeln" (Loibl 2005, S. 34) disziplinärer und lebensweltlicher Akteure. Letztlich bedeuten diese Forderungen auch hier, die Vielfalt der Sichtweisen zuerst einmal zuzulassen und dadurch zu verstehen (vgl. Pohl und Hadorn 2008, S. 13 f.). Das betrifft sowohl die interdisziplinäre wie es auch die transdisziplinäre Forschung betreffen sollte. Die Integration kann konkret „durch die Kombination von Integrationsinstrumenten mit Formen der Zusammenarbeit erreicht werden" (ebd., S. 14). Das Ziel oder der Zweck dieser Integration ist damit auch hier ein aufklärerisch-orientierendes, insofern die Gestaltungsmittel transdisziplinärer Forschungsprozesse dazu dienen, „die Orientierung der Forschung zu präzisieren, bewusst zwischen verschiedenen möglichen Vorgehensweisen zu wählen sowie die dem Projekt unterliegenden Annahmen explizit zu machen und kritisch zu hinterfragen" (ebd., S. 17). Gelingende transdisziplinäre Forschungsprozesse können im Rahmen dieser Integration das Fundament bilden „für ein allgemeines Problemverständnis, für eine geteilte Sprache, für zu formulierende Handlungsnotwendigkeiten sowie für die Erarbeitung einer konkreten Ziel- und Handlungsperspektive" (Weith und Danielzyk 2016, S. 10). Die unterschiedlichen Formen disziplinärer und disziplinenübergreifender Integration sind in Tab. 3 zusammengefasst.

Auch der bereits mehrfach angesprochene Zugewinn an Wissen und Verstehen erweist sich als Mehrwert: „Für die Wissenschaft kann durch derartige kooperative Forschungsprozesse ein Zugewinn an Wissen und Verstehen erfolgen, der in die *scientific community* eingespeist und dort diskutiert wird (durch wissenschaftliche Publikationen) und seine Wirkung auf diese Weise entfaltet" (Vilsmaier und Lang 2014, S. 103). Auch Erfassung von Komplexität wird als Vorteil erachtet: „Die transdisziplinäre Forschung hat dann vor allem zu einem Verständnis über das Problem geführt. Durch das Beleuchten der Situation oder des Phänomens aus unterschiedlichen Perspektiven kann dieses erst in seiner Komplexität erfasst werden" (ebd.). Daneben werden auch die Vorteile, die sich durch die Partizipation lebensweltlicher Akteure ergeben, herausgestellt. So ermögliche Transdisziplinarität, „dass beteiligten Akteuren aus Wissenschaft und Praxis (…) ihre spezifische und ausschnitthafte Sicht (…) bewusst gemacht wird, sodass ihre Erklärungs- und Interpretationsmacht für das Problem relativiert wird und verschiedene Perspektiven integriert werden können" (Weith und Danielzyk 2016, S. 10). Entscheidend in diesem Zusammenhang ist sicherlich auch die Berücksichtigung der spezifischen ‚Weltsichten' und „Problemlösungsperspektiven" der Akteure, „die mit Normen und Werten verknüpft sind": es können die „sozio-kulturellen Unterschiede" und die „Standortabhängigkeiten der Akteure" (ebd.) reflektiert und berücksichtigt werden. Mit dieser geforderten Reflexion und Berücksichtigung normativer (moralischer, evaluativer und konativer)

Tab. 3 Disziplinäre und disziplinenübergreifende Integration

	Infra-disziplinär	Intra-disziplinär
Integration in Einzel-Disziplinen	Fundierung: Operationale Basis	Dialektik: Integrative Theorie
Disziplin-übergreifende Integration	Innerwissenschaftliche Integration (theoretische Transdisziplinarität): z. B. Reflexionsbegriffe	Einheit disziplinärer und lebens- weltlicher Argumente (praktische Transdisziplinarität)
	Inter-disziplinär	Trans-disziplinär

Handlungsorientierungen, Weltbilder und Weltsichten der beteiligten Akteure und dem damit verbundenen ‚Wertepluralismus' (Hubig 2001) wird freilich das weite Feld der *Ethik,* beispielsweise einer Ethik der Architektur, Landschaftsarchitektur und Raumplanung (vgl. Hahn 2014; Berr 2017a; Müller 2017) betreten. Zudem ist mit diesem „Dialogprozess auf Augenhöhe" (Weith und Danielzyk 2016, S. 10) die *Konflikthaftigkeit* raum- und landschaftsbezogener sozio-politischer Aushandlungsprozesse angesprochen, die sich gerade an den ins Spiel gebrachten Überzeugungen, Werthaltungen und Weltsichten der Akteure entzünden. Transdisziplinäre Forschung hat sich daher auch der Frage zu stellen, wie solche Konflikte *geregelt* werden können (vgl. insbesondere Dahrendorf 1972, S. 7–93; Kühne 2017, 2018). Statt Konflikte durch Gewalt zu beenden oder konsensuell aufzulösen und damit ihre Virulenz nur vorläufig abzuschwächen plädiert Dahrendorf für eine Regelung, die Konflikte zwar nicht aus der Welt schaffen kann, aber ihre mögliche Destruktivität bannt und positiv für eine mögliche Steigerung individueller Lebenschancen und gesellschaftlichen Fortschritts mobilisiert.

Literatur

Aristoteles (1991). *Metaphysik. Schriften zur Ersten Philosophie* (Met.). Übersetzt und herausgegeben von Franz F. Schwarz. Stuttgart: Reclam.

Aristoteles (2001). *Die Nikomachische Ethik* (NE). Griechisch-deutsch. Übersetzt von Olaf Gigon, neu herausgegeben von Rainer Nickel. Düsseldorf, Zürich: 2001.

Balsiger, P. W. (2005). *Transdisziplinarität. Systematisch-vergleichende Untersuchung disziplinübergreifender Wissenschaftspraxis.* München: Wilhelm Fink.

Batteaux, Ch. (1967 [1746]). Les Beaux-Arts réduits à un même principe. In Ch. Batteux. *Principes de la Littérature, Bd. 1.* Repr. Nachdruck Genf: Slatkine.

Berr, K. (2013). Wahrheit und „Möglichkeitssinn". Hegels Ästhetik im Kontext moderner Kultur. In H. Friesen & M. Wolf (Hrsg.), *Die Ästhetik und die Künste* (S. 129–168). Münster: mentis.

Berr, K. (2014). Zum ethischen Gehalt des Gebauten und Gestalteten. *Ausdruck und Gebrauch. Wissenschaftliche Hefte für Architektur Wohnen Umwelt 12*, 29–55.

Berr, K. (2016). Stadt und Land(schaft) – Ein erweiterter Blick mit dem „zweiten Auge" auf ein frag-würdig gewordenes Verhältnis. In K. Berr & H. Friesen (Hrsg.), *Stadt und Land. Zwischen Status quo und utopischem Ideal* (S. 75–117). Münster: mentis.

Berr, K. (2017b). Überlegungen zu einem proto-theoretischen Unterbau der Landschaftsarchi-
    tektur. In K. Berr (Hrsg.), *Landschaftsarchitekturtheorie. Aktuelle Zugänge, Perspektiven und
    Positionen* (S. 123–164). Wiesbaden: Springer VS.
Berr, K. (Hrsg.). (2017a). *Architektur- und Planungsethik. Zugänge, Perspektiven, Standpunkte.*
    Wiesbaden: Springer VS.
Bourdieu, P. (1992). *Homo academicus.* Frankfurt am Main: Suhrkamp.
Bruns, D. & Kühne, O. (2013). Einleitung. In D. Bruns & O. Kühne (Hrsg.), *Thema: Landschafts-
    theorie. Landschaften: Theorie, Praxis und internationale Bezüge* (S. 15–20). Schwerin: Oceano.
Bund Heimatschutz (1904/05). *Mitteilungen des Bundes Heimatschutz, 1.*
Capella, M. (2005). *Die Hochzeit der Philologia mit Merkur. De nuptiis Philologiae et Mercurii.*
    Würzburg: Königshausen & Neumann.
Carnap, R. (1931). Die physikalische Sprache als Universalsprache der Wissenschaft. *Erkenntnis
    2,* 432–465.
Curtius, E. R. (1965). *Europäische Literatur und lateinisches Mittelalter.* Bern: Francke.
Dahrendorf, R. (1972). *Konflikt und Freiheit. Auf dem Weg zur Dienstklassengesellschaft.* München:
    Piper & Co.
Dahrendorf, R. (1987). *Fragmente eines neuen Liberalismus.* Stuttgart: DVA.
Derrida, J. (1988). Die Différance. In J. Derrida. *Randgänge der Philosophie* (S. 29–52). Wien:
    Passagen-Verlag.
Dettmar, J. (2017). Wissenschaftliche Grundlagen der Landschaftsarchitektur. In K. Berr (Hrsg.),
    Landschaftsarchitekturtheorie. Aktuelle Zugänge, Perspektiven und Positionen (S. 21–50).
    Wiesbaden: Springer VS.
Diderot, D. & d'Alembert, J, le R. (1751–1780). *Encyclopédie ou Dictionnaire raisonné des scien-
    ces, des arts et des métiers (I–XXXV).* Paris u. a.
Diderot, D. (1969). *Enzyklopädie. Philosophische und politische Texte aus der "Encyclopédie"
    sowie Prospekt und Ankündigung der letzten Bände. Mit einem Vorwort von Ralph-Rainer
    Wuthenow.* München: DtV.
Dilthey, W. (1970). *Der Aufbau der geschichtlichen Welt in den Geisteswissenschaften. Einleitung
    von M. Riedel.* Frankfurt am Main: Suhrkamp.
Dingler, H. (1952). *Über die Geschichte und das Wesen des Experimentes.* München: Eidos-Verlag.
Düwell, M. (2001). Angewandte Ethik – Skizze eines wissenschaftlichen Profils. In A. Holdereg-
    ger & J.-P. Wils (Hrsg.), *Interdisziplinäre Ethik. Grundlagen, Methoden, Bereiche. Festgabe für
    Dietmar Mieth zum sechzigsten Geburtstag* (S. 165–184). Freiburg: Universitäts-Verlag.
Eisel, U. (1992). Über den Umgang mit dem Unmöglichen. Ein Erfahrungsbericht über Interdiszi-
    plinarität im Studiengang Landschaftsplanung. *Das Gartenamt 9/92,* 593–605; *10/92,* 710–719.
    Zitiert nach Online-Version: http://ueisel.de/fileadmin/dokumente/ausgetauscht%20ab%20
    november%202009/Ueber_den_Umgang_mit_dem_Unmoeglichen_INTERDIS_1992.pdf.
    Zugegriffen: 07.08.2017.
Eisel, U. (1997). Unbestimmte Stimmungen und bestimmte Unstimmigkeiten. Über die guten
    Gründe der deutschen Landschaftsarchitektur für die Abwendung von der Wissenschaft und die
    schlechten Gründe für ihre intellektuelle Abstinenz – mit Folgerungen für die Ausbildung in
    diesem Fach. In: S. Bernhard & P. Sattler (Hrsg.), *Vor der Tür. Aktuelle Landschaftsarchitektur
    aus Berlin* (S. 17–33). München: Callwey. Zitiert nach Online-Version: http://www.ueisel.de/
    fileadmin/dokumente/eisel/Unbestimmte_Stimmungen/Eisel_Unbestimmte_Stimmungen_fer-
    tig.pdf. Zugegriffen: 07.08.2017.
Eisel, U. (2003). Theorie und Landschaftsarchitektur. *Garten + Landschaft 1/2003,* 9–13.
Eisel, U. (2007). Die fachpolitische Situation der Landschaftsarchitektur. In U. Eisel & S. Kör-
    ner (Hrsg.), *Landschaft in einer Kultur der Nachhaltigkeit, Band 2. Landschaftsarchitektur im*

Spannungsfeld zwischen Ästhetik und Nutzen. Arbeitsberichte des Fachbereichs Architektur, Stadtplanung, Landschaftsplanung, Heft 166 (S. 26–41). Kassel: Universität Kassel.

Eisel, U. (2011). *Abenteuer, Brüche, Sicherheiten und Erschütterungen in der Landschaftsarchitektur? Über den Unterschied zwischen Theorie und Fachpolitik sowie einige Auskünfte über eine Schule.* Kassel: Kassel university press GmbH.

Elkana, Y. (1986). *Anthropologie der Erkenntnis. Die Entwicklung des Wissens als episches Theater einer listigen Vernunft.* Frankfurt am Main: Suhrkamp.

Felten, F., Müller, H. & Ochs, H. (Hrsg.) (2012). *Landschaft(en). Begriffe – Formen – Implikationen* [Geschichtliche Landeskunde, Bd. 68]. Stuttgart: Franz-Steiner-Verlag.

Feyerabend, P. (1981). Der Pluralismus als ein methodologisches Prinzip. In P. Feyerabend (Hrsg.), *Probleme des Empirismus. Schriften zur Theorie der Erklärung, der Quantentheorie und der Wissenschaftsgeschichte. Ausgewählte Schriften II* (S. 7–14). Braunschweig, Wiesbaden: Vieweg.

Fleck, L. (1980 [1935]). *Entstehung und Entwicklung einer wissenschaftlichen Tatsache. Einführung in die Lehre vom Denkstil und Denkkollektiv.* Mit einer Einleitung von Lothar Schäfer und Thomas Schnelle. Frankfurt am Main: Suhrkamp.

Franck, G. (2007). *Ökonomie der Aufmerksamkeit. Ein Entwurf.* München: dtv.

Franzen, B. & Krebs, St. (Hrsg.) (2005). *Landschaftstheorie. Texte der Cultural Landscape Studies.* Köln: König.

Freeman, R. E. (1984). *Strategic Management. A Stakeholder Approach.* Boston, Mass. [u. a.]: Pitman.

Gabriel, G. (2005): Orientierung – Unterscheidung – Vergegenwärtigung. Zur Unverzichtbarkeit nicht-propositionaler Erkenntnis für die Philosophie, in: G. Wolters & M. Carrier (Hrsg.), *Homo Sapiens und Homo Faber. Epistemische und technische Rationalität. Festschrift für Jürgen Mittelstraß* (S. 323–333). Berlin, New York: Walter de Gruyter.

Gethmann, C. F. (1991). Vielheit der Wissenschaften – Einheit der Lebenswelt. In: Akademie der Wissenschaften zu Berlin (Hrsg.), *Einheit der Wissenschaften* (S. 349–371). Berlin, New York: De Gruyter.

Gethmann, C. F. (1992): Universelle praktische Geltungsansprüche. Zur philosophischen Bedeutung der kulturellen Genese moralischer Überzeugungen. In P. Janich (Hrsg.), *Entwicklungen der methodischen Philosophie* (S. 148–175). Frankfurt am Main: Suhrkamp.

Gethmann, C. F. (2004). [Artikel] „Theorienpluralismus". In J. Mittelstraß (Hrsg.), *Enzyklopädie Philosophie und Wissenschaftstheorie. Unveränderte Sonderausgabe. Band 4: Sp-Z* (S. 281–283). Stuttgart: Metzler.

Gethmann, C. F. (2005). Ist das Wahre das Ganze? Methodologische Probleme Integrierter Forschung. In G. Wolters & M. Carrier (Hrsg.), *Homo Sapiens und Homo Faber. Epistemische und technische Rationalität in Antike und Gegenwart. Festschrift für Jürgen Mittelstraß* (S. 391–404). Berlin, New York: Walter de Gruyter.

Gethmann, C. F. (2009). Untersteht alle Forschung dem Prinzip des Fallibilismus, nur die Klimaforschung nicht? Europäische Akademie zur Erforschung von Folgen wissenschaftlich-technischer Entwicklungen Bad Neuenahr-Ahrweiler (Hrsg.), Akademie-Brief Nr. 87, Februar 2009 (S. 1–3). https://www.ea-aw.de/fileadmin/downloads/Newsletter/NL_0087_022009.pdf. Zugegriffen: 12.01.2017.

Gethmann, C. F. (2010). Die Aktualität des Methodischen Denkens. In C. F. Gethmann & J. Mittelstraß (Hrsg.), *Paul Lorenzen zu Ehren. Konstanzer Universitätsreden 241* (S. 15–37). Konstanz: Universitätsverlag Konstanz.

Gieryn, Th. (1983). Boundary-Work and the Demarcation of Science from Non-Science – Strains and Interest in Professional Ideologies of Scientists. *American Sociological Review, Volume 48,* 781–795.

Gottsched, J. Ch. (1962 [1730]). *Versuch einer critischen Dichtkunst vor die Deutschen.* Nachdruck Darmstadt.

Grassi, E. (1962). *Die Theorie des Schönen in der Antike.* Köln: DuMont.

Grunwald, A. & Schmidt, J. C. (2005). Method(olog)ische Fragen der Inter- und Transdisziplinarität. Wege zu einer praxisstützenden Interdisziplinaritätsforschung. *Technikfolgenabschätzung. Theorie und Praxis. Nr. 2, 14. Jahrgang, Juni 2005,* 4–11. http://www.tatup-journal.de/downloads/2005/tatup052.pdf. Zugegriffen: 15.01.2017.

Gutmann, M. (2005). Disziplinarität und Inter-Diziplinarität in methodologischer Sicht. *Technikfolgenabschätzung. Theorie und Praxis. Nr. 2, 14. Jahrgang, Juni 2005,* 69–73. http://www.tatup-journal.de/downloads/2005/tatup052.pdf. Zugegriffen: 15.01.2017.

Hahn, A. (Hrsg.) (2014). *Themenheft: Positionen einer Architektur- und Planungsethik.* Ausdruck und Gebrauch. Wissenschaftliche Hefte für Architektur Wohnen Umwelt. Band 12.

Hard, G. (1970). *Die „Landschaft" der Sprache und die „Landschaft" der Geographen. Semantische und forschungslogische Studien zu einigen zentralen Denkfiguren in der deutschen geographischen Literatur.* Bonn: Dümmler.

Hard, G. (1977). Zu den Landschaftsbegriffen der Geographie. In A. H. von Wallthor & H. Quirin (Hrsg.), *‚Landschaft' als interdisziplinäres Forschungsproblem* (S. 13–23). Münster: Aschendorff.

Hard, G. (1991). Landschaft als professionelles Idol. *Garten und Landschaft, Nr. 3/1991,* 13–18.

Hard, G. (2001). *Landschaft und Raum. Aufsätze zur Theorie der Geographie, Bd. 1.* Osnabrück: Universitätsverlag Rasch.

Hard, G. (2002). Die „Natur" der Geographen. In U. Luig & H.-D. Schultz (Hrsg.), *Natur in der Moderne. Interdisziplinäre Ansichten (Berliner Geographische Arbeiten 93)* (S. 67–86). Berlin: Geographisches Institut der Humboldt-Universität.

Hard, G. (2003 [1982]). Studium in einer diffusen Disziplin. In G. Hard (Hrsg.), *Dimensionen geographischen Denkens. Aufsätze zur Theorie der Geographie, Bd. 2* (S. 173–230). Göttingen: Universitätsverlag Rasch.

Hartmann, D. & Janich, P. (1996). Methodischer Kulturalismus. In D. Hartmann & P. Janich (Hrsg.), *Methodischer Kulturalismus. Zwischen Naturalismus und Postmoderne* (S. 9–69). Frankfurt: Suhrkamp.

Hasse, J. (2009). *Unbedachtes Wohnen: Lebensformen an verdeckten Rändern der Gesellschaft.* Bielefeld: transcript.

Hasse, J. (2013). Landschaft – Zur Konstruktion und Konstitution von Erlebnisräumen. *Denkanstöße, Heft 10: Landschaftsperspektiven,* 22–34.

Hauser, S. & Kamleithner, Ch. (2006). *Ästhetik der Agglomeration.* Wuppertal: Müller + Busmann.

Heckhausen, H. (1987). ‚Interdisziplinäre Forschung' zwischen Intra-, Multi- und Chimären-Disziplinarität. In J. Kocka (Hrsg.), *Interdisziplinarität. Praxis – Herausforderung – Ideologie* (S. 129–145). Frankfurt am Main: Suhrkamp.

Hegel, G.W.F. (1980). Phänomenologie des Geistes. In W. Bonsiepen & R. Heede (Hrsg.), *Gesammelte Werke. Bd. 9.* Hamburg: Meiner.

Heidegger, M. (1963 [1938]). Die Zeit des Weltbildes. In M. Heidegger, *Holzwege* (S. 69–104). Frankfurt am Main: Klostermann.

Heidegger, M. (1990). *Identität und Differenz.* Pfullingen: Neske.

Höhne, T. (2010). Aspekte einer transdisziplinären Transferforschung. ISOE-Materialien Soziale Ökologie, Nr. 34. http://www.isoe.de/publikationen/isoe-reihen/isoe-materialien-soziale-oekologie/. Zugegriffen: 16.10.2017.

Homann, K. & Suchanek, A. (2005). *Ökonomik: Eine Einführung.* Tübingen: Mohr Siebeck.

Honneth, A. (1992). *Kampf um Anerkennung. Zur moralischen Grammatik sozialer Konflikte.* Frankfurt am Main: Suhrkamp.

Hoyningen-Huene, P. (1987). Context of Discovery and Context of Justification. *Stud. Hist. Phil. Sci., Vol. 18, No. 4,* 501–515.

Hubig, C. (2001). Werte und Wertekonflikte. In H. Duddeck (Hrsg.), *Technik im Wertekonflikt* (S. 25–42). Wiesbaden: Springer VS.

Hubig, Ch. & Luckner, A. (2006). Zwischen Naturalismus und Technomorphismus. Möglichkeiten und (pragmatische) Grenzen der Reflexion. *Dialektik 2006/2*, 283–293.

Hubig, Ch. (2006). *Die Kunst des Möglichen I. Technikphilosophie als Reflexion der Medialität*. Bielefeld: Transcript.

Hubig, Ch. (2011). „Natur" und „Kultur". Von Inbegriffen zu Reflexionsbegriffen. *Zeitschrift für Kulturphilosophie 5/2011/1*, 97–119.

Ipsen, D., Reichhardt, U., Schuster, St., Wehrle, A. & Weichler, H. (Hrsg.). (2003). *Zukunft Landschaft. Bürgerszenarien zur Landschaftsentwicklung*. Kassel: Universität.

Jackson, J. B. (1984). Concluding with landscapes. In J. B. Jackson. *Discovering the vernacular landscape* (S. 145–157). New Haven: Yale University Press.

Jahn, Th. (2008). Transdisziplinarität in der Forschungspraxis. In M. Bergmann & E. Schramm (Hrsg.), *Transdisziplinäre Forschung. Integrative Forschungsprozesse verstehen und bewerten* (S. 21–37). Frankfurt, New York: Campus.

Janich, P. (1996). *Was ist Wahrheit? Eine philosophische Einführung*. München: Beck.

Janich, P. (2001). *Logisch-pragmatische Propädeutik*. Weilerswist: Velbrück.

Janich, P. (2011). Handwerk und Mundwerk. Lebenswelt als Ursprung wissenschaftlicher Rationalität. In C. F. Gethmann in Verbindung mit J. C. Bottek und S. Hiekel (Hrsg.), *Lebenswelt und Wissenschaft. XXI. Deutscher Kongreß für Philosophie 15.-19. September 2008 an der Universität Duisburg-Essen. Kolloquienbeiträge* (S. 678–691). Hamburg: Meiner.

Janich, P. (2015). *Handwerk und Mundwerk. Über das Herstellen von Wissen*. München: C. H. Beck.

Jessel, B. (1995). Dimensionen des Landschaftsbegriffs. In Bayerische Akademie für Naturschutz und Landschaftspflege (Hrsg.), *Vision Landschaft 2020. Von der historischen Kulturlandschaft zur Landschaft von morgen* (S. 7–10). Laufen: Druckerei Grauer.

Jungert, M., Romfeld, E., Sukopp, Th. & Voigt, U. (Hrsg.). (2010). *Interdisziplinarität. Theorie, Praxis, Probleme*. Darmstadt: WBG.

Kirchhoff, Th. & Trepl, L. (Hrsg.). (2009). *Vieldeutige Natur. Landschaft, Wildnis und Ökosystem als kulturgeschichtliche Phänomene*. Bielefeld: Transcript.

Kirchhoff, Th. (2017). Landschaft. In Th. Kirchhoff, N. C. Karafyllis u. a. (Hrsg.), *Naturphilosophie. Ein Lehr- und Studienbuch* (S. 152–158). Tübingen: Mohr Siebeck.

Klein, J. T. (2014). Discourses of transdisciplinarity: Looking Back to the Future. *Futures, Volume 63*, 68–74. http://dx.doi.org/10.1016/j.futures.2014.08.008. Zugegriffen: 04.10.2017.

Klinkenberg, H. M. (1971). [Artikel] Artes liberales/artes mechanicae. In J. Ritter (Hrsg.), *Historisches Wörterbuch der Philosophie Bd. 1 A – C* (S. 532–535). Darmstadt: WBG.

Kluxen, W. (1997). Gartenkultur als Auseinandersetzung mit der Natur. In W. Korff & P. Mikat (Hrsg.), *Wolfgang Kluxen. Moral – Vernunft – Natur. Beiträge zur Ethik* (S. 229–239). Paderborn u. a.: Ferdinand Schöningh.

Kneer, G. & Schroer, M. (2009). Soziologie als multiparadigmatische Wissenschaft. Eine Einleitung. In G. Kneer & M. Schroer (Hrsg.), *Handbuch Soziologische Theorien* (S. 7–18). Wiesbaden: Verlag für Sozialwissenschaften.

Kocka, J. (Hrsg.) (1987). *Interdisziplinarität. Praxis – Herausforderung – Ideologie*. Frankfurt am Main: Suhrkamp.

Körner, S. (2006a). Eine neue Landschaftstheorie? Eine Kritik am Begriff „Landschaft Drei". *Stadt + Grün 10/2006*, 18–25.

Körner, S. (2006b): Der Traum vom Goldenen Zeitalter als Ressource der Erholung. Die Entwicklung der ersten Landschaftsbildanalyse. In U. Eisel & S. Körner (Hrsg.), *Landschaft in einer Kultur der Nachhaltigkeit. Bd. I: Die Verwissenschaftlichung kultureller Qualität* (S. 66–91). Arbeitsberichte des Fachbereichs Architektur, Stadtplanung, Landschaftsplanung, H. 163. Kassel: Universität Kassel.

Kornmesser, S. & und Schurz, G. (2014). Die multiparadigmatische Struktur der Wissenschaften: Einleitung und Übersicht. In S. Kornmesser & G. Schurz (Hrsg.), *Die multiparadigmatische Struktur der Wissenschaften* (S. 11–46). Wiesbaden: Verlag für Sozialwissenschaften.

Kristeller, P. O. (1980). *Humanismus und Renaissance. Bd. 2: Philosophie, Bildung und Kunst.* München: Fink.

Kuhn, T. S. (1976 [1962]). *Die Struktur wissenschaftlicher Revolutionen.* Frankfurt am Main: Suhrkamp.

Kühne, O. (2008). *Distinktion – Macht – Landschaft. Zur sozialen Definition von Landschaft.* Wiesbaden: VS Verlag für Sozialwissenschaften.

Kühne, O. (2013). *Landschaftstheorie und Landschaftspraxis. Eine Einführung aus sozialkonstruktivistischer Perspektive.* Wiesbaden: Springer VS.

Kühne, O. (2017). *Zur Aktualität von Ralf Dahrendorf. Einführung in sein Werk.* Wiesbaden: Springer VS.

Kühne, O. (2018). ,Neue Landschaftskonflikte' – Überlegungen zu den physischen Manifestationen der Energiewende auf der Grundlage der Konflikttheorie Ralf Dahrendorfs. In O. Kühne & F. Weber (Hrsg.), *Bausteine der Energiewende* (S. 163–186). Wiesbaden: Springer VS.

Küster, H. (2009). *Schöne Aussichten. Kleine Geschichte der Landschaft.* München: Beck.

Küster, H. (2016). Landschaft: abhängig von Natur, eingebunden in wirtschaftliche, politische und soziokulturelle Systeme. In: K. Berr & H. Friesen (Hrsg.), *Stadt und Land. Zwischen Status quo und utopischem Ideal* (S. 9–18). Münster: mentis.

Laitko, H. (2012). *Grenzüberschreitungen.* www.leibniz-institut.de/archiv/laitko_08_07_12.pdf. Zugegriffen: 04.10.2017.

Lakatos, I. (1974 [1970]). Falsifikation und die Methodologie wissenschaftlicher Forschungsprogramme. In I. Lakatos & A. Musgrave (Hrsg.), *Kritik und Erkenntnisfortschritt* (S. 89–189). Braunschweig: Vieweg.

Leibenath, M. & Gailing, L. (2012). Semantische Annäherungen an „Landschaft" und „Kulturlandschaft". In W. Schenk, M. Kühn, M. Leibenath & S. Tzschaschel (Hrsg.), *Suburbane Räume als Kulturlandschaften* (S. 58–79). Hannover: ARL.

Leibenath, M. & Otto, A. (2012). Diskursive Konstituierung von Kulturlandschaft am Beispiel politischer Windenergiediskurse in Deutschland. *Raumforschung und Raumordnung 70*, 119–131.

List, E. (2004). Einleitung. Interdisziplinäre Kulturforschung auf der Suche nach theoretischer Orientierung. In E. List & E. Fiala (Hrsg.), *Grundlagen der Kulturwissenschaften. Interdisziplinäre Kulturstudien* (S. 3–12). Tübingen, Basel: A. Francke.

Loibl, M. C. (2005). *Spannung in Forschungsteams: Hintergründe und Methoden zum konstruktiven Abbau von Konflikten in inter- und transdisziplinären Projekten.* Heidelberg: Verlag für systemische Forschung im Carl-Auer-Verlag.

Lorenz, K. (2004). [Artikel] „Einheitswissenschaft". J. Mittelstraß (Hrsg.), *Enzyklopädie Philosophie und Wissenschaftstheorie. Unveränderte Sonderausgabe. Band 1: A-G* (S. 530). Stuttgart: Metzler.

Lorenzen, P. (1974). Interdisziplinäre Forschung und infradisziplinäres Wissen. In P. Lorenzen, *Konstruktive Wissenschaftstheorie* (S. 133–146). Frankfurt am Main: Suhrkamp.

Lyotard, J.-F. (1987). Der Widerstreit, München:

Martin, G. (1965): *Allgemeine Metaphysik: ihre Probleme und ihre Methode.* Berlin: Walter de Gruyter.

Mittelstraß, J. (1992). Auf dem Wege zur Transdisziplinarität. *GAIA 1, no. 5*, 250.

Mittelstraß, J. (1998). Interdisziplinarität oder Transdisziplinarität? In J. Mittelstraß, *Die Häuser des Wissens: wissenschaftstheoretische Studien* (S. 29–48). Frankfurt am Main: Suhrkamp.

Mittelstraß, J. (2004). [Artikel] „Enzyklopädie". In J. Mittelstraß (Hrsg.), *Enzyklopädie Philosophie und Wissenschaftstheorie. Unveränderte Sonderausgabe. Band 1: A-G* (S. 557–562). Stuttgart: Metzler.

Mittelstraß, J. (2005). Methodische Transdisziplinarität. *Technikfolgenabschätzung. Theorie und Praxis. Nr. 2, 14. Jahrgang, Juni 2005*, 18–23. http://www.tatup-journal.de/downloads/2005/tatup052.pdf. Zugegriffen: 15.01.2017.

Müller, A. (2017). *Planungsethik. Eine Einführung für Raumplaner, Landschaftsplaner, Stadtplaner und Architekten.* Tübingen. UTB.

Nerurkar, M. (2008): Was sind Reflexionsbegriffe? Sektionsbeitrag zum XXI. Kongress der DGPhil 2008. http://www.dgphil2008.de/fileadmin/download/Sektionsbeitraege/05-5_Nerurkar.pdf. Zugegriffen: 26.07.2014.

Nicolescu, B. (2008). *Transdisciplinarity. Theory and Practice.* Cresskill, NJ: Hampton Press.

Paffen, K. (Hrsg.). (1973). *Das Wesen der Landschaft.* Darmstadt: WBG.

Pazaurek 2007 [1912]. Guter und schlechter Geschmack im Kunstgewerbe. In U. Dettmar & Th. Küpper (Hrsg.), *Kitsch. Texte und Theorien* (S. 116–128). Stuttgart: Reclam.

Plumpe, G. (1993). *Ästhetische Kommunikation der Moderne. Bd. 1: Von Kant bis Hegel.* Opladen: Westdeutscher Verlag.

Pohl, Ch. & Hirsch Hadorn, G. (2008). Gestaltung transdisziplinärer Forschung. *Sozialwissenschaften und Berufspraxis 31*, 5–22. http://nbn-resolving.de/urn:nbn:de:0168-ssoar-44574. Zugegriffen: 18.10.2017.

Popper, K. (1963). Conjectures and refutations. The growth of scientific knowledge. London: Routledge & Kegan Paul.

Popper, K. (1966 [1959]). *Logik der Forschung.* Tübingen: Mohr.

Potthast, T. (2011). Landwirtschaft und Lebenswelt – Philosophische Perspektiven. In C. F. Gethmann in Verbindung mit J. C. Bottek und S. Hiekel (Hrsg.), *Lebenswelt und Wissenschaft. XXI. Deutscher Kongreß für Philosophie 15.-19. September 2008 an der Universität Duisburg-Essen. Kolloquienbeiträge* (S. 1249–1268). Hamburg: Meiner.

Potthast, Th. (2010). Epistemisch-moralische Hybride und das Problem interdisziplinärer Urteilsbildung. In Jungert, M., Romfeld, E., Sukopp, Th. & Voigt, U. (Hrsg.), *Interdisziplinarität. Theorie, Praxis, Probleme* (S. 173–191). Darmstadt: WBG.

Prange, K. (2005). *Die Zeigestruktur der Erziehung. Grundriss der Operativen Pädagogik.* Paderborn: Ferdinand Schöningh.

Prange, K. (2017). Über das Verhältnis von Handwerk und Mundwerk. In K. Berr (Hrsg.), *Landschaftsarchitekturtheorie. Aktuelle Zugänge, Perspektiven und Positionen* (S. 105–109). Wiesbaden: Springer VS.

Prominski, M. (2004). *Landschaft Entwerfen. Zur Theorie aktueller Landschaftsarchitektur.* Berlin: Reimer.

Reckwitz, A. (2005). Warum die „Einheit" der Soziologie unmöglich ist: Die Dynamik theoretischer Differenzproduktion und die Selbsttransformation der Moderne. In U. Schimank & R. Greshoff (Hrsg.), *Was erklärt die Soziologie? Methodologien, Modelle, Perspektiven* (S. 65–77). Berlin u. a.: Lit.

Reichenbach, H. (1935). Zur Induktionsmaschine. *Erkenntnis 5*, 172–173.

Reichenbach, H. (1938). *Experience and Prediction. An Analysis of the Foundations and the Structure of Knowledge.* Chicago: University of Chicago Press.

Rickert, H. (1986 [1902]). *Kulturwissenschaft und Naturwissenschaft. Mit einem Nachw. hrsg. von Friedrich Vollhardt.* Stuttgart: Reclam.

Rittel, H. & Webber, M. (2013). Dilemmas in einer allgemeinen Theorie der Planung. In W. Reuter & W. Jonas (Hrsg.), *Horst Rittel. Thinking Design. Transdisziplinäre Konzepte für Planer und Entwerfer* (S. 20–38). Basel: Birkhäuser.

Ritter, J. (1971). [Artikel] „Ästhetik, ästhetisch". In J. Ritter (Hrsg.), *Historisches Wörterbuch der Philosophie, Bd. 1* (S. 555–580). Basel, Stuttgart: Schwabe.

Schenk, W. (2002). „Landschaft" und „Kulturlandschaft" – „getönte" Leitbegriffe für aktuelle Konzepte geographischer Forschung und räumlicher Planung. *Petermanns Geographische Mitteilungen, 146, 2002/6*, 6–13.

Schipperges, H. (1970). *Moderne Medizin im Spiegel der Geschichte.* Stuttgart: Thieme.

Schneider, N. (1996). *Geschichte der Ästhetik von der Aufklärung bis zur Postmoderne*. Stuttgart: Reclam.

Schurz, G. & Weingartner, P. (Hrsg.). (1998). *Koexistenz rivalisierender Paradigmen. Eine post-kuhnsche Bestandsaufnahme zur Struktur gegenwärtiger Wissenschaft*. Opladen: Westdeutscher Verlag.

Sieferle, R. P. (1984). *Fortschrittsfeinde? Opposition gegen Technik und Industrie von der Romantik bis zur Gegenwart*. München: Beck.

Stegmüller, W. (1973). *Neue Betrachtungen über Aufgaben und Ziele der Wissenschaftstheorie*. (Probleme und Resultate der Wissenschaftstheorie und Analytischen Philosophie. Band IV). Berlin u. a.: Springer.

Stegmüller, W. (1985). *Probleme und Resultate der Wissenschaftstheorie und Analytischen Philosophie. Band II: Theorie und Erfahrung. Zweiter Teilband: Theorienstrukturen und Theoriendynamik*. Berlin u. a.: Springer.

Stekeler-Weithofer, P. (1992). *Hegels Analytische Philosophie. Die Wissenschaft der Logik als kritische Theorie der Bedeutung*. Paderborn: Schöningh.

Sukopp, Th. (2010). Interdisziplinarität und Transdisziplinarität. In Jungert, M., Romfeld, E., Sukopp, Th. & Voigt, U. (Hrsg.), *Interdisziplinarität. Theorie, Praxis, Probleme* (S. 13–29). Darmstadt: WBG.

Tetens, H. (1994). *Geist, Gehirn, Maschine. Philosophische Versuche über ihren Zusammenhang*. Stuttgart: Reclam.

Tetens, H. (1999). [Artikel]: Wissenschaft. In H. J. Sandkühler (Hrsg.), *Enzyklopädie Philosophie, Bd, 2, O-Z* (S. 1763–1773). Hamburg: Meiner.

Toulmin, S. (1978). *Menschliches Erkennen I: Kritik der kollektiven Vernunft*. Frankfurt am Main: Suhrkamp.

Trepl, L. (1996). Die Landschaft und die Wissenschaft. In W. Konold (Hrsg.), *Naturlandschaft – Kulturlandschaft: die Veränderung der Landschaften nach der Nutzbarmachung durch den Menschen* (S. 13–26). Landsberg/Lech: Ecomed.

Trepl, L. (2009). Landschaftsarchitektur als angewandte Komplexitätswissenschaft? In: U. Eisel & S. Körner (Hrsg.), *Befreite Landschaft. Moderne Landschaftsarchitektur ohne arkadischen Ballast?* (S. 287–332). Freising: Lerchl.

Trepl, L. (2012). *Die Idee der Landschaft. Eine Kulturgeschichte von der Aufklärung bis zur Ökologiebewegung*. Bielefeld: Transkript.

Türcke, C. (2016). *Lehrerdämmerung. Was die neue Lernkultur in den Schulen anrichtet*. München: Beck.

Vicenzotti, V. (2011). *Der „Zwischenstadt“-Diskurs. Eine Analyse zwischen Wildnis, Kulturlandschaft und Stadt*. Bielefeld: transcript.

Vicenzotti, V. (2012). Gestalterische Zugänge zum suburbanen Raum – Eine Typisierung. In W. Schenk, M. Kühn, M. Leibenath & S. Tzschaschel (Hrsg.), *Suburbane Räume als Kulturlandschaften* (S. 252–275). Hannover: ARL.

Vilsmaier, U. & Lang, D. J. (2014). Transdisziplinäre Forschung. In H. Heinrichs & G. Michelsen (Hrsg.), *Nachhaltigkeitswissenschaften* (S. 87–113). Berlin, Heidelberg: Springer-Verlag.

Völker, H. (2004). Von der Interdisziplinarität zur Transdisziplinarität? In F. Brand, F. Schaller & H. Völker (Hrsg.), *Transdisziplinarität. Bestandsaufnahme und Perspektiven* (S. 9–28). Göttingen: Universitätsverlag.

Von Wallthor, A. H. & Quirin, H. (Hrsg.). (1977). *‚Landschaft‘ als interdisziplinäres Forschungsproblem*. Münster: Aschendorff.

Weber, Max (2011 [1919]). Wissenschaft als Beruf. Berlin: Duncker & Humblot.

Weichhart, P. (2006). Humangeographische Forschungsansätze. In W. Sitte & H. Wohlschlägl (Hrsg.), *Beiträge zur Didaktik des „Geographie und Wirtschaftskunde“-Unterrichts* (S. 182–198). Wien: Institut für Geographie und Regionalforschung der Universität Wien.

Weith, T. & Danielzyk, R. (2016). Transdisziplinäre Forschung – Mehrwert für die Raumwissenschaften. Fünf Thesen zur Diskussion. *Nachrichten der ARL 2*, 8–12.

Welsch, W. (1993). *Unsere postmoderne Moderne*. Berlin: Akademie Verlag.

Welsch, W. (1996). *Vernunft. Die zeitgenössische Vernunftkritik und das Konzept der transversalen Vernunft*. Frankfurt am Main: Suhrkamp.

Windelband, W. (1924 [1894]). Geschichte und Naturwissenschaft. In W. Windelband. *Präludien II*. Tübingen: Mohr.

Wühr, W. (1950). *Das abendländische Bildungswesen im Mittelalter*. München: Ehrenwirth.

Natur in Architektur und Philosophie

Transdisziplinarität im Kontext künstlerischer und philosophischer Perspektiven am Beispiel von Schinkels Fichte-Rezeption

Petra Lohmann

1 Einleitung

Unser aktuelles „Wissenschaftssystem" ist Jürgen Mittelstraß zufolge „auf eine beunruhigende Weise unübersichtlich", weil das „sich immer stärker beschleunigende[...] Wachstum des Wissens" in zunehmender „Partikularisierung" nicht zum gewünschten Erkenntnisgewinn, sondern vielmehr umgekehrt zu „Erkenntnisgrenzen" führt. Interdisziplinarität und vor allem Transdisziplinarität sind für ihn Mittel zur „Reparatur[...]" dieser Grenzen. In Anlehnung an seine Auffassung, dass Transdisziplinarität zwar dem Begriff nach, aber nicht dem Denkmodell nach „etwas wirklich Neues" (2007, S. 2) ist, soll in diesem Beitrag gezeigt werden, dass sich auch schon in früheren Zeiten ähnliche Problematisierungen des Wissenschaftsbegriffs inkl. ähnlicher Lösungsstrategien aufzeigen lassen.[1] Dafür wird mit Schinkels Fichte-Rezeption eine Beziehung zwischen Architektur und Philosophie aus der Zeit um 1800[2] beleuchtet und auf deren eigentümliche Bestimmungen des Naturbegriffs[3] konzentriert.

---

[1]Im „wissenschaftstheoretischen Kontext" wurde der Begriff „Transdisziplinarität" von Jürgen Mittelstraß (erstmals 1986) „im Sinne einer Weiterentwicklung des Konzepts der Interdisziplinarität als Terminus vorgeschlagen" (Mittelstraß 2007, S. 1). Vgl. ausführlicher Mittelstraß (1987, S. 152–158). Zur kritischen Sicht auf diesen Themenbereich vgl. Welzer 2006.

[2]Zu den Architekturströmungen dieser Zeit vgl. Mignot (1994) und insbesondere im Deutschen Idealismus vgl. Lohmann 2013.

[3]Zur allgemeinen Bestimmung des Naturbegriffs vgl. Hager (1984) und zur ästhetischen Bestimmung dieses Begriffs vgl. Henckmann und Lotter (1992) sowie Böhme 2002.

P. Lohmann (✉)
Universität Siegen, Siegen, Deutschland
E-Mail: lohmann@architektur.uni-siegen.de

© Springer Fachmedien Wiesbaden GmbH, ein Teil von Springer Nature 2018
K. Berr (Hrsg.), *Transdisziplinäre Landschaftsforschung,* RaumFragen: Stadt – Region – Landschaft, https://doi.org/10.1007/978-3-658-20781-6_4

Um 1800 bildete sich ein Wissenschaftsbegriff aus, für den drei zum Teil disparate Aspekte typisch sind. Erstens ist das die interdisziplinäre Verbindung zwischen Wissenschaft und Kunst. Die „Grenzen" zwischen dem Schönen zum Wahren sind Thomas Lange und Harald Neumeyer zufolge „durchlässig" (2000, S. 7). Die Wissenschaft selbst ist ein praktisches Übungsfeld (vgl. Anrich 1956). Ein Exzerpt Karl Friedrich Schinkels (1784–1814) aus Karl Wilhelm Ferdinand Solgers (1780–1819) „Vorlesungen über Ästhetik" (1829) verdeutlich das: „Philosophie" und „Kunst" sind gleichermaßen „notwendige[…] Bestandteile einer harmonischen Bildung. Philosophie ohne Kunst ist Mittel ohne Zweck. – Kunst ohne Philosophie ist Ende ohne Ausgang […]" (zit. n. Kachler 1940, S. 14)[4]. Zweitens wurde die Philosophie zu einer Metawissenschaft, von der man sich formal-systematisch, was den Aufbau einer konkreten Wissenschaft anging sowie inhaltlich im Sinne eines weltanschaulich-ideellen Fundaments Begründungsmomente erhoffte. „Philosophie" bekommt im Kontext der verschiedenen Wissenschaften laut Ulrich Johannes Schneider „die Rolle […] einer enzyklopädischen Wissenschaftstheorie" (1999, S. 18). Kant unterstreicht dies in „Der Streit der Fakultäten" (1798)[5]: Wissenschaft ziele auf Wahrheit, aber nur die Philosophie vermöge zweckfrei eine Aussage mit Wissenschaftsanspruch ohne Rücksicht auf irgendwelche spezifisch disziplinären Interessen dem Wahrheitskriterium zu unterwerfen. So hat sich z. B. nicht nur Schinkel, sondern auch der Architekt Friedrich Louis Catel (1776–1819) mit der Bitte um Stellungnahme zu seinen Vorarbeiten zu seinem „Werk über die Baukunst, in welchem sie nach allgemeinen Principien der Kunstphilosophie abgehandelt wurde" (1815) an Fichte gewandt.[6] Drittens steht demgegenüber eine andere Tendenz, für die ein „beschleunig[tes] Wachstums des Wissens" und dessen „zunehmende Spezialisierung und Konstitution völlig neuer Wissenschaften" maßgeblich ist, wie z. B. Psychologie (Traumdeutung) oder Physik (Elektrizität, Magnetismus) u. v. a. m. zeigen und die den Weg zum genannten, inhaltlich und institutionell kaum mehr überschaubaren „Wissenschaftssystem" unserer Zeit eröffnet. Fichtes und Schinkels Positionen sind gute historische Beispiele dafür, wie sich mit Mittelstraß' Worten mittels theoretischer Trandisziplinarität (Aufhebung „disziplinäre[r] Engführungen" zugunsten einer „Problementwicklung" (2007, S. 3)) und praktischer Transdisziplinarität (Korrelation von Wissenschaft und Außerwissenschaftlichkeit) dem Verlust der Einheit des Wissens begegnen lässt.

Alfred Freiherr von Wolzogens Ausführungen zu „Schinkel als Kunstphilosoph" (vgl. 1982) besagen, dass für den berühmtesten Architekten Preußens (vgl. Bergdoll 1994) die Lehre des Philosophen Johann Gottlieb Fichte (1761–1814), dessen Berliner Vorlesungen nach Reinhard Lauth herausragende kulturgeschichtliche und gesellschaftliche

---

[4]Vgl. dazu Solger (1980).

[5]In: Weischedel (1998, Bd. VI, S. 282–285).

[6]Neben Fichte gibt es bei Schinkel auch noch eine Vielzahl weiterer philosophischer Bezüge, so u. a. auf Solger, Schiller, Kant, Herder, Schelling und Heydenreich. Vgl. Zadow (2001) und Peters (2001). Zur Darstellung der zeitgenössischen „Berliner Kunstszene" vgl. Henckmann (1983).

Ereignisse waren (vgl. Lauth 1980, S. 36; Reiß 2006, S. 24), zur „Richtschnur" und „Offenbarung" (Zadow 2001, S. 13) wurde und „man […] ihn mit Fug und Recht als einen der prominentesten Schüler" (ebd., S. 175) des Philosophen bezeichnen darf. Ferner ist mit Christian Fokke Peters hervorzuheben, dass sich Schinkel „einige der komplexesten Kernpunkte der Fichteschen Lehre zu eigen" (2001, S. 107) gemacht hat, die laut Walter Schweidler nicht nur zu den schwierigsten Passagen innerhalb der Fichteschen Philosophie, sondern in der Philosophiegeschichte überhaupt gehören (vgl. 1988, S. 822) und dies nicht nur „mechanisch", sondern auch durch „Erweiterung und Umschöpfung" (Peters 2001, S. 107). Letzteres lässt sich vorzüglich am Beispiel des Transdisziplinären in Rücksicht auf Schinkels „Grundthema", d. i. das Verhältnis von Architektur und Natur darlegen. Eva Börsch-Supan zufolge hängt dieses „Grundthema" (Harten 2000, S. 13) eng mit Schinkels „von der Philosophie des deutschen Idealismus geprägten Kunstanschauung zusammen, in der […] der Begriff der Freiheit und des Individuellen hervortreten" (1981, S. 51). Das Verhältnis von Architektur und Natur ist bei Schinkel als bildhafte Umsetzung der Fichteschen Sicht auf das die Autonomie des Individuums konstituierende Selbstverhältnis von Vernunft und Sinnlichkeit (innere Natur) sowie Sinnenwelt (äußere Natur) zu fassen. Hierbei kommen bei Fichte und Schinkel Formen des Transdisziplinären zur Geltung, ohne ausdrücklich von ihnen als solche benannt worden zu sein. Es lässt sich aber zeigen, dass bei beiden, vor allem bei Schinkel, Haltung, Denkfiguren und Konstruktionsmuster des Transdisziplinären vorgebildet sind und insbesondere von Schinkel in seiner Auseinandersetzung mit Fichte hinsichtlich ihrer jeweiligen Reichweite kritisch bedacht worden sind.

Fichte und Schinkel konstruieren jeweils einen wie oben beschriebenen theoretisch und praktisch bestimmten transdisziplinären Kreislauf des Wissens, in dem sie ihre philosophischen und ästhetischen Impulse und Motive jeweils aus dem unmittelbaren Leben ziehen, diese Essenz abstrahieren, sie mehr oder weniger mit der Disziplin des anderen ergänzen und von der Ebene der Idee wieder in das Leben zurücktragen. Beide benutzen dafür dieselbe Methode, d. h. die Modifikation der Natur nach Vernunftgesetzen. Abgesehen von dieser Übereinstimmung bestehen Unterschiede zwischen ihnen in der Bestimmung des Naturbegriffs. Während die Natur für Schinkel höchst lebendig ist, ist die Natur für Fichte lediglich ein Prinzipiat der Reflexion. Dieser Unterschied markiert den Grund, warum letztlich eher bei Schinkel als bei Fichte der Kreislauf gelingt. Fichte spricht zwar vom Prinzip des Lebens und Bewusstseins, aber da die Sinnenwelt für ihn letztlich keine Realität hat, kommt er über einen Appell als Schluss seines Kreislaufs nicht hinaus. Schinkel vollendet zwar mit seiner Bestimmung der Architektur als „Symbol des Lebens" (Mackowsky 1922, S. 192) den Kreislauf, das aber nicht aus eigener Kraft, sondern nur durch die spekulative Begründung qua Fichtes Philosophie in der Mitte des Kreislaufs, die das Scharnier von der idealen zur realen Lebenswelt bildet. Dennoch ist es von beiden Schinkel, der in Bezug auf beide Disziplinen Architektur und Philosophie Möglichkeiten und Grenzen in Rücksicht des Kreislaufs bedenkt und sich dabei dezidiert auf den Naturbegriff im Sinne der realen Sinnenwelt bezieht.

Fichte und Schinkel im Horizont des Transdisziplinären zu bedenken ist neu für den Forschungsdiskurs. Bisher überwiegen historisch-politische (Scharabi 1993, S. 246–275), moralische und pädagogische (Wolzogen 1982, S. 70–88), intellektuell-biografische (Peters 2001, S. 64–69, 100–108) sowie spekulativ-systematische (Lohmann 2010a, S. 21–47, dies. 2010b) Interpretationen in der Sicht auf das Verhältnis zwischen beiden. Neu ist hier der disziplinische Bezug. Dessen Explikation hat das Ziel, mittels der Bestimmung der Beziehung zwischen Fichte und Schinkel zu zeigen, dass deren Wissenschaftsbegriffe, ohne von ihnen jeweils ausdrücklich so benannt worden zu sein, interdisziplinär und transdisziplinär geprägt sind. Das Interdisziplinäre ist hierin bei beiden Voraussetzung des Transdisziplinären. Der Nachweis ist bei beiden auf jeweils vier Punkte eingegrenzt. Erstens geht es um die Rahmenbedingungen des Kreislaufs, d. s. dessen zugrunde liegenden Impulse, Motive und Bestimmungsstücke; zweitens wird die Methode des Umgangs mit dem Naturbegriff innerhalb des Kreislaufs beleuchtet; drittens ist die aus dem methodischen Ansatz folgende inhaltliche Bestimmung des Naturbegriffs anzugeben und viertens sind Möglichkeiten und Grenzen des Kreislaufs bei beiden herauszustellen, womit in eins die kritische Betrachtung der Reichweite der Wirkungssphäre der Naturbegriffe Fichtes und Schinkels einhergeht. Dafür ist zunächst bei beiden ihre Haltung zum Emanzipationsproblem, d. i. die für diese Epoche typische Infragestellung der Autorität von Traditionen und Institutionen zu reflektieren und danach zu fragen, wie bei beiden die Praxis des Erlebens der Autonomie als Tatsache des Bewusstseins mittels ihres jeweiligen Naturbegriffs realisiert wird. Anschließend ist bei beiden das entsprechende Theorem, d. i. die Modifikation der Natur nach Vernunftgesetzen zu bedenken, denn daraus folgen ihre unterschiedlichen Naturbegriffe. Bei Fichte ist Natur bloß abstraktes Mittel zum Zweck. Bei Schinkel hingegen ist Natur höchst lebendig und eigenwertig. Abschließend ist aus dieser Differenz der Naturbegriffe folgernd zu zeigen, dass Schinkels unausgesprochen transdisziplinäres Modell durch eigenständig anverwandelten interdisziplinären Bezug auf Fichte gelingt und er im Unterschied zu Fichte zudem die Bewegung von Leben zu Idee zu Leben vollendet, während sie bei Fichte ein Regulativ bleibt.

Die diesem Untersuchungsgang zugrunde liegenden Materialien sind bei Fichte textexegetische Explikationen ausgewählter Passagen aus der „Grundlage der gesamten Wissenschaftslehre" (1794), den „Grundzügen des gegenwärtigen Zeitalters" (1806) der „Wissenschaftslehre 1810" sowie den „Thatsachen des Bewußtseyns" (1810–1811); bei Schinkel sind es nicht nur textexegetische Bezüge auf sein Reisetagebuch der ersten Italienreise, das „Werkchen" über das Ideal der Architektur, das Fragment H. IV B 10 (vgl. AL, S. 31 f.), das Blatt 18 aus dem Skizzenbuch F (vgl. ebd., S. 144), das Fragment H. IV 40 (vgl. ebd., S. 43) sowie seine „Gedanken und Bemerkungen über Kunst im Allgemeinen" (vgl. Wolzogen 1982a, S. 354 f.), sondern auch werkbeschreibende Ansätze seiner Studie zum „Landhaus eines Engländers" (o. J.). Anders als bei Fichtes ausgearbeiteten Formen der Wissenschaftslehre und ihrer Teildisziplinen sind bei Schinkel seine theoretischen Ausführungen als Fragmente von eher problematischen

Theoriestatus.[7] Dessen Einschränkung wird aber dadurch aufgehoben, das er mit seiner Studie eine Ideenarchitektur entwickelt (vgl. Bisky 2000, S. 235–261), durch die die Unschärfe des Begriffs mittels der Anschauungskraft des Bildes mehr als nur ausgeglichen wird. Es ist vielmehr die Korrelation von Begriff und Bild, die zu einer eigenen architekturphilosophischen Haltung avancierte Einheit von spekulativ-theoretischem Gedankengut und ästhetisch-praktischer Lebenswelt führt, die ihrerseits die Instanz einer zwar so nicht wortwörtlich bezeichneten, aber dem Konstruktionsmuster dieser Haltung nach präfigurierten Transdisziplinarität ausmacht.

Um zu zeigen, wie und in welcher Hinsicht Fichtes Philosophie Begründungsmomente für Schinkels unausgesprochene Transdisziplinarität bereitstellt, wird im nächsten Abschnitt Fichtes Position dargestellt. Der darauffolgende Abschnitt handelt von Schinkels Anverwandlung dieser Momente der Fichteschen Philosophie.

2   Fichte – transdisziplinäre Ansätze und sein transzendentaler Naturbegriff

2.1   Fichte und der Kreislauf von Leben zu Idee zu Leben

„Das Leben zu erkennen" ist für Fichte das höchste Ziel der Philosophie. Demnach bestimmt er seine Philosophie als Wissenschaftslehre, d. h. als Lehre vom Bewusstsein und Wissen. Die Aufgabe dieser Lehre ist es nicht, „durch die Kraft [der] Syllogismen neue Objekte des natürlichen Denkens" (GA II/5, S. 112) zu ersinnen, sondern sie soll „das Leben […] zum Höchsten" erklären und der „Erkenntnis überall nur das Zusehen" (GA II/5, S. 137) lassen. Im Anschluss an die Ausformulierung der ersten von zehn Fassungen der Wissenschaftslehre greift Fichte (1795) das für ihn so wichtige Motiv des Bezugs der Philosophie auf das Leben in einem Brief an Jacobi auf: „Wozu ist denn nun der speculative Gesichtspunkt, und mit ihm die ganze Philosophie wenn sie nicht für's Leben ist?" In diesem Sinne bezeichnet er seine Philosophie als „einzig mögliche Lebenslehre" und als „wahrhaft lebendige Philosophie" (GA II/5, S. 31). Die Reflexion auf das unmittelbare Leben und Bewusstsein des Menschen mit allen seinen theoretischen, praktischen und ästhetischen Vermögen sowie den sozio-kulturellen Bedingungen seines Lebensumfeldes ist die Ausgangsbasis des Philosophen. Diese Vermögen und Bedingungen deduziert der Philosoph in der Wissenschaftslehre in Rücksicht ihrer allgemeinen Voraussetzungen als notwendige Handlungen des menschlichen Geistes (vgl. GA I/2, S. 142), die er in der Rekonstruktion des „System[s] des menschlichen Geistes" (GA I/2, S. 140) expliziert. Dies geschieht bei Fichte mit der Absicht, den Menschen in Freiheit zu

---

[7]Schinkel hat sein Architektonisches Lehrbuch nicht veröffentlicht. Es ist bei einer Sammlung von Fragmenten geblieben. Vgl. zu seinem Vorhaben, ein Architektonisches Lehrbuch zu verfassen Forssmann (2001) und Forster (2007).

setzen. Indem Fichte als Systemgrund das Ich als Prinzip des Bewusstseins (vgl. GA I/2, S. 406) setzt, begründet er Heinz Heimsoeth zufolge das „neuzeitliche Ethos der selbstgewissen und autonomen Persönlichkeit" (1962, S. 1). Die Wissenschaftslehre liefert dafür mit ihrer Darstellung der Selbstobjektivation des Ich die prinzipiellen sowie die methodischen Voraussetzungen. Von diesem Explikationspunkt aus fordert Fichte die Rückführung der transzendentalen Erkenntnis ins Leben, sodass gedachte und gelebte Freiheit in Übereinstimmung sind. Diesen Prozess bezeichnet er als geistige „Umschaffung und Wiedergeburt" (Lauth 1964, S. 265) des Rezipienten und das Medium dazu ist die schöne Kunst (vgl. GA II/9, S. 158).

2.2   Fichte und das Modifikationstheorem

Die Einheit von Prinzip und Empirie, bzw. Denken und Leben ist bei Fichte nicht wirklich, sondern aufgegeben (vgl. Schrader 1972, 1997). Diese Einheit ist „die Idee, die [der] praktischen Forderung [des Subjekts] notwendig zugrundegelegt werden muß" (GA I/2, S. 409). Die methodische Voraussetzung dafür bietet für Fichte laut seinen „Grundzügen des gegenwärtigen Zeitalters" das sogenannte Modikationstheorem. Es lautet: „Der äußere Zweck jener Herrschaft der Gattung über die Natur, […] ist ein doppelter: entweder nemlich soll die Natur bloß dem Zwecke unsrer sinnlichen, leichtern, und angenehmern Subsistenz unterworfen werden, – welches die mechanische Kunst giebt; oder sie soll dem höhern geistigen Bedürfnisse des Menschen unterworfen, und ihr das majestätische Gepräge der Idee aufgedrückt werden, – welches die schöne Kunst giebt" (GA I/8, S. 324). Die Praxis dieses Theorems vollzieht sich mittels limitativer Dialektik, durch die das Beziehungsgefüge zwischen Ich und Natur in der organischen Einheit des Selbstbewusstsein transparent wird. Die wechselseitige Durchdringung von Ich und Natur zielt auf das völlige Aufgehen der Natur im Ich. Das Ich als „Prinzip des Bewußtseyns" (GA I/2, S. 406) ist die „Quelle aller Realität" (GA I/2, S. 259) und deshalb „folgt" „der methodologische Sinn von Dialektik […] dem ontologischen" (Janke 1977, S. 100 ff.) Sinn.

2.3   Fichtes Naturbegriff

Daraus, dass Fichte das Ich als Prinzip des Realitätsbewusstseins deutet, folgt, dass „Natur […] der Wissenschaftslehre durchaus nichts weiter als der durch absolutes Denken gebildete Gegensatz gegen die absolute Kraft des freien und geistigen Lebens [ist]; nothwendig gebildet, um diese Kraft, die für sich schlechthin unsichtbar ist, sichtbar zu machen" (GA II/12, S. 96). Für sich betrachtet, ist die Natur bewusstlos, blind und bloße Schranke der Einbildungskraft (vgl. GA II/12, S. 55, 81). Auf die ästhetische Perspektive der Erscheinung der Natur bezogen – und hierbei ist es gleichgültig ob sie belebt oder unbelebt ist -, äußert sich Fichte in der „Anweisung zum seligen leben" folgendermaßen: „Der Stein bleibt ewig Stein, und ist eines solchen Prädikats durchaus unempfindlich;

aber die Seele des Künstlers war schön, als er sein Werk empfing, und die Seele jedes verständigen Beschauers wird schön werden, der es ihm nachempfindet; der Stein bleibt aber immerfort nur das, das äußere Auge begränzende" (GA I/9, S. 157). Die Sinnenwelt ist für Fichte lediglich Prinzipiat des Ich. Friedrich Wilhelm Joseph Schellings (1775–1854) Kritik an Fichtes Naturbegriff lautet denn auch: Für Fichte sei die Natur „todt, rein todt", weil sie „lediglich im Denkenden" (GA I/8, S. 179) begründet ist.[8]

2.4   Das Desiderat der Fichteschen Position

Auf Grund der der transzendentalphilosophischen Explikation des Systems des menschlichen Geistes eigentümlichen „kalte[n] und indifferente[n], [diskursiven] Beschauung durch den bloßen Verstand" (SW V, S. 533), kann das Objekt, d. h. der menschliche Geist, in der Wissenschaftslehre nur in objektivierter Gestalt, d. h. als Bild dargestellt und nur im „Medium begriffsvermittelter Erkenntnis weitergegeben" (Lauth 1962, S. 344) werden. Dadurch verliert sich in der Betrachtung des menschlichen Geistes seine Manifestation im unmittelbaren Leben. Philosophie als „Letzterkenntnis aus Prinzipien" ist daher zwar „Totalerkenntnis", aber das ist sie nur als „Denkbild des geistiges Lebens" (Lauth 1964, S. 272) und nicht auch als Leben selbst. Deshalb kann die Wissenschaftslehre das Leben nicht „ersetzen oder stellvertreten". Sie will zwar mittels Vermittlung des Subjekts mit seiner eigenen Vernünftigkeit und des gesunden Menschenverstandes mit der Spekulation, genetisch-deduktiv und faktisch-propädeutisch „in das Leben […] verweisen" (SW IX, S. 574), aber letztlich bleibt dieses Motiv bei Fichte doch nur ein Appendix seiner Transzendentalphilosophie mit appellativem Charakter: „Man habe daher […] zu erinnern, daß das Wissen nicht sein letzter Zweck sei", sondern nach „Meinung des wahren Philosophen" müsse das Wissen „allerdings in's Leben eingeführt werden" (SW XI, S. 141) und „so habe man ja unverrückt Acht auf sich, daß man das spekulative selbst als etwas Praktisches treibe" (SW XI, S. 143).

3   Schinkel – transdisziplinare Ansätze und sein lebenspraktischer Naturbegriff

3.1   Schinkel und der Kreislauf von Leben zu Idee zu Leben

Schinkels früher architektonischer Bezug auf die Natur nimmt seinen Ausgang von präakademischen ländlichen Architekturen, die er während seiner ersten Italienreise

---

[8]Die Ausführungen zum Modifikationstheorem und zum Naturbegriff Fichtes sind hier gekürzt den ausführlichen Darstellungen beider Sachhalte der Autorin entnommen aus Lohmann (2010a, S. 107–111). Zu Fichtes Begriff der Natur vgl. ferner Lauth (1984) und Sauerland (1997). Zu Schellings Naturbegriff vgl. Schelling 2004.

(1803–1805) u. a. auf Sizilien vorfand (vgl. Riemann 1982, 1996 u. Fidone 2001). Dazu zählt das „Landhaus bei Syrakus" (Abb. 1). An diesen u. ä. Objekten erkennt er die „Vortheilhafte Benutzung der Umgebungen der Natur ohne alle Rücksicht [...] aufgestellte[r] Kunstregeln" (AL, S. 11). Die für diese Architekturen typische Korrelation mit der Natur erlebt er als als „begünstigt" und „paradiesisch". Im Begleittext zu seinen Studien zu diesen, in die Natur eingebundenen Architekturen führt er dementsprechend „des einzelnen Mannes bessrer Sinn" an, „der den Genuß häußlichen Glücks unter [...] mannigfaltiger Einwirkung der Schätze seines herrlichen Landes mit dem einkehrenden Kreis jenes Lebens zu vereinigen weiß, und erkennt wieviel Vorzug ihm die Natur verlieh" (AL, S. 13). Das idealisierte „Schaubild" (Fest 1981) des original eher schlichten Landhauses spiegelt die schöpferisch-idealisierte Auseinandersetzung Schinkels mit der Beziehung zwischen Architektur und Natur. Dabei ist für ihn einerseits das Einfließen von Natur in die Architektur und andererseits die Eigenständigkeit der Architektur gegenüber der Natur wichtig. Damit erkennt er die Natur, die der Architektur gleichberechtigt gegenübersteht und ihr die Möglichkeit zur Entfaltung bietet (vgl. den architektonischen Rekurs auf den Wasserfall, Felshang und Grotte), als Eigenwert an. In seinem

Abb. 1 Karl Friedrich Schinkel: Landhaus bei Syrakus. Zeichnunge/Feder in Schwarz, laviert (o. J.). 37,8 × 48,9 cm. Bpk/Kupferstichkabinett, SMB/Jörg P. Anders. Inventar-Nr.: SM1b.14

„idealisierten Entwurf" (Riemann und Heese 1996, S. 51) des Landhauses eröffnet Schinkel aber auch eine Perspektive, von der aus der Blick des Rezipienten über die Natur schweift und ihm ein Bewusstsein von der Unterordnung der Natur unter die Architektur und damit mittelbar unter die Vernunft (Architektur als Werk eines Vernunftwesens) entsteht (vgl. das hochgelegene, die Gesamtsituation dominierende Wohnhaus). Die Architektur verarbeitet ästhetisch Möglichkeiten der Natur und macht dadurch den Wert der Natur für das Individuum bewusst. Abstrakt formuliert steht bei Schinkel folgende Denkfigur hinter seinem Entwurf: die Subordination der Teile unter ein Vollkommeneres (vgl. AL, S. 20) mittels hierarchischer Integration der opponierenden Teile. Konkret, d. h. hinsichtlich der Rückführung der Idee dieser Denkfigur in das Leben meint die Integration der Natur in Architektur eine vom Künstler gesetzte Einheit Unterschiedener, in der die Entgegengesetzten sich wechselseitig so durchdringen, dass die Architektur, d. h. das Menschenwerk und damit die Vernunft, zwar Vorrang vor der Natur hat, aber diese Vorrangstellung nicht durch sich selbst, sondern nur in und mit der Natur hat.[9]

3.2   Schinkel und das Modifikationstheorem

Schinkel lehnt sich in nahezu wortwörtlichen Sinn an die transzendentalen Bezüge auf die Natur, die von Fichte geleistet werden, an. Im „Werkchen" über das Ideal und die Prinzipien der Baukunst sowie in nicht näher betitelten Fragmenten späterer Zeit heißt es: „Die höhere Herrschaft über die Natur wodurch der widerstrebenden das majestätische Gepräge der Menschheit als Gattung, das der Idee, aufgedrückt wird, diese Herrschaft ist das eigentliche Wesen der schönen Kunst. Sie ist das Werkzeug der Ewigkeit der Ideen" (AL, S. 19). „Die schöne Kunst drückt der widerstrebenden Natur das Gepräge der Menschheit als Gattung auf" (AL, S. 31). Mit Barry Bergdoll ist zu konstatieren, dass bei Schinkel an vielen Stellen seiner Reisetagebuchaufzeichnungen zur ersten Italienreise, wie u. a. auch in seiner Notiz zum Aufstieg auf den Gipfel des Ätna, Fichtes, mit dem Modifikationstheorem verbundene „Ansicht anklingt[t], daß alle Wirklichkeit nur subjektive Erfahrung sei" (Bergdoll 1994, S. 22). Hier heißt es: „Ich glaubte, die ganze Erde unter mir mit einem Blick zu fassen, […] alles lag so überraschend unter mir, daß ich mich selbst fast außer dem Verhältniß größer glaubte" (Mackowsky 1922, S. 64). Methodisch strengt er seine Anlehnung an Fichtes Modifikationstheorem von hierarchisierender Integration Entgegensetzter zur Einheit mittels „Contrast[…]" (AL, S. 32) und „Gradation" (AL, S. 36) an. „Contrast[…]" (AL, S. 32) umschließt Entzweiung und Vereinigung der Natur-Architekturobjekte durch das Individuum und manifestiert sich im ästhetischen Leben durch ständigen Wechsel von einem zum anderen.

---

[9]Vgl. zur Beschreibung des Landhauses Lohmann (2010a, S. 54–57). Zum Erklärungsversuch des der Rezeption zugrundeliegenden Schemas mit Bezug auf Sörgel (1998, S. 119, 123) vgl. dies. S. 13.

„Gradation" (AL, S. 36) versteht Schinkel als zunehmend vernunftbestimmte, syntheti-
sierende Reaktion auf den „Contrast[…]" (AL, S. 32). Diese Einheit ist ein regulatives
Ziel, d. h. sie vollzieht sich in unendlicher Annäherung an die vernünftige Vorgabe allen
Seins.

3.3   Schinkels Naturbegriff

Schinkel definiert die Natur zwar einerseits im Sinne Fichtes als beherrschte Natur, d. h.
als die durch das Medium des Geistes hindurchgegangene und für unsere Betrachtung
verklärte Natur, die durch Umbildung bzw. Modifikation nach Gesetzen des menschlichen Geistes bestimmt ist (vgl. Wolzogen 1982a, S. 358 ff., u. Sperlich 1981), aber andererseits ist für ihn im Unterschied zu Fichte die Natur höchst lebendig, eigenständig und
mannigfaltig. Die Vermittlung der entgegengesetzten Naturbestimmungen geht Schinkel
folgendermaßen an: Die Formen der Natur sind kein Selbstzweck, sondern sie „dienen
[…] um eines Menschlichen Ausdruckes willen". Er setzt auf eine Analogie zwischen
den Formen der Natur und den Formen des Gemüts. „So wie sich die Seele der Natur in
den Formen der einzelnen Naturgeschöpfe und in dem Verhältnis ihrer Theile zu einander widergespiegelt hat, so hat sich der Menschen Geist in den Formen der Kunst nie-
dergelegt, und es ist daraus eine Welt der Formen entstanden" (AL, S. 44). Der Nutzen
dieser Analogie liegt für ihn darin, dass der Rezipient in der ästhetischen Anschauung
des die Natur verarbeitenden Kunstwerks das Organische und Teleologische der Natur
und damit „das Eine sichtbar gewordene Lebensprincip in den aller unähnlichsten
Gegenständen" (AL, S. 32) nicht nur symbolhaft erfährt, sondern in dieser Erfahrung
sich qua Übertragung auf sein Gemüt zugleich als ein auf die genannte Einheit zweck-
gerichtetes Lebendiges erkennt. In seinen Reisetagebüchern führt er eine Vielzahl von
Perspektiven auf die Natur an. Sie beziehen sich auf „ausgedehnte und anschauliche
Naturbeschreibungen von Gebirgen, Farb- und Lichterlebnissen", die ihrerseits viele
Bezüge auf „Naturmerkwürdigkeiten", wie die Erhabenheit, die Fruchtbarkeit, die
Üppigkeit, das Reizende, das Schauerliche, die Rauheit, das Romantische, das Maleri-
sche und das Täuschende der Natur enthalten. Die „Unermeßlichkeit" einer imposanten
Natur wird ihm zwar „zum phänomenalen Erlebnis", aber laut Gottfried Riemann ist es
„selten" die „bloße Natur", sondern es „dominiert" für Schinkel die Natur als „Kulturlandschaft" (Riemann und Heese 1996, S. 280), d. h. als mit dem „ästhetischen Blick
[…] geschaute" (Sauerland 1997, S. 185) Natur.[10]

---

[10]Die Ausführungen zum Modifikationstheorem und zum Naturbegriff Fichtes sind hier gekürzt
den ausführlichen Darstellungen beider Sachhalte der Autorin entnommen aus Lohmann (2010a,
S. 103–107).

3.4 Das Desiderat der Schinkelschen Position

Der Weg vom Leben zur Idee und von der Idee zurück zum Leben gelingt Schinkel zwar gut, wäre ihm aber ohne Rückgriff auf Fichte in dieser spekulativen Qualität nicht möglich gewesen. Fichtes Philosophie als Lehre vom Wissen überhaupt, dient ihm als Metawissenschaft, die die allgemeinen Voraussetzungen für eine Einzelwissenschaft, wie die der Architektur bereitstellt. Fichte versichert ihm, dass das Prinzip einer konkreten Wissenschaft selbst Teilsatz der Wissenschaftslehre ist und somit auf eine höchste Begründung zurückzuführen ist, die nichts Geringeres ist als der Grund des Bewusstseins überhaupt. Wegen der eingangs bereits genannten Zweckfreiheit und damit Unvoreingenommenheit der Philosophie lag der Bezug der Architekten auf die Philosophie, wenn auch thematisch z. T. völlig unterschiedlich motiviert, ganz im Geist der Zeit. Allen voran war ihm darin sein Lehrer Friedrich Gilly (1772–1800) mit seinem, an der Frage nach der Stellung der Architektur im System der Künste ausgerichteten Rekurs auf Karl Heinrich Heydenreich (1764–1802) ein Vorbild (vgl. Gilly 1799; Heydenreich 1798). Mit den Methoden der Konstellationsforschung ließen sich noch etliche weitere zeitgenössische Verbindungen zwischen Architekten und Philosophen nachweisen (vgl. Mulsow und Stamm 2005). Ihnen gemeinsam ist, dass die Architekten weniger an ausdrücklich ästhetischen Gedanken der Philosophen interessiert sind, sondern, dass es ihnen mehr um die „Übertragung" philosophischen Gedankenguts auf „außerphilosophische Gegenstände" (Radrizzani 2001, S. 342) geht. Für Schinkel waren es in dieser Hinsicht vor allem disziplinisch-normative und ideell-weltanschauliche Motive, die sich ihn an Fichte orientieren ließen. Mit Fichte konnte er die mangelnde Evidenz der theoretischen Begründung des Modifikationstheorems aufheben, das bei ihm eher ästhetisch-deskriptiv entwickelt war sowie in eins im Hinblick auf Vernunft und Freiheit, die Architektur als Medium der Kultivierung des Daseins und damit als „Symbol des Lebens" (Mackowsky 1922, S. 192) ausweisen.

4 Analogien und Differenzen der Sichtweisen Fichtes und Schinkels

Der abschließende Blick auf Analogien und Differenzen der jeweiligen Sichtweise Fichtes und Schinkels auf den Gegenstand des Modifikationstheorems, d. h. die Natur, eröffnet folgende Möglichkeiten und Grenzen des unausgesprochen vorgebildeten Transdisziplinären bei beiden.

Die Analogien zwischen beiden bestehen in einer auf sittlicher Freiheit beruhenden ideellen Weltanschauung und der entsprechenden Methode ihrer Realisierung mittels des Modifikationstheorems. Schinkel kann man in diesem Zusammenhang als ästhetische Präfiguration von Fichtes Rekonstruktion der Selbstobjektivierung des Subjekts verstehen. Die Fragestellung, wie unter künstlerischer Perspektive die Natur nach Vernunftgesetzen modifiziert werden soll, ist eine solche, die Schinkel in seinen Überlegungen zur

Architektur als „Symbol des Lebens" (Mackowsky 1922, S. 192) in Bezug auf das Ganze
des Daseins reflektiert, wobei er zum Schluss kommt, „wahre" Kunst müsse in der geleb-
ten Wirklichkeit deren ideellen Lebenskern zur Darstellung bringen. Diese künstlerische
Sichtweise auf die Natur, in der sie als konstituierende Voraussetzung des geglückten
menschlichen Lebens auftritt, spielt jedoch für Fichte überhaupt keine Rolle. Darin liegt
die größte Differenz zwischen beiden. Fichtes diesbezügliche Aussagen verlieren sich in
Äußerungen wie denen, dass Natur in allgemeiner Hinsicht den Gegenpart zur Vernunft
bildet oder bestenfalls die „Bildungsstätte des Willens" (GA II/12, S. 127 ff.) bietet, in
der sie Sphäre und Material von Vernunfthandlungen bereitstellt. Eine gestaltete Natur
im Sinne von Landschaft kennt Fichte nicht. Ihm geht es ausschließlich um eine ver-
nunftdurchdrungene Welt mittels Überwindung der Natur. Schinkel stimmt zwar in der
Grundausrichtung des Theorems der Modifikation der Natur nach Vernunftgesetzen mit
Fichte überein. Als bildender Künstler ist für ihn jedoch Material, d. h. Natur, reale Qualität. Im Unterschied zu Fichte kann Schinkel daher auf die Lebenswirklichkeit bezogene
Perspektiven auf die Natur annehmen, die Fichte infolge seines ihm schon von Schelling
vorgeworfenen radikalen Bezugs auf den reinen Begriff der Natur verstellt sind. Anders
als Fichte ist es Schinkel daher möglich, das Ideal eines geglückten Lebens in der realen Welt in allen seinen sinnen- und erkenntnisbezogenen Aspekten darzustellen. Er vermag den Gedanken der Transzendenz der geistigen Welt mit der Naturadaption in seinem
Werk in der Empirie zur Anschauung bringen. Damit ist bei Schinkel für den Rezipienten
die Idee eines geglückten Lebens unmittelbar und lebensnah erfahrbar. Fichte hingegen
vermag dies nur in der spekulativen Sphäre des Gedankens zu formulieren. Vor diesem
Hintergrund ist festzuhalten, dass die Wirkung Fichtes auf Schinkel zwar beträchtlich
war, aber das verleitete Schinkel nicht zu einem bedingungslosen Übernehmen Fichte-
scher Grundgedanken. Vielmehr hat Schinkel im Hinblick auf den Kreislauf von Leben
zu Idee zu Leben die Kompatibilität von Architektur/Kunst und Philosophie sehr kritisch
und substanziell durchdacht. Schinkels Position ist die, dass das Feld der Kunst ein grö-
ßeres als das der Philosophie ist. Denn die Sphäre des reinen Begriffs ist für ihn bloß die
des Denkraums und nicht wie in der Kunst, gleichermaßen stark ausgeprägt, auch die des
Erlebens. Epistemologisch hinreichende und vermögenstheoretisch einheitliche Erkenntnis der Idee des geglückten Lebens liefert für ihn ausschließlich die Kunst in Einheit mit
dem Begriff und niemals der Begriff allein.

Schinkel führt dies erläuternd im „Werkchen" über das Ideal und die Prinzipien der
Baukunst in seiner Rede von den „zwei verschiedene[n] Richtungen der geistigen Kraft
[an], um die Natur unter Herrschaft zu bringen: einmal durch sehn, einmal durch thun.
Das erste geschieht nach und nach durch Schlußfolgen, – der Weg der Wissenschaft. –
Das andere wo das Leben der Natur in seinem höchsten u vollendeten Daseyn, in einem
Schlage aufgefaßt wird" (AL, S. 26) – die Welt der Kunst. Er deutet das Verhältnis von
Mannigfaltigkeit (Natur), Verstand und Vernunft wie folgt: Die Vernunft ist das Vermö-
gen, das Individuelle, d. i. die einzelne sinnlich wahrnehmbare Erscheinung, allgemeinen
Gesetzen unterzuordnen. Dadurch ist sie von der Sinnlichkeit und dem Verstand abzu-
grenzen, denn die Sinnlichkeit gibt die Mannigfaltigkeit schlechthin an, und der Verstand

erkennt deren Gegenstände in einer Einheit, d. h., er sieht die ihnen zugrunde liegende Idee der Einheit. Die Vernunft erfasst sie notwendig als Einheit und will sie praktisch werden lassen (vgl. AL, S. 40). Die Aussage, „Kunst als Ausdruck der Vernunft" lässt sich bei ihm so interpretieren, dass vernünftig zu handeln bedeutet, nicht nur die Einheit des Mannigfaltigen (Natur) zu erkennen, denn damit wäre bloß die Ebene der Philosophie markiert, sondern vernünftig zu handeln bedeutet vielmehr, die durch den Verstand gegebene Einheit einem obersten praktischen Gesetz, d. h. dem Sittengesetz, zu unterstellen, und dadurch diese Einheit nicht bloß einem theoretischen Gedanken, sondern einem praktischen Sollen zu unterwerfen. Die Entwicklung des Sollens denkt er in zwei Richtungen, und zwar im Ausgang von der Idee (Philosophie) und im Ausgang von der Sinnlichkeit (Kunst/Architektur). Die unter die Idee gebrachte Entwicklung lautet: „Einheit – Mannigfaltigkeit –Notwendigkeit" (Kachler 1940, S. 40). Dieser Weg spiegelt für ihn den Gang der Philosophie. Der Philosoph wendet sich mit einer Idee an die reale Welt und bringt deren Erscheinungen unter Gesetze. Dies vollzieht er – das müsste ihm Schinkel zugestehen – bis zum höchsten Vernunftgesetz, in dem er letztlich das gesamte Bewusstsein aus dem Verhältnis des Subjekts zum Absoluten ableitet. Schinkels diesbezügliche Kritik an der Philosophie könnte sich, was Fichte betrifft, hier nur darauf richten, dass die Fichteschen Deduktionen, obgleich sie bis zum höchsten Gesetz gehen, dennoch als Deduktionen bloße Verstandesleistungen sind, die es erst noch durch eine entsprechende Lebensführung praktisch zu machen gilt. Vor diesem Hintergrund führt Schinkel den umgekehrten Weg zum Vernunftgesetz an: „Mannigfaltigkeit für die Sinnlichkeit – Einheit für den Verstand – Notwendigkeit für die Vernunft" (Kachler 1940, S. 41). Dieser Weg ist der des Künstlers. Letzterer geht von der Erscheinungsvielfalt der Mannigfaltigkeit aus, reflektiert sodann – wie Schinkels Naturbegriff zeigt – auf den „Urgrund" bzw. die „Urnatur" (Wolzogen 1982a, S. 366), d. i. die Gattung, was eine Leistung des Verstandes darstellt, und erkennt und realisiert ineins deren ideelles „Lebensprincip" (Mackowsky 1922, S. 196), das es im Kunstwerk zur ästhetischen Darstellung zu bringen gilt, womit er sich auf die Ebene der Vernunft bringt. Im Unterschied zum philosophischen Werk sind für Schinkel im ästhetischen Werk Verstand und Vernunft qua Bild und Begriff vereint, wodurch für ihn allein die Idee ins Leben gebracht und der Kreislauf von Leben zu Idee/Wissenschaft zu Leben lebenspraktisch geschlossen und damit modern gesprochen, transdisziplinär wird (vgl. Mackowsky 1922, S. 39 ff.).

Bei Fichte hingegen bleibt der Kreislauf ein Appell an die Vernunft. Er verbleibt disziplinär in seinem philosophischen Feld und greift auf die Kunst nur als Hilfsmittel, nicht aber als eigenständige Disziplin zurück. In den „Reden an die deutsche Nation" bestimmt er die Kunst nach der Philosophie als „zweite[n] Hauptzweig der geistigen Bildung eines Volkes" (GA II/10, S. 161). Die Aufgabe der Kunst sei es, die „durch den Denker begonnene Erweiterung und Ergänzung" der Idee in den „sinnbildlichen Kreis[…]" zu vermitteln, also die philosophische Sprache „dem Einströmen verschwisterten Lebens" (GA II/10, S. 120) zu öffnen. Als Anforderung an diese anregende Wirkung von Kunst führt Fichte Johann Heinrich Pestallozis (1746–1827) pädagogischem Prinzip (vgl. Pestalozzi 1781/1783) folgend die „Imagination von Bildern"

(Reinisch 2007, S. 150) an. Sie erwecken in der Rezeption „ein Wohlgefallen, das da treibt, einen gewissen Zustand der Dinge, der in der Wirklichkeit nicht vorhanden ist, hervorzubringen in derselben". Dies „sezt voraus ein Bild dieses Zustandes, das vor dem wirklichen Seyn derselben[…] dem Geiste vorschwebt, und jenes zur Ausführung treibende Wohlgefallen auf sich ziehet". Kunst ermöglicht die Produktion von Wunsch- und Zukunftsbildern in Form jener Sinnbildlichkeit des Da-Seins, die kein abhängiges „Nachbild[…]" der Wirklichkeit, sondern deren idealistisches „Vorbild[…]" ist, „worin wir unsre bildende Kraft fühlen" (GA II/10, S. 120) und deren Praxis laut Wolfgang Hogrebe nicht die „Weltflucht", sondern die tatkräftige „Weltzuwendung" (2006, S. 130) ist. Künstler und Philosophen, die diese Bilder zu bilden und zu denken vermögen, bezeichnet Fichte als „Propheten" (GA II/12, S. 238). Eine interdisziplinäre Verbindung zwischen Philosophie und Kunst war von ihm zwar ursprünglich mittelbar angestrebt, wie er in den Prolegomena zu seiner Wissenschaftslehre in der Schrift „Ueber den Begriff der Wissenschaftslehre" (1794) schreibt, aber tatsächlich hat er in seinem System der Wissenschaftslehre nur das Naturrecht (1796), die Sittenlehre (1798) und die Gottes- lehre (1806) als materiale Teildisziplinen entwickelt. Eine Ästhetik ist in der „Practischen Philosophie" (1794) und in Teilen seiner Popularphilosophie nur in „statu nascendi" (GA II/3, S. V) skizziert.[11] Man erkennt zwar in seiner Anlage der Philosophie in Umrissen, wie – modern gesprochen – praktisch transdisziplinär (vgl. Mittelstraß 2007, S. 5) gene- tisch-systematisches und lebenspraktisch-propädeutisches Denken ein Ganzheitskonzept ergeben sollen (vgl. Lauth 1964), aber selbst wenn er die Ästhetik als Disziplin entwi- ckelt hätte, wäre sie immer noch ausdrücklich der Wissenschaftslehre als Lehre vom Wissen überhaupt, untergeordnet gewesen. Schinkel hingegen erkennt an, dass seine eigene Disziplin der Architektur nicht ausreicht, um Architektur als „Symbol des Lebens" (Mackowsky 1922, S. 192) zu bestimmen. Er setzt von vornherein auf interdisziplinäres, d. h. auf ein innerwissenschaftliches Wissen als Resultat der Kombination zweier selbst- ständiger Disziplinen, von dem ausgehend er die außerwissenschaftliche Alltagspraxis des unmittelbaren Lebens deutet und von dem her er diese abschließend modifiziert.

Schinkels Ganzheitskonzept funktioniert daher – modern gesprochen – theoretisch und praktisch transdisziplinär. Seine Haltung zu Disziplinarität, Interdisziplinarität und Transdisziplinarität unter Berücksichtigung der Natur bzw. Landschaft lässt sich dem- nach abschließend als ein Prozess verstehen, der seinen „disziplinäre[n] Ansatz" aus der Architektur entnimmt und bei dem sodann selbstkritisch die „Einklammerung des Disziplinären" als Problem erkannt wird, auf das mit dem „Aufbau interdisziplinärer Kompetenz" (Mittelstraß 2007, S. 7) reagiert wird. Das wurde an Schinkels Adaption konstitutiver Bestimmungsstücke des spekulativen Lebensbegriffs Fichtes deutlich. Das,

---

[11]Zu Fichtes Ansätzen einer Ästhetik vgl. Cecchinato (2009), Lohmann (2005, 2006), Stahl (1987), Tänzer (1985), Tempel (1901) und Traub (2006). Die Ausführungen zu Analogien und Differenzen zwischen Fichte und Schinkel sind hier gekürzt den ausführlichen Darstellungen der Autorin ent- nommen aus Lohmann (2010a, S. 39, 111 f., 141–144).

was der Fichtesche Systemgedanke bezüglich der bewusstseinstheoretischen Explikation des Lebensbegriffs zudem für Schinkel leistet, ist nicht nur der ideelle Überbau, sondern auch die garantierte Einheit von Gehalt und Form der Untersuchung des menschlichen Bewusstseins sowie die Totalität und Evidenz dieser Untersuchung und schließlich deren Begründung in einer Metawissenschaft, d. i. die „Wissenschaftslehre" als Lehre vom Wissen überhaupt, die die allgemeinen Voraussetzungen für eine Einzelwissenschaft wie z. B. die der Architektur bereitstellt. Fichte versichert, dass das Prinzip einer konkreten Wissenschaft wie das der Architektur selbst Teilsatz der „Wissenschaftslehre" ist und somit auf eine höchste Begründung zurückzuführen ist, die nichts Geringeres ist als der Grund des Bewusstseins überhaupt. Damit ist für Schinkel sein ästhetischer Imperativ: „Das Kunstwerk soll Leben anregend seyn so wie es selbst durch Idee Leben in sich hat" (AL, S. 31), nicht nur zuhöchst abgesichert, sondern daran zeigt sich auch, dass es Schinkel in seiner Auseinandersetzung mit Fichte weniger um spezifisch ästhetische Aspekte innerhalb des Fichteschen Systems als vielmehr um disziplinische, methodische und normative Aspekte geht. Die Qualität seiner „interdisziplinäre[n] Kompetenz" (Mittelstraß 2007, S. 7) zeigt sich hierin gerade daran, dass er die „Vereinnahmung" der einen Disziplin durch die andere Disziplin unterlässt und stattdessen auf die „wechselseitige Immanenz" (Bredekamp 2001, S. 42) der unterschiedlichen Disziplinen setzt. Mit seinen solchermaßen bestimmten theoretischen Ausführungen will Schinkel daher auch nicht auf den Titel eines „Philosophen" „den mindesten Anspruch machen" (AL, S. 54), aber er will „Philosophischen Kunstsinn[…]" (AL, S. 11) praktizieren, indem er einen eigenen architekturphilosophischen Ansatz entwickelt, mit dem er eine „Entdisziplinierung" im Hinblick auf eine theoretische und praktische „Transdisziplinarität als argumentative Einheit" anvisiert. Diese „Einheit" ist mit Mittelstraß modern gedacht, „über unterschiedliche Disziplinen hinweg und gleichzeitig durch diese hindurch argumentativ erzeugt" (Mittelstraß 2007, S. 7).

Literatur

Anrich, E. (Hrsg.). (1956). *Die Idee der deutschen Universität. Die fünf Grundschriften aus der Zeit ihrer Neubegründung durch klassischen Idealismus und romantischen Realismus.* Darmstadt: Wissenschaftliche Buchgesellschaft.

Bergdoll, B. (1994). *Karl Friedrich Schinkel. Preußens berühmtester Baumeister.* München: Klinghardt & Biermann.

Bisky, J. (2000). *Poesie der Baukunst. Architekturästhetik von Winckelmann bis Boisserée.* Weimar: Hermann Böhlau Nachfolger.

Böhme, H. (2002). Artikel „Natürlich/Natur". In Karlheinz Barck (Hrsg.), *Ästhetische Grundbegriffe, Bd. 4* (S. 432–498). Stuttgart: J. B. Metzler.

Börsch-Supan, E. (1981). Architektur und Landschaft. In Jan Fiebelkorn (Hrsg.), *Karl Friedrich Schinkel Werke und Wirkungen, Ausst.-Kat.* (S. 47–78). Berlin: Nicolaische Verlagsbuchhandlung.

Bredekamp, H. (2001). Ist das Wissen von Natur aus schön? Interview. *Die Zeit* Nr. 10 v. 1. März, 42.

Catel, F. L. (Louis). (1815). *Grundzüge einer Theorie der Bauart protestantischer Kirchen. Zur Aufstellung von Normalformen der protestantischen Kirchen und in besonderer Beziehung auf den Wieder-Aufbau der abgebrannten St. Petri-Kirche zu Berlin, mit der Benutzung der vorhandenen*

Ruine. Nebst einer ästhetisch-geschichtlichen Untersuchung der Verhältnisse der Bauart protestantischer Kirchen, zu den Bauarten der verschiedenen Zeitalter der Geschichte. Berlin: Maurerische Buchhandlung.

Cecchinato, G. (2009). *Fichte und das Problem einer Ästhetik (Studien zur Phänomenologie und Praktischen Philosophie).* Würzburg: Ergon.

Fest, J. (1981). Wirklicher in seinen Ideen als in seinen Werken. Zum 200. Geburtstag Karl Friedrich Schinkels. *FAZ,* 7. März, Nr. 56 (Bilder und Zeiten).

Fichte, I. H. (Hrsg.) (1965, EA 1840). *Johann Gottlieb Fichtes Sämtliche Werke,* Bd. 1–8. Berlin: Walter de Gruyter), abgekürzt: SW.

Fidone, E. (2001). Schinkel and the Mediterranean. The „Landhaus bei Syrakus". In Susan M. Peik (Hrsg.), *Karl Friedrich Schinkel. Aspekte seines Werks* (S. 30–37). Stuttgart, London: Edition Axel Menges.

Forssman, E. (2001). Schinkel und die Architekturtheorie. In Susan M. Peik (Hrsg.), *Karl Friedrich Schinkel. Aspekte seines Werks* (S. 10–17) Stuttgart, London: Edition Axel Menges.

Forster, K. W. (2007). Warum Schinkel kein architektonisches Lehrbuch geschrieben hat. In Jörg Trempler (Hrsg.), *Schinkels Motive* (S. 7–32). Berlin: Matthes & Seitz.

Gilly, F. (1997, EA 1796–1799). Einige Gedanken über die Notwendigkeit, die verschiedenen Theile der Baukunst in wissenschaftlicher und praktischer Hinsicht, möglichst zu vereinigen. In Fritz Neumeyer (Hrsg.), *Friedrich Gilly, Essays zur Architektur* (S. 178–187). Berlin: Wilhelm & Sohn.

Hager, F. P. (1984). Artikel „Natur". In Joachim Ritter u. a. (Hrsg.), *Historisches Wörterbuch der Philosophie, Bd. 6* (S. 422–441). Basel: Schwabe.

Harten, U. (2000). *Die Bühnenentwürfe.* Überarb. v. Helmut Börsch-Supan u. Gottfried Riemann. (=Schinkel-Lebenswerk, Bd. 17). München, Berlin: Deutscher Kunstverlag.

Heimsoeth, H. (1962). J. G. Fichtes Aufschließung der geschichtlichen Welt. *Studia e ricerche di storia della filosofia,* Nr. 50.

Henckmann, W. & Lotter, K. (1992). *Lexikon der Ästhetik.* München: C. H. Beck.

Henckmann, W. (1983). Solger und die Berliner Kunstszene. In: Otto Pöggeler & Annemarie Gethmann-Siefert (Hrsg.), *Kunsterfahrung und Kulturpolitik im Berlin Hegels* (S. 199–228). Bonn: Bouvier.

Heydenreich, K. H. (1798). Neuer Begriff der Baukunst als schöner Kunst. *Deutsche Monatsschrift,* Bd. 3, H. 10, 160–164.

Heydenreich, K. H. (EA Leipzig 1790, 1978). Ernst Weber (Hrsg.), *System der Ästhetik.* 2 Bde. Hildesheim: Göschen.

Hogrebe, W. (2006). *Echo des Nichtwissens.* Berlin: Walter de Gruyter.

Janke, W. (1977). *Historische Dialektik. Destruktion dialektischer Grundformen von Kant bis Marx.* Berlin und New York: Walter de Gruyter.

Kachler, G. (1940). *Schinkels Kunstauffassung.* Basel: Volksdruckerei.

Kant, I.: Der Streit der Fakultäten (EA 1798). In Wilhelm Weischedel (Hrsg.), *Werke in sechs Bänden, Bd. 6* (S. 261–393). Darmstadt: Wissenschaftliche Buchgesellschaft.

Lange, T. & Neumeyer, H. (Hrsg.) (2000). *Kunst und Wissenschaft um 1800.* Würzburg: Königshausen & Neumann.

Lauth, R. (1962). La problème de l'interpersonalité chez J. G. Fichte. *Archives de Philosophie* Bd. 25, Hefte 3–4, 325–344.

Lauth, R. (1964). Johann Gottlieb Fichtes Gesamtidee. *Philosophisches Jahrbuch,* 71. Jg., 253–285.

Lauth, R. (1980). Über Fichtes Lehrtätigkeit in Berlin von Mitte 1799 bis Anfang 1805 und seine Zuhörerschaft. *Hegel-Studien* 15, 9–50.

Lauth, R. (1984). *Die transzendentale Naturlehre Fichtes nach den Principien der Wissenschaftslehre.* Hamburg: Meiner.

Lauth, R. u. a. (Hrsg.) (1952 ff.): *J. G. Fichte-Gesamtausgabe der Bayerischen Akademie der Wissenschaften.* Stuttgart-Bad Cannstatt: Fromman-Holzboog. Die römische Ziffer gibt die Reihe, die arabische Ziffer die Bandnummer und die zweite arabische Ziffer die Seitenzahl an (I: Werke; II: Nachgelassene Schriften; III: Briefe; IV: Kollegnachschriften), abgekürzt: GA.

Lauth, R. (1993). Fichtes entscheidende Leistung innerhalb der Geschichte der Philosophie. In R. Breil, S. Nachtsheim (Hrsg.), *Vernunft und Anschauung. Philosophie-Literatur-Kunst. Festschrift für Gerd Wolandt zum 65. Geburtstag* (S. 141–154). Bonn: Bouvier.

Lohmann, P. (2005). Die Funktionen der Kunst und des Künstlers in der Philosophie Johann Gottlieb Fichtes. *Fichte-Studien* 25, 13–32.

Lohmann, P. (2006). Grundzüge der Ästhetik Fichtes. Zur Bedeutung der Ästhetik für die Wissenschaftslehre anläßlich des Horenstreits. In J. Stolzenberg, Karl P. Ameriks (Hrsg.), *Internationales Jahrbuch des Deutschen Idealismus*, Nr. 4 (S. 199–224). Berlin, New York: Walter de Gruyter.

Lohmann, P. (2010a). *Architektur als Symbol des Lebens. Zur Wirkung der Philosophie Johann Gottlieb Fichtes auf die Architekturtheorie Karl Friedrich Schinkels von 1803 bis 1815.* München: Deutscher Kunstverlag.

Lohmann, P. (2010b). Architektur und System. Das Verhältnis von Gedankengebäude und Baugedanke. In George di Giovanni (Hrsg.), *Karl Leonhard Reinhold and the Enlightenment. Studies in German Idealism*, Vol. 9 (S. 241–254). Heidelberg, Berlin: Springer.

Lohmann, P. (2013). Einflüsse der Philosophie des deutschen Idealismus auf die zeitgenössische Architekturtheorie am Beispiel der Schelling-Rezeption Leo von Klenzes. In Chr. Jamme, I. Cooper (Hrsg.), *Impact of Idealism, Aesthetics and Literature* 3 (S. 224–244). Cambridge: Cambridge University Press.

Mackowsky, H. (1922). *Karl Friedrich Schinkel. Briefe, Tagebücher, Gedanken.* Berlin: Europäischer Literaturverlag.

Mignot, C. (Hrsg.) (1994). *Architektur des 19. Jahrhunderts.* Köln: Taschen.

Mittelstraß, J. (1987). Die Stunde der Interdisziplinarität? In J. Kocka (Hrsg.), *Interdisziplinarität. Praxis – Herausforderung – Ideologie* (S. 152–158). Frankfurt a. Main: Suhrkamp.

Mittelstraß, J. (2007). Methodische Transdisziplinarität – Mit der Anmerkung eines Naturwissenschaftlers. In LIFIS ONLINE [05.11.07] http://www.leibniz-institut.de/archiv/mittelstrass_05_11_07.pdf. Zugegriffen: 16.6.2017.

Mulsow, M. & Stamm, M. (Hrsg.) (2005). *Konstellationsforschung.* Frankfurt a. Main: Suhrkamp.

Peschken, G. (2001). Das Architektonische Lehrbuch. In H. Börsch-Supan & G. Riemann (Hrsg.), *Karl Friedrich Schinkel.* (=Schinkel-Lebenswerk, Bd. 14). München, Berlin: Deutscher Kunstverlag, abgekürzt: AL.

Pestalozzi, J. H. (1781, 1783). Lienhard und Gertrud. Ein Buch für das Volk, I. T. Berlin, Leipzig, II. T. Frankfurt a. Main, Leipzig. In A. Buchenau, E. Spranger, H. Stettbacher (Hrsg.), *Pestalozzis sämtliche Werke (Kritische Gesamtausgabe) Bd.* (S. 2–6). Leipzig, Zürich, Berlin 1927–1930: Walter de Gruyter.

Peters, Chr. F. (2001). *Gedankenfluß und Formfindung. Studien zu einer intellektuellen Biographie Karl Friedrich Schinkels.* Berlin: Lukas.

Radrizzani, I. (2001). Von der Ästhetik der Urteilskraft zur Ästhetik der Einbildungskraft, oder von der kopernikanischen Revolution der Ästhetik bei Fichte. In E. Fuchs, M. Ivaldo, G. Moretto (Hrsg.), *Der transzendentalphilosophische Zugang zur Wirklichkeit. Beiträge aus der aktuellen Fichte-Forschung* (S. 341–359). Stuttgart-Bad Cannstatt: Fromman-Holzboog.

Reinisch, U. (2007). Schinkels Entwürfe für den „Befreiungsdom" und die „Neue Wache". Fichtes „Reden an die deutsche Nation" und der Stilkonflikt in der Architektur 1814/16. In S. Dorgerloh, M. Niedermeier, H. Bredekamp (Hrsg.), *Klassizismus – Gotik. Karl Friedrich Schinkel und die patriotische Baukunst* (S. 147–164). Berlin: Deutscher Kunstverlag.

Reiß, S. (2006). Fichte in Berlin. Öffentliches Engagement und Arbeit am System. In U. Baumann (Hrsg.), *Fichte in Berlin. Spekulative Ansätze einer Philosophie der Praxis* (S. 9–46). Hannover: Wehrhahn.

Riemann, G. & Chr. Heese (1996). *Karl Friedrich Schinkel. Architekturzeichnungen.* Berlin: Henschel.

Riemann, G. (1982). *Karl Friedrich Schinkels Reisen nach Italien.* Berlin: Rütten & Loening.

Riemann, G. (1996). *Reisen nach Italien. Tagebücher, Briefe, Zeichnungen, Aquarelle.* 2 Bde. Berlin, Weimar: Rütten & Loening.

Sauerland, K. (1997). Reisen durch die Landschaft und ihre Namen. In M. Siemek (Hrsg.), *Natur, Kunst, Freiheit. Deutsche Klassik und Romantik aus gegenwärtiger Sicht.* Fichte-Studien Supplementa, Bd. 10 (S. 179–198). Amsterdam, Atlanta: Rodopi.

Scharabi, M. (1993). *Architekturgeschichte des 19. Jahrhunderts.* Berlin: Ernst Wasmuth.

Schelling, F. W. J. von (EA 1797–1800, 2004). In H. M. Baumgartner, W. G. Jacobs, J. Jantzen, H. Krings, F. Moiso, H. Zeltner (Hrsg.), *Texte zur Naturphilosophie. Jubiläumsgabe. Historisch-kritische Ausgabe im Auftrag der Schelling-Kommission der Bayerischen Akademie der Wissenschaften.* Stuttgart-Bad Cannstatt: Frommann-Holzboog.

Schneider, U. J. (1999). *Philosophie und Universität. Historisierung der Vernunft im 19. Jahrhundert.* Hamburg: Meiner.

Schrader, W. H. (1972). *Empirisches und absolutes Ich. Zur Geschichte des Begriffs Leben in der Philosophie J. G. Fichtes.* Stuttgart-Bad Cannstatt: Fromman-Holzboog.

Schrader, W. H. (1997). Konstruktion versus Unmittelbarkeit. Zum Verhältnis von Philosophie und Leben bei J. G. Fichte. *Fichte-Studien* 11, 367–378.

Solger, K. W. F. (EA 1829, 1980). *Vorlesungen über Ästhetik.* Darmstadt: Wissenschaftliche Buchgesellschaft.

Sörgel, H. (EA 1921, 1998). *Architektur-Ästhetik. Theorie der Baukunst.* Berlin: Gebr. Mann.

Sperlich, M. (1981). Schinkel als Gärtner. In J. Posener (Hrsg.), *Schinkel zu Ehren. Festreden 1846–1980* (S. 363–392). Berlin: Fröhlich und Kaufmann.

Stahl, J. (1987). Ästhetik und Kunst in der Transzendentalphilosophie J.G. Fichtes. In E. Lange (Hrsg.), *Philosophie und Kunst. Kultur und Ästhetik im Denken der deutschen Klassik, Collegium philosophicum Jenense, H. 7* (S. 74–92). Weimar: Böhlau.

Tänzer, R. (1985). *Das Problem der philosophischen Ästhetik in den Frühschriften J.G. Fichtes.* (Magisterarbeit LMU) München.

Tempel, G. (1901). *Fichtes Stellung zur Kunst.* Metz: Buchdr. des „Messin".

Traub, H. (2006). Über die Pflichten des ästhetischen Künstlers. Der § 31 des Systems der Sittenlehre im Kontext von Fichtes Philosophie der Ästhetik. *Fichte-Studien* 27, 55–106.

Welzer, H. (2006). Nur nicht über Sinn reden! In *Die Zeit* Nr. 18 v. 27. April, 37.

Wolzogen, A. Freiherr von (1982). Schinkel als Architekt, Maler und Kunstphilosoph. In Bauakademie der DDR (Hrsg.), *K.F. Schinkel 1781–1841. Ausgewählte Beiträge zum 200. Geburtstag* (S. 70–88). Berlin: VEB Verlag Bauwesen.

Wolzogen, A. Freiherr von (Hrsg.) (1982a). *Aus Schinkels Nachlaß. Reisetagebücher, Briefe und Aphorismen (1862/63).* Berlin: Verlag d. Königl. Geheimen Ober-Hofbuchdruckerei.

Zadow, M. A. (2001). *Karl Friedrich Schinkel, ein Sohn der Spätaufklärung. Die Grundlagen seiner Erziehung und Bildung.* Stuttgart: Edition Axel Menges.

Denkstil und Denkkollektiv

Zur Wissenschaftstheorie von Ludwik Fleck

Achim Hahn

1 Das Ziel der Wahrnehmung ist Sinnverstehen und Orientierung

Der Arzt und Wissenschaftstheoretiker Ludwik Fleck wurde 1896 im galizischen, heute ukrainischen Lemberg geboren und starb 1961 in Israel. In Lemberg gehörte er der jüdischen Minderheit an. Nach dem deutschen Einmarsch 1941 kam er dort zunächst ins jüdische Ghetto, dann in die KZ Auschwitz und Buchenwald, „wo er als Häftlingsarzt im Labor der Waffen-SS arbeiten musste" (Schlünder 2012, S. 253). Nach dem Zweiten Weltkrieg lebte und arbeitete er zunächst in Polen. 1957 emigrierte er nach Israel.

Fleck war Mediziner. Er forschte an verschiedenen mikrobiologischen Instituten, vor allem auf dem Gebiet der Immunologie. Er publizierte auf Deutsch und auf Polnisch. Seine ersten wissenschaftstheoretischen Arbeiten gehen auf das Jahr 1927 zurück. Sein Hauptwerk „Entstehung und Entwicklung einer wissenschaftlichen Tatsache. Einführung in die Lehre vom Denkstil" erschien 1934 in Basel auf Deutsch. Es blieb zunächst wenig beachtet. Erst nachdem Thomas Kuhn im Vorwort zu *The Structure of Scientific Revolutions* (zuerst 1962) anmerkte, dass „er [Kuhn] in Flecks Buch viele seiner Ideen vorweggenommen fände und die wissenssoziologische Wendung seiner Studien auf die Lektüre von Fleck zurückgehe"[1], fand die Lehre vom Denkstuhl größere Beachtung. Die gegenwärtige

---

[1]Schäfer und Schnelle (1980, S. IX). Wörtlich heißt es bei Kuhn: „Nur durch diese Art einer zufallsbedingten Forschung (…) konnte ich auf Ludwik Flecks fast unbekannte Monographie Entstehung und Entwicklung einer wissenschaftlichen Tatsache stoßen, eine Arbeit, die viele meiner

---

A. Hahn (✉)
TU Dresden, Dresden, Deutschland
E-Mail: achim.hahn@tu-dresden.de

© Springer Fachmedien Wiesbaden GmbH, ein Teil von Springer Nature 2018
K. Berr (Hrsg.), *Transdisziplinäre Landschaftsforschung,* RaumFragen: Stadt –
Region – Landschaft, https://doi.org/10.1007/978-3-658-20781-6_5

Diskussion will vor allem die Eigenständigkeit von Flecks Wissenschaftstheorie herausarbeiten und sein Werk von dem langen Schatten Kuhns befreien.

Ausgehend von der medizinischen Arbeitsweise mit ihrer typischen Verbindung von
praktisch-therapeutischer Erfahrung und theoretischer Regel- und Gesetzfindung formuliert Fleck einen Erkenntnisfortschritt, der Wissenschaft und Realität an die jeweilige
soziale und historische Situation der Gesellschaft und gewisser denkstilprägender Gruppen bindet.

2   Der Zusammenhang von Denkstil und Denkkollektiv

Ich werde mich im Folgenden zunächst auf sein 1935 in erster Auflage erschienenes
Buch „Entstehung und Entwicklung einer wissenschaftlichen Tatsache. Einführung
in die Lehre vom Denkstil und Denkkollektiv" beziehen. Flecks Anliegen ist wissenschaftstheoretischer Natur. Er kritisiert das damals gängige Verständnis von wissenschaftlichem Fortschritt ebenso wie das Verständnis, wie Wissen überhaupt zustande
kommt. Als Mediziner wendet Fleck sich einem Fallbeispiel der Medizingeschichte
zu: der Entwicklung des Syphilis-Begriffs. Es geht ihm um die methodologische Diskussion des Zusammenhangs von Wissen, Beobachtung und Erkenntnis und darum, wie
dieser Zusammenhang im naturwissenschaftlichen Fortschrittsverständnis vorgestellt
wird. Nicht ganz eindeutig erscheint mir dabei das Spektrum, in dem Fleck seine Untersuchung angesiedelt sehen möchte: Geht es ihm allein um Wissenschaftstheorie oder
grundsätzlicher und umfassender um den Erwerb jedweden Wissens? So spricht er von
der „Beharrungstendenz der Meinungssysteme" und gibt als ein Beispiel den Teufels-
glauben im Mittelalter an, der freilich nicht nur die Mediziner betraf.

Flecks Hauptinteresse gilt also dem Gebiet der Medizin und seiner jeweiligen
Denkstile.

Auf was man als erstes stößt, wenn man gewissen Erkenntnissystemen auf die Spur
zu kommen unternimmt, sind Denkkollektive und die ihnen typisch zugeordneten Denkstile; aber wir können auch Zeugen von „Mutationen" eines Denkstils werden:

> Die Umwandlung der Physik und ihres Denkstiles durch Relativitätstheorie […] (gleicht)
> solchen Mutationen. Mit einem Male wurde uns unklar, was Art, was Individuum sein soll,
> wie breit der Begriff des Lebenscyklus zu fassen sei. Was noch vor einigen Jahren als Natu-
> rerscheinung galt, erscheint uns heute als Komplex von Artefakten. Wir werden bald nicht
> aussagen können, ob die […] Lehre richtig oder unrichtig sei: aus der Unklarheit heutiger
> Situation werden neue Begriffe […] entstehen (Fleck 1980, S. 38).

eigenen Gedanken vorwegnimmt. Zusammen mit der Bemerkung eines anderen Juniormitglieds,
Francis X. Sutton, brachte mich Flecks Arbeit zu der Erkenntnis, daß jene Gedanken vielleicht in
eine Soziologie der wissenschaftlichen Gemeinschaft gestellt werden müßten" (Kuhn 1967, S. 9).

Worte, Begriffe, Ideen sowie die Erlebnisse, auf die sich jene gedanklich-sprachlich beziehen, sind gar nicht voneinander zu isolieren, sondern gleich ursprünglich. Ich kann nur für dasjenige mein Interesse wecken, für das mir Worte zur Verfügung stehen bzw. das ich beschreiben kann. Dies ist wichtig herauszustellen, weil nur so verstanden werden kann, dass z. B. Wahrnehmungsprozesse stets von gerichteter Aufmerksamkeit geführt werden. Ebenso gibt es eine harmonische Einheit zwischen dem Erkannten, dem zu Erkennenden und den Erkennenden und gleichzeitig die Feststellung einer Harmonie der Täuschungen durch andere, konkurrierende Denkkollektive. Darauf ist später noch einzugehen.

Was heißt es nun, dass Meinungssysteme „stilgemäß" seien? Der Fleck'sche Begriff des Stilgemäßen *ersetzt* einen anderen, vielleicht eher erwarteten Begriff, nämlich den des „Logischen". Solche Anschauungs- oder Auffassungsganzheiten, wie sie Fleck als geschlossene Wissenschaftstheorien im Auge hat, sind nicht träge Tanker, sondern greifen stets aktiv und in der Regel abwehrend ein, wenn ein alternatives und neues Begreifen der Welt oder einzelner Wissenspositionen aufkommt. Diese Dynamik zeigt sich in einigen Vorkehrungen und Abwehrhaltungen, die systematisch getroffen und eingenommen werden, um das jeweilige Meinungssystem zu sichern:

1. „Ein Widerspruch gegen das System erscheint undenkbar.
2. Was in ein System nicht hineinpasst, bleibt ungesehen, oder
3. es wird verschwiegen, auch wenn es bekannt ist, oder
4. es wird mittels großer Kraftanstrengung dem Systeme nicht widersprechend erklärt.
5. Man sieht, beschreibt und bildet sogar Sachverhalte ab, die dem herrschenden Anschauungen entsprechen, d. h. die sozusagen ihre Realisierung sind – trotz aller Rechte widersprechender Anschauungen" (Fleck 1980, S. 40).

Auffassungen und ihre Beweise decken sich gegenseitig bzw. geben sich sozusagen wechselseitig ein Alibi, sodass etwas Drittes nichts zu bestellen hat. Sie stehen jedoch in keinem formal-logischen Verhältnis zueinander. „Jede Epoche hat herrschende Auffassungen, Überreste vergangener und Anlagen zukünftiger, analog allen sozialen Gebilden" (Fleck 1980, S. 40). Somit erscheint auch einer jeden Epoche ein sie prägender Denkstil eigentümlich, der sich u. a. in einem „typischen" Wissenschaftsverständnis zeigt. Worauf es ankommt, so Fleck, damit *Einheit* entsteht, ist nicht logische Stimmigkeit, sondern *Stilechtheit*. Und an einer anderen Stelle wird Fleck noch deutlicher:

> In der Naturwissenschaft gibt es gleichwie in der Kunst und im Leben keine andere Naturtreue als die Kulturtreu (Fleck 1980, S. 48).

Ist Stilechtheit erst gewährleistet, dann sorgt die Logik schon für sich selbst. Solche Stileinheit betrifft immer nur ein bestimmtes Denkkollektiv. Unterschiedliche Denkkollektive und die ihnen eigene „denkstilgemäße geistige Verfassung" (Fleck 1980, S. 50) können parallel auftreten. Jedes Denkkollektiv hat in aller Regel seine Begriffe klar

gegliedert, da diese untereinander stilgemäß rückführbar sein müssen. Interne Beherrsch-
barkeit der auftretenden Wirklichkeit ist gewährleistet, nicht jedoch die externe Verständigung gegenüber anderen Stilen.

> „Trotz dieser Klarheit ist unmittelbare Verständigung der Anhänger differenter Denkstile
> unmöglich" (…). „Wer vermöchte die alte anatomische Bezeichnung ‚Schoß' z. B. in eine
> moderne übersetzen? Wo dieses mystische Organ lokalisieren" (Fleck 1980, S. 51),

fragt Fleck nicht nur rhetorisch.

Für Fleck ist es eindeutig, dass Wissen und Erkennen sozial bedingt sind. Erkennen ist nur möglich in einem bestimmten Denkstil, in dem man sich als Mitglied eines
bestimmten Kulturmilieus stets befindet. „Als Gemeinschaft der Menschen, die im
Gedankenaustausch oder in gedanklicher Wechselwirkung stehen", fasst Fleck das Denkkollektiv soziologisch. Mit dieser Gemeinschaft *besitzen wir den Träger geschichtlicher
Entwicklung eines Denkgebietes, eines bestimmten Wissensbestandes und Kulturstandes,
also eines besonderen Denkstiles"* (Fleck 1980, S. 54 f.). Fleck macht deutlich, dass er
diesen Befund nicht allein auf die Naturwissenschaften, sondern ebenso auf die Geisteswissenschaften angewandt sehen möchte, mehr noch: „jedes Lernen einer Tradition und
einer Gesellschaft (knüpft an); Worte und Sitten verbinden bereits zu einem Kollektiv"
(Fleck 1980, S. 58). Dabei sei das Erkennen die „am stärksten sozialbedingte Tätigkeit
des Menschen". „Schon in dem Aufbau der Sprache liegt eine zwingende Philosophie
der Gemeinschaft, schon im einzelnen Worte sind verwickelte Theorien gegeben" (ebd.).

Anregend sind nun vor allem die Erweiterungen, die Fleck vornimmt. Was heißt
„erkennen"? Gibt es überhaupt eine Möglichkeit, „rein theoretisch zu denken und gegebene Tatsachen rein objektiv zu konstatieren" (Fleck 1980, S. 66)? Hier widerspricht
Fleck der damals gängigen Auffassung, dass es „reine Verstandesmäßigkeit" bzw. „eine
Gefühlsfreiheit an sich" geben könnte. Vielmehr müsse von einer Kollektiv-*stimmung*
ausgegangen werden, sodass entweder von Gefühlsübereinstimmung oder von Gefühls-
differenz innerhalb einer Gesellschaft auszugehen ist. Was in ihr anerkannte Tatsache ist
und was nicht, hängt mit der jeweiligen Übereinstimmung der „gefundenen" Tatsachen
mit dem herrschenden Denkstil zusammen. Somit färbt der Denkstil nicht nur Begriffe
und Wissensbestände, er zeigt sich in seinen Folgen als *Denkzwang*.

> Der Denkstil bedeutet „die Gesamtheit geistiger Bereitschaften, das Bereitsein für solches
> und nicht anderes Sehen und Handeln. Die Abhängigkeit der wissenschaftlichen Tatsache
> vom Denkstil ist evident" (Fleck 1980, S. 85).

Wissenschaftliche Tatsachen ordnen sich nicht zu einem Denkstil zusammen, sondern
sogenannte Tatsachen können überhaupt nur auf dem Hintergrund eines schon existierenden Denkstils gewonnen werden. Insofern lassen sich Denkstile nicht gegen andere
Denkstile aufgrund ihrer Erkenntnisleistung und Wissenschaftlichkeit ausspielen. Es ist
dann aber vor allem die gesellschaftliche „Stimmung", die veranlasst, bestimmte Probleme zu lösen. Es setzt sich jeweils der Denkstil durch, der sich als nützlich erweist,

anfallende Ereignisse, deren „Bearbeitung" einer Gesellschaft gleichsam unter den Nägeln brennt, zu erklären. Eine entsprechende Entdeckung (Lösung, Vorschlag) muss deshalb als ein *„soziales Geschehen"* betrachtet werden (Fleck 1980, S. 102). Fleck bezieht sich in seinem medizingeschichtlichen Beispiel auf die Forschungstätigkeit einer Gruppe von Wissenschaftlern um den Immunologen Wassermann und kommt hinsichtlich des empirischen Erfolgs der sog. Wassermann-Reaktion als „Lösung" der Syphilisfrage zu folgendem Fazit:

> So arbeitete die kollektive Erfahrung auf allen Gebieten der Wassermann-Reaktion, bis die Reaktion brauchbar wurde – unbekümmert um theoretische Fragen und Ideen der einzelnen. Diese so ausgiebige und mühsame kollektive Arbeit geschah aber nur als Folge der besonderen sozialen Wichtigkeit der Syphilisfrage (Fleck 1980, S. 97).

Fleck stellt fest, dass jedes (auch schon das vor-wissenschaftliche) Beobachten nicht *stillos* ist. Der Seemann hat mit immer mehr Geschick und Erfahrung gelernt, den Unbilden des Meeres zu trotzen. Er beobachtet das Wetter, wie es keinem Landmenschen möglich ist. Entsprechend müssen wir uns auch den Fleck'schen Wissenschaftler vorstellen, dem es dank des Erfahrenseins auf seinem Gebiet immer besser gelingt zu beobachten. Aber was hat es mit diesem „immer besseren" Beobachten auf sich? Zweifellos ist kein Beobachten voraussetzungslos. Vielmehr fußt es auf einem bereits entwickelten unmittelbaren Gestaltsehen. Durch Vorbildung und Einübung hat sich der Wissenschaftler eine Bereitschaft geschaffen (sich erarbeitet; auch: ist darin gedrillt worden), *gerichtet* und *aspektivhaft* wahrzunehmen.

> Solche Bereitschaft für gerichtetes Wahrnehmen macht aber den Hauptbestandteil des Denkstiles aus. Hiermit ist Gestaltsehen ausgesprochene Denkstilangelegenheit (Fleck 1980, S. 121).

Es ist der schon fraglos eingenommene Denkstil, der dem Beobachter Halt und festen Boden gibt. Gestalten und sogenannte Tatsachen überschneiden sich in dem einen Denkstil, wie sie andere Gestalten und andere Tatsachen in einem konkurrierenden Denkstil unmöglich machen. Denn auch für „Tatsachen" gilt: Sie können nur anerkannt werden, wenn sie im Stil des Denkkollektivs ausgedrückt werden (vgl. Fleck 1980, S. 133). Damit haben wir alle wesentlichen Bestandteile des Denkstils beisammen:

> Der Denkstil besteht, wie jeder Stil, aus einer bestimmten Stimmung und der sie realisierenden Ausführung. Eine Stimmung hat zwei eng zusammenhängende Seiten: sie ist Bereitschaft für selektives Empfinden und für entsprechend gerichtetes Handeln. Sie schafft die ihr adäquaten Ausdrücke: Religion, Wissenschaft, Kunst, Sitte, Krieg usw., je nach der Prävalenz gewisser kollektiver Motive und der angewandten kollektiven Mittel (Fleck 1980, S. 130).

Die wahrgenommene oder erlebte Welt ist selbst Ausdruck des jeweiligen Lebens- oder Denkstils. Träger solcher überindividuellen Stile heißen bei Fleck *Denkkollektive*. Wir halten fest:

Denkstile werden [von Fleck] weder als fixe Denkformen noch als Weltanschauungen verstanden und sind auch nicht gleichzusetzen mit Individuen, sozialen Gruppen, Nationen
oder Institutionen. Denkstile sind vielmehr Prozesse und Vorgänge, die sich keineswegs auf
das Denken beschränken, sondern Wahrnehmung, Praktiken und spezifischen Instrumenten-
gebrauch einschließen (Schlünder 2012, S. 254).

3   Gestaltsehen

In einem Aufsatz, der zuerst 1947 auf Polnisch erschienen ist, legt Fleck eine gewisse
Erweiterung seiner Denkstiltheorie als *Gestalttheorie* vor. Sie hat es jetzt nicht mehr primär mit naturwissenschaftlichen Forschungstraditionen zu tun, sondern seine Theorie
erobert sich die Kultur einer Gesellschaft.

Fleck legt eine schwarz-weiße Aufnahme eines bewölkten Himmels vor und fragt,
was man erkennen kann. Man sieht unregelmäßig verteilte helle und dunkle Flecken
und unregelmäßige Strukturen, die eine Morphologie andeuten könnten – mehr nicht.
Um zu sehen, muss man wissen, was wesentlich und was unwesentlich ist. Fleck fragt
in der Abbildungsunterschrift: „Was ist das? Die Haut einer Kröte unter dem Mikroskop
oder eine Kultur des Penizillinpilzes?" (Fleck 1983, S. 148) Man muss den Hintergrund
vom Vordergrund unterscheiden können. Man muss darüber orientiert sein, zu welcher
Reihe von Gegenständen der abgebildete gehört. Sonst schauen wir bloß, aber wir sehen
nicht, wir starren dann lediglich auf irgendwelche Einzelheiten, begreifen aber nicht das
Ganze. Wir erfassen die betrachtete Gestalt nicht als bestimmte Ganzheit. Diesem Können liegt, wie jedem anderen Können auch, eine Einübung zugrunde. Das Gestalt-sehen
profitiert von der Ausbildung einer bestimmten Aufmerksamkeitshaltung. Es ist an dieser Stelle wichtig, dass wir mit Fleck diesen Unterschied zwischen Schauen und Sehen
nachvollziehen. Wir starren auf eine Abbildung, wenn wir sie nicht einordnen können,
wenn unser erster Blick darauf versagt, und suchen verzweifelt Anhaltspunkte. Ein Kind
zeigt zum Himmel, wo es in den weißen Wolken eine muntere Herde von Schäfchen
sieht. Der Erwachsene schaut in den Frühlingshimmel und alles was er „wahrnimmt",
ist die Gewissheit, dass es weiterhin keinen Regen geben wird. Aber Schäfchen kann
er beim besten Willen nicht erblicken. Wir sehen in einem Bild nur das, was wir schon
irgendwie wissen. Dies gilt für die einfachste Wahrnehmung wie für die komplizierteste.
Wie Schäfchen aussehen, kennt das Kind aus seinen Bilderbüchern.

4   Das Lernen von Gestalten

Das Phänomen des Gestaltsehens, um das es hier geht, ist eindrücklich am Sehen eines
Buchstaben zu verdeutlichen. Nehmen wir als Beispiel den Buchstaben A des lateinischen Alphabets. Dieser kann ein sehr unterschiedliches Aussehen annehmen. Aber trotz
der Änderung vieler Einzelheiten hört er nicht auf ein A zu sein. Man muss sich nur

unterschiedliche Handschriften mit jeweils einer anderen persönlichen Ausgestaltung des Buchstaben A vornehmen; es bleibt als ein A sichtbar. Besinnen wir uns nun auf unsere ersten Erfahrungen in der Schule. Denken wir an den Unterricht, bei dem wir gelernt haben, wie ein A einzig auszusehen hat. Immer wieder wurden wir im Fach „Schönschreiben" getrimmt, es richtig zu machen. Doch was heißt hier eigentlich „richtig"? Ich bleibe jetzt der Einfachheit halber beim Druckbuchstaben A. Wir *wussten* damals, weil es uns in der Grundschule eindringlich eingepaukt wurde, dass sich der Buchstabe A aus zwei Schenkeln, die sich oben treffen, und einem Querstrich zusammensetzt. Das sind seine Hauptmerkmale, die wir unendlich geübt haben, bis wir sie schließlich perfekt beherrschten. Als Kinder, die erst lernen, welche konkrete Form eine Gestalt besitzt, haben wir den Buchstaben „abgemalt", versucht, eine genaue Kopie des Vorbilds herzustellen. Heute schreiben wir, indem wir die Buchstaben gebrauchen im Hinblick auf etwas Drittes: ein Wort, einen Satz. Wir nutzen die Bildhaftigkeit des Buchstaben im Zusammenhang anderer Buchstaben. Mit der Zeit wurde unsere Handschrift ein wenig nachlässiger. Nicht immer sind heute die beiden Schenkel identisch lang. Noch weniger sind sie immer schön gerade, sondern, weil es oftmals schnell gehen muss, schief und krumm. Aber etwas haben wir behalten und uns eingeprägt: Komme was wolle, die zwei Schenkel müssen oben zusammenlaufen, zumindest fast zusammenlaufen. Und der waagerechte Strich darf ebenfalls nicht fehlen. Warum ist gerade dies so wichtig? Warum achten wir beim Schreiben vor allem darauf? Weil ansonsten das A in ein H übergehen würde. Und mit dem H besitzen wir, wie Fleck heraushebt, eine konkurrierende Gestalt.

> Wenn die Tendenz der Schenkel zusammenzulaufen durch ihre Neigung zueinander angezeigt ist, ruiniert eine nicht allzu große Lücke die Gestalt nicht: Wir vervollständigen sie unwillkürlich (Fleck 1983, S. 150).

Auch gewisse Schnörkel einer Handschrift ruinieren in gewissen Grenzen die Gestalt nicht. Wir schauen an ihnen vorbei. Der für das A typische Querstrich verträgt ebenfalls eine gewisse Bandbreite der Platzierung. Seine Höhe ist nicht eindeutig festgelegt. Jedoch ist nicht jegliches Setzen möglich.

> Wenn er das untere Ende der Schenkel erreicht, verändert sich das A in ein Dreieck. Wenn er das obere Ende erreicht, hört der Querstrich auf, Querstrich zu sein, weil er nicht quer zu den Schenkeln läuft und die Gestalt ruiniert, obgleich keine neue bekannte Gestalt entstanden ist (Fleck 1983, S. 150 f.).

Jedoch ist die entstandene Figur nicht mehr als A lesbar. Jede Gestalt besitzt nicht nur positive Merkmale, sondern auch negative, das sind die Hauptmerkmale einer konkurrierenden Gestalt. Die Ganzheit „Schlitten" kann unterschiedliche Formen und alle möglichen Einzelheiten aufweisen, aber sie kann keine Räder aufweisen, weil sie so zur Gestalt eines Wagens wird. Eine Treppe kann gerade, über Eck oder im Bogen zwei Ebenen verbinden. Sie darf aber keine glatte Verbindung zwischen den Ebenen aufweisen, sondern sie muss aus Absätzen oder Stufen bestehen, weil wir sonst die Gestalt einer Rutsche oder Rampe vor uns hätten. Stufen oder Absätze sind ein Hauptkennzeichen der

Gestalt einer Treppe. Ein Handlauf kann fehlen. Man muss also, um eine Gestalt wieder zu erkennen, ebenso die Kenntnis der konkurrierenden Gestalten besitzen. Das *Lesen* von Gestalten, einmal gelernt, funktioniert in der Regel souverän und gewohnheitsmäßig. Wir wissen heute in vielen Fällen gar nicht anzugeben, worin das Hauptmerkmal gewisser Gestalten liegt. Wir fühlen eine Gestalt eher intuitiv heraus. Aber nur die wie auch immer *erworbene* Kenntnis einer Gestalt schafft die Disposition, sie wahrzunehmen, schafft das Vermögen, welches wir mit Fleck *Wahrnehmungsbereitschaft* nennen können.

5   Der sozial eingeübte Hintergrund des Gestaltsehens

Wir gehen im Einüben und Gebrauchen der Gestalten pragmatisch vor. Wir lernen aus Alltagssituationen und achten auch auf das Verhalten der anderen. Wir bewältigen unseren Alltag nicht analytisch, sondern indem wir darauf bedacht sind, eingesehene Fehler nicht zu wiederholen. Aus dem oftmals nur langsam und durch Rückschläge erworbenen Wissen ist durch häufiges Verwenden dann die eingeschliffene Fähigkeit und unmittelbare Bereitschaft entstanden, in einer bestimmten Situation das Richtige zu tun.

Es gibt vollendete Gestalten und Ganzheiten, die wir sehen, aber auch unvollendete. Es gibt deutliche Gestalten und Ganzheiten und weniger deutliche. Ein Kirchturm ohne Uhr, ein Haus ohne Schornstein, eine Tür ohne Griff sind für uns unvollendete Gestalten. Ein Reiter im farbigen Dress auf einem Pferd bezeichnet ebenfalls eine starke Gestalt, nämlich einen Jockey. Sehen wir einen Mann oder einer Frau in der für einen Sportreiter typischen Kleidung mit Gerte aber ohne Pferd, dann haben wir den Eindruck, dass hier etwas fehlt. Wir erkennen hierin das Phänomen, dass wir bei bekannten Gestalten, die man oft gesehen und von denen man viel gehört hat, eine hohe Bereitschaft spüren, diese Gestalt zu sehen, d. h. sie zu vollenden:

> Es ist klar, dass die Deutlichkeit einer Gestalt, obwohl die Augen des Individuums diese Gestalt anschauen, in diesen Fällen aus außerhalb des Individuums liegenden Quellen herrührt; aus der Meinung der Allgemeinheit, aus der verbreiteten Denkgewohnheit. Die Gestalt ist nicht aus ‚objektiven physikalischen Elementen' aufgebaut, sondern aus kulturellen und historischen Motiven (Fleck 1983, S. 155 f.).

Dieser Hinweise darauf, dass Gestalten nicht im Besitz eines Individuums, sondern sozusagen öffentliche oder kollektiv abgesicherte Gestalten sind, deuten in Richtung einer gesellschaftlichen Kultur. Nur insofern wir als Mitglieder oder Teilnehmer an einer Kultur auch an dem Gestaltrepertoire dieser Kultur partizipieren, erlangen wir die Möglichkeiten, Gestalten zu verstehen und selbst anzuwenden. Gestalten sind etwas, das einen Namen, eine Tradition und innerhalb dieses gesellschaftlich-kulturellen Kontexts Sinn und Bedeutung hat. Wir können das Vermögen, bestimmte Gestalten zu sehen, als ein „kollektives" Eingeübtsein verstehen, das für Mitglieder einer Gesellschaft typisch ist. Wir wachsen in solche Gemeinschaften, bestehend aus Kultur, Sprache und Tradition hinein, gerade auch indem wir lernen, bestimmte Gestalten zu sehen. Solches Lernen geschieht mitunter so, dass wir negativ sanktioniert werden, wenn wir etwas *anderes* „sehen", als die Gesellschaft es vorgibt. Wir werden geradezu von Vorgesetzten und Lehren auf gewisse Ganzheiten dressiert und gedrillt.

6   Beobachten und beschreiben

Ich möchte jetzt auf den Zusammenhang von Beobachten und Beschreiben eingehen, insofern wir doch nur *vor* unsere Beobachtungen kommen können, wenn wir sie sprachlich fassen, d. h. das Beobachtete beschreiben.

Wir haben schon gezeigt, dass jedes Sehen Einfluss auf den Zustand des in Blick genommenen Gegenstands hat. Charakteristisch nehmen sich neben den gesellschaftlichen und kulturellen Denkformen und Lebensstilen die beruflichen Beobachtungsstandards aus. Ludwig Fleck, Mikrobiologe und Mediziner, weiß wovon er spricht:

> Mein Beruf zwingt mich, täglich von einem bestimmten Standpunkt aus sehr einfache Dinge zu beobachten: Mikroskoppräparate. Wenn ich mir ein Mikroskoppräparat anschaue, z. B. Diphtheriekulturen, dann, in der Umgangssprache gesagt, sehe ich allein eine gewisse Menge Striche von gewisser eigentümlicher Struktur (bzw. Färbung), gewisser Gestalt und gewisser Anordnung. Doch ich versuchte vergebens, diese drei Elemente des Bildes so zu beschreiben, um für den Laien mit Worten das Bild dieser charakteristischen Gestalt eindeutig wiederzugeben, wie sie ein geschulter Beobachter sieht, aber die ein Laie anfangs einfach zu sehen außerstande ist. Nach kurzer Zeit jedoch erwerben fast alle Schüler die Fähigkeit, sie wahrzunehmen und gelangen zu übereinstimmenden Ergebnissen. Man muss also erst lernen, zu schauen, um das wahrnehmen zu können, was Grundlage der gegebenen Disziplin bildet (Fleck 1983, S. 60).

Es würde doch überhaupt nicht sinnvoll sein, einen allgemein geschulten Beobachter, vielleicht einen Journalisten oder einen Schriftsteller, aufzufordern, er solle das mikroskopische Bild beschreiben. Natürlich würde er „etwas" sehen. Aber er könnte die „Idee", die gleichsam „hinter" dem Ausdruck *Diphtheriekultur* steht, nicht anschauend realisieren. Vielleicht würde ein Architekt „Gliederungsmuster einer Fassade" in starker Verzerrung sehen. Alle drei müssten vor dem Präparat ebenso scheitern wie jeder andere Laie, der in das spezifische Sehen einer bestimmten Disziplin nicht eingewiesen ist. Das gleiche gilt, wenn man uns die Aufgabe übertrüge, ein Röntgenbild zu lesen. Wir müssten schon auf charakteristische Gestalten vorbereitet sein, um einen Haarriss oder irgendwelche Schatten auf der Lunge sehen zu können. Um zu verstehen, was auch hier das Gestaltsehen bedeutet, müssen wir uns fragen, wie z. B. Ärzte es gelernt haben, im Röntgenbild eine typische Gestalt zu erkennen. Ich sehe hier grundsätzlich keinen anderen Vorgang, wie auch jeder von uns irgendwann in seiner Sozialisation gelernt hat, die beobachtbaren charakteristischen Eigenschaften eines Pferdes von denen einer Kuh oder eines Hundes zu unterscheiden. Wir haben diese Erfahrung und die dazugehörende Geschicklichkeit im Differenzieren mehr oder weniger mühsam erwerben müssen.

Wir können noch deutlicher werden: Ein großer Teil von Unterricht und Bildung eines Kindes und Schülers beruht gerade darauf, dass sie das *sehen lernen,* was die Älteren und Lehrer sehen, und dabei unweigerlich die wahrhaft kindliche „polyvalente" Fähigkeit verlieren, fantastische Gestalten zu sehen.

Das Charakteristische dieses Seh-Vermögens, das Lehrer von ihren Schülern verlangen, lässt sich jedoch nicht durch Worte ausdrücken und ist auch nicht vom Lehrer auf den Schüler übertragbar. D. h., das spezifische Gestaltsehen kann nicht gelernt werden, wie wir gelernt haben, eine Addition richtig durchzuführen. Wir müssen die Erfahrung des rechten Sehens am eigenen Leibe durchgemacht haben. Der Lehrer wird uns dann loben, wenn es „plötzlich" oder „wie durch Zufall" gelingt. Auch das Wissen, das wir als Erfahrene in unserem Beruf uns angeeignet haben, lässt sich nicht durch Wortformeln oder dgl. ersetzen. Es ist eher ein leibhaftiges Können denn ein auf andere übertragbares Wissen.

Jede realisierte Disposition zum Gestaltsehen ist nicht eine angeborene, sondern eine erworbene. Es ist deshalb notwendig, dass sich jeder einzelne sozusagen persönlich in der Wahrnehmung spezifischer Gestalten aus verschiedenen Bereichen schult. Es gibt hier keine allgemeingültige Beobachtersprache, die in irgendeiner alles umfassenden Grammatik das Gesehene eindeutig beschreiben könnte. Nur der jeweilige Fachmann bzw. das jeweilige Mitglied eines Denkstils wird einschätzen können, ob bestimmte Beobachtungen und Beschreibungen zu seiner Disziplin gehören oder nicht. Es ist deshalb unmöglich, allgemein über gutes oder schlechtes Beobachten, gutes oder schlechtes Beschreiben zu sprechen, „sondern nur über mit einem bestimmten Wissenszweig übereinstimmendes und nicht übereinstimmendes Beobachten [bzw. Beschreiben, A.H.]" (Fleck 1983, S. 60).

Ein neues Denkkollektiv muss sich also auf es auszeichnende Wahrnehmungs- und Beschreibungsdispositionen stützen können. Aber vielleicht sind es zunächst nur ein, zwei, drei Menschen, die diese Disposition bei sich festgestellt haben und entsprechend einander verstehen. Wie können daraus eine größere Gruppe und ein eigener Denkstil entstehen? Stand nicht Thomas Sieverts vor einem ähnlichen Problem, als er seine „Zwischenstadt" in die städtebauliche und regionalplanerische Gemeinschaft verankern wollte? Er musste eine Stimmung erzeugen, die andere veranlassen könnte, sich ebenfalls umstimmen zu lassen. Wie ist er vorgegangen, als er seine Kollegen Städtebauer und Landschaftsplaner von der *Tatsache* der „Zwischenstadt" überzeugen musste? Da es auch bei Sieverts ums Sehen und Lesen von Gestalten ging, ließ er seine Leser statt durchs Mikroskop auf Schwarzpläne sehen.[2] Doch nur wenn das Denkkollektiv seinen Blick auf bestimmte Schwarzpläne von regionalen Gebieten charakteristisch

---

[2]Man vergleiche einmal die dem Aufsatz von Ludwik Fleck „Zur Variabilität der Streptokokken" (Fleck 2011) beigegebenen schwarz-weiß Aufnahmen der Mikroskoppräparate seiner Streptokokkenforschung (S. 157–163) mit Thomas Sieverts Reproduktion der „Siedlungsflächen von 55 Ballungsräumen" (Sieverts 1998, S. 25).

umstellt, vermag es das Typische der „zwischenstädtischen" Situation zu erfassen, ansonsten schaute man bloß verständnislos auf schwarze und weiße Flächen. Um einen Denkstilwandel herbeizuführen, muss auch die Stimmung der Zufriedenheit mit dem Überkommenen nachhaltig gestört werden. Passenderweise spricht Sieverts in seiner „Propagandaschrift" vom *Mythos* der Alten Stadt, dessen Anhängern er mit Kritik und Vorwürfen begegnet. Dieser nicht mehr zeitgemäße Denkstil sei unlogisch, bediene sich der Vorurteile und sei insgesamt als überholt zu betrachten. Vor allem in dem Kapitel mit der Überschrift „DIE VERSTELLUNG DES BLICKS DURCH DEN MYTHOS DER ALTEN STADT" versucht Sieverts bei dem Denkkollektiv, dem er selbst einmal angehörte, für eine professionelle Um-Stimmung und eine neu ausgerichtete Wahrnehmungsbereitschaft (Umstellung des Blicks!) zu sorgen, etwa wenn er schreibt:

> (…) Ja, ich gehe noch weiter: Es geht nicht nur darum, diesen **Tatbestand** kühl zur Kenntnis zu nehmen, sondern mit einem gehörigen Stück desillusionierender Trauerarbeit auch **innerlich Abschied zu nehmen von diesem geliebten Bild** (…) Wir sollten uns aber dessen bewußt sein, daß die Liebe zur Alten Stadt eine ziemlich neue Erscheinung ist; die Zeit ihrer Verdammung liegt erst eine Generation zurück! (…) Dieser **Wust von Vorurteilen,** die sich ausnahmslos an der historischen Stadt orientieren, **verstellt uns aber den Blick** nicht nur auf den Bereich des sub / urbanen Raums der Zwischenstadt, sondern auch **auf die gegenwärtige Realität** der historischen Stadtkerne selber.[3]

Ziel dieser Stimmungsmache und Überredungskunst ist es, eine neue Stilisierung der Beobachtung und Beschreibung hinzubekommen, die letztlich auf die Aufmerksamkeitsbereitschaft für einen anderen Gegenstand und andere Tatsachen abrichtet als der von Sieverts bekämpfte Denkstil, der die, im Selbstverständnis des zu überwindenden Denkstils, klassische „Alte Europäische Stadt" weiterhin in typischer Manier wahrnimmt. Das Zwischenstadt-Beispiel kann uns allemal Anlass geben, ergänzend zu Flecks eigenen medizinhistorischen Ambitionen, die wissenschaftstheoretischen Anregungen seiner Denkstiltheorie auch auf Forschungen im Bereich der Landschafts- und Regionaltheorien anzuwenden und ihre Erträge zu überprüfen.

Denkstile sind soziale Phänomene, Ergebnisse von Lernprozessen in sich abgeschlossener Gruppen. Für ihre Mitglieder sind sie nicht wahrnehmbar. Das Kollektiv ist von einem Denkstil, so der Mediziner Fleck, wie von einem Erreger befallen (vgl. Zittel 2011).

Der Begriff „Denkstil" ist so wunderbar neutral, dass wir nicht gezwungen sind, darunter allein jeweils klassische Disziplinen wie Mathematik oder Germanistik einzuordnen. Vielmehr lässt er sich auch auf eine transdisziplinäre Haltung anwenden, die Menschen ganz unterschiedlicher Professionen sich zugeeignet haben. Ich denke dabei an Haltungen über das Leben und was man über es überhaupt wissen kann. Gerade die Berufe, die es auf eine unmittelbare Art mit dem Menschen zu tun haben, haben gemeinsame Haltungen ihrer

---

[3]Sieverts (1998, S. 29) (Hervorhebungen durch mich).

Vertreter ausgebildet, ohne dass die genuinen Wissenschaftsfundamente selber spezifische Übereinstimmungen aufweisen müssen. Ich denke hier an Juristen, Ärzte und Architekten. Ihnen allen ist gemeinsam, dass sie es mit Einzelfällen zu tun haben, deren „Anliegen" sie nur in leibhaftiger Kommunikation mit ihren Klienten, Patienten oder Bauherren lösen können. Fleck war bekanntlich selber Arzt und hat in einem Vortrag mit dem Titel *Über einige besondere Merkmale des ärztlichen Denkens* Aspekte des ärztlichen Denkstils beschrieben (Fleck 1983, S. 37–45). Alle Disziplinen, die sich in ihrem Tun auf Menschen in ihrer Lebenspraxis beziehen, werden die ähnliche Erfahrung gemacht haben, dass theoretisch Unmögliches in der Praxis durchaus und gar nicht einmal selten vorkommt. Es gibt also eine Gemeinsamkeit oder Ähnlichkeit an Stimmungen, Erfahrungen und Praxiszuwendungen, die, kommt es unter den Betroffenen zu einem Austausch, im Fleckchen Sinne ein „Denkkollektiv" bildet, das die üblichen disziplinären Hürden überwindet – so auch beispielsweise in der Landschaftsforschung. Möglicherweise erwartete auch Ludwig Wittgenstein allein Verständnis von einer transdisziplinären Denkstilgemeinschaft, als er das Vorwort seines *Tractatus* folgendermaßen einleitete: „Dieses Buch wird vielleicht nur der verstehen, der die Gedanken, die darin ausgedrückt sind – oder doch ähnliche Gedanken – schon selbst einmal gedacht hat" (1984, S. 9). Schließlich konnte er nicht darauf hoffen, dass die akademische Philosophie ihm folgen würde.

Literatur

Fleck, L. (1980). Entstehung und Entwicklung einer wissenschaftlichen Tatsache. Einführung in die Lehre vom Denkstil und Denkkollektiv. Frankfurt am Main: Suhrkamp.

Fleck, L. (1983). *Erfahrung und Tatsache. Gesammelte Aufsätze.* Frankfurt am Main: Suhrkamp.

Fleck, L. (2011). *Denkstile und Tatsachen. Gesammelte Schriften und Zeugnisse.* Frankfurt am Main: Suhrkamp.

Kuhn, Th. S. (1967). *Die Struktur wissenschaftlicher Revolutionen.* Frankfurt am Main: Suhrkamp.

Schäfer, L. & Schnelle, T. (1980). Einleitung: Ludwik Flecks Begründung der soziologischen Betrachtungsweise in der Wissenschaftstheorie. In L. Schäfer & T. Schnelle (Hrsg.), *Ludwik Fleck: Entstehung und Entwicklung einer wissenschaftlichen Tatsache. Einführung in die Lehre vom Denkstil und Denkkollektiv* (S. VII–XLIX). Frankfurt am Main: Suhrkamp.

Schlünder, M. (2012). [Rezension] „Denkstile und Tatsachen. Gesammelte Schriften und Zeugnisse von Ludwik Fleck". *Berichte zur Wissenschaftsgeschichte 35 (3),* 252–255.

Sieverts, Th. (1998). *Zwischenstadt zwischen Ort und Welt, Raum und Zeit, Stadt und Land.* 2. Aufl. Braunschweig, Wiesbaden: Vieweg.

Wittgenstein, L. (1984). Tractatus logico-philosophicus. Werkausgabe Band 1. Frankfurt am Main: Suhrkamp.

Zittel, C. (2011). Ludwik Fleck und der Stilbegriff in den Naturwissenschaften. In H. Bredekamp & J. M. Krois (Hrsg.), *Sehen und Handeln* (S. 172–205). Berlin: Akademie Verlag.

Landschaft: Natur, Kultur und Idee

Hansjörg Küster

1   Landschaft

Die Landschaft ist das Bild, das sich ein Maler oder auch jeder andere Mensch von einer vor ihm liegenden Szenerie macht (Küster 2012). In jedem Landschaftsbild ist Natur sichtbar, beispielsweise Bäume, Wolken, Gewässer. In den meisten Landschaftsbildern werden auch Spuren der Gestaltung von Land durch den Menschen wiedergegeben: Siedlungen, Felder, Weiden und Wiesen, Wege und Straßen, Gärten und Parks. In jedem Fall wird in einem Landschaftsbild eine Idee präsentiert; man könnte sie auch als eine Abstraktion, eine Metapher oder ein Ideal bezeichnen. Die Idee ist den meisten Malern besonders wichtig. Sie wollen zum Beispiel eine Landschaft als ein Arkadien präsentieren oder als das, was man für Natur hält. Die Präsentation der Idee ist immer von Kultur bestimmt. Deswegen sind in jedem Landschaftsbild sowohl Elemente von Natur als auch von Kultur sichtbar. Eine Naturlandschaft gibt es nicht, denn keine Landschaft wird ohne Idee dargestellt. Und von Kulturlandschaft muss man nicht sprechen, weil jede Landschaft ein Kulturprodukt ist.

Diese allgemeinen Charakteristika beziehen sich auf gemalte Bilder und Fotos, auch auf Landschaftsbeschreibungen oder Musikstücke, mit denen Landschaften charakterisiert werden. Besonders muss darauf hingewiesen werden, dass Landschaften nicht nur ländlich geprägt sind, sondern dass es auch Stadtlandschaften gibt, Landschaften also auch in Städten bestehen. Dabei ist es weniger entscheidend, darauf zu verweisen, dass viele Pflanzen und Tiere auch in Städten leben. Sondern natürliche Kräfte sind dort ebenfalls wirksam: Hausfassaden sind genauso wie Felsen der natürlichen Erosion ausgesetzt. Wasser dringt in Fugen ein. Wenn es gefriert, dehnt es sich aus und erweitert die Fuge.

H. Küster (✉)
Institut für Geobotanik, Leibniz Universität Hannover, Hannover, Deutschland
E-Mail: kuester@geobotanik.uni-hannover.de

© Springer Fachmedien Wiesbaden GmbH, ein Teil von Springer Nature 2018
K. Berr (Hrsg.), *Transdisziplinäre Landschaftsforschung,* RaumFragen: Stadt –
Region – Landschaft, https://doi.org/10.1007/978-3-658-20781-6_6

Bei Tauwetter geht der Zusammenhalt zwischen Stein und Eis verloren; dann kann ein Stück Stein von der Felswand wie von der Hausfassade abplatzen.

Eine besondere Form der Landschaftsdarstellung ist die Landkarte. Ebenso wie das Landschaftsbild ist sie nie ein genaues Abbild eines Landstriches, sondern immer auf der Basis von Interpretationen entstanden. Die Landkarte präsentiert also ebenso wie das Landschaftsbild eine Idee. Gut erklären lässt sich dies am Beispiel einer Landkarte von der Nordseeküste. Darauf sind zahlreiche Elemente von Natur zu sehen, das Meer, Sandbänke, das Watt, das Land, aber auch Elemente von Gestaltung, etwa Deiche, die zur Fixierung der Küstenlinien beitrugen, die Ortschaften, Verkehrswege oder Seezeichen. Es sind aber auch Ideen in die Karte eingetragen, etwa die geografischen Namen und die Grenzen, die auf Abstraktionen zurückgehen. Üblicherweise wird auf einer Nordseekarte der Wasserstand bei Normalnull angegeben. Aber zu keiner Zeit steht das Wasser überall an der Nordseeküste bei Normalnull. Vielmehr drehen sich Tidewellen in der Nordsee: An einigen Stellen herrscht zu einem bestimmten Zeitpunkt Hochwasser, wenn an anderen der niedrigste Wasserstand erreicht ist. Die reale Grenzlinie zwischen Land und Wasser könnte nur eine Momentaufnahme wiedergeben, und man könnte in jeder Minute eine neue Karte als Momentaufnahme der Grenzlinie zwischen Meer und Land zeichnen. Oder man einigt sich darauf, die Küstenlinie abstrakt bei Normalnull zu präsentieren – obwohl dabei ein Bild der Nordseeküsten-Landschaft herauskommt, das in der Realität nie besteht: eine Küste, an der überall zur gleichen Zeit Hochwasser herrscht.

2   Natur

Natur ist dynamisch, sie verändert sich ständig, und sie löst Veränderungen aus. Das wird bei der Entstehung von Bergen und Tälern genauso deutlich wie bei der Erosion, bei der in bereits beschriebener Weise Felswände und Hausfassaden zerstört werden. In Ökosystemen wird Lichtenergie der Sonne in Wärmeenergie umgewandelt, und zwar bei den Prozessen Fotosynthese und Atmung. Nicht alles organische Material, das über die Fotosynthese aufgebaut wird, wird anschließend gleich wieder abgebaut. Dieses Material nutzt die Pflanze zum Wachstum. Sie kann von Tieren gefressen werden; dann wird pflanzliche Substanz zu tierischer Substanz umgewandelt.

Auch nach dem Absterben von Organismen wird deren organische Substanz nicht in jedem Fall wieder komplett abgebaut. Sie kann gespeichert werden, etwa im Humus, in Torf, Kohle oder Erdöl. Je länger Leben auf der Erde bestand und tote Körper nicht vollständig abgebaut wurden, desto mehr Sauerstoff wurde an die Atmosphäre abgegeben. Es wuchs also nicht nur die Menge an organischer Substanz auf der Erdoberfläche an, sondern auch die Menge an freiem Sauerstoff über ihr, und zugleich ging der Anteil an Kohlenstoffdioxid in der Atmosphäre zurück.

Wegen dieser grundsätzlich immer ablaufenden Prozesse verändert sich die Erdoberfläche ständig. Pflanzen wachsen und sterben ab, Seen entstehen und verlanden, Moore werden mächtiger, und durch die Evolution bilden sich immer wieder andere Arten von Lebewesen heraus.

3 Kultur, Landnutzung

Bei der Nutzung des Landes oder der Natur lassen Menschen bestimmte Vorgänge natürlicher Dynamik für kürzere oder längere Zeit zu, indem sie beispielsweise Pflanzen und Tiere wachsen lassen. Danach wird die Dynamik des Wachstums abgebrochen, etwa durch die Ernte. Menschen streben dabei Stabilität an: In jedem Jahr soll eine ausreichende Menge Nahrung für alle Menschen zur Verfügung stehen. Und das gilt auch für andere Ressourcen, etwa Holz, mit dem man heizen sowie Häuser bauen oder ausbessern kann.

Sehr viele bäuerliche Siedlungen entstanden an der Acker-Grünland-Grenze an sanft geneigten Rändern von Bachtälern (Abb. 1). Auf diese Weise lagen die Bauernhöfe zwischen den Grünlandflächen im Tal, die man wegen des hohen Grundwasserstandes und des Reichtums an Steinen im Boden nicht pflügte, und den steinfreien Flächen oberhalb der Siedlungen, auf den Ebenen und Hügeln zwischen den Tälern. Dort konnte man Böden auch mit einfachen Geräten aus Holz, Stein oder Knochen bearbeiten und daher Ackerbau betreiben. Legte man die Siedlung so in die Umgebung, ließen sich die natürlichen Bedingungen optimal ausnutzen, und man hatte nur kurze Wege in beide wichtige Teile einer bäuerlichen Nutzfläche: zu den Äckern und ins Grünland, wo das Vieh weidete und das Gras für die Zubereitung von Heu geschnitten wurde.

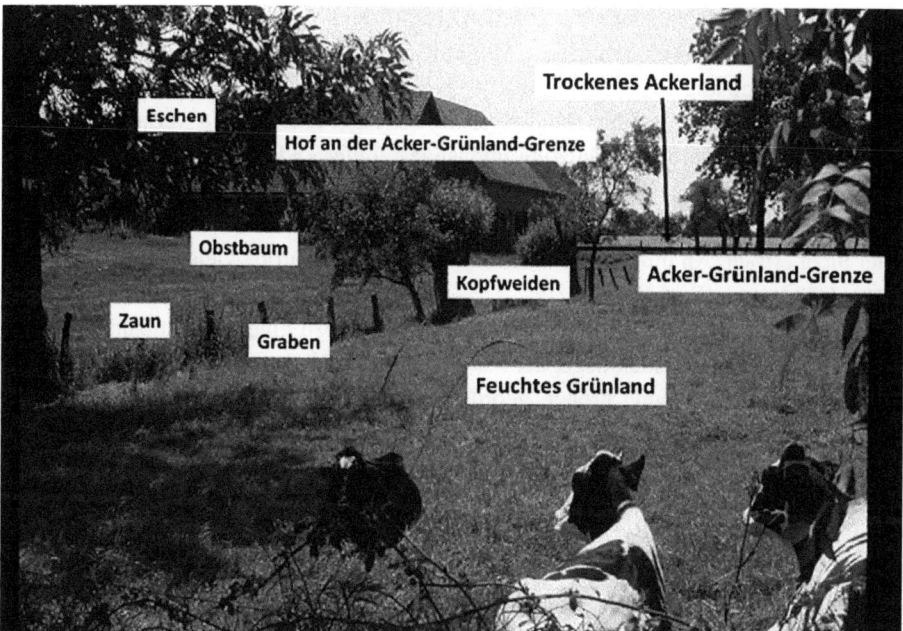

Abb. 1 Bauernhof an der Acker-Grünland-Grenze und weitere Landschaftselemente, die für eine optimale Nutzung an bestimmten Orten „platziert" wurden (bei Stadthagen)

Bei der Nutzung des Landes kamen nacheinander verschiedene Landnutzungssysteme zur Anwendung, die für die Entwicklung der Natur unterschiedliche Konsequenzen hatten.

Während der letzten Eiszeit und an deren Ende lebten Menschen in Mitteleuropa hauptsächlich von der Jagd. Auf weiten, von Gras dominierten Landflächen kamen zahlreiche Pflanzen fressende Tiere vor, unter anderem Rentiere. Man konnte sie an jedem Tag erbeuten; daher stand ausreichend Nahrung für Menschen zur Verfügung. Das Nahrungsangebot verschlechterte sich, als sich infolge der Klimaverbesserung seit etwa 13.000 Jahren Bäume in Mitteleuropa ausbreiteten. In den Wäldern lebten nur wenige kleine Tiere. Im dicht bewaldeten Mitteleuropa konnten sich nur wenige Menschen dauerhaft ernähren; dies gelang an Gewässerufern am besten, wo man das ganze Jahr über Fischfang betreiben und Vögel jagen konnte.

Einige Jahrtausende nach der Wiederbewaldung, etwa im 6. Jahrtausend vor Chr., setzte in Mitteleuropa die bäuerliche Nutzung des Landes ein. Wald wurde gerodet, das Holz wurde zum Bau von Hütten verwendet, auf den Lichtungen baute man Getreide und andere Kulturpflanzen an. Bis zum Mittelalter bestand keine dieser Siedlungen aber länger als ein paar Jahrzehnte (Hvass 1982; Kossack 1997). Danach wurden die Siedlungen verlagert, auf der ehemaligen Siedlungs- und Ackerfläche entwickelte sich wieder Wald. Im Zuge der Waldentwicklung konnten sich dann auch Baumarten an Ort und Stelle ausbreiten, die zuvor dort noch nicht vorgekommen waren, im östlichen Mitteleuropa Hainbuchen (Ralska-Jasiewicz 1964), in Mitteleuropa Buchen (Küster 1997), im westlichen Alpenraum (Markgraf 1970) und in Nordeuropa Fichten (Moe 1970). Die Entstehung von bis heute charakteristischen Grundzügen der Vegetation Europas ist also nicht nur das Ergebnis von natürlichen Vorgängen, sondern geht auch auf eine bestimmte Form der Landnutzung zurück.

Seit dem Mittelalter werden Siedlungen in der Regel nicht mehr verlagert. Auf den Wirtschaftsflächen wurde die Nutzung intensiviert, unter anderem auch in den Wäldern. Es bildeten sich keine neuen Gehölze mehr, deswegen breitete sich die Buche nun nicht mehr aus. Diese Baumart wurde vielmehr dezimiert, weil sie intensive Nutzung auf Dauer nicht erträgt. An ihrer Stelle breiteten sich in Mitteleuropa vielerorts Eichen-Hainbuchen-Wälder aus (Pott 1981).

Die Intensivierung der Nutzung führte anschließend zu einer Übernutzung des Landes, der durch Landreformen begegnet wurde (Küster und Hoppe 2010). Von Bedeutung ist nicht nur die Entstehung großer, geordneter Parkanlagen, sondern die Neuorganisation der gesamten Landschaft. Straßen und Wege wurden durch die Anlage von Chausseen und Alleen fixiert. Felder wurden verkoppelt, das heißt, es entstanden aus schmalen Ackerstreifen des Mittelalters große Feldblöcke. Die Gemeinheiten oder Allmenden, die man zuvor gemeinschaftlich nutzte, wurden nun zu privatem Land, das ähnlich gestaltet wurde wie die verkoppelten Felder und Grünlandparzellen. Die Beweidung und bäuerliche Nebennutzung von Wäldern wurden untersagt, was eine Voraussetzung für eine nachhaltige Waldbewirtschaftung war, bei der Förster darauf achteten, dass keinem Forst mehr Holz entnommen wurde, als zur gleichen Zeit nachwuchs. Auf diese Weise blieb der Holzvorrat des Waldes immer gleich groß, und es wurde an die Versorgung nachfolgender Generationen gedacht.

Schließlich wurden die Landreformen durch die Entwicklungen der Industrialisierung gefördert, weil man mit Dampfmaschinen Kohle aus tief liegenden Flözen fördern und mit der ebenfalls von Dampfmaschinen angetriebenen Eisenbahn Kohle im ganzen Land verteilen konnte. Der seit Jahrtausenden bestehende unterschiedliche Nutzungsdruck auf die Wälder ließ dadurch endlich nach, und neue Wälder konnten aufgebaut werden, vor allem auf bisher agrarisch genutzten Flächen minderer Qualität. Denn auf günstigen Böden ließen sich unter Einsatz von ebenfalls per Eisenbahn verteiltem Mineraldünger sehr viel höhere landwirtschaftliche Erträge erzielen. Die Landreformen waren damit auch eine wichtige Voraussetzung für die Industrialisierung: Ohne die Ertragssteigerung auf dem Land wäre es nicht möglich gewesen, ein Industrieproletariat zu ernähren (unter anderem mit Kartoffeln). Wichtig war dabei vor allem die enge Vernetzung zwischen Stadt und Land.

Seit einigen Jahrzehnten macht sich mehr und mehr eine andere Tendenz der Landnutzung bemerkbar. In den Zentren wird die Nutzung des Landes immer weiter intensiviert; dies betrifft sowohl Handel und Industrie in den Städten als die Landnutzung auf besonders günstigen Böden (Abb. 2). Andernorts wird die Landnutzung dagegen marginalisiert oder völlig aufgegeben (Abb. 3). Dieses Phänomen wird häufig Globalisierung

Abb. 2 Intensive Landwirtschaft im Harzvorland (bei Salzgitter)

Abb. 3 Aufgegebene Nutzung von Gleisanlagen (ehemaliger Bahnhof Bodenburg, Landkreis Hildesheim)

genannt, hat aber nicht eigentlich etwas mit der Herausbildung weltweiter Wirtschaftsnetze zu tun. Es geht vielmehr darum, die Nutzung an den einen Orten immer weiter zu intensivieren und an anderen zurückzufahren. Möglich ist dies nur unter Einsatz von großen Mengen an Rohstoffen, die zur Energiegewinnung genutzt werden (z. B. Erdöl).

4   Ideen

Bei der Beschreibung eines Landes werden geografische Namen verwendet, die sich klar definieren lassen. Definitionen gehen von Ideen aus, man kann einen Ort so oder so nennen, und dies tut man auch in verschiedenen Sprachen.

Jeder Fluss hat viele Quellen; man muss durch eine Definition festlegen, welche Quelle man mit welcher Flussmündung verbindet. Im Flusssystem der Elbe besteht die größte Entfernung zwischen Quelle und Mündung dann, wenn man eine Quelle der Moldau mit der Mündung der Elbe zu einem Fluss verbindet. Man könnte diesen Fluss Elbe nennen, müsste dann allerdings akzeptieren, dass dieser Fluss in Bayern entspringt, was bei vielen Menschen Heiterkeit hervorruft. Oder man nennt den ganzen Fluss Moldau. Dieser Eindruck wird durch die gleichnamige sinfonische Dichtung des Bedřich Smetana vermittelt, bei der der Fluss keineswegs nur bei Mělnik in die Elbe zu münden scheint, sondern mindestens in die Nordsee, wenn nicht in einen Ozean.

Bei der Beschreibung einer Landschaft ist es entscheidend, Namen von einem geografischen Ort auf einen anderen zu übertragen. Das geschah vielleicht zum ersten Mal, als Vergil den Namen der Landschaft „Arkadien" auf der Peloponnes auf Süditalien übertrug. Garber (2009) setzte sich mit der Geschichte der Arkadien-Ideen auseinander. Bei der Auseinandersetzung mit Landschaft verweist man ferner auf alles, was man vor sich sieht, aber auch auf Teile einer Landschaft, die man nicht sieht. Dies tat bereits, vielleicht chinesischen Vorbildern folgend, Petrarca bei seinem Bericht über die Besteigung des Mont Ventoux (Petrarca 1996).

Zeigen lässt sich dies auch am Beispiel der Sächsischen Schweiz (Abb. 4). Das Elbsandsteingebirge wurde von den Malern Adrian Zingg und Anton Graff, die aus der Schweiz an die Kunstakademie in Dresden berufen wurden, als Sächsische Schweiz bezeichnet. Man sagt, so Wilhelm Lebrecht Goetzinger (1804, IV–V) „durch die Benennung „Sächsische Schweiz" […] weiter nichts, als daß die so benannte Gegend mit den Gegenden der Schweiz viel Aehnlichkeit habe […] Freilich wird man die ungeheuern Alpengebirge, die fürchterlichen Gletscher, die tiefen Thäler und reissenden Waldströme hier nicht finden […] Aber wer die Schweiz und unsre Gegend gesehn hat, gesteht es dennoch, daß sie durch ihre auffallend großen Felsenkuppen und Gestalten, ihre Menge tiefer in einander verschlungener Felsenthäler und beträchtliche Zahl sehr hoher Berge, die reichsten und sehr viel wahre Schweizerische Ansichten gebe. Das haben selbst

Abb. 4 Blick auf einen Teil der ‚Sächsischen Schweiz': Alle geografischen Namen sind mit Ideen verbunden

geborne Schweizer gestanden, und eben sie waren die ersten, welche schon vor beinahe 20 Jahren dieser Gebirgsgegend den Namen der Sächsischen Schweiz gaben."

Die meisten Besucher der Sächsischen Schweiz meinen, zu der Bezeichnung sei es gekommen, weil das Bergland an der Elbe Ähnlichkeiten mit den Schweizer Alpenbergen aufwies. Doch diese Ansicht ist wohl nicht korrekt. Viel eher sahen die Maler Ähnlichkeiten zwischen den Schluchten im Schweizer Jura und im Elbsandsteingebirge und fühlten sich also an den Schweizer Jura erinnert (Heuser und Wirtz 2007, S. 342). Genau diese tief eingeschnittenen Täler verglich der bekannte Geograph Alfred Hettner (1887, S. 85) in seiner Leipziger Habilitationsschrift mit Canyons in Nordamerika: „[…] ein Blick auf die schönen Abbildungen der Cañons genügt für den Kenner der sächsischen Schweiz, um die Thäler dort und hier demselben Typus zuzuweisen." Möglicherweise kannte Karl May die landschaftliche Typzuweisung Hettners, denn viele seiner Beschreibungen nordamerikanischer Landschaften sind offenbar von den Berg- und Talformen in der Sächsischen Schweiz inspiriert worden. May lebte lange Zeit in Radebeul und kam erst spät in seinem Leben in die Neue Welt. Im „Schatz im Silbersee", in den Jahren unmittelbar nach 1887 geschrieben, heißt es beispielsweise (May 2017):

> Es war eine gewaltige Scenerie, welche sich den Augen […] bot. […] Sie ritten in einem langsam aufsteigenden Kanon, an dessen beiden Seiten mächtig hohe Felsenmassen aufstarrten, und zwar in einem Farbenglanze, welcher die Augen beinahe blendete. Kolossale Sandsteinpyramiden, eine neben der andern stehend […] strebten […] zum Himmel empor. Bald bildeten diese Pyramiden gradlinige senkrechte Wände; bald waren sie mit ihren vielen Pfeilern und vorspringenden Ecken, Spitzen und Kanten mit steinernen Schlössern oder fantastischen Citadellen zu vergleichen.

Namen und Charakteristika von Landschaften werden also immer wieder von der einen Lokalität auf eine andere übertragen. In diese Übertragungen gehen Sehnsüchte ein, entweder nach einem konkreten Land (Italien, Schweden, Wilder Westen) oder nach einem Lebensgefühl, das man in einem anderen Land zu finden hofft (Sonne, Wärme, Wildnis, Freiheit).

5   Fazit

Welche Charakteristika einer Landschaft auf natürliche Einflüsse, auf Gestaltungen durch den Menschen oder auf Ideen zurückgehen, ist in vielen Fällen nicht leicht zu entscheiden. Die Lüneburger Heide wird von vielen Menschen für Natur gehalten. In ihr laufen zwar natürliche Prozesse ab, aber sie entsprechen nicht der Idee der Heide als einer weithin offenen Landschaft. Durch diese natürlichen Prozesse wandelt sich die Heide zu geschlossenem Wald, was verhindert werden muss, wenn man den Charakter offenen Landes erhalten möchte. Daher verläuft ein Management einer Heidelandschaft nur dann erfolgreich, wenn man erkennt, dass man durch Landnutzung gegen die natürliche Waldentwicklung vorgehen muss, wenn man den Charakter der Heidelandschaft bewahren will. Er entspricht der Idee von der „Natur der Heide". Dabei wird deutlich, dass der Begriff „Natur" wie viele anderen in Bezug auf Landschaft eine doppelte Bedeutung hat; dabei wird nur selten klargestellt, welche der beiden Naturbedeutungen man im Sinne hat, wenn davon gesprochen wird. Geht es um die natürliche Dynamik oder die Landschaft, die man mit der Idee der Natur belegt?

Will man hier einen Schritt weiterkommen, ist die Kooperation mehrerer Disziplinen notwendig, die sich mit Natur und Landschaft beschäftigen. Das sind keineswegs nur naturwissenschaftliche, sondern auch geisteswissenschaftliche Fächer. Und es geht auch keineswegs ausschließlich um Landschaftsplanung. Eine gute Planung von Landschaft muss auf einer gründlichen Erfassung von Landschaft aufbauen, bei der klargestellt wird, welche ihrer Charakteristika auf natürliche Entwicklungen, welche auf Nutzungen und Gestaltungen durch den Menschen und welche auf Ideen zurückgehen.

Literatur

Garber, K. (2009). *Arkadien. Ein Wunschbild der europäischen Literatur.* München: Wilhelm Fink.

Goetzinger, W. L. (1804). *Schandau und seine Umgebungen oder Beschreibung der sogenannten sächsischen Schweiz.* Bautzen: Monse.

Hettner, A. (1887). *Gebirgsbau und Oberflächengestaltung der Sächsischen Schweiz.* Forschungen zur deutschen Landes- und Volkskunde 2(4), 1. Stuttgart: J. Engelhorn.

Heuser, M. & Wirtz, I. M. (2007). *Tell im Visier. Plakate aus der Schweizerischen Nationalbibliothek.* Zürich: Scheidegger & Spiess.

Hvass, S. (1982). Ländliche Siedlungen der Kaiser- und Völkerwanderungszeit in Dänemark. *Offa 39,* 189–195.

Kossack, G. (1997). *Dörfer im Nördlichen Germanien vornehmlich aus der römischen Kaiserzeit. Lage, Ortsplan, Betriebsgefüge und Gemeinschaftsform.* Abhandlungen der Bayerischen Akademie der Wissenschaften, Philosophisch-Historische Klasse Neue Folge 112. München: C.H. Beck.

Küster, H. (1997). The role of farming in the postglacial expansion of beech and hornbeam in the oak woodlands of central Europe. *The Holocene 7(2),* 239–242.

Küster, H. (2012). *Die Entdeckung der Landschaft. Einführung in eine neue Wissenschaft.* München: C.H. Beck.

Küster, H. & Hoppe, A. (2010). *Das Gartenreich Dessau-Wörlitz. Landschaft und Geschichte.* München: C.H. Beck.

Markgraf, V. (1970). Palaeohistory of the spruce in Switzerland. *Nature 228,* 249–251.

May, K. (2017). *Der Schatz im Silbersee.* Projekt Gutenberg. http://gutenberg.spiegel.de/buch/der-schatz-im-silbersee-2313/16. Zugegriffen: 7.7.2017.

Moe, D. (1970). The post-glacial immigration of Picea abies into Fennoscandia. *Botaniska Notiser 123,* 61–66.

Petrarca, F. (1996). *Die Besteigung des Mont Ventoux.* Aus dem Lateinischen übersetzt von Hans Nachod und Paul Stern. Nachwort von Horst Nalewski. Frankfurt am Main und Leipzig: Insel.

Pott, R. (1981). Der Einfluß der Niederholzwirtschaft auf die Physiognomie und die floristisch-soziologische Struktur von Kalkbuchenwäldern. *Tuexenia 1,* 233–242.

Ralska-Jasiewicz, M. (1964). Correlation between the Holocene history of the Carpinus betulus and prehistoric settlement in North Poland. *Acta Societatis Botanicorum Poloniae 33(2),* 461–468.

Teil II

Transdisziplinäre Perspektiven zur Landschaftsforschung

Landschaft als Prinzip

Über eine Technologie des Blicks und ihre transdisziplinären Optionen

Susanne Hauser

„Landschaft" bezeichnet eines der zentralen Konzepte der europäischen Kultur-, Politik- und Geistesgeschichte der letzten Jahrhunderte.[1] Das heißt keinesfalls, dass darunter immer dasselbe verstanden worden wäre oder heute Übereinstimmung im Gebrauch dieses Ausdrucks bestünde. „Landschaft" kann ein physisch begehbares, topografisch, politisch oder durch die Grenzen eines Blicks umgrenztes Territorium meinen, ein malerisches Genre mit großer Tradition oder aber die vagen Gebilde imaginierter oder fiktiver Räume, die in Träumen erscheinen und manchmal in Filmen Gestalt annehmen. Landschaften sind mit Mythen, religiösen Vorstellungen, Ideen und Identitätsentwürfen verbunden, sie haben ästhetische, ökonomische, soziale und politische Bedeutung, sie werfen epistemologische und ethische Fragen auf. Die metaphorischen Möglichkeiten des Konzepts erstrecken sich sehr weit.[2]

Seit der Renaissance ist in Europa die Verbindung von Landschaft, Zeichnung und Malerei allerdings so eng, dass das dadurch geschaffene Verständnis von Landschaft als das über Jahrhunderte vorherrschende Paradigma verstanden werden kann.[3] Die

---

[1]In diesem Aufsatz werden nationale Unterschiede in der Betrachtung von Landschaften, die vor allem im 19. Jahrhundert kultiviert und betont worden sind, bewusst vernachlässigt; ein Versuch, Landschaftskonzepte u. a. im Hinblick auf ihre nationalen Differenzen im europäischen Raum und darüber hinaus zusammenzustellen, ist: Bruns und Kühne (2013).

[2]Zu diesem thematischen Reichtum s. vor allem und immer noch: Shama (1996).

[3]Es ist noch der Ausgangspunkt der 2014 erschienenen, an phänomenologische Argumentationen angelehnten Landschaftsreflexion in: Jullien (2016).

S. Hauser (✉)
UdK Berlin, Berlin, Deutschland
E-Mail: hauser@udk-berlin.de

© Springer Fachmedien Wiesbaden GmbH, ein Teil von Springer Nature 2018
K. Berr (Hrsg.), *Transdisziplinäre Landschaftsforschung,* RaumFragen: Stadt –
Region – Landschaft, https://doi.org/10.1007/978-3-658-20781-6_7

Geschichte der Landschaft in der Skizze, der Zeichnung und der Malerei ist vor allem die Geschichte einer Technologie des Blicks, mit der das Sehen und die Darstellung eines Ausschnittes der Natur von einem bestimmten Standpunkt aus etabliert wird. Ästhetische Konzepte und Beschreibungen der Landschaft entstehen mit der Projektion dieses Blicks auf Papier und Leinwände. In den Niederlanden und im Rom des 17. Jahrhunderts gibt es einen ersten Höhepunkt der Landschaftsmalerei, einen weiteren und späteren im England des 18. Jahrhunderts, angeregt unter anderem durch Landschaften französischer Maler. Skizzen und weiter ausgearbeitete Werke führen in England zu praktischen Gartengestaltungen oder dienen ihnen gleich als Vorlagen oder Pläne.[4] Der Übergang zwischen Beobachtung, Vorstellung und Darstellung, Manipulation und Neugestaltung der Landschaft fällt leicht. Die Beziehung von Landschaft und Bild verändert sich wiederum um 1800, als die romantische Landschaftsauffassung mit neuen ästhetischen An- und Absichten, mit der Faszination durch das Erhabene, aufkommenden nationalen Regungen und neuen Vorstellungen der Beziehung zwischen Mensch und Natur auch zu neuen Darstellungen führt. Sie zeichnen heute noch manche touristische Erfahrung mit Landschaften vor.[5]

Die Konstruktion der Perspektive und der damit gegebene Illusionismus in Zeichnung und Malerei sind entscheidende Voraussetzungen für die Landschaften der bildenden Kunst. Sie gehen einher mit einer männlich konnotierten Subjektposition, von der aus die Wahrnehmung, Beschreibung und Darstellung der Welt ihren Ausgang und ihre Struktur gewinnt. Erst Anfang des 20. Jahrhunderts verliert diese Grundkonstellation in gleich mehreren Hinsichten ihre Selbstverständlichkeit. Die Kritik der Perspektive erfasst die Praxis der Malerei ebenso wie die Kunstwissenschaft.[6] Was lange als selbstverständlich erschien: der Blick durch das zuerst in der Renaissance aufgestoßene Fenster in die weite, dreidimensional erscheinende Welt, wird zumindest in der avantgardistischen Malerei als Konstruktion unglaubwürdig. Als der Illusionismus nicht mehr überzeugt, fallen nicht nur die überlieferten Perspektivkonstruktionen, sondern auch die Landschaften als Sujet aus. Das Subjekt und sein Standpunkt, seine Perspektive und das Thema Landschaft verschwinden – zumindest weitgehend – zur gleichen Zeit aus der avancierten bildenden Kunst. Erst in der Malerei der 1970er Jahre, zur Zeit eines erwachenden Umweltbewusstseins, der Kritik an nazistischen Landschaftsidyllen und einer Revision von Natur- und Landschaftsbildern, werden die Motive noch einmal zur Examinierung und, etwa bei Gerhard Richter, auch zum Genuss aufgerufen.

---

[4]Vgl. Schneider (2011); kurz und knapp zur Emanzipation der Landschaft als Sujet: Blanchard (1986, bes. S. 72 ff.); zur Beziehung von Landschaftsmalerei und Gartengestaltung: Hunt und Willis (1988, S. 15 ff.).

[5]Zu weiteren – u. a. naturwissenschaftlichen, technischen und ökonomischen – Aspekten der Landschaft in der Kunst im deutschsprachigen Raum um 1800 s. Fayet et al. (2017).

[6]Von Interesse sind hier vor allem die Entwicklung der Mitglieder von De Stijl zur Abstraktion, s. z. B. Friedel und Mühling (2011); grundlegend für die Kritik aus der Kunstgeschichte ist: Panofsky (1998).

Doch war es im 19. und 20. Jahrhundert nicht allein die bildende Kunst, die mit Landschaften, Landschaftsdarstellungen und Landschaftskonzepten umging. Die Befassung mit Landschaften unter anthropologischen oder geografischen Gesichtspunkten, die Entwicklung eines ästhetisch orientierten Naturschutzes und die von Konzepten der Landschaftsplanung haben zu Ausdifferenzierungen und Explizierungen einzelner Aspekte der langen Geschichte ihrer Thematisierungen geführt. Heute sind unterschiedliche politische, wissenschaftliche oder ästhetische Agenden und Ansprüche mit der „Landschaft" verbunden. Manche dieser Verwendungen haben Verfestigungen in Institutionalisierungen gefunden, in Ausweisungen von akademischen Disziplinen, Fächern und darin ausgebildeten Traditionen,[7] in der Ausbildung von mit „Landschaften" befassten Einheiten in staatlichen oder kommunalen Verwaltungen, auch in der Gestaltung von beruflichen Ausbildungswegen. Welcher Sinn, welche Bedeutung könnte die vielfachen Verwendungen des Ausdrucks, die variantenreichen Konzepte zusammenhalten? Die weite Verbreitung unterschiedlicher Reden von „Landschaft" schließt immerhin nicht aus, dass es einen geteilten Kern der Bedeutungen, einen kleinsten gemeinsamen Nenner der aktuellen Referenzen auf diesen Ausdruck geben könnte.

1   Überblicke

Ich schlage vor, diesen Kern probehalber in einer abstrakten und dennoch imaginativ anregenden Qualität der „Landschaft" zu sehen: darin, dass mit der Rede von Landschaften der Anspruch verbunden ist, den jeweils verhandelten Gegenstand in seiner Ausdehnung, in seiner Erstreckung und Fläche im Überblick, völlig und lückenlos, zur Betrachtung und zur Diskussion zu bringen: Wenn von Landschaften die Rede ist, werden Territorien und Räume, Konzepte und Strukturen als übergreifend und kontinuierlich verstanden und in dieser Weise der Betrachtung geöffnet.

Das trifft in Wissenschaft wie Kunst schon lange nicht mehr nur für sichtbare Landschaften zu. Es gilt etwa auch für die „Soundscapes", die Klanggebilde also, die Orte und im geografischen Sinne situierte Landschaften charakterisieren und von denen Menschen, wo immer sie sich befinden, unweigerlich umgeben sind. Murray Schaffer, Musiker und Musiktheoretiker, hat in den 1970er Jahren Konzept und Phänomen der Klanglandschaften zur Beschreibung eines charakteristischen und relevanten Teils von ökologischen und Umweltbedingungen entdeckt (Schaffer 2010). Die Assoziation von Flächen, Kontinuitäten und Beziehungen ist auch entscheidend für die analytisch produktive, bildhafte Vorstellung von „ethnoscapes", „financescapes" und weiteren „-scapes", die der Kultursoziologe Arjun Appadurai in den 1990er Jahren vorgeschlagen und erkundet hat. Er versteht sie als ausgedehnte Layer, die sich, je nach dem sie ausrichtenden

---

[7] Zu disziplinären Unterschieden in der Deutung des Konzepts der Landschaft siehe z. B. Felten et al. (2012); siehe auch Hard (2001).

Motiv – etwa dem Bezug auf eine Ethnie, etwa dem aktiven, passiven oder intellektuellen Interesse an Finanzmärkten und ihren Wirkungen – global identifizieren lassen und jeweils übergreifende orientierende Zusammenhänge meinen (Appadurai 1996).

Diese Referenzen machen von den eben charakterisierten Qualitäten von „Landschaft" ebenso Gebrauch wie Vertreter der Humangeografie der 1960er Jahre, die Landschaften als Einheiten beschreiben, über die der Blick gleitet, um einzelne Elemente einzig in ihrem Beitrag zu einer Gesamtkonstellation zu würdigen.[8] Ähnlich ist der Begriff der Stadtlandschaft zu verstehen, der in der Planungsgeschichte eine ambivalente Rolle spielt. Er oszilliert seit dem 18. Jahrhundert zwischen Versuchen der Analyse eines Gesamtbildes, das zur planerischen Überarbeitung einlädt, und großstadtfeindlichen, organizistischen Vorstellungen.[9] Wenn von Landschaft die Rede ist, sind punktuelle, diskontinuierliche oder in Aspekte zergliedernde Betrachtungen zunächst einmal dispensiert. Indem etwas als Landschaft erscheint, geht das Interesse, geht auch der Blick über die spezifischen Einzelheiten hinweg zugunsten einer perspektivierten Begegnung mit einer sich erstreckenden Gesamtheit.

Das jeweils visuell betrachtete, imaginierte, gehörte oder als solches analysierte Gebiet muss nicht präzise in Grenzen bestimmt oder umrissen werden, um eine Landschaft zu sein.[10] Es ist auch unerheblich, ob die übergreifende und auf Kontinuitäten gerichtete Perspektive eine im geografischen Sinne lokalisierte Landschaft betrifft, die einer Analyse, einer Planung, einer Gestaltung oder einer Durchwanderung unterzogen werden soll. Es kann sich auch um eine Landschaft handeln, die ohne spezifischen geografischen Ort in Bildern, Klängen oder Imaginationen verfügbar ist und die mit anderen Praxen assoziiert wird, die aus Wissenschaft, den Künsten oder alltäglichen Lebensvollzügen erwachsen können. Die eigenwillige und produktive Perspektive, die Kontinuitäten in das Zentrum der Betrachtung stellt, qualifiziert die Rede von der Landschaft und die komplexe Geschichte ihrer Konzeptualisierungen für viele Anliegen und Ziele – was die Rede von „Landschaft" als „Konzept" durchaus problematisch macht.

---

[8]Hier ein Beispiel: „(…) ein in Obstgärten gebettetes Dorf am Rande einer mit Kuhweiden erfüllten Quellmulde, mit Ackerzelgen und ein paar Wegen auf der angrenzenden Hochfläche, Niederwald auf dem Grauwackenfels steilhängiger Tälchen, mit Wiesenstreifen im Grund und einem Touristengasthaus in einer ehemaligen Lohmühle am erlenumsäumten Bach, dieses zusammen kann schon die wesentlichen Züge einer Landschaft ausmachen" (Schmithüsen 1964, S. 11).

[9]Hammerschmidt (1994); zur zweiten Position s. als Beispiel Reichow (1948).

[10]Widerspruch dagegen könnte sich auf François Jullien berufen, der die Ausschnitthaftigkeit der gesehenen Landschaft betont (Jullien 2016, S. 20 ff.). Ähnlich hatte Georg Simmel 1913 argumentiert (Simmel 1984, S. 131): „Ein Stück Boden mit dem, was darauf ist, als Landschaft ansehen, heißt einen Ausschnitt aus der Natur nun seinerseits als Einheit betrachten – was sich dem Begriff der Natur ganz entfremdet". Der landschaftliche Blick ist für Simmel ein partialisierender und insofern auch gewaltsamer Blick. Doch scheint mir dieser Aspekt in neueren Verwendungen des Ausdrucks nicht der ausschlaggebende zu sein.

2   Transdisziplinarität

Akzeptiert man die skizzierte und recht abstrakte Auffassung des Kerns aktueller „Landschaften", zeigt sich dieser Kern als durchaus interessanter Gegenstand einer transdisziplinären Begriffskritik. Während interdisziplinäre Ansätze disziplinäre Erkenntnisgrenzen überwinden und mit der Ausbildung von Spezialisierungen entstandene Wissenslücken füllen sollen (vgl. Feichtinger et al. 2004, S. 12), verfolgen transdisziplinäre Projekte ja bekanntermaßen einen anders motivierten Ansatz: Hier geht es darum, unterschiedliche Zugänge auf einen gemeinsamen Gegenstand zu beziehen, der disziplinäre Grenzen von vornherein infrage stellt. Es sind der Gegenstand oder das Problem selbst, die eine Vielfalt von Theorien und Methoden herausfordern, die nicht insgesamt aus einer Disziplin hervorgehen können. Im besten Falle kann, so Jürgen Mittelstraß, die Bearbeitung einer unter diesen Bedingungen im Zentrum stehenden Frage oder Problematik die „ursprüngliche Einheit der Wissenschaft", verstanden als „Einheit der Rationalität, nicht der wissenschaftlichen Systeme"[11], wiederherstellen und möglicherweise zur langfristigen Transformation der beteiligten Disziplinen beitragen.

Eine transdisziplinäre Zuwendung zur „Landschaft" muss gerade nicht auf eine Vielfalt von Gemeinsamkeiten setzen, um von Interesse zu sein. Immerhin gibt es eine gemeinsame Denkfigur und damit möglicherweise eine geteilte epistemologische, mindestens aber eine geteilte imaginative metaphorische Grundlage. Erfordert ist die Öffnung einer jeden mit „Landschaft" befassten Rede von Landschaften für die Erkenntnis, dass die jeweils anderen Disziplinen, Fachrichtungen oder Traditionen, die über Landschaft sprechen und neue „-scapes" entdecken oder entwerfen, das nur eben anders, mit anderen Theorien, Methoden und Zielen, betreiben als die eigene Disziplin. Je deutlicher unter dieser Voraussetzung die Konturen der einzelnen spezifischen Reden über Landschaften bestimmt sind, umso aufschlussreicher ist die Versammlung ihrer Perspektiven und die dann mögliche (Re)Konstruktion jener besonderen Lizenz, die es erlaubt, Landschaften als Ganzheiten zu erfassen und sie als Gegenstände zu konstituieren und zu untersuchen. Die eben skizzierte These zum gemeinsamen Kern der „Landschaft" könnte eine transdisziplinäre Untersuchung eröffnen, die die verschiedenen produktiven Möglichkeiten, von Landschaft zu handeln, im Gespräch auffächert und in Beziehung setzt.

Im Zentrum könnten Verbindungen von Themen und Fragestellungen stehen, die durch die verschiedenen Traditionen und Methoden unterschiedlicher Disziplinen zuallererst erzeugt werden. Der Vorschlag zielt keinesfalls auf die Vollständigkeit möglicher Thematisierungen, auch nicht auf die Abstimmung oder Harmonisierung der Konzepte der Landschaft. Vielmehr gehe ich davon aus, dass der transdisziplinäre Blick auf die Landschaft die Konsequenzen unterschiedlicher Reden von ihr über Disziplingrenzen hinweg zeigen kann. Es könnte unter anderem auch auffallen, dass heutige spezialisierte

---

[11]Mittelstraß (1987, S. 156). Vgl. zu Potenzialen und Grenzen der Transdisziplinarität als „Forschungs- und Wissenschaftsprinzip" auch Mittelstraß (2003).

Thematisierungen und Konzeptualisierungen von Landschaften Handlungsfolgen haben, die andere Vorstellungen oder Konstruktionen der Landschaft berühren. Im Folgenden soll von zweien dieser Konstruktionen die Rede sein – noch einmal von der Konstruktion der Landschaft als Bild und von der Kulturlandschaft.

3   Umgebungen

Zu den Bedingungen aktueller Landschaftsveränderungen in Europa – und das meint hier den Umbau und die Inanspruchnahme von konkreten Grundstücken – gehört, dass eine Vielzahl von Akteuren, die jeweils eigene Aufgaben und Ziele verfolgen, diesen Zielen entsprechende partikulare Lösungen durchzusetzen suchen. Diese entsprechen unterschiedlichen Zwecken und Bedürfnissen, die gemeinwohlorientiert sein können oder sich auch allein auf die Durchsetzung privater Interessen beziehen. Die Gestaltung von Gebieten und Umgebungen erscheint unter diesen Umständen als das eher zufällige Ergebnis von Kräfteverhältnissen – gebändigt allenfalls von Planungsinstrumenten, die Funktionen, öffentliche Güter und Notwendigkeiten, Vorgaben zur Bebauungsdichte, manchmal auch Kubaturen oder Gestaltungsmerkmale kontrollieren und die es durchaus nicht überall gibt. Das Format aber einer über Entwürfe und im Hinblick auf künftige Wahrnehmungen und ästhetische Kriterien reflektierten Landschaftsgestaltung überschreitet sehr selten die Fläche eines Parks.

Prägende Aktivitäten sind, neben anderen, die Ansiedlung von Gewerbe und Produktionsstätten, die Bewirtschaftung von landwirtschaftlichen Flächen und Wäldern, Bemühungen um den Schutz der Natur, der Abbau von Rohstoffen, der Ausbau von Verkehrs- und Wasserwegen, die Errichtung von Siedlungen oder der Bau von technischen und sozialen Großeinheiten vom Krankenhaus bis zur Campus-Universität. Die Eigenlogiken der jeweils agierenden Institutionen wie die unterschiedliche Durchsetzungsfähigkeit der damit verbundenen Interessen kommen vor allem dann zum Tragen, wo sie in Konflikt mit anderen Zielen, Interessen und partikularen Logiken geraten. Konflikte, auch produktive Überlagerungen entstehen umso häufiger, je dichter die Ansprüche auf ein Gebiet werden. In den damit verbundenen Auseinandersetzungen zeigen sich die räumlichen Konzepte der Akteure, die teils massiv in die Gestaltung der Situation eingreifen, in besonderer Deutlichkeit.[12] Symbolische und ästhetische Aspekte, Formen, die allgemeine Aneignungen und Identifizierungen erleichtern, spielen dabei selten tragende Rollen. Genau diese Momente aber haben in der Geschichte der Vorstellungen von Landschaften wie von Kulturlandschaften eine bedeutende Rolle gespielt. Diese Geschichte ist deshalb ein Fluchtpunkt, von dem aus eine Kritik der partiell und dennoch folgenreich agierenden und den Raum bestimmenden Interessen möglich ist.

---

[12]Vgl. Hauser und Kamleithner (2006, S. 62 ff.); siehe auch Bernhardt et al. (2009).

4   Bilder

Kataloge mit touristischen Angeboten, Fotostrecken und das Setting von Vorabendserien, die sich dem heimatlichen Idyll verschrieben haben, künden nach wie vor von „schönen Landschaften", die zumeist ihre erste Vorstellung im Bild vor mehr als einem Jahrhundert gefunden haben. Zum Repertoire gehören konkrete Muster: Gepflegte Dörfer, von Blumen überquellende Gärten, weite Landschaftsparks, kleinteilig agrarisch genutzte Gebiete sind bis heute begehrte Orte und Ziele. Ergänzt werden diese Bilder durch romantische Motive, um Bilder mit dramatischer, als wild oder erhaben verstandener Natur, mit Meer und Strand, am Mittelmeer oder an Nord- oder Ostsee, oder mit Gebirgen, meist den Alpen. Es handelt sich um Bilder der klassischen Ferienziele der wohlhabenderen Schichten des späten 19. Jahrhunderts. Mit zunehmender Beweglichkeit haben sich die für viele Mitteleuropäer erreichbaren Traumlandschaften globalisiert; die Berge können die Anden sein und der Strand durchaus in Bali. Die Verarbeitung zum Bild folgt Konventionen, die die Normalität der Sichtbarkeit auch des Exotischen garantieren und den ‚touristischen Blick' unterstützen.[13] In der Konservierung dieser Bilder spielt die massenhafte individuelle Fotografie – gleich ob analog oder später digital – eine kaum zu überschätzende Rolle. Als Technik der scheinbaren Objektivierung des Gesehenen potenziert sich durch sie das ohnehin gegebene Vertrauen in das Auge, zutreffende Bilder zu liefern.

Wie trivial und übernutzt das zum Klischee geronnene Bild der im 18. und 19. Jahrhundert kultivierten ‚schönen Landschaft' auch sein mag – es gibt bis heute Wünschen an die visuellen Eigenschaften von Umgebungen eine Form. Die oben skizzierte klassische Technologie des Blicks hat einen einflussreichen Rahmen geliefert, in dem sich noch wirksame Verhaltensweisen und ästhetische Maßstäbe entwickelt haben. Die Kataloge der Tourismusindustrie zeigen, dass den Wiederholungen der alten Stereotype bis heute Werbewirksamkeit zugetraut wird. Und unter anderem diese massenhafte Erinnerung an den in den Künsten, der Kunstgeschichte und der Philosophie längst überwundenen landschaftlichen Blick legt nahe, ein Kriterium zu benennen, das mit den so erzeugten Landschaften untrennbar verbunden ist: die Vorstellung, dass der Anblick der Umgebung sinnlichen Genuss bieten kann.

Eine weitere Qualität, die mehrere Kulturwissenschaften thematisieren, verbindet dasselbe visuelle Muster mit unterschiedlichen Semantiken. Seit dem 18. Jahrhundert fungierten Landschaften zusammen mit „dem Land" nicht nur für den Adel, sondern auch für Bürger als Gegenmodell zu den überfüllten Städten des aufkommenden Industriezeitalters. Der Spaziergang auf dem Land, die vor der Stadt zu erlebenden und bald

---

[13]Seine Identifizierung und Beschreibung bleibt eine der großen Leistungen des Soziologen John Urry (1990).

auch für den Zweck des Spaziergangs umgestalteten Landschaften wurden Inbegriffe für einen Raum, der Abstand von alltäglichen Verrichtungen und Zumutungen erlaubte, entspannte Begegnungen mit Mitbürgern ermöglichte und auf den präsente oder künftige Vorstellungen von einem guten Leben projiziert werden konnten. Wandergruppen, Vorläufer des Massentourismus, reisten bereits weiter und popularisierten diese Haltung, die auch lebensreformerische und politische Bedeutungen gewann. Das Verständnis und der Besuch von Land und Landschaft waren Anfang des 20. Jahrhunderts mit vielen und verschiedenen Ansichten und Absichten verbunden – mit der Suche nach individuellem Trost, nach Erhebung und spirituellen Erfahrungen, nach kollektiven Verbindungen zur „Natur", eskapistischen Chancen und nicht zuletzt auch der Förderung der Gesundheit. Heute ist der damals dramatische Gegensatz von überfüllter Stadt und entlastendem Gegenpol aufgehoben, doch die Suche nach einem ‚anderen' Raum und nach Erholung ist weiter bestimmend, und ruft nach wie vor ein Glücksversprechen auf, für das Land und Landschaft vor der Stadt einmal standen.

Mit den Emotionen und Stimmungen ist ein weiterer Aspekt der Beziehung zwischen Landschaft und den sie betrachtenden, sie darstellenden oder auch betretenden Individuen angesprochen: In Philosophie, Kunst und Literatur sind diese Beziehungen als unmittelbar harmonisch verstanden worden, als tröstende Begegnungen oder als Projektion eigener Stimmungen in die Welt. Auch die Beobachtung oder Inszenierung einer Korrespondenz zwischen einer erregten Seele und den in der Landschaft zu erfahrenden Elementen war möglich. Ob dabei das Erhabene oder das Schöne im Vordergrund standen – Begegnungen von Betrachtenden und ihren Landschaften hatten zumindest das Potenzial, stimmige Situationen zu ergeben.[14]

Diese Projektionen mögen ebenso in Kunst und Theorie überwunden sein wie die konzentrierte Betrachtung von Gegenden als Landschaften, die Einnahme von spezifischen Perspektiven auf sie, der Genuss von Aussichtspunkten und vieles mehr, das zum Repertoire der Bilderzeugung und der Landschaftsbetrachtung des 19. Jahrhunderts gehört. Das Repertoire ist dennoch im Alltag präsent. Insofern ist es nicht sinnvoll, von den Qualitäten dieser Traditionen des Blicks auf die Landschaft völlig abzusehen, mögen sie auch zum Klischee geronnen sein. Denn nach wie vor ruft der landschaftliche Blick Formen auf, in denen sich Erfahrungen und Erwartungen artikulieren. Die ästhetischen Zugänge wie die kompensatorischen Deutungen der Landschaft bringen sinnliche, wahrnehmende und genießende Beziehungen zu Umgebungen und Bildern ins Spiel – dass dieses Bemühen in sentimentalischen bis kitschigen Stereotypen mündet, ist kein überzeugendes Gegenargument, sondern eher eine Herausforderung für den Entwurf anzueignennender und dann auch nicht nur visuell befriedigenden Landschaften.

---

[14]Siehe zu diesen unterschiedlichen Haltungen Hauser (2001, S. 307–339).

5   Kulturlandschaften

Das seit einigen Jahren deutliche Interesse der Planungsdisziplinen am Konzept der Kulturlandschaft weist auf weitere Aspekte des landschaftlichen Blicks und einige Defizite in der aktuellen Raumproduktion hin.[15] Auch das Konzept der Kulturlandschaft ist in seinen Anfängen betrachtend und dient vor allem in der Geografie der Analyse bestehender Situationen. Kulturlandschaften werden dabei kaum als Ergebnis oder Ziel von Entwürfen und Gestaltungen verstanden, sondern als das jeweils eigenartige Ergebnis des Zusammenspiels von Vorgefundenem und menschlichen Aktivitäten.[16] Das Konzept betont, in gleich welcher Fassung, die Eigenart einer Gegend, berührt Fragen der Identität und der Selbstverortung von Individuen wie Gruppen und bringt ihre Praxis, ihre Arbeit, aus der Landschaften entstehen wie erhalten werden, ins Spiel.[17] Unter dem Aspekt der Gestaltung schließen sich daran Fragen nach dem Erhalt oder der Transformation von Lebenswelten an, nach den Möglichkeiten, individuelle Identität und Ortsbezüge in einen stimmigen Zusammenhang zu bringen und die Frage nach symbolischen Qualitäten auch alltäglicher Umgebungen.

Kulturlandschaften werden heute vielfach als Projekte betrachtet und behandelt, weil die Möglichkeiten ihrer Umgestaltung innerhalb kurzer Zeiträume, auch die ihres Verschwindens mitgedacht werden müssen. Auch geschätzte und als Kulturerbe geschützte Kulturlandschaften erhalten sich nicht ohne Eingriffe, wenn sich das ökonomische und soziale Bedingungsgefüge ändert, in dem sie existieren. Ihre Erhaltung kann dann zur aktiven Unterstützung älterer Praxen herausfordern, etwa zur Subventionierung spezifischer Arten der Landbearbeitung oder des Bauens, zur Bereitstellung touristischer Infrastrukturen oder zur auch gestalterisch überlegten Integration übergeordneter Verkehrswege in das Bild dieser Kulturlandschaft. Es kann vorkommen, dass sich die Rolle der Bauern im Bild der Landschaft dann nur im Hinblick auf die adressierte Öffentlichkeit von derjenigen unterscheidet, die im 18. Jahrhundert in Landschaftsparks eine geschmückte Meierei oder einen Hameau wie den Marie Antoinettes in Versailles bewirtschaftet haben. Diese Aktivitäten dienen dem Erhalt von Bildern, die allerdings oft Bedingung und Grundlage lokalen ökonomischen Wohlergehens sind: Längst ist die Tourismusindustrie als „Industrie der Anschauung" mächtig genug, um Orte, deren Produktionskapazitäten ohne sie nicht mehr gebraucht würden, überleben zu lassen.

Das Kulturlandschaftskonzept bietet insofern eine längst etablierte strategische Option. Sie beruht zum einen auf den ästhetischen Ansprüchen, die sich mit Bildern von Landschaften verbinden. Des Weiteren aber beruht sie darauf, dass Kulturlandschaften ein kulturelles und ökologisches Gedächtnis darstellen, das Auskunft nicht nur über

---

[15]Siehe z. B. Fürst et al. (2008).

[16]In der Tendenz zur Naturalisierung gesellschaftlicher Prozesse liegen die ambivalenten Potentiale dieses Konzepts begründet. Siehe Hauser (2007).

[17]Zu unterschiedlichen Konzepten der Kulturlandschaft siehe Hauser (2012).

die Vergangenheit eines Gebietes gibt, sondern auch künftige Möglichkeiten vorzeichnen kann. Auch unter den Bedingungen globaler Abhängigkeiten sind es letztlich lokale Potenziale, die Interessen an einer Nutzung oder Nicht-Nutzung von Territorien motivieren. Und eine Konsequenz ist die Entwicklung von Strategien, die die Nachhaltigkeit von sozialen und räumlich artikulierten Prozessen und damit den Erhalt und die Entwicklung lokaler oder regionaler Eigenschaften sichern. Die Entwicklung von intelligenten Verfahren mit diesen Zielen ist ein Weg, geschätzte Eigenart und lokale Potenziale zu erhalten oder auch neu zu interpretieren und zu erzeugen. Die Landschaften der bildenden Kunst wie die Kulturlandschaft der älteren Anthropologie haben insofern längst der Beschränkung auf kunsthistorische und anthropologische Traditionen überwunden und sind sehr praktisch geworden. Allein dieser Umstand lässt auf weitere Potenziale im Landschaftsbegriff hoffen, die sich im Überschreiten der Diskursgrenzen und im transdisziplinären Diskurs zeigen könnten.

Literatur

Appadurai, A. (1996). *Modernity at Large: Cultural Dimensions of Globalization*. University of Minnesota.

Bernhardt, C., Kilper, H. & Moss, T. (Hrsg.) (2009). *Im Interesse des Gemeinwohls. Regionale Gemeinschaftsgüter in Geschichte, Politik und Planung*. Frankfurt am Main und New York: Campus.

Blanchard, M. E. (1986). Landschaftsmalerei als Bildgattung und der Diskurs der Kunstgeschichte. In M. Smuda (Hrsg.), *Landschaft* (S. 70–86). Frankfurt am Main: Suhrkamp.

Bruns, D. & Kühne, O. (Hrsg.) (2013). *Thema: Landschaftstheorie. Landschaften: Theorie, Praxis und internationale Bezüge. Impulse zum Landschaftsbegriff mit seinen ästhetischen, ökonomischen, sozialen und philosophischen Bezügen mit dem Ziel, die Verbindung von Theorie und Planungspraxis zu stärken*. Schwerin: Oceano.

Fayet, R., Krähenbühl, R. & von Waldkirch, B. (Hrsg.) (2017). *Wissenschaft, Sentiment und Geschäftssinn. Landschaft um 1800*. Zürich: Scheidegger & Spiess.

Feichtinger, J., Mitterbauer, H. & Scherke, K. (2004). Interdisziplinarität – Transdisziplinarität. Zu Theorie und Praxis in den Geistes- und Sozialwissenschaften. *Newsletter Moderne 7, H. 2*, 11–16.

Felten, F., Müller, H. & Ochs, H. (Hrsg.) (2012). *Landschaft(en). Begriffe – Formen – Implikationen* [Geschichtliche Landeskunde, Bd. 68]. Stuttgart: Franz-Steiner-Verlag.

Friedel, H. & Mühling, M. (Hrsg.) (2011). *Mondrian – De Stijl*. Ostfildern: Hatje Cantz.

Fürst, D., Gailing, L., Pollermann, K. & Röhring, A. (Hrsg.) (2008). *Kulturlandschaft als Handlungsraum. Institutionen und Governance im Umgang mit dem regionalen Gemeinschaftsgut Kulturlandschaft*. Dortmund: Verlag Dorothea Rohn.

Hammerschmidt, V. (1994). Stadtlandschaft – eine Naturlandschaft? In: G. Bien, Th. Gil & J. Wilke (Hrsg.), *‚Natur' im Umbruch. Zur Diskussion des Naturbegriffs in Philosophie, Naturwissenschaft und Kunsttheorie [= problemata 127]* (S. 367–389). Stuttgart-Bad Cannstadt: frommann-holzboog.

Hard, G. (2001). *Landschaft und Raum. Aufsätze zur Theorie der Geographie, Bd. 1*. Osnabrück: Universitätsverlag Rasch.

Hauser, S. (2001). Metamorphosen des Abfalls. Konzepte für aufgegebene Industrieareale. Frankfurt am Main, New York: Campus.

Hauser, S. (2007). Ansichten von Natur, Landschaft und Volk zwischen 1900 und 1945. In H.-W. Heister (Hrsg.), *Biologismus, Rassismus und Rentabilität. Die Ambivalenz der Moderne, Bd. III* (S. 111–132). Berlin: Weidler.

Hauser, S. (2012). Kulturlandschaften – Drei Konzepte, ihre Kritik und einige Schlussfolgerungen für die urbanisierte Landschaft. In W. Schenk & M. Kühn (Hrsg.), *Suburbane Räume als Kulturlandschaften [Forschungs- und Sitzungsberichte der ARL, Band 236]* (S. 197–209). Hannover: Akademie für Raumforschung und Landesplanung.

Hauser, S. & Kamleithner, C. (2006). *Ästhetik der Agglomeration* [Zwischenstadt, Bd. 8]. Wuppertal: Müller + Busmann.

Hunt, J. D. & Willis, P. (1988). Introduction. In J. D. Hunt & P. Willis (Hrsg.), *The Genius of Place. The English Landscape Garden 1620–1820* (S. 1–45). Cambridge/Mass., London: The MIT Press.

Jullien, F. (2016). *Von der Landschaft oder das Ungedachte der Vernunft* (Vivre de paysage ou l'impensé de la raison, Paris 2014, dt.). Berlin: Matthes & Seitz.

Mittelstraß, J. (1987). Die Stunde der Interdisziplinarität? In J. Kocka (Hrsg.), *Interdisziplinarität. Praxis – Herausforderung – Ideologie* (S. 152–158). Frankfurt am Main: Suhrkamp.

Mittelstraß, J. (2003). *Transdisziplinarität – wissenschaftliche Zukunft und institutionelle Wirklichkeit*. Konstanz: Universitätsverlag.

Panofsky, E. (1998). Die Perspektive als ›symbolische Form‹. In K. Michels und M. Warnke (Hrsg.), *Erwin Panofsky. Deutschsprachige Aufsätze II* (S. 664–756). Berlin: Akademie.

Reichow, H. B. (1948). *Organische Stadtbaukunst. Von der Großstadt zur Stadtlandschaft*. Braunschweig: Westermann.

Schafer, R. M. (2010). *Die Ordnung der Klänge. Eine Kulturgeschichte des Hörens* (The Tuning of the World 1977, dt. Neuübersetzung). Mainz: Schott Music.

Schmithüsen, J. (1964). *Was ist eine Landschaft?* [Erdkundliches Wissen 9]. Wiesbaden: Steiner.

Schneider, N. (2011). *Geschichte der Landschaftsmalerei. Vom Spätmittelalter bis zur Romantik*. Darmstadt: primus.

Shama, S. (1996). *Der Traum von der Wildnis. Natur als Imagination* (Landscape and Memory, dt.). München: Kindler.

Simmel, G. (1984). Philosophie der Landschaft. In: G. Simmel, *Das Individuum und die Freiheit. Essais* (S. 130–139). Berlin: Wagenbach.

Urry, J. (1990). *The Tourist Gaze. Leisure and Travel in Contemporary Societies*. London u. a.: Sage.

Landschaftsarchitektonische Strategien für die Stadtlandschaft – zum Verhältnis von Theorie und Praxis. Mit Anmerkungen zur transdisziplinären Landschaftsforschung

Jörg Dettmar

1 Einleitung

Welche Rolle spielen theoretische Konzepte und Ansätze zur „Stadtlandschaft", wenn man als Akteur im Bereich der Landschaftsarchitektur an deren Weiterentwicklung mitwirkt? Diese Frage liegt nahe, wenn man sowohl theoretisch über Stadtlandschaften geforscht hat als auch planerisch-praktisch an der Umgestaltung von Stadtlandschaften mitwirken konnte.

Gegenstand theoretischer Betrachtungen in der Architektur, Stadtplanung oder verwandten Disziplinen waren „Stadtlandschaften" in den letzten 100 Jahren immer wieder einmal (siehe Abschn. 2). Analysen und Theorien zur Entstehung und Weiterentwicklung von Stadtlandschaften, ebenso wie Konzepte für die Gestaltung oder zum Entwerfen entsprechender Räume mit der Zielsetzung einer grundlegenden Verbesserung beschriebener Defizite gibt es deshalb eine ganze Reihe. Dass diese theoretischen Arbeiten Auswirkungen auf die Praxis von Architektur und Landschaftsarchitektur sowie der Stadt- und Regionalplanung haben, ist wahrscheinlich. Sie gehören zum Theoriefundus dieser Disziplinen und sind Gegenstand fachlicher Diskurse. Ein unmittelbarer Einfluss theoretischer Konzepte lässt sich auf der Ebene konzeptioneller Planungen und Entwürfe feststellen (siehe Abschn. 2). Die reale Umsetzung solcher Konzepte auf einer regionalen Ebene ist allerdings sehr selten. Stadtlandschaften sind komplexe, durch viele Rahmenbedingungen, Akteure, Planungen und Interessen bestimmte Räume, deren großmaßstäbliche Umgestaltung erheblichen Aufwand, Ressourcen, interessierte Akteure, entsprechende politische Willensbildung und längere Zeiträume braucht.

J. Dettmar (✉)
TU Darmstadt, Darmstadt, Deutschland
E-Mail: dettmar@freiraum.tu-darmstadt.de

© Springer Fachmedien Wiesbaden GmbH, ein Teil von Springer Nature 2018
K. Berr (Hrsg.), *Transdisziplinäre Landschaftsforschung,* RaumFragen: Stadt –
Region – Landschaft, https://doi.org/10.1007/978-3-658-20781-6_8

Insofern ist Transdisziplinarität eine Voraussetzung für die Umsetzung entsprechender Konzepte. Wenn die Freiräume als der unbesiedelte Teil der Stadtlandschaft als Schlüssel für deren Weiterentwicklung verstanden werden, kommt der Landschaftsarchitektur (hier als umfassende Disziplinbezeichnung verwendet) eine Schlüsselrolle zu. Praktische Transdisziplinarität in der Umsetzung läuft meist auf einer pragmatischen Ebene, um gemeinsame Ziele zu erreichen. Auf der Theorieebene oder innerhalb der Forschung wird es meist deutlich komplizierter, weil hier definitorische Fragen und paradigmatische Voraussetzungen unterschiedlicher Disziplinen geklärt werden müssen.

2   Annäherungen an den Begriff und das Phänomen „Stadtlandschaft"

Der Begriff „Stadtlandschaft" ist einer von mehreren, mit dem das Phänomen der wachsenden Ausdehnung von Siedlungsflächen insbesondere in Ballungsräumen beschrieben wird. In den raumbeschreibenden, -analysierenden und -planenden Disziplinen Geografie, Architektur, Städtebau, Stadtplanung, Raumplanung, Landschaftsplanung und Landschaftsarchitektur werden mit gleicher oder ähnlicher Bedeutung auch folgende Begriffe benutzt:

- Ballungsraum, Verdichtungsraum, (polyzentrische/monozentrische) Agglomeration, Metropolregion, Stadtregion (funktionale Begriffe v. a. der Raumplanung, Stadtplanung, Geografie)
- Zersiedelte Landschaft, urbane Landschaft, urbanisierte Landschaft, Verstädterung, verstädterter Raum, Suburbaner Raum, Speckgürtel (wertende Begriffe v. a. in der Architektur, Landschaftsarchitektur, Stadtplanung)
- Zwischenstadt, Fragmentierte urbane Räume, Netzstadt, Äußere und innere Peripherie, Metrozonen (Begriffe für Analysen, Konzepte und Programme in der Architektur, Stadtplanung, Stadtentwicklung)
- Infrastrukturlandschaft, Industrielandschaft (bei dominierender Infrastruktur oder Industrie)
- Suburbia, Urban Sprawl, Endless City, Edge City (im anglo-amerikanischen Raum gebräuchliche Begriffe)

Der Begriff „Stadtlandschaft" taucht erstmals bei Hans Bernhard Reichow (1940, 1948) auf. Die Idee eines biologisch orientierten und eher romantisch anmutenden Stadtmodells des organischen Zusammenwachsens von Siedlung, Stadt und Landschaft hat Beziehungslinien zur Gartenstadtidee vom Anfang des 20. Jahrhunderts (siehe Sohn 2008). Sie ist aber auch geprägt durch die großstadtfeindliche Ideologie der Nationalsozialisten (siehe Durth und Gutschow 1988). Insofern hat dieser Begriff durchaus eine spezifische Geschichte, die bei seiner heutigen Verwendung beachtet werden sollte. Wenn ich ihn hier verwende, bezieht sich das nicht auf diesen Ursprung. Er ist trotzdem geeignet, da er aus meiner Sicht besonders gut und plakativ das Phänomen einer landschaftsprägenden Ausbreitung städtischer Strukturen beschreibt. Der darin enthaltene Begriff „Landschaft" bedarf auch einer näheren Definition, da er bekanntermaßen eine Vielzahl von Bedeutungsebenen hat. Hier wird er nur im Sinn eines „Raums, in dem alles Vorhandene enthalten ist" verstanden (siehe Leibenath und Gailing 2012).

Stadtlandschaften waren in Europa seit dem Zweiten Weltkrieg immer wieder Gegenstand von Analysen, Planungen und auch wissenschaftlichen Diskursen in den raumbezogenen Disziplinen.

Das städtebauliche Leitbild der „Aufgelockerten und gegliederten Stadt" (Göderitz et al. 1957), das den Wiederaufbau der deutschen Städte nach dem Zweiten Weltkrieg maßgeblich beeinflusst hat, ist zwar vor allem von den Erfahrungen der Bombenzerstörungen in den dicht bebauten historischen Innenstädten geprägt, aber auch von der Idee der Stadtlandschaft beeinflusst (Durth und Gutschow 1988). Die praktischen Vorteile der fließenden Landschaftsräume, die den Siedlungskörper durchziehen, wurden u. a. in einer besseren Belüftung der Wohnquartiere gesehen.

Bereits Ende der 1950er Jahre ist es Walter Rossow, der im Rahmen einer Ausstellung des Werkbundes Kritik am ungebremsten Stadtwachstum übt und die „große Landzerstörung" beklagt (siehe Rossow 1961). Das Wachstum von Großsiedlungen am Stadtrand, die monofunktionale Entwicklung der Innenstädte ohne Wohnnutzung und deren autogerechte Umgestaltung wird ab Mitte der 1960er Jahre zunehmend kritisiert, im deutschsprachigen Raum am prominentesten formuliert von Alexander Mitscherlich (1965).

Die Umwelt- und Ökologiebewegung macht in den 1980er Jahren unter anderem auch die rasante Ausdehnung von Stadtlandschaften und die weiter zunehmende Suburbanisierung in Hinblick auf den damit verbundenen Flächenverbrauch, die Verkehrsprobleme, die Eingriffe in den Naturhaushalt und die Zerstörung von Kulturlandschaften zum Thema. Auch aus stadtplanerischer und städtebaulicher Sicht wird das ungebremste Stadtwachstum problematisiert und der Fokus auf die notwendige Sanierung der Innenstädte als Alternative gelegt (siehe Hoffman-Axthelm 1985; Adrian 1997).

Weltweit führt der Strukturwandel ab den 1990er Jahren verstärkt zu Schrumpfungsprozessen in alten Industrieregionen oder -städten (siehe Oswalt 2004). Im Ruhrgebiet wird im Rahmen der IBA Emscher Park (1989–1999) der „Wiederaufbau von Landschaft" in einem Ballungsraum zum zentralen Thema der Erneuerung (siehe Abschn. 3.1). Vor allem Karl Ganser (2002) entwickelt die strategische Basis einer Umkehrung traditioneller Stadtwachstumsvorstellungen nach dem Motto „Natur frisst Stadt".

In Deutschland bekommt das Phänomen schrumpfender Städte durch die Wiedervereinigung 1989 eine besondere Prägung. Mit der deutschen Einheit verlieren viele ostdeutsche Städte Einwohner durch Abwanderung in die alten Bundesländer. Die Ängste vor den Folgen größerer Leerstände und Brachen in den Städten nehmen zu. Entsprechend beginnt die Suche nach Strategien und Konzepten, um kreativ mit den Schrumpfungen umzugehen; auch internationale Erfahrungen werden analysiert (siehe Oswalt 2005). Ein Ansatz, mit dem in einigen deutschen Städten auch praktisch experimentiert wird, ist die Entwicklung neuer, zum Teil temporärer urbaner Grünflächen auf den

Brachen (siehe u. a. Giseke 2002; Dettmar 2003; Wekel 2004). Auch in diesem Zusammenhang wird die „Verlandschaftlichung von Städten" diskutiert.

Gleichzeitig geht das massive Stadtwachstum in den meisten Ballungsräumen weiter, deshalb wird es auch in den 1990er Jahren vor allem in der Stadtplanung und der Architektur zum zentralen Thema. Analytisch und provokant setzt sich der niederländische Architekt Rem Kohlhaas Anfang der 1990er Jahre mit der Realität des weltweiten Stadtwachstums und der europäischen Stadt auseinander. Seine euphorische Affirmation der gesichtslosen Peripherien als Freiheitsräume für kreative architektonische Lösungen (Kohlhaas und Mau 1995), da dort der städtebauliche Kontext keine Rolle mehr spielen müsse, erzeugt Widerspruch bei den Anhängern klassischer Stadtmodelle.

Mitte der 1990er Jahre taucht das Konzept der „Zwischenstadt" auf. Thomas Sieverts (1997) beschreibt damit vor allem am Beispiel des Rhein-Main-Gebietes das Phänomen gesichtsloser Stadtlandschaften, die inzwischen weit ausgedehnter sind als die klassische Europäische Stadt, und erreicht damit eine große Aufmerksamkeit. In dem von Sieverts in der Folge gegründeten Ladenburger Kolleg werden Anfang der 2000er Jahre ein Dutzend Bücher verfasst, in denen man versucht, dem Phänomen der Zwischenstadt aus der Sicht verschiedener Disziplinen auf den Grund zu kommen (siehe Vicenzotti 2011). Zeitgleich zum Zwischenstadtkonzept wird in der Schweiz von Franz Oswald und Peter Baccini das ähnlich gelagerte Modell der „Netzstadt" entwickelt, das wesentlich auf Analysen der Verstädterung der Zentralschweiz beruht (siehe Oswald und Baccini 1998).

Egal wie man die Zwischenstädte oder Netzstädte bewertet, sie sind eine Realität mit großer und immer weiterwachsender Ausdehnung. Alle Versuche, sie planerisch oder gestalterisch in den Griff zu bekommen, haben bislang wenig Erfolge gezeigt. In gewisser Weise logisch ist daher der Versuch, die scheinbar unabänderliche Realität neu wahrzunehmen und auch hier nach räumlichen, ästhetischen, ökologischen und sozialen Qualitäten zu suchen (siehe Vicenzotti 2011). In diesem Zusammenhang versucht man, diese Räume auch als „Kulturlandschaften" zu begreifen und sie weiterzuentwickeln. Die politische Steuerungs- und Entwicklungsperspektive ist dabei auf deren nachhaltige Entwicklung ausgerichtet. Die Europäische Landschaftskonvention (2000) und die neuen Leitbilder der Raumordnung (2006) und Stadtplanung in Deutschland bzw. Europa (2007) reagieren entsprechend auf die Analysen und Diskussionen der „Urbanen Kulturlandschaften" und Stadtlandschaften.

3   Landschaftsarchitektonische Strategien und Impulse zur Entwicklung von Stadtlandschaften – Zwei Beispiele aus der Perspektive eines Mitwirkenden

Praktische Projekte zur Weiterentwicklung von Stadtlandschaften auf regionaler Ebene, bei denen die Landschaftsarchitektur eine wesentliche Rolle spielt, findet man in Deutschland in den letzten Jahrzehnten vor allem bei einigen Regionalparks in Agglomerationsräumen bzw. Metropolregionen (siehe Dettmar 2010). Mit praktischen Projekten sind reale Um- und Neugestaltungen von Räumen gemeint, also nicht nur Planungen oder Konzepte. Nicht einbezogen sind Projekte der Landschaftsplanung, etwa regionale Ausgleichskonzepte oder landschaftspflegerische Begleitplanungen von Planfeststellungsverfahren, die z. B. bei Verkehrsprojekten auch eine regionale Dimension erreichen können.

Den Begriff „Landschaftsarchitektur" benutze ich hier als umfassende Disziplinbezeichnung. Er umfasst die Landschaftsplanung, die sozialwissenschaftlich ausgerichtete Freiraumplanung und die Landschaftsarchitektur im engeren Sinne mit dem Entwurf und der Realisierung urbaner Freiräume (siehe auch Dettmar 2018).

In diesem Beitrag sollen auf der Basis persönlicher Erfahrungen die Wechselwirkungen zwischen Theoriebildung über und praktischer Entwicklung von Stadtlandschaften beleuchtet werden. Dies geschieht am Beispiel zweier Regionalparks, des Emscher-Landschaftsparks im Ruhrgebiet und des Regionalparks RheinMain.

3.1 Emscher Landschaftspark Ruhrgebiet (eigene Tätigkeit 1987–2015)

3.1.1 Lage, Geschichte, Entwicklung

Der Emscher Landschaftspark (ELP) startete als zentrales Projekt der Internationalen Bauausstellung Emscher Park (1989–1999) mit dem Ziel des Umbaus der alten Industrieregion Ruhrgebiet zu einer neuen urbanen Kulturlandschaft. Der bislang geleistete systematische Aufbau einer regionalen grünen Infrastruktur im Ruhrgebiet ist in vielerlei Hinsicht weltweit einzigartig. Der Emscher Landschaftspark ist heute ein 458 km^2 großer und gut ausgebauter Regionalpark, der sich räumlich in der sogenannten „Emscherzone" erstreckt. Neue Freiräume entstanden aus Industriebrachen, auf Halden und Deponien, alte Gleistrassen wurden zu einem regionalen Radwegesystem umgewandelt.

Die Bezeichnung „Emscherzone" bezieht sich auf den Fluss Emscher, der mit seinem Hauptlauf und vielen Nebenläufen den ELP durchzieht und damit wichtige räumliche Leitstrukturen bildet. Die Emscherzone ist vor allem eine strukturell-planerische Einheit, die seit der Internationalen Bauausstellung (IBA) Emscher Park (1989–1999) ein rund 800 km^2 Gebiet im Zentrum der Metropole Ruhr bezeichnet, das am stärksten durch die Industrialisierung und Urbanisierung überformt wurde (siehe Dettmar 1999).

Die Emscherzone hat mit über 2000 EW/km^2 nach wie vor die höchste Einwohnerdichte sowie die höchste Besiedlungs- und Infrastrukturdichte des Ruhrgebiets. Hier sind die Folgen des Strukturwandels, wie z. B. der Arbeitsplatzabbau, Flächenstilllegungen und Brachflächen besonders sichtbar. In der Emscherzone konzentrieren sich auch heute noch die größten ökonomischen und sozialen Probleme (siehe www.metropoleruhr.de/ regionalverband-ruhr/statistik-analysen/statistik-portal.html www.der-paritaetische.de/ armutsbericht2012/trends/ Zugriff 30.05.2017). Diese Problemlage bestand bereits Ende der 1980er Jahre, und eine drastisch negative Prognose für die Zukunft war damals mit ein entscheidender Grund für die Durchführung der IBA Emscher Park als Programm für den Strukturwandel. Zentraler Ansatz war die Verbesserung der weichen Standortfaktoren, insbesondere der landschaftlichen und städtebaulichen Qualitäten in der Emscherzone. Die IBA Emscher Park gilt heute als großer Erfolg und beispielgebend für ähnliche gelagerte Ansätze in vom Strukturwandel geprägten Städten und Regionen weltweit. Die Projekte und Ergebnisse der IBA wurden mehrfach evaluiert und dokumentiert (siehe u. a. TU Dortmund 2008).

Der Emscher Landschaftspark bildet in der Emscherzone die zentrale grüne Infrastruktur des Ruhrgebiets und hat große Bedeutung für die Lebensqualität der Ruhrgebietsbewohner (siehe RVR 2014). Diese grüne Infrastruktur bietet einen regionalen und lokalen Erholungs- und Freizeitraum und ist die räumliche Basis des Netzwerks der Industriekultur. Der ELP bietet Bewegungsraum sowie Natur- und Kulturerlebnis und ist damit eine auch aktive Maßnahme der Gesundheitsvorsorge. Die grüne Infrastruktur leistet viel für den klimatischen Ausgleich, die Frischluftversorgung und Lufthygiene. Sie ist ein entscheidendes Element in der Klimaanpassungsstrategie des Ruhrgebiets.

Die verschiedenen Phasen der inzwischen über 25-jährigen Entwicklungsgeschichte des Emscher Landschaftsparks wurden bereits ausführlich beschrieben und dokumentiert (siehe u. a. Dettmar und Ganser 1999; Projekt Ruhr 2005; Dettmar und Rohler 2010, 2015; RVR 2010, 2014). Mehr als 200 Einzelprojekte sind inzwischen realisiert und einige von ihnen – vor allem der Landschaftspark Duisburg-Nord (siehe Latz 2016) – haben wichtige Impulse zur Weiterentwicklung der Landschaftsarchitektur weltweit gegeben.

3.1.2 Ausgangslage, Ziele, Vorstellungen und Leitbilder für den Emscher Landschaftspark

Ende der 1980er Jahre war die inhaltliche Entwicklungsrichtung des Emscher Landschaftsparks noch nicht festgelegt. Die IBA Emscher Park startete formal 1989 und die Bezeichnung „Emscher Park" war sowohl Provokation als auch programmatischer Anspruch. Den offenen Abwasserkanal Emscher mit der Vorstellung eines Parks zu verbinden beanspruchte die Vorstellungskraft vieler Akteure im Ruhrgebiet stark. Mit dem Emscher Landschaftspark sollte dies Realität werden. Eine Machbarkeitsuntersuchung des Kommunalverbandes Ruhr entwickelte 1989 eine erste räumliche Kulisse (KVR 1989). Obwohl das darin angedachte System regionaler Grünzüge an eine bereits in den 1920er Jahren durch den Siedlungsverband Ruhr entwickelte Idee anknüpfte, erschien es vielen Akteuren in Politik und Verwaltung aus der Region, aber auch aus der Fachwelt als kaum realisierbar. Die Realität des „Ruhrpotts", die zersplitterten Freiräume im Emscherraum, aber vor allem die fest gefügte Vorstellung einer industriellen Gebrauchslandschaft machten eine solche Idee mental nahezu unmöglich. Die Stimmungslage war zu diesem Zeitpunkt bei vielen Akteuren im Ruhrgebiet wenig hoffnungsvoll aufgrund eines verschärften Strukturwandels mit der Perspektive auf zunehmende ökonomische und soziale Probleme mit hohen Arbeitslosen- und Sozialhilfequoten. Gleichzeitig hatten die traditionellen Strukturwandel- und Wirtschaftsförderungsprogramme kaum etwas verändert. Die neue Fokussierung der IBA Emscher Park auf weiche Standortfaktoren, wie z. B. landschaftliche Qualität, wurde zunächst skeptisch aufgenommen, aber von der Landesregierung NRW durchgesetzt.

In dem ersten, 1989 veröffentlichten Memorandum zur IBA Emscher Park (siehe MSWV NRW 1989) orientierten sich die inhaltlichen Ziele für das Leitprojekt Emscher Landschaftspark vor allem an zeitgenössischen Konzepten einer attraktiven Erholungslandschaft und eher konventionellen Herangehensweisen des Natur- und Landschaftsschutzes. Zentrale Ziele waren, die vorhandenen Freiräume in der Emscherzone nicht nur vor weiterer Bebauung zu schützen, sondern diese auch spürbar zu vermehren und qualitätvoll zu gestalten. Als Bestandteile des neuen regionalen Parks wurden u. a. ein System naturnaher Wanderwege sowie attraktive Fuß- und Radwege für die aktive Freizeitbeschäftigung beschrieben. Diese sollten eingebunden sein in ein System unterschiedlich intensiv gestalteter Landschaftsräume mit Naturschutzgebieten, Natur-, Landschaftsparks, Volks-, Freizeit- und Kulturparks. Erwähnt wurde auch eine intensive gartenkünstlerische Gestaltung einzelner Flächen. Darüber hinaus war von Feuchtbiotopen sowie von naturnahen bis künstlich gestalteten Wasserflächen die Rede (siehe MSWV 1989).

Mit der IBA startete ein Projektaufruf an die Kommunen der Emscherzone für innovative Vorhaben für alle ausgerufenen Leitthemen, u. a. auch den Emscher Landschaftspark. Die Vorschläge der Kommunen bestanden entsprechend des Memorandums überwiegend aus eher traditionellen Naturschutz- oder lokalen Grünflächenprojekten. Schnell war klar, dass dies nicht die notwendige Strahlkraft entfalten konnte, um eine Vision für den Emscher Landschaftspark entstehen zu lassen.

Aus diesem Grund erhielt das Projekt Landschaftspark Duisburg-Nord eine ganz besondere Bedeutung. Das Land NRW erwarb das ca. 200 ha große, 1985 stillgelegte Eisenhüttenareal des Thyssen-Konzerns in Duisburg-Meiderich über den landeseigenen Grundstücksfonds zu einem symbolischen Preis. Die Stadt Duisburg wurde überzeugt, an dieser Stelle im Rahmen der IBA Emscher Park der Entwicklung eines großen neuen Parks als Baustein des Emscher Landschaftsparks zuzustimmen.

Über einen mehrstufigen internationalen Landschaftsarchitekturwettbewerb wurde letztlich 1990 der Münchener Landschaftsarchitekt Peter Latz mit einem sehr experimentellen, entwicklungsoffenen und an der Geschichte und der Naturausstattung des Geländes orientierten Entwurf ausgewählt (siehe Planungsgemeinschaft Landschaftspark Duisburg-Nord 1991; Latz 2016). Die anhand dieses Projekts geführten Diskussionen über die Industriegeschichte, industrielle Denkmalpflege, Industriekultur und den Naturschutz auf Industriebrachen prägten auch die weitere Entwicklung des gesamten Emscher Landschaftsparks sehr stark. Die Verbindung von Industriekultur und Industrienatur wurde hier exemplarisch ausprobiert (siehe Dettmar und Ganser 1999). Der Landschaftspark Duisburg-Nord wurde zum Prototyp einer authentischen Transformation einer Industriebrache zu einem elementaren Baustein einer neuen urban-industriellen Kulturlandschaft. Der Park ist darüber hinaus einer der wichtigsten Beiträge der europäischen Landschaftsarchitektur im 20. Jahrhundert mit weltweiter Wirkung geworden (siehe TU München 2009).

Für das Projekt gab es kaum Erfahrungen oder vergleichbare Projekte. Es wurde Neuland betreten. Dabei war die gemeinsame Grundhaltung der Beteiligten, dem Vorhandenen mit Respekt zu begegnen und vorhandene Qualitäten durch sorgsame Untersuchung zu entdecken, entscheidend (siehe Latz 2016). Eine theoretische Basis jenseits erster Konzepte einer noch jungen Industrie-Denkmalpflege aus der erneuernden Stadtentwicklung der 1980er Jahre und der Stadtökologie war kaum vorhanden.

Die sukzessive Planung und Realisierung des Landschaftsparks Duisburg-Nord hatte viel Experimentelles. Die Erfahrungen beeinflussten die weitere Entwicklung des Emscher Landschaftsparks. Die Ausrichtung erfolgte nun sehr viel stärker in Richtung einer authentischen Weiterentwicklung der Industrielandschaft und nicht ihrer Beseitigung oder weitgehenden Überformung. Die theoretische Reflexion erbrachte dann in der Folge eine Art „Theorie der Industriellen Kulturlandschaft" (siehe Dettmar und Ganser 1999; Dettmar 2000, 2001, 2009a, b, 2011). Auf der wissenschaftlichen Ebene wurde im Bereich der Stadtökologie die Rolle industriebedingter Lebensräume für den Arten- und Biotopschutz im urbanen Bereich weiter thematisiert und von mir der populärwissenschaftliche Begriff „Industrienatur" geprägt (siehe Dettmar und Ganser 1999). In diesen Zusammenhang gehört auch die Mitte der 1990er Jahre im Auftrag der IBA durchgeführte wissenschaftliche Studie über die Möglichkeit, im Ruhrgebiet ein Biosphärenreservat auszuweisen, mit dem ELP als Kern (siehe Reidl 1995, 1999; Dettmar 1999). Allein der Ansatz erzeugte schon massive Aufmerksamkeit im Kontext der nationalen Diskussionen über Biosphärenreservate, auch wenn trotz der Erfüllung formaler Kriterien letztlich der Landespolitik in NRW der Mut fehlte, dies tatsächlich zu versuchen.

Diese theoretisch-wissenschaftliche Auseinandersetzung mit der Industrielandschaft war kein Selbstzweck, sondern Element einer Strategie, die das Ziel einer „mentalen Inwertsetzung" der beabsichtigten Entwicklung der Emscherzone verfolgte. Diese Strategie hatte durchaus noch andere Ebenen. Bei der konkreten Projektentwicklung, wie z. B. des Landschaftsparks Duisburg-Nord, wurde versucht, möglichst schnell eine hohe Nutzbarkeit und Akzeptanz dieser völlig ungewohnten landschaftsarchitektonischen Gestaltung zu erreichen. Ein entscheidender Baustein dabei war die künstlerische Illumination der Hochöfen (siehe Latz 2016). Ein anderer war die Inszenierung von Halden im Emscherraum als spektakuläre Aussichtspunkte und Landmarken, wie z. B. mit dem Tetraeder in Bottrop (siehe RVR 2010).

Für die nationale und internationale Wahrnehmung innerhalb der Fachwelt setzten wir im Rahmen der IBA vor allem auf spektakuläre Bilder der Projekte, die bei Veröffentlichungen oder Vorträgen immer wieder verwendet wurden. Die Ebene der nationalen Feuilletons und der „Hochkultur" erreichte man durch hochkarätige Kulturveranstaltungen oder durch Arbeiten international renommierter Künstler an den neuen Standorten, den Parks oder Industriedenkmälern. Die Inwertsetzung ehemaliger „Unorte" hat auf diese Weise ganz gut funktioniert und die größte Leistung der IBA Emscher Park ist wahrscheinlich die nachhaltige Veränderung des Images des Ruhrgebietes vom alten, schäbigen Ruhrpott zu einer spannenden Industriekulturlandschaft (siehe Hauser 2001).

3.1.3 Reflexionen über das Verhältnis zwischen Theorie und Praxis aus der persönlichen Perspektive der Mitwirkung am Emscher Landschaftspark

Die Entwicklung des Emscher Landschaftsparks begleite ich intensiv in unterschiedlichen Funktionen seit 1987. Von 1987 bis 1991 habe ich im Rahmen eines Forschungsprojektes und meiner Dissertation über die Vegetationsentwicklung auf Industriebrachen geforscht (siehe Dettmar 1992). Eine ganze Reihe der Untersuchungsflächen, wie z. B. der spätere Landschaftspark Duisburg-Nord, die Zeche Zollverein oder das Jahrhunderthallengelände in Bochum wurden Projekte der IBA Emscher Park. Von 1989 bis 1995 war ich immer wieder als Berater der IBA GmbH für stadtökologische Fragen tätig. Ab 1995 bis 2000 verantwortete ich in der IBA GmbH als Bereichsleiter die Entwicklung des Emscher Landschaftsparks. Ab 2000 habe ich die weitere Entwicklung des Emscher Landschaftsparks dann aus der Universität heraus u. a. im Rahmen von zwei großen Forschungsprojekten begleitet (siehe Dettmar und Rohler 2010, 2015). Von 2007 bis 2010 war ich darüber hinaus wissenschaftlicher Berater der „Kulturhauptstadt Essen und das Ruhrgebiet" für Projekte im Emscher Landschaftspark.

Die verschiedenen Funktionen haben jeweils auch unterschiedliche Perspektiven auf die Industrielandschaft und auf ihre Wahrnehmungen bewirkt. Am gravierendsten war der Perspektivwechsel vom naturwissenschaftlich konditionierten Stadtökologen mit dem Fokus auf die Vegetation der Industriebrachen hin zum Projektmanager, der in der Zusammenarbeit mit vielen Beteiligten für die Umsetzung von Planungen verantwortlich war. Die naturwissenschaftliche Perspektive war ausgerichtet auf die Erfassung und Analyse von Biozönosen sowie Fragen nach deren Entwicklung und Erhaltung im Kontext des Arten- und Biotopschutzes. Die persönliche Wahrnehmung, z. B. des Areals des späteren Landschaftsparks Duisburg-Nord, war vorrangig fokussiert auf dessen Naturausstattung. Mein theoretischer Background war zu diesem Zeitpunkt vor allem geprägt durch die Stadtökologie, Botanik und Vegetationskunde. Das Paradigma der Naturwissenschaften bedeutet die weitgehende Ausblendung aller Dinge, die sich nicht mit wissenschaftlichen Methoden erfassen bzw. beschreiben lassen. Es geht um die „äußere Natur", nicht um Reflexionen über die „innere Natur", Naturbilder oder kulturelle Prägungen der Wahrnehmungen (siehe Eisel 2011) von der Naturausstattung industriebedingter Standorte.

Über den Kontakt mit den Verantwortlichen der IBA Emscher Park und schließlich durch den Rollenwechsel zum Projektmanagement veränderte sich meine Wahrnehmung grundlegend. Besonders deutlich ist mir dies beim Landschaftspark Duisburg-Nord bewusst geworden. Der Fokus lag nun auf der landschaftsarchitektonischen Transformation der Fläche, auf Fragen der langfristigen Sicherung dieser Industriebrache und auf der Gestaltung und Entwicklung eines neuartigen Parks. Die Naturausstattung wurde damit zu einem Element unter anderen, die Frage der Vermittlung des Geländes und seiner Entwicklung hatte nun einen viel stärker industriekulturellen und landschaftsarchitektonischen Kontext. Meine innere Perspektive auf diese Industrielandschaft, meine Motivation und mein persönlicher Hintergrund wurden zu wichtigen Bausteinen bei der

Entwicklung einer neuen Strategie zur Vermittlung der Besonderheiten. Dabei spielte z. B. das Vorkommen oder der Schutz seltener oder bedrohter Pflanzenarten oder die Analyse der Sukzessionsstadien nur noch eine Hintergrundrolle. Wichtiger wurden möglichst spannende Geschichten über charakteristische Pflanzen, z. B. Neophyten mit ihrer Einwanderungsgeschichte und „Eroberungsstrategie", oder generell die Rückeroberung von Industriestandorten durch die Natur, die Entstehung einer neuen „Wildnis" als Baustein einer gewissen Industrieromantik. Dies hatte sehr viel mehr mit der „inneren Natur" des Erzählers, aber auch der Zuhörer zu tun. Dieses Vorgehen zielte auf eine Emotionalisierung, die Vermittlung einzigartiger Erlebnisse.

Sicher war die „Romantisierung" der Industrielandschaft nur möglich, weil der durch die Industrialisierung und vor allem den Bergbau geprägte Teil der Siedlungsstruktur seinen Gebrauchswert weitgehend verloren hatte und damit frei wurde für einen anderen, nun ästhetisch-ideologischen Sinn- und Bedeutungszusammenhang (Tessin 2002).

Zu meinen Aufgaben gehörte es auch, einen Diskurs in der Landschaftsarchitektur und Raumplanung über die Bedeutung alter Industrielandschaften als „Kulturlandschaften" anzustoßen (siehe Dettmar und Ganser 1999; Dettmar 2000, 2001, 2009a, b, 2011). Dabei wurde die Komplexität der Landschafts- und Kulturlandschaftsbegriffe (siehe Hard 1977; Leibenath und Gailing 2012) zunächst bewusst außer Acht gelassen. Mit der Bezeichnung als „Kulturlandschaft" war durchaus eine Aufwertung der Industrielandschaft beabsichtigt. Sie mit anderen historischen Kulturlandschaften auf eine Stufe zu stellen, war in den 1990er Jahren eine Provokation, wurden Industrielandschaften bis dahin doch vor allem als Ausdruck einer massiven Naturzerstörung und Ressourcenausbeutung gesehen. Die vielfältigen Analysen zur Genese, Entwicklung, Einzigartigkeit, die Beschreibung der historischen, sozialen, ökonomischen und ökologischen Dimensionen einer Industrielandschaft schufen dann ein Fundament für eine Neubewertung (siehe Dettmar 2011). Die Aufnahme von Industrieanlagen an verschiedenen Orten der Welt in die Liste der UNESCO Weltkulturerbe-Stätten in den 1990er Jahren, insbesondere auch die Ausweisung des Zollverein-Ensembles in Essen im Jahr 2001, leisteten einen gewichtigen Beitrag in der kulturellen Neubewertung von Zeugnissen des Industriezeitalters.

Sicher ist auch, dass die theoretische Arbeit an industriellen Kulturlandschaften – gerade, weil es Pionierarbeit war – nicht nur dem Projekt Emscher Landschaftspark diente, sondern auch der persönlichen Profilierung.

Meine neue Tätigkeit an der Universität ab 2001 brachte erneut einen Perspektivwechsel. Mit dem Verlassen des Projektmanagements ging es nun wieder um wissenschaftliche Fragestellungen im Rahmen von Forschungsvorhaben zum Emscher Landschaftspark. Der Blick von außen auf die Realität des Emscher Landschaftsparks jenseits der Notwendigkeit, immer wieder Beteiligte von dem Projekt und dessen Weiterentwicklung zu überzeugen, führte zu kritischen Bewertungen offensichtlicher Probleme. Die Pflege und Unterhaltung der Grünflächen und der Infrastruktur zeigten erhebliche Defizite (siehe Dettmar und Rohler 2010). Ebenso wurden Zukunftsthemen, wie z. B. eine engere Verzahnung des Emscherumbaus und der Parkentwicklung, vernachlässigt (siehe Dettmar und Rohler 2015). Die aus der Rolle eines Projektmanagers sehr optimistische Wahrnehmung des Projektes wurde abgelöst durch eine eher realistische Haltung.

3.2   Regionalpark RheinMain (eigene Tätigkeit 2010–2014)

3.2.1 Lage Geschichte, Entwicklung

Die ersten Anfänge eines Regionalparks im Ballungsraum RheinMain kann man im Jahr 1968 mit der Einführung „Regionaler Grünzüge" durch die Regionalplanung festmachen. Das stark ausufernde Siedlungswachstum sollte damit eingegrenzt und die Landschaft stärker geschützt werden. Die Festlegung der Regionalplanung war aber wenig effektiv und es dauerte fast dreißig Jahre, bevor mit der Gründung eines Regionalparks als Projekt des damaligen Umlandverbandes im Jahr 1994 versucht wurde, dies zu ändern (siehe Rautenstrauch 2015).

Das Rhein-Main-Gebiet hat eine polyzentrische und trotz des massiven Wachstums der letzten fünfzig Jahre immer noch durch Freiflächen gegliederte Siedlungsstruktur. Der Regionalpark diente als Instrument, um dies zu bewahren, und verfolgte die Strategie, diese spezielle urbane Landschaft weiterzuentwickeln. Die Vermittlung zwischen einem traditionellen und einem dynamischen Kulturlandschaftsverständnis stand dabei im Vordergrund.

Zentrale Ziele waren (siehe Regionalpark Ballungsraum RheinMain GmbH 2010):

- Schutz der Landschaft durch ästhetische Aufwertung und Gestaltung
- Ökologische Aufwertung und nachhaltige Entwicklung der Landschaft
- Schaffung von Freizeit- und Erholungsmöglichkeiten für die regionale Bevölkerung
- Identifikation mit der RheinMain-Landschaft ermöglichen
- Allianz für den Freiraum schaffen und Freiraumakteure vernetzen
- Verankerung eines neuen positiven Landschaftsbildes für eine urbane Region
- Entwicklung des weichen Standortfaktors „Landschaft" für die Region.

Da die Verfügbarkeit von Flächen, insbesondere landwirtschaftlich genutzte, für die Entwicklung flächenhafter Projekte von Anfang an extrem schwierig war, hat man sich vor allem auf die Entwicklung der sogenannten „Regionalparkrouten" konzentriert. Diese Routen sollen die Landschaftsräume erschließen und attraktive Orte verbinden. Vielfach wurden existierende land- oder forstwirtschaftliche Wege genutzt, nur im Ausnahmefall hat man neue Wegestrecken gebaut. Von den über 1200 km geplanten Routen wurde bislang rund ein Drittel ausgeschildert und in kleineren Teilstücken auch ausgebaut. Der GrünGürtel Frankfurt bildet dabei das Herzstück des Regionalparks (siehe Vollweiter 2008). Von ihm aus führen zahlreiche Routen als „Speichen" in den Regionalpark hinein.

Außerdem hat man entlang dieser Routen rund 200 sehr unterschiedliche Einzelprojekte umgesetzt. Das Spektrum reicht dabei von der Erschließung besonders schöner alter Kulturlandschaftselemente über Aufwertungsmaßnahmen für den Naturschutz, die Aufbereitung historisch bedeutsamer Zeugnisse in der Landschaft bis hin zur Errichtung einzelner Kunstwerke und Aussichtstürme, die die Landschaft und das Landschaftserlebnis besonders inszenieren. Insgesamt ging es also im Regionalpark in den ersten 20 Jahren vorwiegend um die Erschließung und die Aufwertung der Landschaft für die Nah- und Regionalerholung, um eine Identifikation mit der Landschaft zu erreichen. Als Nutzer hatte man vor allem die klassischen Gruppen der Spaziergänger, Wanderer und Radfahrer im Visier.

Seit seiner offiziellen Gründung 1994 hat der Regionalpark in den Jahren 2001 und 2005 z. T. schwierige Umorganisationen und Veränderungen der Zuständigkeit erlebt. Mit der Gründung der Dachgesellschaft im Jahr 2005 hat sich die Gesamtfläche auf derzeit über 5600 km^2 vergrößert. Das ist zunächst einmal ein Beleg für das große Interesse der Region am Regionalpark. Landkreise und Kommunen versprechen sich offensichtlich von der Mitgliedschaft im Regionalpark trotz der Mitgliedsbeiträge einen erheblichen Mehrwert für ihre Bürger. Durch den Beitritt ganzer Landkreise in ländlichen Regionen gibt es heute eine große Vielfalt unterschiedlicher Landschaftsräume. Dies ist als Einheit „Regionalpark" kaum noch vermittelbar (siehe Rautenstrauch 2015).

Der massive Flächenzuwachs, organisatorische Probleme, zunehmende Kritik wegen mangelnder Wahrnehmbarkeit und die beschränkte personelle Kapazität der Dachgesellschaft waren wesentliche Gründe, die Entwicklungsstrategie des Regionalparks zu ändern (siehe Blume 2008). Die Neuorientierung erfolgte über eine erneute Konzentration auf den Ballungsraum im Zentrum des Regionalparks mit einer Prioritätensetzung auf die sogenannte „Regionalparkfigur". Diese wird gebildet von der neu konzipierten Rundroute und den Flussrouten an Main und Rhein. Die Bündelung der Kräfte auf die Entwicklung des Regionalparks im Kern des Rhein-Main Gebietes bedeutet also eine gewisse Rückbesinnung auf die Anfänge des Regionalparks. Gleichzeitig standen damit die Wahrnehmung sowie der Umgang und die Nutzung der Stadtlandschaft des Ballungsraums RheinMain wieder im Zentrum der Betrachtung. Über die Verbindung der Rundroute mit den angrenzenden Regionalparkrouten sollte die Vernetzung mit dem restlichen Regionalpark erfolgen, auch in den ländlicheren Räumen.

Die Idee, eine zentrale Rundroute – rund um Frankfurt – durch den Ballungsraum als Erlebnisweg im Regionalpark zu etablieren, wurde auch praktisch umgesetzt. Ziel war damit ein möglichst einprägsames Bild des Regionalparks zu schaffen. Auf einer Gesamtlänge von 190 km verknüpft diese Route wichtige Orte der Stadtlandschaft und attraktive Ziele im Regionalpark. Angebunden sind die bereits etablierten Main- und Rhein-Uferwege. Es war geplant, etwa zwei Drittel bis drei Viertel der verfügbaren finanziellen Mittel in diesem zentralen Raum zu konzentrieren.

Die Rundroute sollte die Wahrnehmbar- und Erkennbarkeit des Regionalparks bei der Bevölkerung im RheinMain Gebiet deutlich steigern. Sie wurde so zum zentralen Aushängeschild des Regionalparks in der nächsten Dekade seiner Entwicklung. Die Eröffnung der Route im September 2011 war der Startschuss für den weiteren Entwicklungsprozess. Dazu wurde von 2010 bis 2014 von der Regionalparkgesellschaft und in meiner Begleitung ein Leitkonzept erarbeitet, in dem die wesentlichen Themen, Inhalte und Qualitätskriterien für die Routenentwicklung festgelegt sind (siehe Dettmar 2014a; Rautenstrauch 2015).

3.2.2 Ausgangslage, Ziele, Vorstellungen, Leitbilder für den Regionalpark RheinMain

Die Ursprünge des Regionalparks RheinMain liegen in den in den 1960er Jahren ausgewiesenen regionalen Grünzügen im Ballungsraum. Sie wurden im Regionalplan verankert, um das weitere Siedlungswachstum einzugrenzen und die verbliebenen offenen Landschaftsräume zu schützen.

Die Mitte der 1990er Jahre begonnene Etablierung des Frankfurter Grüngürtels sowie der spektakuläre Emscher Landschaftspark im Ruhrgebiet gaben Anstöße für den Regionalpark Rheinmain (siehe Rautenstrauch 2015). Die Ausgangslage war allerdings völlig anders als im Ruhrgebiet. Hier ging es nicht um die alte Industrielandschaft einer kriselnden Region, sondern um eine prosperierende wachsende Region mit sehr selbstbewussten Kommunen. Der Fokus auf Landschaft traf allerdings den Nerv vieler Akteure der Region. Die „Sehnsucht nach Natur" als Gegenwelt zur städtischen Agglomeration, die Erhaltung landschaftlicher Schönheit und deren Erschließung für die Bevölkerung waren überzeugende Themen (siehe Rautenstrauch 2015).

Anfängliche Ideen zu einer flächenhaften Aufwertung von Landschafsräumen wurden allerdings sehr schnell als unrealistisch erkannt, weil weder genügend finanzielle Mittel in Aussicht noch Flächen dafür zur Verfügung standen. Ein erstes vom Umlandverband Frankfurt in Auftrag gegebenes Gutachten (siehe Christ 1994) wurde deshalb nicht weiter verfolgt. Interessant ist aber, dass bereits in diesem Gutachten eine Reihe von Ideen zu finden sind, die dann auch in der Zwischenstadtdiskussion (siehe Sieverts 1997) eine wichtige Rolle spielen.

Die Strategie der Regionalparkentwickler konzentrierte sich stattdessen auf den Aufbau eines Wegenetzes über die sogenannten „Regionalparkrouten" zur Erschließung des Regionalparks. Darüber hinaus versuchte man in dem räumlich begrenzten Pilotgebiet „Flörsheim-Hattersheim", auch flächenbezogene Maßnahmen umzusetzen. Angesichts all der organisatorischen Schwierigkeiten und der immer wieder unsicheren Finanzierung kann sich das Ergebnis der Regionalparkentwicklung heute durchaus sehen lassen (siehe Rautenstrauch 2015).

Es handelte sich um eine sehr pragmatische, am Machbaren orientierte Strategie. Das Thema „Gestaltung der Stadtlandschaft im Ballungsraum" spielte vor allem in dem Pilotgebiet exemplarisch in künstlerischen und landschaftsarchitektonischen Projekten, wie z. B. bei den Landmarken Vogelnest und dem Eisenbaum oder einer Aussichtsbastion an der A3 eine Rolle (siehe http://www.regionalpark-rheinmain.de/de/poi/highlights. Zugriff 31.03.2017).

Interessant ist, dass die mit dem Buch von Thomas Sieverts (1997) angestoßene Zwischenstadtdiskussion in der praktischen Entwicklung des Regionalparks kaum eine Rolle spielte. Im Rahmen des Ladenburger Zwischenstadt-Kollegs sind durch Vertreter unterschiedlicher wissenschaftlicher und planender Disziplinen gründliche Analysen der Stadtlandschaft RheinMain erarbeitet worden (siehe Bölling und Sieverts 2004; Bodenschatz und Schönig 2004; Bormann et al. 2005; Bölling und Christ 2005; Brake et al. 2005;

Körner 2005; Sieverts et al. 2005; Hahn und Steinbusch 2006; Hauser und Kamleithner 2006; Stein 2006; Boczek 2007; Läpple und Soyka 2007). Auch Ideen und Strategien für die Weiterentwicklung und Transformation der Landschaft wurden entwickelt (siehe Boczek 2007).

Die Haltung der Akteure im Regionalpark gegenüber diesen theoretischen Ansätze war nach meiner Erfahrung eher skeptisch; sie wurden als wenig hilfreich, kaum vermittelbar und nicht umsetzbar eingeschätzt. Die Vermittlung des Zwischenstadtkonzeptes an politische Entscheidungsträger kollidierte mit deren Verständnis und Wahrnehmung der Region. Die traditionelle Vorstellung einer klaren Trennung von Stadt und Landschaft – trotz der Realität des Ballungsraums – ist dort offensichtlich dominant. Insofern bot der traditionelle Ansatz, auf die Strahlkraft einer „schönen Landschaft" zu setzen, auf jeden Fall mehr Erfolgschancen.

Mit der erheblichen Ausdehnung des Regionalparks nach der Gründung der Regionalparkgesellschaft im Jahr 2005 wurde dessen Vermittlung und Wahrnehmung noch schwieriger. Durch die Einbeziehung großer ländlicher Räume gab es nun keinen klaren Bezugsraum und keine zentrale Botschaft mehr. Insbesondere aus der Wirtschaft, vertreten durch die Wirtschaftsinitiative RheinMain, wurde die Forderung laut nach einer attraktiveren Landschaft im Ballungsraum. Hintergrund war das diesbezüglich offensichtlich zu negative Image des Rhein-Main-Gebietes. Nach einigen Diskussionen im politischen Raum wurde die Entscheidung getroffen, sich wieder stärker auf den Ballungsraum zu konzentrieren. Dafür wurde die oben erwähnte klar ablesbare Regionalparkfigur mit einer zentralen Rundroute entwickelt. Dies bedeutete zwangsläufig wieder eine stärkere Auseinandersetzung mit der Stadtlandschaft.

Bei der Entwicklung des Leitkonzeptes für die Rundroute wurde die Stadtlandschaft RheinMain entsprechend zentral thematisiert und dabei auch auf theoretische Ansätze u. a. des Zwischenstadtdiskurses (siehe Vicenzotti 2011) zurückgegriffen (siehe Dettmar 2012, 2014b). Eine Reihe von Ideen wurde entwickelt und einige, wie z. B. die Markierung der Rundroute oder die stärkere Einbeziehung der Landwirtschaft, wurden auch praktisch umgesetzt.

Ab 2014 änderte sich allerdings vor allem aufgrund des Rückgangs der finanziellen Mittel erneut der Fokus. Heute stehen vor allem die Öffentlichkeitsarbeit und die Durchführung von Veranstaltungen im Vordergrund, die Realisierung neuer Projekte nimmt dagegen deutlich ab.

3.2.3 Reflexionen über das Verhältnis zwischen Theorie und Praxis aus der persönlichen Perspektive der Mitwirkung am Regionalpark RheinMain

Meine persönlichen Erfahrungen in der Mitarbeit am Regionalpark RheinMain (2010–2014) waren deutlich anders als im Ruhrgebiet (siehe Abschn. 3.1.3). Die Rahmenbedingungen unterscheiden sich stark, nicht nur in Hinblick auf die Art der Organisation und der Finanzierung des Regionalparks, sondern aufgrund des völlig anderen Charakters der Stadtlandschaft im Ballungsraum RheinMain. Der hochdynamische Ballungsraum ist heute vor allem geprägt durch die Konzentration der Verkehrsinfrastrukturen, die verdichteten Städte und das Patchwork von unterschiedlichen Siedlungsarealen an deren Peripherie sowie eine industrialisierte Landwirtschaft, die die Freiräume dazwischen bewirtschaftet. Der Freiflächenanteil ist wesentlich größer als im Ruhrgebiet. Die Charakteristik der verschiedenen Naturräume, wie z. B. des Taunus, des Hessischen Rieds oder der Wetterau, ist trotz des Ballungsraums deutlich ablesbar. Es gibt keine monofunktionale Überprägung, die für alte Industrieregionen typisch ist, keine spektakulären Industrieruinen, Brachen oder Halden. Es ist eben keine „romantisierbare" Gebrauchslandschaft der Vergangenheit, sondern eine Alltagslandschaft der Gegenwart. Wir haben offensichtlich noch nicht genügend Abstand, um dies aus einer anderen Perspektive wahrnehmen zu können. „Der Versuch einer ästhetisch ideologischen Inwertsetzung der Stadtlandschaft kann noch nicht gelingen, weil wir – wie seinerzeit die Bauern der historischen Agrarlandschaft – unsererseits der Stadtlandschaft in einem dem „bäuerlichen Kampf ums Überleben" durchaus vergleichbaren Sinne ausgeliefert sind. Wir haben noch keine Herrschaft über oder Unabhängigkeit von der Stadtlandschaft erreicht, keine innere Distanz, um sie in einem anderen Licht als vorrangig ästhetisches Objekt sehen zu können" (leicht verändert nach Tessin 2002). Genau deshalb funktionieren die alten Sehnsuchtsbilder nach der Landschaft vor der Stadt hier noch. Die theoretischen Konzepte, wie z. B. das der „Zwischenstadt", liefern durchaus fundierte Analysen. Die Versuche, die Wahrnehmung der Stadtlandschaft durch neue Sichtweisen oder Inszenierungen zu verändern, erreichen aber noch keine breite Resonanz in der Bevölkerung.

Die Realität der Stadtlandschaft RheinMain ist durch Fluglärm und eine hohe sonstige Verkehrsdichte eher belastend. Die architektonische und städtebauliche Qualität der Peripherie ist banal bis nicht vorhanden. Der Ansatz, über die Inszenierung der Brüche oder Widersprüche in dieser Landschaft Interesse und Aufmerksamkeit zu erzeugen (siehe Vicenzotti 2011), ist gut nachvollziehbar, aber der Aufwand und die Dimension einer solchen Inszenierung müsste erheblich sein, um dies zu erreichen. Die bislang im Regionalpark RheinMain in diesem Kontext installierten Landmarken oder Kunstobjekte erreichen dies nach meiner Einschätzung nicht. Um Eigenständigkeit und Unverwechselbarkeit zu erreichen, müsste gerade das Charakteristische der Stadtlandschaft herausgestellt werden. Aber was ist, wenn dieser Charakter eher banal bis belastend ist?

Eine weitere Strategie für Stadtlandschaften setzt vor allem auf die verbliebenen Freiräume als potenziellen Gestaltungsraum. Durch deren Umgestaltung und Aufwertung soll der Freiraum zum tragenden Gerüst der diffusen Siedlungsstrukturen werden. Planerische Konzepte bzw. Strategien dafür entwickeln u. a. Bölling (2008) oder Kurath (2011).

In Raumplanung, Architektur und Landschaftsarchitektur herrscht weitgehend Konsens, dass in den „Stadtlandschaften" die alte Trennung zwischen Stadt und Land keinen Sinn mehr macht. Gleichzeitig ist aber auch hier die Orientierung an Kulturlandschaften oder Naturvorstellungen der vorindustriellen Phase immer noch sehr prägend (siehe Dettmar 2003; Körner 2005).

Ob man deshalb eine neue Landschafstheorie braucht oder Konzepte universeller Landschaften helfen, ist in den letzten 15 Jahren in der Fachwelt intensiv diskutiert worden, z. B. im Diskurs über das von Martin Prominski (2004) weiterentwickelte Konzept der „Landschaft Drei" von John B. Jackson. Die vergleichsweise pragmatische Annäherung von Prominski an einen universellen Landschaftsbegriff wird von Körner und Eisel durch eine intensivere Begriffsanalyse und die Einordnung des theoretischen Hintergrundes des Ansatzes sehr kritisch hinterfragt. Auch hier spielt die Frage, inwieweit die alten Vorstellungen von Natur- und Landschaft überwunden werden können, eine zentrale Rolle (siehe Prominski 2004, 2006, 2009; Körner 2005, 2006, 2007; Eisel 2011).

Letztlich musste ich feststellen, dass es auch bei mir in Bezug auf die Stadtlandschaft des Rhein-Main-Gebiets einen deutlichen Unterschied zwischen einer gewissen intellektuellen Faszination und der emotionalen Ablehnung ihrer eher banalen Realität gibt. Dies erzeugt eine Ratlosigkeit, die mich persönlich darin bestätigt, vorsichtig zu sein, die alten „arkadischen" Landschaftsvorstellungen für vergangen zu erklären (siehe Dettmar 2003).

4   Resümee in Hinblick auf eine Transdisziplinäre Landschaftsforschung

Die Zusammenarbeit verschiedener Disziplinen erschien mir bei den beiden angesprochenen Regionalparkprojekten meist als unproblematisch. Stadtplaner, Architekten, Bauingenieure, Denkmalpfleger, Landschaftsarchitekten, Künstler, Soziologen, Ökologen, Biologen etc. arbeiten vor dem Hintergrund einer konkreten Planungsaufgabe oder Projektrealisierung in der Regel professionell zusammen. Auch wenn es unterschiedliche Ziele oder Leitbilder im Hintergrund gibt, erfolgt meist eine pragmatische Verständigung. Natürlich spielen dabei u. a. auch Machtverhältnisse, gesetzliche Rahmenbedingungen oder ökonomische Faktoren eine Rolle. Die Planung und Umsetzung von Projekten erfordert bei allen Beteiligten eine grundsätzliche Kompromissfähigkeit.

Auf der wissenschaftlich-theoretischen Ebene sieht es dagegen deutlich anders aus. Schon innerhalb der Landschaftsarchitektur – als polyparadigmatischer Disziplin (siehe Eisel 1997; Dettmar 2018) – gibt es massive Verständigungsschwierigkeiten zwischen der stark naturwissenschaftlich ausgerichteten Landschaftsplanung, der gesellschaftswissenschaftlich orientierten Freiraumplanung und dem künstlerisch beeinflussten Entwurf im Rahmen der Objektplanung. Die innerdisziplinären Verständnisprobleme resultieren auch aus einer unzureichenden Kenntnis der theoretischen Grundlagen und Paradigmen der jeweils zugrunde liegenden Disziplinen.

Nach meiner Einschätzung zeigt sich dies auch in verschiedenen interdisziplinären Forschungsprojekten zur Stadtlandschaft. Ein gutes Beispiel dafür sind die im Rahmen des Ladenburger Kollegs zur Zwischenstadt (2003–2005) erstellten Arbeiten. Beteiligt waren neben einer Kerngruppe aus Architekten, Stadtplanern und Raumplanern (Bölling und Sieverts 2004; Bodenschatz und Schönig 2004; Bormann et al. 2005; Bölling und Christ 2005; Hahn und Steinbusch 2006; Stein 2006; Sieverts et al. 2005; Boczek 2007) auch Politik- und Wirtschaftswissenschaftler (Brake et al. 2005; Läpple und Soyka 2007), Landschaftsarchitekten (Körner 2005) und Kulturwissenschaftler (Hauser und Kamleithner 2006). Die jeweiligen Analysen und Bewertungen bleiben allerdings sektoral. Für eine disziplinübergreifende Zusammenführung fehlen die definitorischen Begriffsklärungen und Verständigungen. Die vorgestellten architektonischen oder städtebaulichen Gestaltungs- und Entwurfsansätze oder Strategien stehen für sich und nehmen nur wenig Bezug auf die analytische Arbeit der anderen Disziplinen.

Ich vermute, dass sich Ähnliches finden würde, wenn man z. B. die im Rahmen von BMBF-Forschungsprogrammen zur Nachhaltigen Entwicklung geförderten Forschungsprojekte über Stadtlandschaften (siehe z. B. REFINA-Programm des BMBF – Reduzierung der Flächeninanspruchnahme und ein nachhaltiges Flächenmanagement http://www.refina-info.de/de/projekte/index.phtml, Zugriff 30.05.2017 oder FONA Forschung für nachhaltige Entwicklung im Bereich Landmanagement http://www.fona.de/de/nachhaltiges-landmanagement-19763.html, Zugriff 30.05.2017), bei denen inter- oder transdisziplinäre Ansätze gewählt wurden, näher untersucht. Einige dieser Projekte werden aktuell im Rahmen des Forschungsprojektes „TransImpact" am Zentrum Technik und Gesellschaft der TU Berlin zur transdisziplinären Nachhaltigkeitsforschung in Hinblick auf die Verknüpfung zwischen Forschungshandeln und Forschungswirkung untersucht (siehe http://www.tu-berlin.de/ztg/menue/projekte_und_kompetenzen/projekte_laufend/transimpact_wirkungsvolle_transdisziplinaere_forschung/ Zugriff 30.05.2017, Bergmann et al. 2016).

Eigene Erfahrungen mit der interdisziplinären Zusammenarbeit unterschiedlicher Wissenschaftsdisziplinen und mit kommunalen und regionalen Verwaltungen und Unternehmen habe ich u. a. im Rahmen eines großen FONA-Verbundprojektes im Ruhrgebiet – „Nachhaltige urbane Kulturlandschaft in der Metropole Ruhr (KuLAaRuhr), 2011–2014 –des BMBF gesammelt" (siehe www.kularuhr.de, Zugriff 30.05.2017), bei dem es zentral um die Weiterentwicklung des Emscher Landschaftsparks ging (siehe Abschn. 3.1). Auch hier hat sich bestätigt, dass die Zusammenarbeit an praxisbezogenen konkreten Themen wie z. B. der Biomassenutzung weitgehend unproblematisch war. Wesentlich weniger ertragreich waren aber z. B. Versuche zwischen verschiedenen Wissenschaftsdisziplinen, sich auf die Definition von gemeinsam zu verwendenden Nachhaltigkeitsindikatoren zu verständigen.

Vielleicht bringt der Sprung von der Inter- zur Transdisziplinarität tatsächlich etwas. Das Spezifische eines transdisziplinären Ansatzes ist ja das Aufgreifen lebensweltlicher Probleme und die Einbeziehung lebensweltlicher Erfahrungen und Wissensbeständen von entsprechenden Akteuren. Ohne den Ergebnissen des oben genannten Forschungsprojektes vorgreifen zu können, liegt hier möglicherweise ein Schlüssel für die Zusammenarbeit von verschiedenen Wissenschaftsdisziplinen. Anders ausgedrückt, vielleicht zwingt auch hier die „Praxis" die Theoretiker zu pragmatischeren Formen der Zusammenarbeit.

Literatur

Adrian, H. (1997). Welche Zukunft hat die Peripherie? In: ILS NRW (Hrsg.), *Am Rand der Stadt. Ballungsraumperipherie als Planungsschwerpunkt kommunaler Stadtentwicklungspolitik* (S. 22–24). Dortmund.

Bergmann, M., Jahn, Th., Lux, A., Nagy, E., Schäfer, M. (2016). Wirkungsvolle transdisziplinäre Forschung: TransImpact untersucht transdisziplinäre Projekte. *GAIA – Ecological Perspectives for Science and Society, Volume 25, Number 1*, 59–60(2).

Blume, F. (2008). Regionale Freiraumentwicklung. Strategische Neuorientierung für den Regionalpark RheinMain. *Stadt + Grün 6/2008*, 72–77.

Boczek, B. (2007). Transformation urbaner Landschaft. Ansätze zur Gestaltung in der Rhein-Main-Region. Zwischenstadt Bd. 11. Wuppertal: Müller + Busmann.

Bodenschatz, H. & Schönig, B. (2004). *Smart Growth – New Urbanism – Liveable Communities. Programm und Praxis der Anti-Sprawl-Bewegung in den USA. Zwischenstadt Bd. 2.* Wuppertal: Müller + Busmann.

Bölling, L. & Christ, W. (2005). *Bilder einer Zwischenstadt. Ikonographie und Szenographie eines Urbanisierungsprozesses. Zwischenstadt Bd. 6.* Wuppertal: Müller + Busmann.

Bölling, L. & Sieverts, Th. (Hrsg.). (2004). *Mitten am Rand. Auf dem Weg von der Vorstadt über die Zwischenstadt zur regionalen Stadtlandschaft. Zwischenstadt Bd. 1.* Wuppertal: Müller + Busmann.

Bölling, L. (2008). *Das Bild der Zwischenstadt: Dekodierung und Inszenierung „räumlicher Identität" als Potenzial zur Qualifizierung der verstädterten Landschaft.* Dissertation Bauhaus Universität Weimar.

Bormann, O., Koch, M., Schmeing, A., Schröder, M. & Wall, A. (2005). *Zwischen Stadt Entwerfen. Zwischenstadt Bd. 5.* Wuppertal: Müller + Busmann.

Brake, K., Mäding, H. & Einacker, I. (2005). *Kräfte, Prozesse, Akteure – zur Empirie der Zwischenstadt. Zwischenstadt Bd. 3.* Wuppertal: Müller + Busmann.

Christ, W. (1994). *Regionalpark Rhein-Main – Strukturkonzept. Gutachten im Auftrag des Umlandverbandes Frankfurt.* (Unveröffentlichtes Manuskript, 63 S.).

Dettmar, J. & Ganser, K. (Hrsg.). (1999). *Ökologie und Gartenkunst im Emscher Park.* Stuttgart: Verlag Eugen Ulmer.

Dettmar, J. & Rohler, H.-P. (Hrsg.). (2010). *Trägerschaft und Pflege des Emscher Landschaftsparks in der Metropole Ruhr. Wie viel Grün kann sich die Metropole Ruhr leisten?* Essen: Klartext Verlag.

Dettmar, J. & Rohler, H.-P. (Hrsg.). (2015). *Der Emscher Landschaftspark – die Grüne Mitte der Metropole Ruhr – Weitergedacht.* Essen: Klartext Verlag.

Dettmar, J. (1992). *Industrietypische Flora und Vegetation im Ruhrgebiet. Dissertationes Botanicae Band 191.* Berlin: J. Cramer Verlag.

Dettmar, J. (1999). Die Industrielandschaft an der Emscher. In: Dettmar, J. & Ganser, K. (Hrsg.), *Ökologie und Gartenkunst im Emscher Park* (S. 10–31). Stuttgart: Verlag Eugen Ulmer.

Dettmar, J. (1999). Ein Biosphärenreservat in der Industrielandschaft. In Höber, A. & Ganser, K. (Hrsg.), *Industriekultur* (S. 56–60). Essen: Klartext Verlag.

Dettmar, J. (2000). Ein neuer Landschaftstyp im Ruhrgebiet – Regionalpark Emscher Landschaftspark. In: Jentsch, Ch. & Lukhaupt, R. (Hrsg.), *Der Regionale Landschaftspark – Landschaftsgestaltung und Freiraumsicherung in einem industriellen Verdichtungsraum* (S. 5–20). Institut für Landeskunde und Regionalforschung der Universität Mannheim. Südwestdeutsche Schriften Heft 27.

Dettmar, J. (2001). Postindustrielle Kulturlandschaft im Ruhrgebiet. In: IBA Fürst Pückler Land (Hrsg.), *Bergbaulandschaft und Bergbaugerät nach dem Bergbau. Dokumentation zur Konferenz in Finsterwalde 12.–14.10.2000* (S. 82–90). Großräschen: IBA Fürst-Pückler-Land.

Dettmar, J. (2003). Wohin mit Landschaft? In: Bund Deutscher Landschaftsarchitekten (Hrsg.), *Event Landschaft/Event Landscape? Zeitgenössische deutsche Landschaftsarchitektur. Deutscher Landschaftsarchitekturpreis 2003* (S. 39–49). Basel: Birkhäuser Verlag.

Dettmar, J. (2009a). Urbane Kulturlandschaft der Zukunft – der Emscher Landschaftspark im Ruhrgebiet. In: Collinet, H.-D. & Pesch, F. (Hrsg.), *Stadt und Landschaft* (S. 53–61). Essen: Klartext Verlag.

Dettmar, J. (2009b). Kulturlandschaften – ein Einstieg. Einbindung des industriekulturellen Erbes in urbane Kulturlandschaften der Zukunft. *Industriekultur – Denkmalpflege, Landschaft, Sozial-, Umwelt- und Technikgeschichte. 1/2009*, 2–3.

Dettmar, J. (2010). Urbane Kulturlandschafen gestalten. In: Dettmar, J. & Rohler H.-P. (Hrsg.), *Trägerschaft und Pflege des Emscher Landschaftsparks in der Metropole Ruhr. Wie viel Grün kann sich die Metropole Ruhr leisten?* (S. 42–66) Essen: Klartext Verlag.

Dettmar, J. (2011). Industrial Heritage and Cultural Landscape. In: Albrecht, H.; Kierdorf, A. & Tempel, N. (Hrsg.), *Industrial Heritage – Ecology & Economy* (S. 19–21). XIV. International TICCIH Congress 2009 in Freiberg, Germany. Chemnitz: Zweckverb. Sächsisches Industriemuseum.

Dettmar, J. (2012). Weiterentwicklung des Regionalparks RheinMain. In: Monstadt, J., Zimmermann, K., Robischon, T. & Schönig, B. (Hrsg.), *Die diskutierte Region. Probleme und Planungsansätze der Metropolregion Rhein-Main* (S. 231–254). Interdisziplinäre Stadtforschung Band 14. Frankfurt/New York: Campus Verlag.

Dettmar, J. (2014a). Activate urban landscape networks: Regional Park RheinMain – next steps. In: Soerensen, Ch. & Liedge, K. (Ed.), *Specifics – proceedings eclas conference 2013* (S. 216–221). Berlin: Jovis Verlag.

Dettmar, J. (2014b). *Dokumentation Leitkonzept Rundroute Regionalpark RheinMain 2010–2014. Dokumentation in 9 Bänden für die Regionalpark Ballungsraum RheinMain GmbH* (unveröffentlicht).

Dettmar, J. (2018). Wissenschaftliche Grundlagen der Landschaftsarchitektur. In: K. Berr (Hrsg.), *Landschaftsarchitekturtheorie. Aktuelle Zugänge, Perspektiven und Positionen* (S. 21–50). Wiesbaden: Springer VS.

Durth, W. & Gutschow, N. (1988). Vom Architekturraum zur Stadtlandschaft. Wandlungen städtebaulicher Leitbilder unter dem Eindruck des Luftkriegs 1940–1945. In: Schildt, A. & Sywottek, A. (Hrsg.), *Massenwohnung und Eigenheim. Wohnungsbau und Wohnen in der Großstadt seit dem Ersten Weltkrieg* (S. 326–359). Frankfurt am Main, New York: Campus Verlag.

Eisel, U. (1997). Unbestimmte Stimmungen und bestimmte Unstimmigkeiten. Über die guten Gründe der deutschen Landschaftsarchitektur für die Abwendung von der Wissenschaft und die schlechten Gründe für ihre intellektuelle Abstinenz – mit Folgerungen für die Ausbildung in diesem Fach. In: Bernard, St. & Sattler, Ph. (Hrsg.), *Vor der Tür. Aktuelle Landschaftsarchitektur aus Berlin* (S. 17–33). München: Callwey.

Eisel, U. (2011). *Abenteuer, Brüche, Sicherheiten und Erschütterungen in der Landschaftsarchitektur? Über den Unterschied zwischen Theorie und Fachpolitik sowie einige Auskünfte über eine Schule.* Kassel: Kassel university press.

Ganser, K. (2002). Stadt frisst Landschaft – Landschaft frisst Stadt. In: Pütz, G. & Schröder, Th. (Hrsg.), *Mögliche Räume* (S. 82–92). Dresden: Junius.

Giseke, U. (2002). Urbane Freiräume in der schrumpfenden Stadt. *Der Architekt 8/02*, 44–46.

Göderitz, J. Rainer, R. & Hoffmann, H. (1957). *Die gegliederte und aufgelockerte Stadt.* Tübingen: Wasmuth Verlag.

Hahn, A. & Steinbusch, M. (2006). *Zwischen Möglichkeit und Grenze: Zur Bedeutungsgestalt der Zwischenstadt.* Zwischenstadt Bd 7. Wuppertal: Müller + Busmann.

Hard, G. (1977). Zu den Landschaftsbegriffen der Geographie. In: von Wallthor, A. H. & Quirin, H. (Hrsg), *„Landschaft" als interdisziplinäres Forschungsproblem* (S. 12–23). Münster: Aschendorffsche Verlagsbuchhandlung.

Hauser, S. & Kamleithner, Ch. (2006). *Ästhetik der Agglomeration. Zwischenstadt Bd. 8.* Wuppertal: Müller + Busmann.

Hauser, S. (2001). *Metamorphosen des Abfalls: Konzepte für alte Industrieareale.* Frankfurt, New York: Campus Verlag.

Hoffmann-Axthelm, D. (1985). Stadt und Landschaft. *Der Architekt Nr. 7–8,* 310–313.

Kohlhaas, R. & Mau, B. (1995). *Small, Medium, Large, Extra-Large.* Rotterdam: 010 Publishers.

Körner, St. (2005). *Natur in der urbanisierten Landschaft. Ökologie, Schutz und Gestaltung. Zwischenstadt Band 4.* Wuppertal: Müller + Busmann.

Körner, St. (2006): Eine neue Landschaftstheorie? Eine Kritik am Begriff „Landschaft Drei". *Stadt und Grün, Jg. 55. H. 10,* 18–25.

Körner, St. (2007). Die neue Debatte über Kulturlandschaft in Naturschutz, Stadtplanung und Landschaftsarchitektur. In: Körner, St. & Marschall, I. (Hrsg.), *Die Zukunft der Kulturlandschaft: verwilderndes Land – wuchernde Stadt? Ergebnisse des Expertenworkshops 18.–21.09.2006 an der Internationalen Naturschutzakademie Insel Vilm (INA) des Bundesamtes für Naturschutz* (S. 8–18). Bonn: Bundesamt für Naturschutz.

Kurath, St. (2011). *Stadtlandschaften Entwerfen? Grenzen und Chancen der Planung im Spiegel der städtebaulichen Praxis.* Bielefeld: Transcript Verlag.

KVR – Kommunalverband Ruhr (1989). Machbarkeitsstudie Emscher Landschaftspark. *Emscher Park Planungsgrundlagen Bd. 1.* Essen.

Läpple, D. & Soyka, A. (2007). *Stadt – Zwischenstadt – Stadtregion: Raumwirtschaftliche Transformationen in der Stadtregion Frankfurt/Rhein-Main. Zwischenstadt Bd. 10.* Wuppertal: Müller + Busmann.

Latz, P. (2016). *Rost Rot: Der Landschaftspark Duisburg-Nord.* München: Hirmer Verlag.

Leibenath, M. & Gailing, L. (2012). Semantische Annäherung an „Landschaft" und „Kulturlandschaft". In: Schenk, W., Kühn, M., Leibenath, M. & Tzschaschel, S. (Hrsg), *Suburbane Räume als Kulturlandschaften. Forschungs- und Sitzungsberichte der ARL. Bd. 236* (S. 58–79). Hannover: Akad. für Raumforschung und Landesplanung.

Mitscherlich, A. (1965). *Die Unwirtlichkeit unserer Städte. Anstiftung zum Unfrieden.* Frankfurt am Main: Suhrkamp.

MSWV – Minister für Stadtentwicklung, Wohnen und Verkehr NRW (Hrsg.) (1989). *Internationale Bauausstellung Emscher-Park. Werkstatt für die Zukunft alter Industriegebiete. Memorandum zu Inhalt und Organisation.* Kleve: Boss-Druck.

Oswald, F. & Baccini, P. (1998). *Netzstadt. Transdisziplinäre Methoden zum Umbau urbaner Systeme.* Zürich: Hochschulverlag.

Oswalt, Ph. (Hrsg.). (2004). *Schrumpfende Städte/Shrinking Cities.* Berlin: Hatje Cantz.

Oswalt, Ph. (Hrsg.). (2005). *Handlungskonzepte. Schrumpfende Städte* (Bd. 2). Berlin: Hatje Cantz.

Planungsgemeinschaft Landschaftspark Duisburg-Nord (Hrsg.). (1991). *Landschaftspark Duisburg-Nord. Ein Projekt im Rahmen der „Internationalen Bauausstellung Emscher Park". Planungsverfahren Stufe 1. Kurzfassung der von den fünf beauftragten Planungsteams vorgelegten Entwicklungskonzepte.*

Projekt Ruhr (Hrsg.) (2005). Masterplan Emscher Landschaftspark 2010. Essen: Klartext Verlag.

Prominski, M. (2004). *Landschaft entwerfen. Zur Theorie aktueller Landschaftsarchitektur.* Berlin: Reimer.

Prominski, M. (2006). Landschaft – warum weiter denken? Eine Antwort auf Stefan Körners Kritik am Begriff „Landschaft Drei". *Stadt und Grün, Jg. 55, H. 12,* 36–41.

Prominski, M. (2009). Sicherheit oder Abenteuer? Anmerkungen zur Theorie von Landschaft und Entwerfen. In: Eisel, U. & Körner St. (Hrsg.), *Befreite Landschaft. Moderne Landschaft ohne arkadischen Ballast? Beiträge zur Kulturgeschichte der Natur, Bd. 18* (S. 183–202). Freising: Druck.

Rautenstrauch, L. (2015). *Regionalpark RheinMain – Die Geschichte einer Verführung*. Frankfurt a. M.: Societäts Verlag.

Regionalpark Ballungsraum RheinMain GmbH (2010). *Workshop Hauptroute – Regionalpark RheinMain 23./24.04.2010. Hintergrund und Aufgabenstellung* (unveröffentlichtes Manuskript).

Reichow, H. B. (1940). *Gedanken zur städtebaulichen Entwicklung des Groß-Stettiner Raumes*. Stettin: Hessenland.

Reichow, H. B. (1948). *Organische Stadtbaukunst*. Braunschweig: Georg Westermann.

Reidl, K. (1999). Ein Biosphärenreservat in urban-industriellen Landschaften als Modellgebiet für Forschung und Stadtentwicklung? *Geobot. Kolloq. 14*, 23–31.

Reidl, K. (1995). Emscher Landschaftspark – Wiederaufbau von Landschaft und Biosphärenreservat? *Natur und Landschaft 10/95*.

Rossow, W. (1961). Die große Landzerstörung. *Garten und Landschaft 71/1*, 2–6.

RVR – Regionalverband Ruhr (Hrsg.). (2010). *Unter freiem Himmel. Emscher Landschaftspark. Under the open sky. Emscher Landscape Park*. Basel: Birkhäuser.

RVR – Regionalverband Ruhr (Hrsg.). (2014). *Trägerschaft für den Emscher Landschaftspark. Evaluierungsbericht 2014*. Entwurf, Stand März 2014. Essen: MBS GmbH.

Sieverts, Th. (1997). *Zwischenstadt. Zwischen Ort und Welt, Raum und Zeit, Stadt und Land*. Braunschweig : Vieweg.

Sieverts, Th., Koch, M., Stein, U. & Steinbusch, M. (Hrsg.). (2005). *Zwischenstadt – Inzwischen Stadt? Entdecken, Begreifen, Verändern. Zwischenstadt Bd. 11*. Wuppertal: Müller + Busmann.

Sohn, E. (2008). *Zum Begriff der Natur in Stadtkonzepten: anhand der Beiträge von Hans Bernhard Reichow, Walter Schwagenscheidt und Hans Scharoun zum Wiederaufbau nach 1945*. Münster: LIT Verlag.

Stein, U. (2006). *Lernende Stadtregion. Verständigungsprozesse über Zwischenstadt. Zwischenstadt Bd. 9*. Wuppertal: Müller + Busmann.

Tessin, W. (2002). Die ästhetisch-ideologische Inwertsetzung des Profanen. *Stadt + Grün, Jg. 51, H. 8*, 34–40

TU Dortmund Fakultät Raumplanung (Hrsg.). (2008). *Internationale Bauausstellung Emscher Park: Die Projekte 10 Jahre danach*. Essen: Klartext Verlag.

Technische Universität München, Lehrstuhl für Landschaftsarchitektur und industrielle Landschaft LAI (Hrsg.). (2009). *Learning from Duisburg Nord*. München.

Vicenzotti, V. (2011). *Der »Zwischenstadt«-Diskurs. Eine Analyse zwischen Wildnis, Kulturlandschaft und Stadt*. Bielefeld: transcript.

Vollweiter, R. (2008). Vision possible. Der Grüngürtel wächst in die Stadt hinein. *Stadt + Grün 6/2008*, 72–77.

Wekel, J. (Hrsg.). (2004). *Neue Landschaften. Zum zukünftigen Umgang mit Freiraum und weitere Themen der Entwicklung von Städtebau und Landesplanung. Jahrestagung in Münster*. Münster: Deutsche Akademie für Städtebau und Landesplanung.

Macht, Herrschaft und Landschaft: Landschaftskonflikte zwischen Dysfunktionalität und Potenzial

Eine Betrachtung aus Perspektive der Konflikttheorie Ralf Dahrendorfs

Olaf Kühne

1 Einleitung

Lange Zeit wurde in den Raumwissenschaften Landschaft als ein physischer Gegenstand begriffen, in dem sich gesellschaftliche Entwicklungen einschreiben konnten. Die Untersuchung von Machtprozessen beschränkt sich aus dieser Perspektive auf die Frage, wer über die Macht verfügt, seine Interessen in den physischen Raum einzuschreiben bzw. wie diese Einschreibungen auf die Gesellschaft wirken (beispielsweise in Form von Zäunen, Mauern, Verkehrsschildern, Villen, Straßen etc.). Mit der konstruktivistischen Wende der (zumindest sozialwissenschaftlichen) Landschaftsforschung hat sich diese Perspektive erweitert: nicht allein die physischen Manifeste von Machtprozessen und ihre gesellschaftliche Wirkung sind Gegenstand der konstruktivistischen Landschaftsforschung, sondern die Frage, in welchen gesellschaftlichen Kontexten Landschaft wie verhandelt wird, wer seine Deutungshoheit über die soziale Konstruktion von Landschaft durchsetzen kann, wie alternative Deutungs- und Bewertungsmuster entstehen (unter vielen: Aschenbrand 2017; Bruns und Kühne 2015a; Claßen 2016; Cosgrove 1984, 1993; Gailing 2015b; Gailing und Leibenath 2017; Greider und Garkovich 1994; Kühne 2008b, 2009, 2014, 2015; Kühne und Weber 2017; Kyle und Chick 2007; Leibenath 2014, 2015; Olwig 2008; Stemmer 2016; Weber 2015).

Der vorliegende Beitrag befasst sich aus der Perspektive der sozialkonstruktivistischen Landschaftstheorie mit der Frage der Landschaftskonflikte und soll umreißen, ob und inwiefern diese als gesellschaftlich produktiv gedeutet werden können. Dabei wird

O. Kühne (✉)
Universität Tübingen, Tübingen, Deutschland
E-Mail: olaf.kuehne@uni-tuebingen.de

im Wesentlichen auf die Konflikttheorie Ralf Dahrendorfs zurückgegriffen (Dahrendorf 1957, 1969b, 1972, 1992). Hierzu erfolgt nach dieser Einleitung eine begriffliche Einordnung des in diesem Beitrag verwendeten Landschafts-, Macht- und Herrschaftsbegriffs. Im Anschluss daran sollen gesellschaftliche Konflikte insbesondere in Rückgriff auf die Dahrendorfsche Konflikttheorie thematisiert werden, bevor aktuelle Landschaftskonflikte, mit Schwerpunkt der Energiewende, thematisiert werden. Den Abschluss des vorliegenden Beitrages bildet die Diskussion um Dysfunktionalitäten und Funktionalitäten aktueller Landschaftskonflikte.

2   Begriffliche Einordnung: Landschaft und Macht

Das diesem Beitrag zugrunde liegende Landschaftsverständnis ist – wie bereits in der Einleitung deutlich wurde – ein sozialkonstruktivistisches. Landschaft wird in diesem Sinne als individuelle Zusammenschau von physischen Objekten, symbolischen Gehalten bzw. emotionalen Besetzungen auf Grundlage sozialer Konventionen verstanden. Dies bedeutet, Landschaft weist eine Ebene des Sozialen (1), des Individuellen (2) sowie des Physisch-Materiellen (3) auf. Da jedoch nicht jedes materielle Objekt in die individuelle bzw. soziale Konstruktion von Landschaft einbezogen wird, erscheint die analytische Definition einer weiteren Ebene des Landschaftsbezugs sinnvoll: die jener Objekte, die Teil der individuellen bzw. sozialen Konstruktion von Landschaft sind (4). Dies bedeutet beispielsweise, dass einzelne Bäume nur dann als Teil von Landschaft verstanden werden, wenn sie deutlich wahrnehmbar solitär oder in Gruppen stehen, ansonsten gehen sie in der Synthese ‚Wald‘ auf. Die mit 1) bezeichnete Dimension von Landschaft bezeichne ich als ‚gesellschaftliche Landschaft‘, die mit 2) bezeichnete als ‚individuell aktualisierte gesellschaftliche Landschaft‘, der unter 3) gefasste Teil lässt sich als ‚physischer Raum‘ beschreiben, während die unter 4) genannten Bezüge als ‚angeeignete gesellschaftliche Landschaft‘ bezeichnet werden können (zur Herleitung siehe Kühne 2006a, 2008b, 2013b). Was also eine Person als Landschaft deutet und wie sie diese Deutung bewertet ist abhängig von ihrem gesellschaftlichen (und auch kulturellen; siehe dazu Bruns 2016; Bruns und Kühne 2015b; Bruns und Münderlein 2017; Bruns und Paech 2015) Umfeld. Das bedeutet, dass Deutungs- und Bewertungsmuster im Prozess der Sozialisation dem Individuum vermittelt werden, während dieses im Laufe seines Lebens durchaus die Möglichkeit hat, modifizierend in die ‚gesellschaftliche Landschaft‘ einzugreifen. Dies hat zur Folge, dass individuell (auf einer differenten sozialen und kulturellen Grundlage) unterschiedliche Objekte zu Landschaft synthetisiert und bewertet werden, so (wie etwa im chinesischen, japanischen oder arabischen Sprachraum) kein dem Deutschen vergleichbarer Landschaftsbegriff existiert bzw. erst durch Kontakt mit der westlichen Welt ‚importiert‘ wurde (Makhzoumi 2002; Ueda 2013; Zhang et al. 2013). Hier wird die in der Einleitung bereits angesprochene Machtabhängigkeit der Deutung und Bewertung von Landschaft deutlich: Die gesellschaftliche Landschaft ist abhängig davon, aufgrund welcher Machtprozesse welche Deutung und Bewertung von Landschaft ohne Verlust sozialer Anerkennung geäußert werden kann, wer wiederum individuell auf die Veränderung der gesellschaftlichen Landschaft Einfluss nehmen kann, ist abhängig von seiner gesellschaftlichen Position. So kann ein Künstler oder ein Professor für Landschaftsarchitektur oder Geografie eher neue Deutungs- und Bewertungsmuster von Landschaft durchsetzen als ein Tellerwäscher oder ein Professor für Informationstechnologie (siehe ausführlicher Kühne 2006b, 2008c).

An dieser Stelle erscheint es nötig, auf den bereits häufiger angesprochenen Begriff der Macht einzugehen (ausführlicher bei Anter 2012; Han 2005; Paris 2005). Macht ist ein allgegenwärtiger Begriff, jedoch (bzw. deswegen) herrscht hinsichtlich seiner Definition „immer noch ein theoretisches Chaos" (Han 2005, S. 7). Macht wohnt gesellschaftlichen Beziehungen inne und wie der Machtprozess „in den Regeln des sozialen Verkehrs inkorporiert ist, so folgt umgekehrt der Machtprozess den Regeln des Sozialen" (Sofsky und Paris 1994, S. 11). In seiner klassischen Definition definiert Max Weber (1976 [1922], S. 541) Macht als „jede Chance, innerhalb einer sozialen Beziehung den eigenen Willen auch gegen Widerstreben durchzusetzen, gleichwohl worauf diese Chance beruht". Damit wird deutlich, dass Macht sozialen Verhältnissen innewohnt, zur Durchsetzung eigener Interessen dient und – im Sinne der ‚Chance' – den eigenen Wirksamkeitsraum erweitert. Herrschaft stellt – Max Weber (1976 [1922], S. 28) zufolge – einen „Sonderfall von Macht" dar. Herrschaft sieht er als Chance für einen bestimmten Befehl, Gehorsam zu finden. Das Spezifikum von Herrschaft gegenüber der allgemeineren Macht ist eine größere Dauerhaftigkeit, wodurch Herrschaft „als ein institutionalisiertes Dauerverhältnis der Machtausübung einer übergeordneten Person oder Personengruppe gegenüber untergeordneten Gruppen verstanden [wird], das ohne ein Mindestmaß an Anerkennung und Gehorsam [...] nicht möglich wäre" (Imbusch 2002, S. 172). In Anschluss an die Herrschaftsdefinition von Max Weber bestimmt Ralf Dahrendorf (1972) Herrschaft anhand der folgenden Merkmale:

1. Herrschaft definiert das Verhältnis von Unter- und Überordnung sowohl von einzelnen Menschen, als auch von Gesellschaftsteilen.
2. Es wird in der Gesellschaft von den Übergeordneten (ob als Einzelner oder Mehreren) erwartet, das Verhalten des untergeordneten Teils der Gesellschaft zu kontrollieren (z. B. durch Warnungen, Befehle, Anordnungen, Gebote und Verbote).
3. Diese Erwartung ist an die soziale Position und nicht an die Person, die diese Position innehat, geknüpft. Somit bezeichnet Herrschaft ein „institutionalisiertes Verhältnis zwischen Einzelnen bzw. Mengen" (Dahrendorf 1972, S. 33).
4. Im Vergleich zu Macht ist Herrschaft spezifischer, da sie keine absolute Kontrolle über andere beinhaltet, sondern „stets auf bestimmte Inhalte und angebbare Personen begrenzt" (Dahrendorf 1972, S. 33) ist.
5. Werden Vorschriften nicht befolgt, wird dies sanktioniert. Über die Effektivität von Herrschaft wacht „ein Rechtssystem (bzw. ein System quasi-rechtlicher Normen)" (Dahrendorf 1972, S. 33).

Dahrendorf kritisiert die Undifferenziertheit von Macht, indem er feststellt: „Macht ist nie gut […]. Aber sie ist umso erträglicher, je klarer es ist, wo die Quellen der Initiative und wo die Quellen der Kontrolle liegen" (Kreuzer et al. 1983, S. 69). Insofern sieht er einen zentralen Fortschritt gesellschaftlicher Entwicklung in der Transformation von Macht zu Herrschaft, die durch Gewaltenkontrolle geregelt und durch freie, gleiche und geheime Wahlen legitimiert ist (Dahrendorf 1980, 1987, 2003).

Diese Überlegungen zu Macht und Herrschaft lassen sich an die Diskussion des Landschaftsbegriffs rückbinden: Die materiellen Objekte des physischen Raumes lassen sich also als die physisch-räumlich manifestierten Folgen und Nebenfolgen eines gesellschaftlichen, machtvermittelten Handelns verstehen: Die angeeignete physische Landschaft entsteht entsprechend durch das Diktat des ökonomisch Gebotenen, wird modifiziert durch sozialgemeinschaftlich durchgesetzte (vielfach ästhetische) Normen und Werte, wobei diese physischen Manifeste in den Grenzen der politisch-administrativen Durchsetzungsmacht, manifestiert im rechtlich Gestatteten und Verbotenen, zu entsprechen haben (an dieser Stelle wird allgemeine Macht in spezifische Herrschaft transformiert). Diese wiederum werden unter der ästhetisierenden Konstruktion des Bewusstseins auf Basis gesellschaftlicher Normensysteme einer Synthese und Bewertung unterzogen (Kühne 2008b).

3   Gesellschaftliche Konflikte aus der Perspektive Ralf Dahrendorfs

Ralf Dahrendorf entwickelt seine Konflikttheorie in Abgrenzung einerseits zum Strukturfunktionalismus Talcott Parsons, und andererseits zum Marxismus. Das wesentliche Charakteristikum des Strukturfunktionalismus liegt darin, dass dieser davon ausgeht, dass die Gesellschaft sich in Teilsysteme gliedert, die spezifische Aufgaben für die Gesamtgesellschaft erfüllen, wobei nach Dahrendorf (1968b, S. 238) das Dilemma dieser Theorie darin liegt, „wie das Element der Bewegung, des Konflikts und Wandels auf der Ebene der analytischen Abstraktion wieder in ihre Modelle eingeführt werden kann, d. h. wie theoretische Analyse dem wesentlich prozessualen Charakter der sozialen Realität gerecht werden kann". Denn das implizierte Gesellschaftsmodell des Strukturfunktionalismus sei „ein relativ stabiles System von Teilen, deren Funktion in Bezug auf das System bestimmt ist" (Dahrendorf 1968b, S. 239; siehe auch Staubmann und Wenzel 2000). Auch wenn er der Auffassung von Karl Marx folgt, Konflikt sei prinzipiell gesellschaftlich produktiv, kritisiert er doch das Gesellschaftsverständnis von Marx fundamental (Dahrendorf 1952, 1961, 1968b, 1969c, 1972): So unterstelle dieser, der konfliktäre Weg zum Kommunismus vollziehe sich als „Werk von Naturgewalten oder von göttlicher Vorhersehung" (Dahrendorf 1952, S. 13). Auch hält Dahrendorf (1972) den Weg zum Kommunismus von sich antagonistisch gegenüberstehenden Klassen der frühen Industriegesellschaft, die eine neue Gesellschaftsordnung durch Revolution herbeiführen, für überholt, da sich die Gesellschaft differenziert habe, Aufstiegschancen möglich seien, der gesamtgesellschaftliche Wohlstand angestiegen sei. Ebenso werde die Fokussierung von Marx auf die ökonomischen Verhältnisse nicht der Komplexität der Gesellschaft gerecht: „Nicht die neuen Produktivkräfte der Technik und sozialen Organisation führten zur Erosion der alten Produktionsverhältnisse und entfernten eine Klasse von der Macht, die ein berechtigtes Interesse an ihrer Aufrechterhaltung hatte, sondern ein sich ausbreitender neuer ‚Geist‘, der das menschliche Handeln in bis dahin ungekannte Bahnen lenkte" (Dahrendorf 1994b, S. 73). Auch sei die Machtübernahme durch die Nationalsozialisten in Deutschland nicht aus der Marxschen Theorie heraus erklärbar (Dahrendorf 1968b).

Im Grundsatz weist Dahrendorf in seiner Konflikttheorie das Parsonssche Stabilitätspostulat in Gänze und die Marxsche Konfliktphilie in Teilen zurück, indem er von der prinzipiellen Fruchtbarkeit von Konflikten ausgeht, sofern diese geregelt ablaufen und nicht gewaltsam ausgetragen werden (damit widerspricht er Marx, der grundlegende Umwälzungen in Form von Revolutionen zur Änderung gesellschaftlicher Zustände intendierte). In seiner Konflikttheorie bezieht sich Dahrendorf auf soziale Konflikte, die auf gesellschaftliche Rangunterschiede zurückzuführen sind. Als prinzipielle Ursache für soziale Konflikte sieht er den Antagonismus zwischen Kräften der Persistenz und der Progression (Bonacker 2009; Dahrendorf 1957; Kühne 2017b). Dabei wohnt Konflikten, Dahrendorf (z. B. 1957, 1972) zufolge, stets einerseits das Streben nach, und andererseits die Behinderung von Lebenschancen inne. Lebenschancen wiederum seien, so Ralf Dahrendorf (2007, S. 44), „zunächst Wahlchancen, Optionen. Sie verlangen zweierlei, Anrechte auf Teilnahme und ein Angebot von Tätigkeiten und Gütern zur Auswahl".

Soziale Konflikte entstehen und entfalten sich, so Dahrendorf (1972), nicht unmittelbar. Ihre Genese lässt sich vielmehr in üblicherweise drei Phasen gliedern:

1. Die Phase der ‚strukturellen Ausgangslage‘ bezeichnet die Entstehung gesellschaftlicher Teilmengen, die Dahrendorf als ‚Quasi-Gruppen‘ bezeichnet. Die ‚Quasi-Gruppen‘ sind dadurch gekennzeichnet, dass ihre Teile in bestimmten Zusammenhängen gleiche Interessen haben.
2. Die Phase der ‚Bewusstwerdung latenter Interessen‘ ist durch die Entstehung der jeweiligen Konfliktgruppen gekennzeichnet, hier werden sich die ‚Quasi-Gruppen‘ ihrer Interessen bewusst.
3. Die ‚Phase ausgebildeter Interessen‘ wird von zwei organisierten Konfliktparteien „mit sichtbarer eigener Identität" (Dahrendorf 1972, S. 36) getragen. Die Dichotomisierung des Konfliktes bedeutet auch, dass potenziell unterschiedliche Interessenslagen zu Binnenkonflikten innerhalb der einzelnen Lager transformiert werden (Dahrendorf 1972).

Konflikte können nach ihrer ‚Intensität‘ und ‚Gewaltsamkeit‘ variieren (Dahrendorf 1972). Die Intensität eines Konfliktes bezeichnet dabei die soziale Relevanz, die sich aus dem Umfang der Teilnahme potenziell vom Konflikt betroffener Quasi-Gruppen ableitet: „[S]ie ist hoch, wenn für die Beteiligten viel davon abhängt, wenn also die Kosten der Niederlage hoch sind" (Dahrendorf 1972, S. 38; ähnl. Dahrendorf 1965). ‚Gewaltsamkeit‘ kann von unverbindlich geführten Diskussionen bis zu Revolutionen und Weltkriegen variieren. Das Intensitäts- und Gewaltsamkeitspotenzial ist dann besonders hoch, wenn Konflikte auf mehreren Dimensionen entwickelt sind, also beispielsweise, wenn ökonomische, politische, kulturelle/religiöse, sozialgemeinschaftliche etc. Aspekte des Lebens betroffen sind (also zu einer relativen Armut auch noch die soziale Stigmatisierung des Quartiers und eine kulturell/ethnische Abwertung seitens der Mehrheitsgesellschaft treten).

Das Ziel, das Dahrendorf mit dem Umgang mit Konflikten verbinden will, ist, dass diese nicht gewalttätig ausgetragen werden (Dahrendorf 1972). Im Umgang mit Konflikten sieht er drei Möglichkeiten, von denen er zwei verwirft. So verwirft er die Möglichkeit der *Unterdrückung von Konflikten,* da hier weder der Konfliktgegenstand noch dessen Ursache beseitigt würden. Im Gegenteil bedeute die Behinderung der Bildung und Manifestierung von Konfliktgruppen eine gesteigerte Virulenz des Konfliktes. Dies wiederum steigere die Gefahr einer gewaltsamen Eruption. Auch die zweite Möglichkeit, die *Lösung von Konflikten,* verwirft er, da diese die Beseitigung der dem Konflikt zugrunde liegenden sozialen Gegensätze bedeutete. Was bedeutet, diese sei mit der Beseitigung gesellschaftlicher Unter- und Überordnungsverhältnisse verbunden, diese Herrschaftsverhältnisse sind jedoch – wie im vorangegangenen Abschnitt dargestellt – in jeder Gesellschaft vorhanden. Insofern kommt dem dritten Umgang mit Konflikten, deren *Regelung,* eine zentrale Bedeutung zu. Eine Regelung von Konflikten basiert jedoch auf vier Voraussetzungen:

1. Konflikt muss als normal anerkannt werden, nicht etwa als ein normwidriger Zustand.
2. Regelung ist auf die Formen des Konfliktes bezogen, nicht auf dessen Ursachen.
3. Organisiertheit der Konfliktparteien beeinflusst die Effizienz der Regelung positiv.
4. Erfolg ist durch die Einhaltung von bestimmten Regeln abhängig, von denen die Anerkenntnis der Gleichwertigkeit der Konfliktparteien eine zentrale ist.

Diese Konfliktregelung „der rationalen Bändigung sozialer Konflikte" lässt sich als „eine der zentralen Aufgaben der Politik" (Dahrendorf 1972, S. 44) verstehen, bei der zwar die Konflikte nicht verschwinden, aber ihre potenzielle Destruktivität verlieren. Dahrendorf (1972, S. 44–45) unterscheidet in diesem Kontext fundamental die Möglichkeiten des Konfliktumgangs von Demokratie und Totalitarismus: „Der Totalitarismus beruht auf der (oft als ,Lösung' ausgegebenen) Unterdrückung, die Demokratie auf der Regelung von Konflikten" (weiteres zur Konflikttheorie von Ralf Dahrendorf siehe z. B. Bonacker 1996; Kühne 2017b; Lamla 2008; Niedenzu 2001).

4   Gegenwärtige Landschaftskonflikte

Wie aus den vorangegangenen Abschnitten deutlich wurde, ist einerseits Macht/Herrschaft ein wesentlicher Grund landschaftlicher Zustände (sowohl in Bezug auf die gesellschaftliche Landschaft wie auch die physischen Grundlagen von Landschaft) wie auch Treiber von deren Veränderungen, andererseits ist die gesellschaftliche Verteilung von

Macht ungleich verteilt (woraus sich die Bändigung von Macht zu Herrschaft ableitet). Da mit der Ungleichverteilung von Macht, hier in Bezug auf die Verfügbarkeit von physischen Objekten oder der Deutung und Bewertung von Landschaft, in der Regel eine Erweiterung von Lebenschancen für einen Teil der Gesellschaft, mit einer Verringerung von Lebenschancen für einen anderen Teil der Gesellschaft einhergehen, entstehen gesellschaftliche Konflikte.

Die gesellschaftlichen Landschaftsbewertungsmuster werden im Prozess der Sozialisation angelegt und umfassen einerseits die ,heimatliche Normallandschaft', also jene Objekte und Objektkonstellationen, denen in der Kindheit heimatliche Qualitäten zugeschrieben werden, und andererseits die ,stereotypen Landschaften', die durch Schulbücher, Werbung, Spiel- und Dokumentarfilme, Internetvideos etc. idealisierte Verständnisse von Landschaft vermitteln (ausführlicher hierzu z. B. Kühne 2008a, 2017a; Lyons 1983; Nissen 1998; Proshansky et al. 1983; Stotten 2013). Der normative Anspruch an die beiden Landschaftskonstrukte ist dabei grundlegend verschieden: Die ,heimatliche Normallandschaft' muss vertraut sein, die ,stereotype Landschaft' gesellschaftlichen ästhetischen Normen entsprechen. Entspricht eine als Landschaft verstandene Objektkonstellation einer oder beiden normativen Landschaftskonstrukten nicht oder in Teilen nicht, wird diese als normwidrig abgelehnt. Wird nicht von einer grundsätzlichen Produktivität von Konflikten ausgegangen, liegt die Strategie nahe, Veränderungen der physischen Grundlagen von Landschaft, die zu Konflikten führen könnten, der sinnlichen Wahrnehmung zu entziehen oder sie so zu gestalten, dass sie gesellschaftlichen Landschaftssollvorstellungen entsprechen. Wesentliche Strategien der De-Sensualisierung sind dabei die Verschleierung räumlicher Zusammenhänge (indem etwa ökologische Fernwirkungen in Kauf genommen werden, um den eigenen Raum ,stereotyp schön' zu erhalten), die Beschleunigung und Verlangsamung von Verkehren (um Menschen an ,stereotyp wenig attraktiven Räumen' rasch vorüberzuleiten, sie dort, wo sie beispielsweise konsumieren sollen hingegen zu einem längeren Verbleiben zu animieren), semipermeable Außengrenzen ermöglichen den Blick aus einem Gebäude heraus, während der Zweck des Gebäudes von außen nicht erkennbar ist. Diese Verschleierungsstrategien beziehen sich nicht allein auf den physischen Raum, sondern werden auch in Bezug auf die gesellschaftliche Landschaft angewandt: Es kann gezielt auf eine Veränderung sozialer Wertungen hingewirkt werden (so werden Kernkraftwerke in Deutschland nicht mehr primär mit Modernität konnotiert, der Eifelturm gilt nicht mehr als hässlich etc.), Diskursgrenzen können gesetzt werden, indem das Nicht-(mehr)-Sagbare definiert wird, die Komplexität von Entscheidungsprozessen kann so weit gesteigert werden, dass nur noch Prozessexperten mit einem hohen hierfür verfügbaren Zeitbudget ihre Vorstellungen durchsetzen können (genaueres hierzu siehe Kühne 2012, 2013a; Weber 2017).

Wenn mit Dahrendorf davon ausgegangen werden kann, dass Konflikte ebenso ubiquitär sind wie der Wandel, Herrschaft und die Produktivität (in diesem Sinne der möglichen Einflussnahme des Einzelnen auf die Gesellschaft), dann kann davon ausgegangen werden, dass räumliche Veränderungen (sowohl auf den Ebenen der gesellschaftlichen Landschaft wie auch des physischen Raumes) einen unterschiedlichen Grad an Intensität und Brutalität aufweisen. Ihren Ausgang haben räumliche Konflikte in dem Gegensatz der Kräfte der Beharrung und denen des Wandels: Die einen Kräfte intendieren physische Räume oder Inhalte gesellschaftlicher Landschaft zu ändern, die anderen Kräfte widersetzen sich dieser Veränderung. Auf gesellschaftslandschaftlicher Ebene kann dies bedeuten, dass es Kräfte gibt, die das geltende Landschaftsverständnis ‚erweitern‘ wollen (z. B. suburbane Räume als Landschaft verstehen wollen; siehe z. B. Hokema 2013; Vicenzotti 2011), während andere hingegen, an einem traditionell-normativen Verständnis ‚historisch gewachsener Kulturlandschaft‘ festhalten und gegen die ‚Kräfte der Progression‘ verteidigen (Trepl 2012). Auf physisch-räumlicher Ebene reichen die Auslöser von Konflikten von familieninternen Diskussionen, ob in den Blumentopf auf dem Balkon Dahlienknollen oder Gladiolenzwiebeln gepflanzt werden bis hin zu kriegerischen Auseinandersetzungen um Territorien – Konflikte also, die in Intensität und Brutalität deutlich voneinander abweichen.

Auch in landschaftsbezogener Perspektive besteht das Ziel gesellschaftlicher Entwicklung darin, allgemeine Macht in spezifische Herrschaft umzuwandeln. Konflikte um Landschaft sind also so zu regeln, dass sie – auch bei großer Intensität – nicht auch ein hohes Maß an Brutalität aufweisen. Dies bedeutet, sowohl hinsichtlich der Konflikte um physische Objekte als auch um Deutungen und Bewertungen, Verfahren zu sichern, die eine Maximierung von Lebenschancen sichern. Eine wesentliche Voraussetzung hierfür ist ein konsistenter rechtlicher Rahmen, innerhalb dessen rechtssicher Landschaftskonflikte verhandelt werden können, aber auch die Zurechenbarkeit von Verantwortung für Entscheidungen. Diese Zurechenbarkeit ist in der Repräsentativdemokratie durch die turnusmäßige Überprüfung der Zufriedenheit der Wahlbevölkerung mit ihren gewählten Repräsentanten gesichert (Dahrendorf 1969a). Als zweites zentrales Merkmal der Bürgergesellschaft neben der Rechtsstaatlichkeit definiert Dahrendorf (1994a, S. 69) „die Autonomie der vielen Organisationen und Institutionen“. Unter Autonomie versteht er insbesondere die Unabhängigkeit „von einem Machtzentrum“ (Dahrendorf 1994a, S. 69), wie etwa die kommunale Selbstverwaltung oder die Hochschulautonomie. Ein drittes Merkmal von Bürgergesellschaften liegt in einem Umgang miteinander, der von Höflichkeit, Toleranz und Gewaltlosigkeit geprägt ist (Dahrendorf 1994a). In Bezug auf Landschaftskonflikte bedeutet dies, dass ein rechtstaatlicher Rahmen wie auch das Vorhandensein von ‚von einem Machtzentrum unabhängigen‘ Organisationen und Institutionen, dann eine Konfliktregelung möglich erscheinen lässt, wenn die genannten ‚Bürgertugenden‘ gewahrt bleiben.

Hinsichtlich der Regelung aktueller Landschaftskonflikte wird jedoch deutlich, dass diese Kriterien von Bürgergesellschaften häufig nur teilweise erfüllt werden. So ist für die Regelung von Raumkonflikten letztlich die Existenz einer unabhängigen Instanz zur Überwachung der Einhaltung von Regeln nötig. Eine solche Aufgabe kommt – aus der Sicht Ralf Dahrendorfs, wie oben gezeigt – dem Staat zu. Bei aktuellen Landschaftskonflikten (von Stuttgart 21 über die Dritte Startbahn in München bis hin zur Gewinnung von Rohstoffen, dem Ausbau von Anlagen zur Gewinnung und Leitung regenerativer Energien) ist der Staat zur Konfliktpartei geworden (vgl. unter vielen Aschenbrand et al. 2017a, b;

Brettschneider und Schuster 2013; Bundesregierung 2014; Gailing 2015a; Hoeft et al. 2017; Hook 2018; Kühne und Weber 2017; Walter et al. 2013; Weber und Kühne 2016). Die damit verbundene Doppelfunktion, gleichzeitig Konfliktpartei wie auch unabhängige Instanz zu sein, wird von der Konfliktpartei der Bürgerinitiativen äußerst kritisch bewertet (Weber et al. 2016). Der prinzipiell hohe Organisiertheitsgrad der Konfliktparteien – die Bildungsexpansion infolge der Anerkenntnis von ‚Bildung als Bürgerrecht' (Dahrendorf 1968a) seit den späten 1960er Jahren trägt zur Organisiertheit der Bürger deutlich bei – ist prinzipiell dazu geeignet, eine geordnete Konfliktregelung zu begünstigen. Neben der Involviertheit der Politik als Konfliktpartei lässt jedoch die geringe Berücksichtigung der genannten ‚Bürgertugenden' in der Diskussion um Veränderungen der physischen Grundlagen von Landschaft eine gelingende Konfliktregelung unwahrscheinlich erscheinen (Kühne 2018).

Eine Regelung landschaftlicher Konflikte wird zusätzlich erschwert, wenn der der Regelung zugrunde liegende Rechtsrahmen nicht nur uneindeutig ist, sondern hochgradig widersprechende Interpretationen zulässt. Der durch das Bundesnaturschutzgesetz geforderte Schutz der ‚Schönheit' der Landschaft verweist auf die ästhetische Bedeutung von Landschaft, ohne jedoch das ‚Erhabene' zu berücksichtigen (das die Ästhetisierung von (Alt)Industrieanlagen ebenso erleichtern würde, wie die von Windkraftanlagen; siehe z. B. Kühne 2014; Linke 2017, 2018; Schweiger et al. 2018). Auch kann infolge der gesellschaftlichen Pluralisierung immer weniger von (sogar nationalen oder regionalen) Konsensen ausgegangen werden, was die ‚Schönheit' eines als Landschaft verstandenen Raumes ausmache (dies dokumentiert auch die Vielzahl an ‚Landschaftsbildbewertungsverfahren'; z. B. Roth und Bruns 2016). Im Gegenteil, durch die unterschiedlichen – in der Verschiedenheit der ‚primären Landschaftssozialisationen' wie auch milieu- und kulturbedingt ‚stereotypen Landschaften' (siehe beispielsweise Bruns 2013; Bruns und Kühne 2013) – Verständnisse von landschaftlicher ‚Schönheit' entstehen stark unterschiedliche, bis sich widersprechende und unreflektierte Bewertungsmuster. Der bestehende Rechtsrahmen trägt somit nicht nur nicht zu einer Konfliktregelung bei, er behindert ihn sogar.

5 Fazit – Dysfunktionalitäten und Funktionalitäten von Landschaftskonflikten

Dysfunktional gestalten sich – im Anschluss an die Konflikttheorie Ralf Dahrendorfs – Landschaftskonflikte dann, wenn die Konflikte unterdrückt werden sollen, oder aber eine Konfliktlösung angestrebt werden soll. Der erste Fall tritt dann ein, wenn den von Landschaftsveränderungen (sowohl gesellschaftlicher Standards wie auch dem physischen Raum) Betroffenen eine Beteiligung vorenthalten wird. Eine Vorgehensweise, die zwar einem bürokratischen Selbstverständnis entsprechen würde, jedoch – zumindest in Deutschland und anderen europäischen Staaten – nur noch in Ansätzen praktiziert wird. Die Lösung von Landschaftskonflikten würde einen völligen gesellschaftlichen

Konsens hinsichtlich landschaftlicher Deutungs- und Bewertungsmuster voraussetzen, was letztlich die Ausschaltung individueller Bezüge voraussetzen würde. Dies wiederum widerspricht den Prinzipien einer pluralen Gesellschaft und setzt totalitäre Gesellschaftsstrukturen voraus. Insofern lässt sich in pluralen und demokratischen Gesellschaften der Weg der Regelung von Landschaftskonflikten als ein gangbarer beschreiben, verbunden mit den bereits skizzierten Problemen und Hindernissen (siehe auch Kamlage et al. 2014).

Als ein wesentliches Problem bei der Konfliktregelung kann eine dichotome Konstruktion der Welt gelten, in welcher in Freund und Feind getrennt wird. Zu dem Erleben des Verlustes ‚heimatlicher Normallandschaft' bzw. ‚stereotyper Landschaft' erfolgt eine nahezu sakrale Aufladung der zu Landschaft zusammengeschauten Objekte (Otto und Leibenath 2013), verbunden mit einem hohen Maß an Moralisierung (Berr 2018; Kühne 2008c; Spanier 2006). Dies ist mit der Folge verbunden, dass nicht allein die Argumente ‚der anderen Seite' widerlegt werden sollen, sondern diese – verbunden mit der eigenen moralischen Selbsterhöhung' – als moralisch verwerflich beschrieben wird: Die ‚Zerstörung von Heimat und Landschaft' trifft auf ‚die Zerstörung der Zukunft der Menschheit' (vgl. Kühne und Weber 2015; Renn 2012). Ein hohes Maß an Moralisierung wiederum verringert die Möglichkeit einer auf Rationalität und dem Bemühen um Nachvollzug der anderen Position basierenden Regelung landschaftlicher Konflikte (Luhmann 1993).

Ein anderes wesentliches Hindernis hinsichtlich der Regelung von Landschaftskonflikten liegt in der geringen Spezifität des Konfliktgegenstandes, wozu die aktuelle Rechtslage in Deutschland durchaus ihren Beitrag leistet. Weder ist der Begriff landschaftlicher ‚Schönheit' eindeutig bestimmbar – eine Annäherung könnte über die Reflektion des eigenen Landschaftsverständnisses und den damit verbundenen normativen Gehalten bieten – noch werden die dem eigenen Handeln zugrunde liegenden normativen Muster (sofern bewusst) benannt. ‚Maskierte' Argumente (häufig in Bezug auf Artenschutz) dominieren gegenüber den Motiven der Erhaltung der physischen Grundlagen ‚heimatlicher Normallandschaft' oder ‚stereotyper Landschaft' (genaueres siehe Gailing 2018; Kühne 2018). Auch ist die Doppelfunktion des Staates sowohl als Akteur der Energiewende (und damit Konfliktpartei) als auch als unabhängige Instanz einer Regelung von Raumkonflikten nicht zwingend zuträglich. Dass diese in demokratischen Gesellschaften nicht allein eine hohe Intensität, sondern durchaus ein nicht unerhebliches Maß an Brutalität annehmen können, wird anhand der Ereignisse um Stuttgart 21 ebenso deutlich wie bei den weiter zurückliegenden Auseinandersetzungen um die Startbahn West in Frankfurt.

Landschaftskonflikte können also weder gesellschaftlich grundsätzlich als dysfunktional noch als funktional gelten. Sie können gesellschaftlich funktional wirken, wenn bestimmte Rahmenbedingungen gelten, welche im vorliegenden Aufsatz umrissen worden sind. Wesentliche Voraussetzung für die Produktivität von Landschaftskonflikten ist jedoch, dass diese nicht als normwidriger Zustand vor dem Hintergrund eines ‚allgemeinen gesellschaftlichen Konsenses' verstanden werden, sondern als Element einer sich entwickelnden, Lebenschancen generierenden und steigernden Gesellschaft.

Transdisziplinäre Perspektiven können einen nicht unerheblichen Beitrag zu einer Steigerung der Funktionalität von Raumkonflikten beitragen. Transdisziplinarität bietet

die Möglichkeit, durch die Konfrontation mit alternativen Deutungs- und Bewertungs-
mustern die eigene Sichtweise zu reflektieren, die Kontingenz von gesellschaftlicher
und individuell aktualisierter Gesellschaft zu erfahren. Voraussetzung ist hier allerdings wiederum die Bereitschaft, das Thema Landschaft ‚auf Augenhöhe' zu verhan-
deln, die Verständnisse, Bedürfnisse und normativen Vorstellungen von Landschaft von
Nicht-Experten nicht (allein) als Ressource und Legitimationssteigerung der eigenen
planerischen/architektonischen Zugänge zu begreifen, sondern als gleichberechtigte
Perspektive. Doch bedeutet Transdisziplinarität nicht allein eine gesteigerte Anforderung hinsichtlich des Weltverständnisses von Personen mit einer landschaftsbezogenen
Ausbildung: Es besteht auch für die Personen ohne landschaftsbezogenen Ausbildung in
transdisziplinären Kontexten das Erfordernis, sich auf die spezifische Logik von Planung
und landschaftsbezogener Wissenschaft einzulassen, die Relativität des ‚gesunden Menschenverstandes' zu erkennen und dieses Konstrukt kritisch zu hinterfragen.

Literatur

Anter, A. (2012). *Theorien der Macht zur Einführung*. Hamburg: Junius Verlag.

Aschenbrand, E. (2017). *Die Landschaft des Tourismus. Wie Landschaft von Reiseveranstaltern inszeniert und von Touristen konsumiert wird*. Wiesbaden: Springer VS.

Aschenbrand, E., Kühne, O. & Weber, F. (2017a). Rohstoffgewinnung in Deutschland: Auseinandersetzungen und Konflikte. Eine Analyse aus sozialkonstruktivistischer Perspektive. *Umwelt-WirtschaftsForum,* online first. https://doi.org/10.1007/s00550-017-0438-7

Aschenbrand, E., Kühne, O. & Weber, F. (2017b). Steinharter Widerstand? Bürgerinitiativen und die Akzeptanz der Rohstoffgewinnung. *GesteinsPerspektiven* (2), 8–12.

Berr, K. (2018). Ethische Aspekte der Energiewende. In O. Kühne & F. Weber (Hrsg.), *Bausteine der Energiewende* (folgen). Wiesbaden: Springer VS.

Bonacker, T. (1996). *Konflikttheorien. Eine sozialwissenschaftliche Einführung mit Quellen* (Friedens- und Konfliktforschung, Bd. 2). Opladen: Leske + Budrich.

Bonacker, T. (2009). Konflikttheorien. In G. Kneer & M. Schroer (Hrsg.), *Handbuch Soziologische Theorien* (S. 179–197). Wiesbaden: VS Verlag für Sozialwissenschaften.

Brettschneider, F. & Schuster, W. (Hrsg.). (2013). *Stuttgart 21. Ein Großprojekt zwischen Protest und Akzeptanz*. Wiesbaden: Springer Fachmedien Wiesbaden.

Bruns, D. (2013). Landschaft – ein internationaler Begriff? In D. Bruns & O. Kühne (Hrsg.), *Landschaften: Theorie, Praxis und internationale Bezüge* (S. 153–170). Schwerin: Oceano Verlag.

Bruns, D. (2016). Kulturell diverse Raumaneignung. In F. Weber & O. Kühne (Hrsg.), *Fraktale Metropolen. Stadtentwicklung zwischen Devianz, Polarisierung und Hybridisierung* (S. 231–240). Wiesbaden: Springer VS.

Bruns, D. & Kühne, O. (2013). Landschaft im Diskurs. Konstruktivistische Landschaftstheorie als Perspektive für künftigen Umgang mit Landschaft. *Naturschutz und Landschaftsplanung 45* (3), 83–88.

Bruns, D. & Kühne, O. (2015a). Gesellschaftliche Transformation und die Entwicklung von Landschaft – eine Betrachtung aus der Perspektive der sozialkonstruktivistischen Landschaftstheorie. In O. Kühne, K. Gawroński & J. Hernik (Hrsg.), *Transformation und Landschaft. Die Folgen sozialer Wandlungsprozesse auf Landschaft* (S. 9–13). Wiesbaden: Springer VS.

Bruns, D. & Kühne, O. (2015b). Zur kulturell differenzierten Konstruktion von Räumen und Landschaften als Herausforderungen für die räumliche Planung im Kontext von Globalisierung. In
B. Nienaber & U. Roos (Hrsg.), *Internationalisierung der Gesellschaft und die Auswirkungen
auf die Raumentwicklung. Beispiele aus Hessen, Rheinland-Pfalz und dem Saarland* (Arbeitsberichte der ARL, Bd. 13, S. 18–29). Hannover: ARL, Akademie für Raumforschung und
Landesplanung. https://shop.arl-net.de/media/direct/pdf/ab/ab_013/ab_013_gesamt.pdf. Zugegriffen 08.03.2017.

Bruns, D. & Münderlein, D. (2017). Kulturell diverse Landschaftswertschätzung und Visuelle
Kommunikation. In O. Kühne, H. Megerle & F. Weber (Hrsg.), *Landschaftsästhetik und Landschaftswandel* (S. 303–318). Wiesbaden: Springer VS.

Bruns, D. & Paech, F. (2015). „Interkulturell_real" in der räumlichen Entwicklung. Beispiele stu-
dentischer Arbeiten zur Wertschätzung städtischer Freiräume in Kassel. In B. Nienaber & U.
Roos (Hrsg.), *Internationalisierung der Gesellschaft und die Auswirkungen auf die Raumentwicklung. Beispiele aus Hessen, Rheinland-Pfalz und dem Saarland* (Arbeitsberichte der ARL,
Bd. 13, S. 54–71). Hannover: ARL, Akademie für Raumforschung und Landesplanung. https://
shop.arl-net.de/media/direct/pdf/ab/ab_013/ab_013_gesamt.pdf. Zugegriffen 08.03.2017.

Bundesregierung. (2014). Neue Trassen für die Energiewende. http://www.bundesregierung.de/
Content/DE/Artikel/2014/11/2014-11-10-keine-energiewende-ohne-trassen.html.   Zugegriffen
08.12.2014.

Claßen, T. (2016). Landschaft. In U. Gebhard & T. Kistemann (Hrsg.), *Landschaft, Identität und
Gesundheit. Zum Konzept der Therapeutischen Landschaften* (S. 31–44). Wiesbaden: Springer VS.

Cosgrove, D. E. (1984). *Social Formation and Symbolic Landscape*. London: University of Wis-
consin Press.

Cosgrove, D. E. (1993). *The Palladian landscape. Geographical change and its cultural represen-
tations in sixteenth-century Italy*. University Park, Pennsylvania: Pennsylvania State University
Press.

Dahrendorf, R. (1952). *Marx in Perspektive. Die Idee des Gerechten im Denken von Karl Marx*.
Hannover: Dietz.

Dahrendorf, R. (1957). *Soziale Klassen und Klassenkonflikt in der industriellen Gesellschaft*. Stuttgart:
Enke.

Dahrendorf, R. (1961). *Gesellschaft und Freiheit. Zur soziologischen Analyse der Gegenwart*.
München: Piper.

Dahrendorf, R. (1965). *Industrie- und Betriebssoziologie*. Berlin: de Gruyter.

Dahrendorf, R. (1968a). *Bildung ist Bürgerrecht. Plädoyer für eine aktive Bildungspolitik*. Hamburg: Christian Wegner.

Dahrendorf, R. (1968b). *Pfade aus Utopia. Arbeiten zur Theorie und Methode der Soziologie*.
München: Piper.

Dahrendorf, R. (1969a). Aktive und passive Öffentlichkeit. Über Teilnahme und Initiative im politischen Prozeß moderner Gesellschaften. In M. Löffler (Hrsg.), *Das Publikum* (S. 1–12). München: C. H. Beck.

Dahrendorf, R. (1969b). Sozialer Konflikt. In W. Bernsdorf (Hrsg.), *Wörterbuch der Soziologie*
(S. 1006–1009). Stuttgart: Ferdinand Enke Verlag.

Dahrendorf, R. (1969c). Zu einer Theorie des sozialen Konflikts [1958 erstveröffentlicht]. In W.
Zapf (Hrsg.), *Theorien des sozialen Wandels* (S. 108–123). Köln: Kiepenheuer & Witsch.

Dahrendorf, R. (1972). *Konflikt und Freiheit. Auf dem Weg zur Dienstklassengesellschaft*. München: Piper.

Dahrendorf, R. (1980). *Die neue Freiheit. Überleben und Gerechtigkeit in einer veränderten Welt*.
Frankfurt (Main): Suhrkamp.

Dahrendorf, R. (1987). *Fragmente eines neuen Liberalismus*. Stuttgart: DVA.

Dahrendorf, R. (1992). *Der moderne soziale Konflikt. Essay zur Politik der Freiheit.* Stuttgart: DVA.

Dahrendorf, R. (1994a). *Der moderne soziale Konflikt. Essay zur Politik der Freiheit.* München: Deutscher Taschenbuch.

Dahrendorf, R. (1994b). *Liberale und andere. Portraits.* Stuttgart: Deutsche Verlags-Anstalt.

Dahrendorf, R. (2003). *Die Krisen der Demokratie. Ein Gespräch mit Antonio Polito.* München: Beck.

Dahrendorf, R. (2007). *Auf der Suche nach einer neuen Ordnung. Vorlesungen zur Politik der Freiheit im 21. Jahrhundert.* München: C. H. Beck.

Gailing, L. (2015a). Energiewende als Mehrebenen-Governance. *ARL-Nachrichten 45* (2), 7–10.

Gailing, L. (2015b). Landschaft und produktive Macht. In S. Kost & A. Schönwald (Hrsg.), *Landschaftswandel – Wandel von Machtstrukturen* (S. 37–51). Wiesbaden: Springer VS.

Gailing, L. (2018). Die räumliche Governance der Energiewende: Eine Systematisierung der relevanten Governance-Formen. In O. Kühne & F. Weber (Hrsg.), *Bausteine der Energiewende* (folgen). Wiesbaden: Springer VS.

Gailing, L. & Leibenath, M. (2017). Political landscapes between manifestations and democracy, identities and power. *Landscape Research 42* (4), 1–12. https://doi.org/10.1080/01426397.2017.1290225

Greider, T. & Garkovich, L. (1994). Landscapes: The Social Construction of Nature and the Environment. *Rural Sociology 59* (1), 1–24.

Han, B.-C. (2005). *Was ist Macht?* Stuttgart: Reclam.

Hoeft, C., Messinger-Zimmer, S. & Zilles, J. (Hrsg.). (2017). *Bürgerproteste in Zeiten der Energiewende. Lokale Konflikte um Windkraft, Stromtrassen und Fracking.* Bielefeld: Transcript.

Hokema, D. (2013). *Landschaft im Wandel? Zeitgenössische Landschaftsbegriffe in Wissenschaft, Planung und Alltag.* Wiesbaden: Springer VS.

Hook, S. (2018).‚Energiewende‘: Von internationalen Klimaabkommen bis hin zum deutschen Erneuerbaren-Energien-Gesetz. In O. Kühne & F. Weber (Hrsg.), *Bausteine der Energiewende* (folgen). Wiesbaden: Springer VS.

Imbusch, P. (2002). Macht und Herrschaft. In H. Korte & B. Schäfers (Hrsg.), *Einführung in Hauptbegriffe der Soziologie* (6. Aufl., S. 161–182). Opladen: Leske + Budrich.

Kamlage, J.-H., Nanz, P. & Fleischer, B. (2014). Dialogorientierte Bürgerbeteiligung im Netzausbau. In H. Rogall, H.-C. Binswanger, F. Ekardt, A. Grothe, W.-D. Hasenclever, I. Hauchler et al. (Hrsg.), *Im Brennpunkt: Die Energiewende als gesellschaftlicher Transformationprozess* (Jahrbuch Nachhaltige Ökonomie, Bd. 4, S. 195–216). Marburg: Metropolis Verlag.

Kreuzer, F., Hayek, F. A. v. & Dahrendorf, R. (1983). *Markt, Plan, Freiheit. Franz Kreuzer im Gespräch mit Friedrich von Hayek und Ralf Dahrendorf.* Wien: Deuticke.

Kühne, O. (2006a). *Landschaft in der Postmoderne. Das Beispiel des Saarlandes.* Wiesbaden: DUV.

Kühne, O. (2006b). Soziale Distinktion und Landschaft. Eine landschaftssoziologische Betrachtung. *Stadt+Grün* (12), 42–45.

Kühne, O. (2008a). Die Sozialisation von Landschaft – sozialkonstruktivistische Überlegungen, empirische Befunde und Konsequenzen für den Umgang mit dem Thema Landschaft in Geographie und räumlicher Planung. *Geographische Zeitschrift 96* (4), 189–206.

Kühne, O. (2008b). *Distinktion – Macht – Landschaft. Zur sozialen Definition von Landschaft.* Wiesbaden: VS Verlag für Sozialwissenschaften.

Kühne, O. (2008c). Landschaft und Kitsch – Anmerkungen zu impliziten und expliziten Landschaftsvorstellungen. *Naturschutz und Landschaftsplanung 44* (12), 403–408.

Kühne, O. (2009). Heimat und Landschaft – Zusammenhänge und Zuschreibungen zwischen Macht und Mindermacht. Überlegungen auf sozialkonstruktivistischer Grundlage. *Stadt+Grün* (9), 17–22.

Kühne, O. (2012). *Stadt – Landschaft – Hybridität. Ästhetische Bezüge im postmodernen Los Angeles mit seinen modernen Persistenzen.* Wiesbaden: Springer VS.

Kühne, O. (2013a). Landschaftsästhetik und regenerative Energien – Grundüberlegungen zu De- und Re-Sensualisierungen und inversen Landschaften. In L. Gailing & M. Leibenath (Hrsg.), *Neue Energielandschaften – Neue Perspektiven der Landschaftsforschung* (S. 101–120). Wiesbaden: Springer VS.

Kühne, O. (2013b). *Landschaftstheorie und Landschaftspraxis. Eine Einführung aus sozialkonstruktivistischer Perspektive.* Wiesbaden: Springer VS.

Kühne, O. (2014). Landschaft und Macht: von Eigenlogiken und Ästhetiken in der Raumentwicklung. *Ausdruck und Gebrauch* (12), 151–172.

Kühne, O. (2015). Komplexe Kräfteverhältnisse. Macht, Angst und Unsicherheit in postmodernen Landschaften – von ,historischen Kulturlandschaften' zu gated communities. In S. Kost & A. Schönwald (Hrsg.), *Landschaftswandel – Wandel von Machtstrukturen* (S. 27–36). Wiesbaden: Springer VS.

Kühne, O. (2017a). Der intergenerationelle Wandel landschaftsästhetischer Vorstellungen – eine Betrachtung aus sozialkonstruktivistischer Perspektive. In O. Kühne, H. Megerle & F. Weber (Hrsg.), *Landschaftsästhetik und Landschaftswandel* (S. 53–67). Wiesbaden: Springer VS.

Kühne, O. (2017b). *Zur Aktualität von Ralf Dahrendorf. Einführung in sein Werk* (Aktuelle und klassische Sozial- und Kulturwissenschaftler|innen). Wiesbaden: Springer VS.

Kühne, O. (2018). ,Neue Landschaftskonflikte' – Überlegungen zu den physischen Manifestationen der Energiewende auf der Grundlage der Konflikttheorie Ralf Dahrendorfs. In O. Kühne & F. Weber (Hrsg.), *Bausteine der Energiewende* (folgen). Wiesbaden: Springer VS.

Kühne, O. & Weber, F. (2015). Der Energienetzausbau in Internetvideos – eine quantitativ ausgerichtete diskurstheoretisch orientierte Analyse. In S. Kost & A. Schönwald (Hrsg.), *Landschaftswandel – Wandel von Machtstrukturen* (S. 113–126). Wiesbaden: Springer VS.

Kühne, O. & Weber, F. (2017). Conflicts and negotiation processes in the course of power grid extension in Germany. *Landscape Research online first,* 1–13. http://www.tandfonline.com/doi/full/10.1080/01426397.2017.1300639. Zugegriffen 30.03.2017.

Kyle, G. & Chick, G. (2007). The Social Construction of a Sense of Place. *Leisure Sciences 29* (3), 209–225. https://doi.org/10.1080/01490400701257922

Lamla, J. (2008). Die Konflikttheorie als Gesellschaftstheorie. In T. Bonacker (Hrsg.), *Sozialwissenschaftliche Konflikttheorien. Eine Einführung.* 4. Auflage (S. 207–248). Wiesbaden: VS Verlag für Sozialwissenschaften.

Leibenath, M. (2014). Landschaftsbewertung im Spannungsfeld von Expertenwissen, Politik und Macht. *UVP-report 28* (2), 44–49. https://www2.ioer.de/recherche/pdf/2014_leibenath_uvp-report.pdf. Zugegriffen 26.01.2017.

Leibenath, M. (2015). Landschaften und Macht. In S. Kost & A. Schönwald (Hrsg.), *Landschaftswandel – Wandel von Machtstrukturen* (S. 17–26). Wiesbaden: Springer VS.

Linke, S. (2017). Neue Landschaften und ästhetische Akzeptanzprobleme. In O. Kühne, H. Megerle & F. Weber (Hrsg.), *Landschaftsästhetik und Landschaftswandel* (S. 87–104). Wiesbaden: Springer VS.

Linke, S. (2018). Ästhetik der Energielandschaften – oder: „Was Schönheit ist, das weiß ich nicht". In O. Kühne & F. Weber (Hrsg.), *Bausteine der Energiewende* (folgen). Wiesbaden: Springer VS.

Luhmann, N. (1993). Die Moral des Risikos und das Risiko der Moral. In G. Bechmann (Hrsg.), *Risiko und Gesellschaft* (S. 327–338). Opladen: Springer.

Lyons, E. (1983). Demographic Correlates of Landscape Preference. *Environment and Behavior 15* (4), 487–511.

Makhzoumi, J. M. (2002). Landscape in the Middle East: An inquiry. *Landscape Research 27* (3), 213–228. https://doi.org/10.1080/01426390220149494

Niedenzu, H.-J. (2001). Konflikttheorie: Ralf Dahrendorf. In J. Morel, E. Bauer, T. Maleghy, H.-J. Niedenzu, M. Preglau & H. Staubmann (Hrsg.), *Soziologische Theorie. Abriß ihrer Hauptvertreter* (7. Auflage, S. 171–189). München: R. Oldenbourg Verlag.

Nissen, U. (1998). *Kindheit, Geschlecht und Raum. Sozialisationstheoretische Zusammenhänge geschlechtsspezifischer Raumaneignung.* Weinheim: Beltz Juventa.

Olwig, K. (2008). The Jutland Ciper: Unlocking the Meaning and Power of a Contested Landscape. In M. Jones & K. Olwig (Hrsg.), *Nordic landscapes. Region and belonging on the northern edge of Europe* (S. 12–52). Minneapolis: University of Minnesota Press; Published in cooperation with the Center for American Places.

Otto, A. & Leibenath, M. (2013). Windenergielandschaften als Konfliktfeld. Landschaftskonzepte, Argumentationsmuster und Diskurskoalitionen. In L. Gailing & M. Leibenath (Hrsg.), *Neue Energielandschaften – Neue Perspektiven der Landschaftsforschung* (S. 65–75). Wiesbaden: Springer VS.

Paris, R. (2005). *Normale Macht. Soziologische Essays.* Konstanz: UVK Verlagsgesellschaft.

Proshansky, H. M., Fabian, A. K. & Kaminoff, R. (1983). Place-identity. Physical world socialization of the self. *Journal of Environmental Psychology 3* (1), 57–83. https://doi.org/10.1016/S0272-4944(83)80021-8

Renn, O. (2012). Wissen und Moral. Stadien der Risikowahrnehmung. In M.-D. Weitze, A. Pühler, W. M. Heckl, W. Müller-Röber, O. Renn, P. Weingart et al. (Hrsg.), *Biotechnologie-Kommunikation. Kontroversen, Analysen, Aktivitäten* (Acatech DISKUSSION, S. 367–375). Berlin: Springer Vieweg.

Roth, M. & Bruns, E. (2016). *Landschaftsbildbewertung in Deutschland. Stand von Wissenschaft und Praxis* (BfN-Skripten, Bd. 439). Bonn: Selbstverlag.

Schweiger, S., Kamlage, J.-H. & Engler, S. (2018). Ästhetik und Akzeptanz. Welche Geschichten könnten Energielandschaften erzählen? In O. Kühne & F. Weber (Hrsg.), *Bausteine der Energiewende* (folgen). Wiesbaden: Springer VS.

Sofsky, W. & Paris, R. (1994). *Figurationen sozialer Macht. Autorität, Stellvertretung, Koalition* (Suhrkamp Taschenbuch Wissenschaft, Bd. 1135). Frankfurt am Main: Suhrkamp.

Spanier, H. (2006). Pathos der Nachhaltigkeit. Von der Schwierigkeit, „Nachhaltigkeit" zu kommunizieren. *Stadt+Grün* (12), 26–33.

Staubmann, H. & Wenzel, H. (Hrsg.). (2000). *Talcott Parsons. Zur Aktualität eines Theorieprogramms* (Österreichische Zeitschrift für Soziologie: Sonderband, Bd. 6). Wiesbaden: VS Verlag für Sozialwissenschaften.

Stemmer, B. (2016). *Kooperative Landschaftsbewertung in der räumlichen Planung. Sozialkonstruktivistische Analyse der Landschaftswahrnehmung der Öffentlichkeit.* Wiesbaden: Springer VS.

Stotten, R. (2013). Kulturlandschaft gemeinsam verstehen – Praktische Beispiele der Landschaftssozialisation aus dem Schweizer Alpenraum. *Geographica Helvetica 68* (2), 117–127. https://doi.org/10.5194/gh-68-117-2013

Trepl, L. (2012). *Die Idee der Landschaft. Eine Kulturgesichte von der Aufklärung bis zur Ökologiebewegung.* Bielefeld.

Ueda, H. (2013). The Concept of Landscape in Japan. In D. Bruns & O. Kühne (Hrsg.), *Landschaften: Theorie, Praxis und internationale Bezüge* (S. 115–130). Schwerin: Oceano Verlag.

Vicenzotti, V. (2011). *Der »Zwischenstadt«-Diskurs. Eine Analyse zwischen Wildnis, Kulturlandschaft und Stadt* (Urban studies). Bielefeld: transcript Verlag.

Walter, F., Marg, S., Geiges, L. & Butzlaff, F. (Hrsg.). (2013). *Die neue Macht der Bürger. Was motiviert die Protestbewegungen? BP-Gesellschaftsstudie.* Reinbek bei Hamburg: Rowohlt.

Weber, M. (1976 [1922]). *Wirtschaft und Gesellschaft. Grundriß der verstehenden Soziologie.* Tübingen.

Weber, F. (2015). Diskurs – Macht – Landschaft. Potenziale der Diskurs- und Hegemonietheorie von Ernesto Laclau und Chantal Mouffe für die Landschaftsforschung. In S. Kost & A. Schönwald (Hrsg.), *Landschaftswandel – Wandel von Machtstrukturen* (S. 97–112). Wiesbaden: Springer VS.

Weber, F. (2017). Landschaftsreflexionen am Golf von Neapel. *Déformation professionnelle*, Meer-Stadtlandhybride und Atmosphäre. In O. Kühne, H. Megerle & F. Weber (Hrsg.), *Landschaftsästhetik und Landschaftswandel* (S. 199–214). Wiesbaden: Springer VS.

Weber, F. & Kühne, O. (2016). Räume unter Strom. Eine diskurstheoretische Analyse zu Aushandlungsprozessen im Zuge des Stromnetzausbaus. *Raumforschung und Raumordnung 74* (4), 323–338. https://doi.org/10.1007/s13147-016-0417-4

Weber, F., Kühne, O., Jenal, C., Sanio, T., Langer, K. & Igel, M. (2016). Analyse des öffentlichen Diskurses zu gesundheitlichen Auswirkungen von Hochspannungsleitungen – Handlungsempfehlungen für die strahlenschutzbezogene Kommunikation beim Stromnetzausbau. Ressortforschungsbericht.   https://doris.bfs.de/jspui/bitstream/urn:nbn:de:0221-2016050414038/3/ BfS_2016_3614S80008.pdf. Zugegriffen 12.07.2017.

Zhang, K., Zhao, J. & Bruns, D. (2013). Landschaftsbegriffe in China. In D. Bruns & O. Kühne (Hrsg.), *Landschaften: Theorie, Praxis und internationale Bezüge* (S. 133–150). Schwerin: Oceano Verlag.

Landschaft: Objekt der Analyse oder Zielobjekt einer Synthese?

Eine planerische Sicht

Hartmut Kenneweg

1   Einführung

Der nachfolgende Beitrag entstand aus einem Vortrag anlässlich des Workshops „Transdisziplinäre Landschaftsforschung" (09.–10.02.2017 an der Universität Vechta) und wurde aufgrund der Diskussionen dieses Workshops deutlicher ausgerichtet auf den Begriff „Transdisziplinarität" und thematisch gestrafft. Nach Bergmann und Schramm (2008) ist Transdisziplinarität als Prinzip integrativer Forschung ein methodisches Vorgehen, das wissenschaftliches Wissen und praktisches Wissen verbindet. Neben den forschenden Wissenschaftlern sollen also auch Anwender, Nutzer oder Interessenten an dem „transdisziplinär" zu untersuchenden Gegenstand mitarbeiten. Transdisziplinäre Forschung mit ihren speziellen Strukturen und Methoden kommt in Betracht, wenn die Thematik vielseitig und komplex, die Wissensbasis lückenhaft oder unsicher und die Interessenslage vielfältig, vielleicht auch kontrovers ist. Für den hier relevanten Forschungsgenstand „Landschaft" treffen diese Voraussetzungen großenteils zu. Der Begriff „Transdisziplinarität" wird erst seit Beginn des 21. Jahrhunderts häufiger gebraucht, ist aber bis heute noch nicht universell akzeptiert und anerkannt; seine Befürworter begründen die Notwendigkeit der Einführung dieses neuen Begriffs mit hochkomplexen und politisch umstrittenen aktuellen Forschungsfeldern, die zudem die Tendenz zum Ausufern zeigen, wie z. B. „Nachhaltigkeitsforschung" oder „Klimafolgen-Forschung".

In dem Workshop „Transdisziplinäre Landschaftsforschung" sollten zunächst verschiedene „disziplinäre" Sichtweisen der Thematik gegenübergestellt werden, um dann Verbindungslinien und Gemeinsamkeiten, aber auch Unterschiede (z. B. in der Nomenklatur)

H. Kenneweg (✉)
Luftbild Umweltplanung GmbH Potsdam, Potsdam, Deutschland
E-Mail: hartmut.kenneweg@lup-umwelt.de

© Springer Fachmedien Wiesbaden GmbH, ein Teil von Springer Nature 2018   171
K. Berr (Hrsg.), *Transdisziplinäre Landschaftsforschung,* RaumFragen: Stadt –
Region – Landschaft, https://doi.org/10.1007/978-3-658-20781-6_10

oder Gegensätze aufzuspüren und ein Stück Richtung „Transdisziplinarität" voranzukommen. Für einen Workshop von kurzer Dauer war das eine recht ehrgeizige Zielsetzung, und erwartungsgemäß stand am Ende der zwei Tage fest, dass die offenen Fragen ein sehr weites Feld für künftige Forschungstätigkeiten aufspannen, genug Arbeit z. B. für ein Langzeitprogramm an einer Akademie der Wissenschaften zum Thema „Landschaftsforschung".

Als eine nicht zu übergehende Bezugsdisziplin des Forschungsfeldes „Transdisziplinäre Landschaftsforschung" wird im Folgenden die Landschaftsplanung vorgestellt. Aufgrund ihrer Vielseitigkeit und Vielschichtigkeit kann sie als apriori „transdisziplinär" angesehen werden. Die im Titel dieses Beitrags formulierte Frage, ob „Landschaft" im Rahmen dieser Disziplin eher ein „Objekt der Analyse" oder ein „Zielobjekt für Synthesen" sei, kann dahin gehend beantwortet werden, dass in der Regel beides zusammenwirkt. Im Rahmen dieses Beitrags können nur wenige Aspekte der Thematik „Transdisziplinarität der Landschaftsplanung" exemplarisch behandelt werden, ausgewählt nach den Kriterien „Bedeutung in der Landschaftsplanung" oder „Kontextbezug zu anderen Beiträgen dieses Bandes". In den einzelnen Abschnitten wird auf charakteristischen transdisziplinären Forschungsbedarf hingewiesen. Ausgehend von Idealvorstellungen für Landschaft wird die in Europa nicht mehr vorkommende „spirituelle Landschaft" als interessantes Objekt transdisziplinärer Landschaftsforschung hervorgehoben (Abschn. 3.1). Die zum Landschaftsverständnis teils wichtige, teils unentbehrliche Entstehungsgeschichte heute vorgefundener Landschaften regt in erster Linie zu Forschungsarbeiten in Form von Fallstudien an (Abschn. 3.3). In Abschn. 4 wird auf die stark von transdisziplinären Strömungen getriebene Entstehungsgeschichte der noch jungen Disziplin „Landschaftsplanung" eingegangen, um den Charakter der Disziplin darzustellen, obwohl aktuell innovative Forschung auf diesem Gebiet kaum noch durchgeführt wird. Der abschließende Abschn. 5 ist der heutigen Situation der Landschaftsplanung gewidmet, wobei besonders die in letzter Zeit stark intensivierte Verbindung zwischen Landschaftsplanung einerseits und technologiegetriebenen Ansätzen der Geo-Informatik andererseits hervorzuheben ist.

2   Die Disziplin „Landschaftsplanung"

Die scheinbar triviale Aufgabe, eine disziplinäre Sicht der Landschaftsplanung auf ihre Handlungsoptionen und auf „Landschaft" als ihr zentrales Forschungsobjekt darzustellen, stößt sogleich auf Schwierigkeiten. Bereits wenn man die Beschreibung für das Studienfach „Planungswissenschaften" an der TU Berlin liest, stellt man fest, dass man sich zumindest bereits auf interdisziplinärem, wenn nicht sogar schon von vornherein auf transdisziplinärem Gebiet bewegt:

> Planungswissenschaftler (verknüpfen) typischerweise Erkenntnisse der Soziologie mit denen der Wirtschafts-, Ingenieurs-, Umwelt-, Rechts- und Politikwissenschaften, um gesellschaftliche Prozesse zu gestalten. Gute Planung strukturiert Problemstellungen bezüglich Wahrnehmung, Definition und Lösungsansätzen (Früherkennungsfunktion), eröffnet

künftige Handlungsspielräume (Orientierungs-funktion), berücksichtigt die sachlichen und gegenseitigen Abhängigkeiten von Akteuren über mehrere Ebenen hinweg (Koordinierungs-funktion) und löst Verteilungs- und Interessenkonflikte auf (Moderationsfunktion). Wichtige Planungsbereiche sind die Stadt-, Regional-, Landschafts-, Verkehrs- und Umweltplanung (TU Berlin 2010).

Landschaftsplanung als eine der hier genannten planerischen Arbeitsbereiche kann demnach gar nicht monodisziplinär dargestellt werden, sondern nur als „Mixtum compositum" oder, da methodische Verknüpfungen und Regeln zwischen den Bestandteilen dieser Mischung nicht in Abrede gestellt werden sollen, als ein a priori transdisziplinäres Wissens- und Handlungsfeld. Obwohl Anfänge der Landschaftsplanung bis weit ins 19. Jahrhundert zurückreichen (Landeskultur, Landschaftsverschönerung, Ansätze zu Natur- und Heimatschutz), muss man Landschaftsplanung in ihrer heutigen Ausprägung als eine junge „Disziplin" ansehen, da ihre aktuellen Aufgabenstellungen und ihre Arbeitsweisen und Methoden im Wesentlichen auf das Bundesnaturschutzgesetz von 1976 zurückzuführen sind. Ihre Geburtsstunde kann man dennoch nicht ohne weiteres auf den 23. Dezember 1976 festlegen (Veröffentlichungsdatum dieses Gesetzes), weil zunächst unklar war, wie manche Vorgaben des Gesetzes zu verstehen, zu interpretieren und dann in dem föderalen System der damaligen Bundesrepublik Deutschland umzusetzen sein würden. Die meisten Voraussetzungen dafür (z. B. Verwaltungsstrukturen, Arbeitsverfahren, Daten) fehlten zunächst und mussten erst geschaffen bzw. erarbeitet werden. Sogar über den fundamentalen Begriff „Landschaft" gab es keine Klarheit. Von Haaren (2004) schreibt dazu: „Der Begriff wird zwar im Bundesnaturschutzgesetz an zentraler Stelle in § 1 verwandt, jedoch nicht näher definiert." Man muss ihr recht geben, dass sie mit der Auffassung von Gassner (1995) nicht einverstanden sein kann, wenn dieser lapidar ausführt: „Der Gesetzgeber geht davon aus, dass bekannt ist, was der Begriff bedeutet". Es gibt eben nicht nur eine einzige, sondern zahlreiche, sehr unterschiedliche Landschaftsauffassungen, von denen viele – je nach Kontext und Aufgabenstellung – bis heute von der Landschaftsplanung parallel zueinander akzeptiert werden müssen und mit unterschiedlichen Methoden und in unterschiedlichen Wertsystemen zu berücksichtigen sind. Es hat Jahrzehnte gedauert und viele Veränderungen (auch Gesetzesnovellierungen) benötigt, bis die Landschaftsplanung im deutschen Planungssystem fest etabliert war und ihre heutige Ausprägung mit Mindeststandards, zuverlässig erhobenen Datensätzen (z. B. Biotoptypenkartierung), einem ausgefeilten Methodenkanon und allgemein akzeptierten Planungsinstrumenten aufbauen konnte.

Es war sicher nicht das primäre Ziel des Bundesnaturschutzgesetzes, eine neue Wissenschaftsdisziplin zu etablieren. Die zahlreichen Fehlstellen, sowohl im theoretischen und naturwissenschaftlichen als auch im praktischen, rechtlich-administrativen Unterbau des Naturschutzes im weiteren Sinne, wie sie 1976 bestanden, lösten jedoch so umfangreiche Forschungsaktivitäten aus, dass in der Folgezeit oft diskutiert wurde, ob und ggf. inwieweit Landschaftsplanung eine eigenständige Wissenschaftsdisziplin sei (Tab. 1). Die Zusammenstellung der Tab. 1 bestätigt den primär transdisziplinären Charakter der Landschaftsplanung und lässt auch bereits erkennen, dass Landschaftsforschung aus der Sicht dieser Disziplin sehr vielseitig und heterogen sein muss.

Tab. 1 Ist Landschaftsplanung eine Wissenschaft?

Pro:	Kontra:
• Es gibt Theorien für Planung;	• Erkenntnisgewinn ist nicht das primäre Ziel;
• Es werden anspruchsvolle Methoden eingesetzt;	• Nicht-wissenschaftliche Motivationen spielen eine erhebliche Rolle:
• Es wird Hochtechnologie (z. B. Fernerkundung und GNS) eingesetzt;	• Die Zielsetzung kommt aus der Praxis, nicht aus der Forschung;
• Datenerfassung muss wissenschaftlich valide sein;	• Kompromisse sind erforderlich;
• Bewertungen müssen wissenschaftlich valide sein;	• Heterogenität von Themen und Methoden erschwert die Anerkennung nach wissenschaftlichen Kriterien;
• Ergebnisse sollen nach Möglichkeit wissenschaftlich valide sein;	• Ergebnisse können nicht immer valide nach wissenschaftlichen Kriterien sein;
• Es gibt enge Verflechtungen mit anderen wissenschaftlichen Disziplinen, z. B. Ökologie, Recht, Geo-Informatik	• Ergebnisorientierung, auch im Falle unzureichender Datengrundlage

3   Was ist „Landschaft"?

Dass es unterschiedliche, teils parallel zueinander gültige Landschaftsauffassungen gibt, die von der Landschaftsplanung zur Bestimmung der jeweiligen Zielrichtung und Handlungsmaxime zu akzeptieren sind, wurde bereits gesagt. Gemeinsam für alle diese Auffassungen ist immerhin, dass es einen Flächenbezug gibt. Wie (für analytische Zwecke geeignete) Befundeinheiten oder (für gestalterische Entwürfe erforderliche) Handlungsräume unterhalb des allumfassenden Begriffs „Landschaft" abzugrenzen und zu bearbeiten sind, kann jedoch sehr unterschiedlich gesehen werden.

3.1   Gestaltung, Synthese

Einerseits sind viele Landschaftsplaner von individuellen Idealvorstellungen zu „Landschaft" beeinflusst; vor allem sind sie Traditionen der Landschaftsarchitektur verpflichtet; sie leiten daraus gedanklich Leitbilder für die reale Landschaft ab, die wiederum die Auswahl ihrer Analysemethoden und Bewertungsmaßstäbe mit beeinflussen. Im Workshop „Transdisziplinäre Landschaftsforschung" wurden traditionelle oder auch aktuelle Idealvorstellungen dieser Art exemplarisch vorgestellt, z. B. die „harmonische Kulturlandschaft", wie sie in idealer Weise im Gartenreich Dessau-Wörlitz bewusst gestaltet wurde, oder die bizarre und grandiose Landschaft, die an einzigartige Naturgegebenheiten gebunden bleibt und nicht übertragbar ist; das Huang-Shan-Gebirge in China als ältestes Landschaftsschutzgebiet der Welt ist dafür ein Paradebeispiel. Aber auch teilweise mit gewaltigem Aufwand gestaltete Kunstlandschaften, wie der Landschaftspark von Kassel-Wilhelmshöhe können Anstöße geben für Ausstattung, Gestaltung und Pflege von Landschaft. Ein anderer Ansatz für Leitbilder ist die ursprüngliche Naturlandschaft, wie sie noch exemplarisch auf Teilflächen, z. B. in Nationalparks, erhalten ist. Davon abgeleitete Richtgrößen oder Vergleichsmaßstäbe wie „potentiell natürliche Vegetation" oder „Habitatansprüche von Leitarten", die landschaftsprägend sein können, spielen für Naturschutz und Landschaftsplanung eine erhebliche Rolle. Die im Workshop zur Dokumentation von Vorstellungen für Ideal-Landschaften gezeigten Bildbeispiele können hier nicht alle wiedergegeben werden. Lediglich eine Darstellung soll herausgegriffen werden, die einen Wertbegriff für Landschaft veranschaulichen kann, der in Europa schon lange verloren gegangen ist, jedenfalls keine nennenswerte Bedeutung mehr hat: Landschaft als spirituell und kulturell prägende Voraussetzung und Grundlage des Lebens (Abb. 1).

Landschaft = Spiritualität:
Für die Kogi in der Sierra Nevada de Santa Marta, dem höchsten Küstengebirge der Welt, bestimmen dessen heiligen Stätten das Leben

Abb. 1 Die an der kolumbianischen Karibikküste als isoliertes Gebirge gelegene Sierra Nevada de Santa Marta mit Gipfeln um 5800 m Höhe symbolisiert für die dort lebende Volksgruppe der Kogi die Welt und die in ihr wirkenden Kräfte. Um Gebirge, Wälder, die über 40 Flüsse und das Meer in ihrem Zusammenwirken zu erkennen, genau zu beobachten, zu würdigen, zu verehren und im Bedarfsfall zu besänftigen, gibt es ein umfangreiches und vielseitiges System von „heiligen Stätten" und damit zusammenhängenden strengen Riten und Regeln. Die Interpretation und Betreuung dieses Regelwerks, immer aus spiritueller Sicht, obliegt den „Mamas", deren Stellung als zwischen „Schamane" und „politischem Führer" charakterisiert werden kann. Auf einem völlig anderen Weg kommen die Kogi so zu einer Natur- und Weltsicht, die derjenigen der ökologischen Forschung recht nahe kommt

Innovative Anstöße zur transdisziplinären Landschaftsforschung ergeben sich aus den hier vorgestellten „Landschaftsidealen" am ehesten auf kulturellem oder historischem Gebiet. Die Untersuchung und Dokumentation einer indigenen, absolut spirituell geprägten Landschaftssicht und Lebensweise, wie zuletzt erwähnt (Londono Nino 2012; De los Santos und Conchacala 2012), dürfte nicht allein einer wertfreien Forschung gewidmet sein, sondern hätte auch der von Landschaftszerstörungen noch nicht beeinträchtigten Erhaltung dieser Kultur und Lebensweise zu dienen; sie hätte einen sehr speziellen Charakter und würde eigene Methoden erfordern; planerisch wäre vorstellbar, dass zunächst eine Kartierung der heiligen Stätten zu erfolgen hätte mit der anschließenden Aufbereitung in einem geografischen Informationssystem. Das liest sich leichter, als es tatsächlich ist, denn weder die Grenzen der betreffenden Gebiete oder Objekte sind klar und eindeutig definiert, noch sind es ihre Bedeutungen oder Funktionen, die im GIS als objektbezogene Attribute festgehalten werden müssten. Die heiligen Stätten unterliegen räumlichen Veränderungen bezüglich ihrer Ausdehnung im Jahresverlauf und zeitlicher Veränderung bezüglich der Strenge der für sie geltenden Restriktionen. Einige Regularien betreffen lokal vorhandene Tiere oder Pflanzen, andere mehr die alltägliche Lebensweise. Ein Beispiel: Nur wer an einer bestimmten heiligen Stätte unter der Anleitung eines Mama einen speziellen Ritus vollzogen hat, ist berechtigt, zu töpfern. Es gibt sehr viele solche Regularien, und es gibt Zusammenhänge zwischen ihnen. Opfergaben aus der Eisregion müssen zum Meer gebracht werden, Meeresmuscheln einer bestimmten Art sind unentbehrlich für Rituale in Hochlagen um 5000 m. Die (Aus-)Bildungszeit für Mamas wird wegen der Vielfalt und Komplexität der erforderlichen Kenntnisse auf 20 Jahre eingeschätzt. Trotz der Nähe zur prosperierenden Großstadt Santa Marta hat sich die natur- und landschaftsbezogene Lebensweise der Kogi in ihrem Gebirge bisher ziemlich unverfälscht erhalten. Es wäre die schwer erfüllbare Aufgabe eines transdisziplinär forschenden Planerteams (oder planender Forscher), dafür zu sorgen, dass das traditionelle Leben der Kogi möglich bleibt, obwohl die Fortentwicklung von Tourismus, Bergbau, moderner Landwirtschaft, Verkehrsinfrastruktur usw. kaum zu verhindern sein wird. Aktiv belebte Landschaftsobjekte, vergleichbar dem vorgestellten und geeignet für eine transdisziplinäre Forschung dieser spirituell zu unterlegenden Art der Untersuchungen, existieren in Europa nicht.

3.2   Die reale Wirtschaftslandschaft

Die meisten bewohnbaren Landschaften weltweit und fast alle in Deutschland sind heute vollständig von ihrer Bewirtschaftung geprägt. Für die jeweiligen Landschaften und natürlich für deren Erforschung können in der Konsequenz sehr unterschiedliche Situationen entstehen, beispielsweise völlig ausgeräumte und absolut eintönige Landschaftsbilder mit riesigen Ackerschlägen, Typ „Agrarsteppe". In anderen Fällen erweisen sich die Ergebnisse der Landschaftsentwicklung als sehr widersprüchlich, auch auf engstem Raum, z. B. mit modernen, weiten Feldfluren einerseits und winkligen Dorfgassen sowie kleinstparzellierten Gärten am Ortsrand andererseits. Die Erhaltung komplexer alter Strukturen inmitten von großzügig-modernen Entwicklungsgebieten wurde von Becker (1998) unter dem Aspekt und dem Ziel „Landschaftsbildpflege in einer von gleichzeitiger Ungleichzeitigkeit geformten Wirtschaftslandschaft" untersucht. In Bergbaugebieten ist die extremste Form der Landschaftsumformung unter wirtschaftlichen Sachzwängen zu finden, die Zerstörung aller früheren Strukturen und die Entstehung einer völlig neuartigen „Bergbaufolgelandschaft", die in jedem Fall große Herausforderungen für die Planer bereithält. Nicht immer müssten Wirtschaftslandschaften traditionslos, hässlich, unattraktiv oder völlig zerstört sein. Gerade die Attraktivität grandioser Berg- oder Küstenlandschaften kann diese unmittelbar zu besonderen Wirtschaftslandschaften machen, nämlich für die Wirtschaftsbranche des Tourismus. Konfliktfrei lassen sich die oft gegensätzlichen Bestrebungen zwischen der belastenden Tourismusentwicklung und dem auf möglichst ungestörte Erhaltung und Bewahrung abzielenden Landschaftsschutz in tourismusgeprägten Landschaften nicht vereinbaren, aber es gibt gelungene Kompromisse. Allerdings können die Konflikte für störungsempfindliche Landschaften auch so stark werden, dass eine Entweder-Oder-Entscheidung unabweisbar wird: „Schutz und Sperrung" oder „Aufgabe und Zerstörung" solcher Landschaften. Festzuhalten bleibt: Wirtschaftslandschaften sind zu einer kaum überschaubaren Vielfalt entwickelt und bieten der transdisziplinären Landschaftsforschung Felder uneingeschränkter Aktivität. Auf einige Aspekte davon wird noch einzugehen sein.

3.3   Landschaftsgeschichte

Die Gestalt und die Situation einer heute vorgefundenen Landschaft ist immer das Ergebnis einer vorausgegangenen Entwicklung. Ohne die Kenntnis dieser teils naturgeschichtlichen, teils wirtschafts- und kulturgeschichtlichen Entwicklung bleibt das Verständnis – auch eines versierten Planers – für das vorgefundene Landschaftsbild zumindest lückenhaft, oft aber fehlt es ganz. Im Falle des Aufeinandertreffens weniger, nicht zueinander passender Landschaftsstrukturen in demselben Planungsraum (Abb. 2) fällt das Verständnis noch leicht, weil es mit der Beobachtung nach Becker (1998) als „gleichzeitige Ungleichzeitigkeit" erklärbar ist.

Wesentlich komplexer ist die Landschaftsgeschichte des Teufelsbergs im Berliner Grunewald. Der mehrfache Wechsel der Landnutzung zwischen Wald und Bebauung ist aus der heute vorgefundenen Situation ohne Erläuterung überhaupt nicht ableitbar. Die vier Luftbildausschnitte (Abb. 3) können den mehrfachen radikalen Landnutzungswandel zwischen 1900 und 1994 nachvollziehbar machen. Bis in die neueste Zeit (Mielke 2016) ist das Gelände, nicht zuletzt wegen dieser Veränderungen, planerisch höchst umstritten geblieben. Für die Auflösung bestehender Konflikte wird hier die Berücksichtigung der Landschaftsgeschichte auf jeden Fall eine entscheidende Rolle spielen.

Abb. 2 Die ursprünglich zu dem alten Dorf in Sachsen-Anhalt gehörende kleinflächig struktu-rierte Flurform wurde durch die kollektivierte Großflächen-Landwirtschaft der DDR radikal besei-tigt und durch große Schläge ersetzt

1. Nach 1900 war der Wald schon gerodet gewesen; eine mächtige Bürgerinitiative gegen „fiskalische Waldschlächterei" erreichte jedoch nicht nur einen Baustopp (1909) und die Wiederaufforstung, sondern 1915 sogar den „Dauerwaldvertrag", der den Grunewald mit einem „ewigen" Bauverbot schützen sollte. Das Bild zeigt die neu aufgeforstete Waldfläche.
2. Die Nationalsozialisten missachteten den Dauerwaldvertrag und bauten hier die wehr-technische Fakultät der geplanten Universität der „Hauptstadt Germania"; das Bild von 1944 zeigt im Wald auch die Bombeneinschläge der alliierten Luftangriffe.
3. Die Überschüttung der Bauten mit dem Trümmerschutt von ca. 300.000 Häusern hat 1953 begonnen. Bis zu 100 m oberhalb des ursprünglichen Niveaus soll wieder Wald entstehen.
4. Nach dem Bau der Berliner Mauer wurde die Aufschüttung gestoppt, auf dem höchst-gelegenen Ort Berlins, inzwischen wieder von Wald umgeben, ist eine 5 ha große Spi-onage-Horchstation der Alliierten entstanden, die nach der Wiedervereinigung nicht mehr benutzt wird und 1994 zur Ruine geworden ist.
5. Nicht mehr im Bild dokumentiert ist, dass die Fläche an Private verkauft wird, die ein großes Bauprojekt („Akropolis von Berlin") planen, das jedoch scheitert. Die Land-schaftsplanung sieht hier seither wieder Wald vor, mit einem Erholungsschwerpunkt; sie scheitert jedoch an den nunmehr privaten Eigentümern.

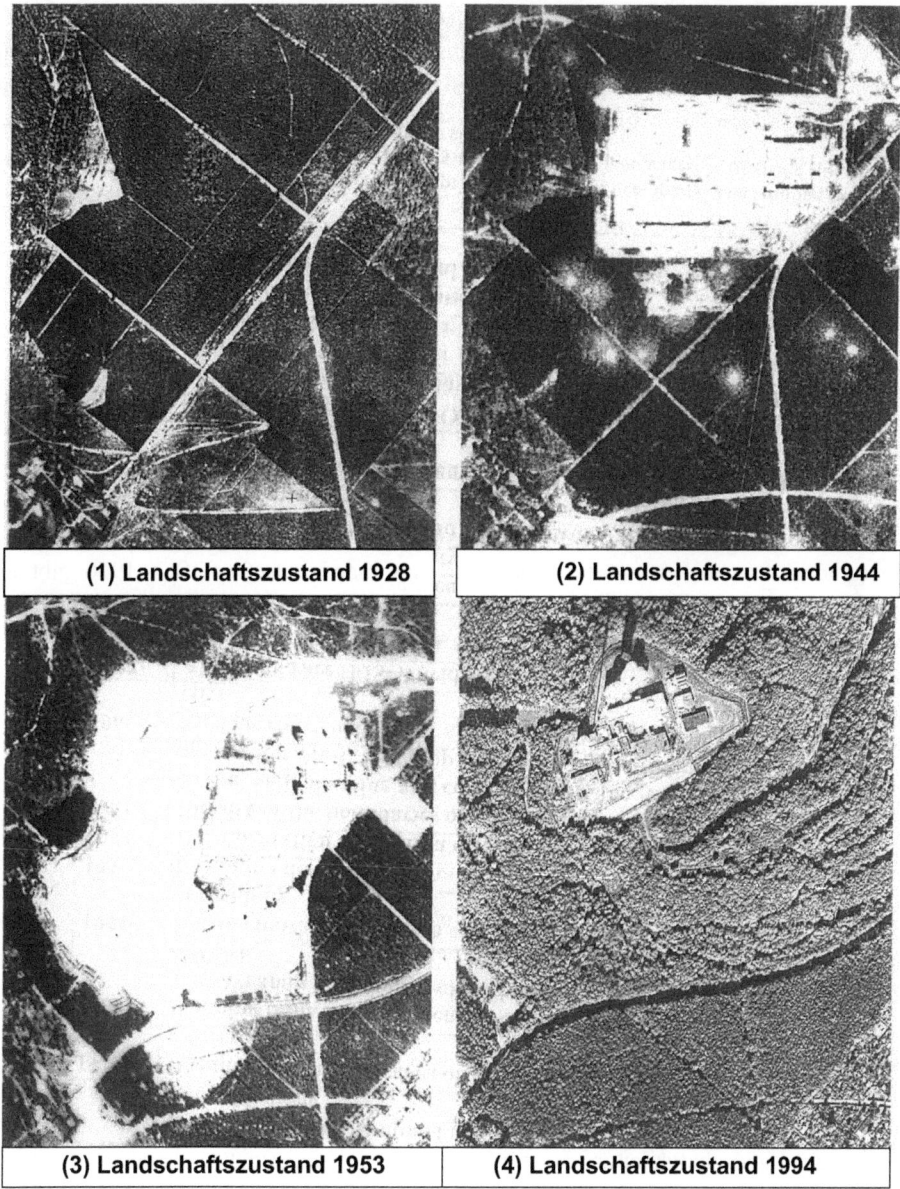

Abb. 3 Landnutzungs- und Landschaftswandel am Beispiel des heutigen Teufelsbergs im Berliner Grunewald zwischen 1909 und 1994. (Kenneweg 1998)

Es ist zwar möglich, einen radikalen Landnutzungs- und Landschaftswandel ohne Rücksicht auf die bisherige Landschaftsentwicklung durchzusetzen, wie das auch die beiden
Bildbeispiele zeigen, doch ist dies nicht im Sinne der Landschaftsplanung, die behutsam
mit den Zeugnissen der Natur- und Kulturgeschichte umgehen sollte. Für die transdisziplinäre Landschaftsforschung mögliche Forschungsperspektiven und Anwendungskontexte sind auf dem Feld der Landschaftsgeschichte in erster Linie charakteristische und
verallgemeinerbare Fallstudien.

4   Planungsaufgaben (allgemein)

Als eine Fragestellung, die das gesamte Aufgabenfeld der räumlichen Planung anspricht,
könnte formuliert werden: Wie arrangiert ein Planer die vielfältigen Ansprüche und Interessen an der Landschaft optimal? Eingeschränkt auf die ökologischen und teilweise
auch die kulturgeschichtlichen Aspekte der Planung, ist es in Deutschland die Aufgabe
der Landschaftsplanung, diese Grundfrage zu bearbeiten und sich dabei auch mit konkurrierenden Ansprüchen an die Landschaft auseinanderzusetzen. Seit 1976 gibt es
die Landschaftsplanung als gesetzliche Aufgabe. Nachdem anfangs völlig unklar war,
wie die damals neue Planungsrichtung vorgehen sollte, haben sich im Verlauf der zwi-
schenzeitlichen vier Jahrzehnte klare Vorstellungen über Arbeitsweisen, Methoden und
Wertmaßstäbe herausgebildet, die allerdings nicht einheitlich für das ganze Land gelten, sondern wegen des föderalistischen Verwaltungssystems mit länderweisen Spezifi-
kationen. Anfänglich genossen Landschaftsplaner große Freiheiten, die sich auf selbst
gewählte Zielformulierungen, Konzepte und Methoden erstreckten. Landschaft war zu
gestalten unter Beachtung von drei Grundbestrebungen bzw. Forderungen:

- Visionen und Idealvorstellungen verwirklichen;
- Fehlentwicklungen erkennen und korrigieren;
- Konflikte entschärfen und ein harmonisches Miteinander herstellen.

Durch die Präzisierungen und Regulierungen aufgrund von Arbeitserfahrungen und durch
ergänzende Vorschriften wurden viele der ursprünglichen Freiheiten eingeschränkt und
dafür neue Pflichtaufgaben zusätzlich formuliert. Die sich danach ergebenden Aufgaben
der heutigen Landschaftsplanung kann man pauschal folgendermaßen charakterisieren:

- Die gesetzlich festgelegten Ziele des Naturschutzes verfolgen;
- Vorhandene Daten (im Hinblick auf aussagefähige Indikatoren) beschaffen und/oder
  neue Daten erheben;
- Die Landschaft des Planungsraums nach festgelegten Vorgaben einteilen und analysieren;
- Teilbereiche der Landschaft nach vorgegebenen Kriterien mit geeigneten Verfahren
  bewerten und danach Defizite und Handlungsbedarf feststellen;
- Maßnahmen vorschlagen und mit Planungsbeteiligten abstimmen.

Das resultierende Planungssystem als solches ist heute kaum noch Gegenstand von transdisziplinärer Forschung. Es ist etabliert und routinemäßig in Aktion. Im Rückblick bleibt aber festzuhalten, dass eine jahrzehntelange Aufbauarbeit, begleitet von umfangreichen Forschungs- und Entwicklungsprojekten erforderlich war, bis der heutige Zustand erreicht werden konnte. In Abb. 4 ist der Wortlaut des § 1 des Bundesnaturschutzgesetzes in der Fassung von 1976 mit Markierung derjenigen Passagen wiedergegeben, deren Implementierung besonders forschungsintensiv, aber auch zeitaufwendig war.

Zu (1): Die Ausdehnung der Zuständigkeit des Naturschutzes im weiteren Sinn auch auf besiedeltes Gebiet war völlig neu und löste einerseits jahrzehntelange Abstimmungskonflikte mit existierenden Bau- und Planungsgesetzen aus; andererseits gehen die meisten Umweltprobleme von urbanen Gebieten aus, und es sind auch die urbanen Gebiete, die am stärksten von Umweltschäden betroffen sind. Diese Innovation im Gesetzestext war mithin sehr bedeutungsvoll und dringlich.

Zu (2): Der hochkomplexe und auch innere Widersprüche bergende Begriff „Leistungsfähigkeit des Naturhaushalts" bedurfte einer Untergliederung, die den Begriff überhaupt erst für Analysen und Bewertungen nutzbar machte. Landschaftsfunktionen (z. B. Gruehn und Kenneweg 1998) oder Potenziale der Umweltmedien (siehe von Haaren 2004, und andere Lehrbücher der Landschaftsplanung) wurden dafür herangezogen. Der Vorschlag nach Gruehn und Kenneweg (1998) dafür ist in Abb. 6 enthalten.

Zu (3): Die Nachhaltigkeitsforderung wurde 1976 bereits im Gesetzestext erhoben, fand aber zunächst kaum Beachtung, weil ihre Bedeutung nicht sogleich erkannt wurde. Die Debatte um die Implementierung der Nachhaltigkeitsforderung ist bis heute noch nicht abgeschlossen.

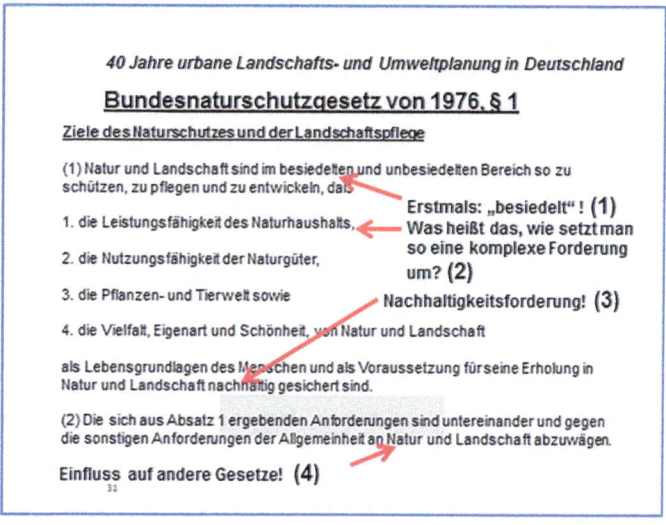

Abb. 4 BNatSchG v. 1976, § 1, mit Hinweis auf Passagen, die umfangreiche und langwierige Forschungs- und Entwicklungsarbeiten auslösten

Zu (4): Das Abwägungsgebot für die (teils gegeneinander wirksamen) Belange von Natur und Landschaft untereinander, vor allem aber gegenüber „sonstigen Anforderungen der Allgemeinheit an Natur und Landschaft" erwies sich als die langwierigste Aufgabe, die durch das Naturschutzrecht gestellt wurde.

Von den vielen neuen Aufgaben, die 1976 gestellt wurden und die für das Wirksamwerden der Landschaftsplanung zu erledigen waren, sollen die schwierigsten und aufwendigsten hier noch einmal aufgelistet werden:

- Übertragung des neuen Bundesgesetzes auf die Bundesländer (eigene Ausführungsgesetze) und andere Gesetze (z. B. Bau, Verkehr usw.);
- Die Eingriffsregelung wurde eingeführt und mit vielen Detailregelungen ausgestaltet[1];
- Begriffsdefinitionen waren auszudiskutieren und justiziabel (rechtsfest) zu machen;
- Sammeln oder Neukartieren der erforderlichen Informationen (z. B. Daten zum Landschaftswasserhaushalt oder zur Biotoptypenkartierung);
- Entwicklung von Bewertungsverfahren und Entscheidungskriterien;
- Aufbau leistungsfähiger Fachbehörden für Naturschutz;
- Erprobung der neuen Planungsinstrumente auf Bewährung und Wirksamkeit.

Der zuletzt genannte Gesichtspunkt „Bewährung und Wirksamkeit der Landschaftsplanung" konnte naturgemäß erst nach langjährigen Erfahrungen mit diesem Planungsinstrument in Angriff genommen werden. Im Workshop „Transdisziplinäre Landschaftsforschung" wurden gute und schlechte Beispiele für die Wirksamkeit der Landschaftsplanung vorgestellt, die hier nicht wiedergegeben werden können. Inzwischen gibt es jedoch aktuelle Publikationen zu dieser Thematik (z. B. Wende und Walz 2017; Kenneweg und Tervooren 2017), nachdem erstmals 1998 ein Versuch zum quantitativen und statistisch belegten Nachweis der Berücksichtigung (damals noch nicht der Bewertung) von Landschaftsplänen publiziert wurde (Gruehn und Kenneweg 1998). Für die überörtliche Ebene der Landschaftsrahmenplanung ging Herberg (2002) in seiner umfassenden Untersuchung auf die Entwicklung, Probleme der Implementierung und auch auf Wirkungsweise und Wirksamkeit ein.

Der bis heute (2017) erreichte Entwicklungsstand der Landschaftsplanung kann am besten damit charakterisiert werden, dass eine feste Einbindung dieser Planungsdisziplin in das deutsche Planungssystem auf allen Planungsebenen selbstverständlich geworden ist (Abb. 5), ebenso das systematische Vorgehen bei der Bearbeitung der einzelnen Arbeitsschritte für alle Zielelemente (Datenbeschaffung, Indikatorenbildung, Analyse, Bewertung, Feststellung von Erfordernissen, Maßnahmenplanung: Abb. 6).

Zum systematischen Vorgehen gehört auch, dass die sechs Planungsprinzipien beachtet und nach Möglichkeit befolgt werden:

---

[1]Auf dieses für die Landschaftsforschung eigentlich sehr wichtige Gebiet kann in diesem Beitrag nicht eingegangen werden.

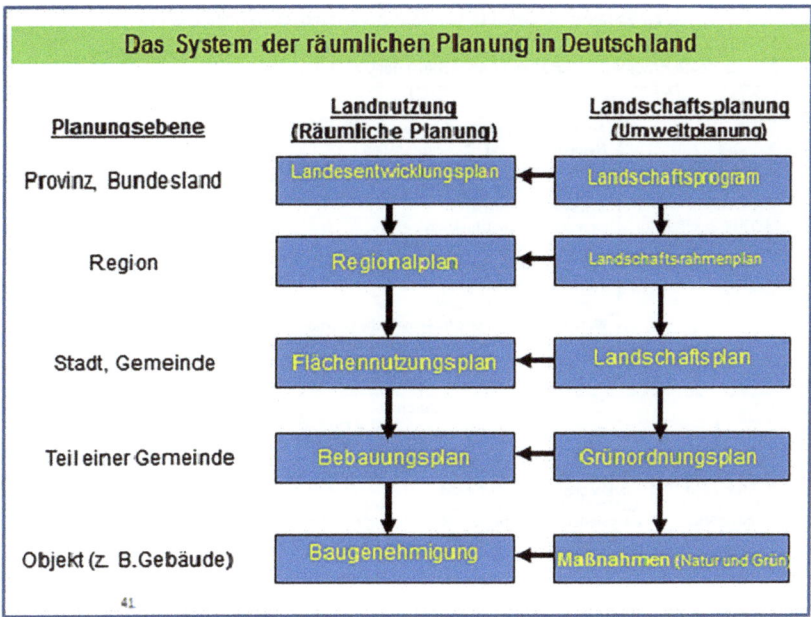

Abb. 5 Die Landschaftsplanung im System der räumlichen Planung in Deutschland (Schema). (Dieses stark vereinfachte Schema beschränkt sich auf Landschaftsplanung und räumliche Gesamtplanung; es fehlt das Zusammenwirken mit Fachplanungen (z. B. Straßenbau); dabei wären Instrumente der Umweltverträglichkeitsprüfung und der Eingriffsregelung (Landschaftspflegerische Begleitplanung) zu ergänzen.)

1. Das Nachhaltigkeitsprinzip (Dauerhaftigkeit, Fortbestand, Gleichmäßigkeit der Zielerfüllung);
2. Das Subsidiaritätsprinzig (Verantwortlichkeit auf der direktesten Ebene);
3. Das Vorsorgeprinzip (Vermeidung absehbarer negativer Auswirkungen);
4. Das Kooperationsprinzip (Verpflichtung aller beteiligten Stellen zur Zusammenarbeit);
5. Das ökonomische oder Rationalitätsprinzip (ein definiertes Ziel ist mit geringstmöglichem Aufwand zu erreichen = Variante Sparprinzip; oder: mit dem verfügbaren Aufwand ist ein möglichst weit gestecktes Ziel anzusteuern = Variante Maximalprinzip);
6. Das Verursacherprinzip (der Verursacher trägt die soziale, ökonomische und hier auch die ökologische Verantwortung).

In Tab. 2 ist zusammenfassend wiedergegeben, in welcher Weise sich die Disziplin „Landschaftsplanung" während der mehr als vier Jahrzehnte seit ihrer Begründung entwickelt hat und welche Themen bzw. Tätigkeiten in den jeweiligen Jahrzehnten besonders wichtig waren. Die größten Schwierigkeiten und den größten Zeitaufwand verursachte die Durchsetzung des Kooperationsprinzips, d. h. die Verankerung der Neuerungen des Naturschutzrechts seit 1976 in Ländergesetzen, im Planungs- und Baurecht sowie in Verwaltungsabläufen.

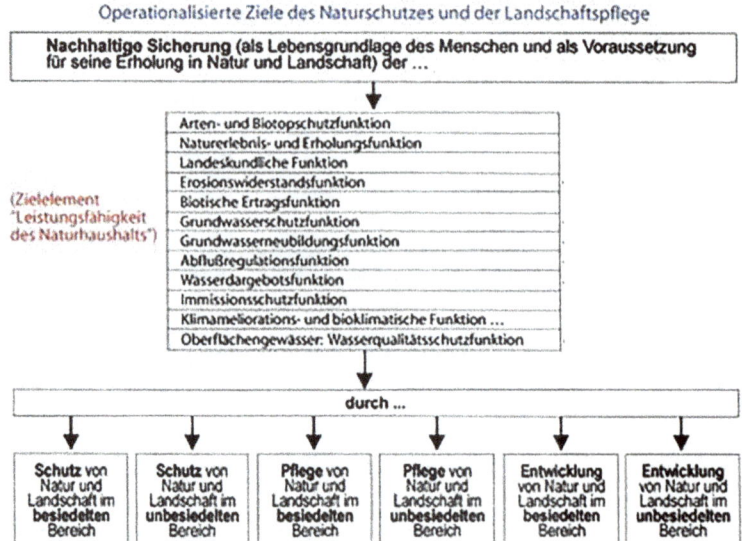

Abb. 6 Zur systematischen und vollständigen Bearbeitung des Zielelements „nachhaltige Sicherung der Leistungsfähigkeit des Naturhaushalts" im Rahmen der Landschaftsplanung gehört, dass
für alle aufgeführten Funktionen zunächst Daten beschafft oder erhoben werden, auf deren Basis
Analysen und Bewertungen erfolgen, die wiederum bezwecken, dass Maßnahmen zum Schutz, zur
Pflege oder zur Entwicklung von Natur und Landschaft im Sinne der jeweiligen Funktion abgeleitet werden können. (Bildquelle: Gruehn und Kenneweg 1998, verändert)

Tab. 2 40 Jahre urbane Landschafts- und Umweltplanung in Deutschland – Erfahrungen und
aktuelle Themen

Dauer und Schwerpunktsetzung der bisherigen Entwicklungsstadien		
Zeitraum	Entwicklungsstadium der Landschaftsplanung	Thematische Schwerpunktsetzung
1970er Jahre	Vorbereitung, Gesetzgebung im födera-len System; „Land – schaftsplanung": Studienfach;	Politische Diskussion, Abgrenzung der Ziele und Zuständigkeiten
1980er Jahre	Implementierung, Entwicklung von Verfahren und Instrumenten	Behördenaufbau, Datenbe-schaffung, Bewertung
1990er Jahre	Verbesserung von Verfahren, Übergang zur Routine	Durchsetzung des Kooperationsprinzips
2000–2010	Defizite eliminieren; Bewältigen von Spezialaufgaben	„Nachhaltige Entwicklung" Natura 2000, Biodiversität
Heute	Reaktion auf aktuelle Entwicklungen, Rationalisierung, Steige-rung der Wirksamkeit	Erneuerbare Energien, Digitalisierung, Klimaschutz, Innovationen

Auf die aktuelle Situation der Disziplin und neuere Entwicklungen, die für transdisziplinäre Forschungsansätze im Zusammenhang mit Landschaftsplanung relevant sein können, wird exemplarisch in einem abschließenden Kapitel eingegangen.

5   Landschaftsplanung heute: Themen, Instrumente, Innovationen

5.1   Die allgemeine Situation

Die Tatsache, dass die Landschaftsplanung und ihre Planungsinstrumente als etabliert angesehen werden können und selbst nicht mehr Gegenstand von grundlegenden Forschung und Entwicklung sein müssen, bedeutet keinesfalls, dass diese Disziplin keine Berührung mehr mit transdisziplinärer Forschung hat; eher das Gegenteil ist richtig; aber anders als in der Anfangszeit nach 1976 hat sich die Rolle der Landschaftsplanung im transdisziplinären Kontext geändert: sie liefert in zunehmendem Umfang Daten, Erkenntnisse, Methoden und Feststellungen aus der Praxis, aus „der Lebenswelt", an die Vertreter der „reinen Forschung", sie empfängt weiterhin die Segnungen neuer Erkenntnisse aus innovativen Forschungsansätzen und ist den besonderen, wohl nur transdisziplinär lösbaren Herausforderungen jeweils aktueller Umweltprogramme verpflichtet, z. B. „Energiewende", „Klimaschutz", „Nachhaltigkeits- oder Biodiversitätsstrategie".

Die gegenwärtige Situation der Landschaftsplanung mit exemplarischem Eingehen auf aktuelle Fragestellungen kann in sehr knapper Form in Anlehnung an die Ergebnisdarstellung einer SWOT-Analyse vorgestellt werden (Abb. 7).

Die SWOT-Analyse wurde in den 1960er Jahren an der Harvard Business School zur Unterstützung von strategischen Konzepten entwickelt (Mintzberg 1994) und hat inzwischen Bedeutung auf sehr vielen verschiedenartigen Anwendungsfeldern erlangt, z. B. in Sport, Militär, Forschung, Planung, Unternehmensführung usw.

Mit der Abb. 7 kann hier nur exemplarisch für einen wesentlich weiter zu fassenden Analysebereich gezeigt werden, auf welche Weise die Bedeutung von Handlungsfeldern und die Prioritätensetzung für mögliche Aktionen im Zuständigkeitsbereich einer vielseitigen und vielschichtigen Disziplin abgeleitet werden kann. Das Aufarbeiten bestehender Schwächen und die Beseitigung von Risiken ist dabei wichtig, erfordert aber in erster Linie kleinteilige Detailarbeit; es ist nicht möglich, an dieser Stelle darauf einzugehen. Auch von den unter den Rubriken „Stärken" und „Chancen" erwähnten Schlagworten können die meisten hier nicht vertiefend diskutiert werden, obwohl zum Beispiel die Anpassung bestehender Planungsinstrumente an neue Herausforderungen höchste Bedeutung hat: Landschaftspläne der verschiedenen Ebenen müssen heute auch die Bewältigung von Klimafolgen oder die Umstellung der Energieversorgung von fossilen auf erneuerbare Gewinnungsmethoden mitplanen oder wenigstens berücksichtigen; Gleiches gilt für die Ableitung von Maßnahmen, die im Rahmen der Eingriffsregelung der Kompensation schädlicher Eingriffsfolgen dienen; auch das nationale und das europäische Schutzgebietssystem müssen an die neuen Herausforderungen angepasst werden.

LUFTBILD UMWELT PLANUNG   *Technische Universität Berlin*

LUP

Beurteilung der Landschaftsplanung heute im Sinne einer SWOT-Analyse

Stärken (Strength)	Schwächen (Weakness)
• Forschungsbasiertes Vorgehen;	• Mindeststandards fehlen;
• Bewährtes Instrumentarium;	• Unangemessene Datenerhebung
• Akzeptanz durch Nachbardisziplinen;	• Die Komplexität der Planung wird von den Adressaten nicht verstanden;
• Vielseitigkeit, Querschnittsorientierung;	• Uneinheitliche Datenbasis, uneinheitliche Planzeichen;
• Stützung durch Gesetze	• Mangelnde Verbindlichkeit
Chancen (Opportunities)	**Risiken (Threats)**
• Frühzeitiges Erkennen von Problemen;	• Missverständnisse;
• Lösungsvorschläge zu Umweltproblemen;	• Zu viel Detailversessenheit;
• Beiträge zu Nachhaltigkeitszielen;	• Missachtung wegen Kompliziertheit;
• Beiträge zur Biodiversitätsstrategie;	• Defizitäre Datenverfügbarkeit;
• Rationalisierung durch neue Indikatoren der Geoinformation.	• Fehlerhafte Anwendung von Wertmaßstäben,
	• Veraltete Pläne, fehlende Aktualisierung;

Vechta, 10. 2. 2017

Abb. 7 Aktuelle Beurteilung der Landschaftsplanung

5.2 Aktuelle Innovationen

Wie auf vielen anderen Anwendungsfeldern hat die digitale Hochtechnologie erhebliche Bedeutung auch für die Landschaftsplanung bekommen. Treibende Kräfte dabei sind einerseits die zu den Stärken der Disziplin gehörende Präferenz für forschungsbasiertes Vorgehen (Abb. 7), andererseits die aktuellen Herausforderungen, insbesondere durch den Klimaschutz und durchschlagende Rationalisierungsmöglichkeiten bei der Beschaffung und Bearbeitung von Geoinformation.

Luftbilder, ursprünglich fotografisch aufgezeichnet, sind ein traditionelles und unentbehrliches Mittel der Informationsbeschaffung in der Landschaftsplanung. Die Einführung digital aufgezeichneter Luftbilder mit den dadurch eröffneten Möglichkeiten zu deren weitgehend automatisierter Auswertung stellte eine technologische Revolution dar (AFL 2012). Die früher sehr umständliche und dadurch zeit- und kostenaufwendige stereoskopische Vermessung räumlicher Strukturen ist heute schnell, softwaregestützt und vergleichsweise sehr preisgünstig geworden. Arbeitserleichternd und beschleunigend wirkt sich vor allem aus, dass die exakte Orientierung der Bilder für fotogrammetrische Messungen sehr leicht geworden ist und dass Zusatz- und Hilfsdaten zugleich mit den Bildinformationen bei der Auswertung am Bildschirm herangezogen werden können; wenn beispielsweise zugleich mit einem aktuellen digitalen Luftbild-Datensatz auch die Ergebnisse der Auswertung eines früheren Datensatzes eingespielt werden, sind Veränderungen sofort erkennbar, und Zeitreihen können problemlos abgeleitet werden.

Vorteilhaft anwendbar sind solche Veränderungsnachweise unter anderem im Arbeitsbereich Klimaschutz (Bereich „Anpassung"). Hier haben die flächenbezogenen Indikatoren „Versiegelungsgrad", „Bebauungsdichte", „Grünvolumen" und „Biodiversität" eine besondere Bedeutung erlangt (Frick und Tervooren 2010). Anschaulich darstellbar sind die neuen Möglichkeiten des Einsatzes digitaler Datensätze in der Landschaftsplanung, z. B. für Zwecke des Landschaftsmonitoring oder der spontan-augenblicklichen Umrechnung von Sachverhalten wie „Versiegelungsgrad" oder „Grünvolumen", auf andere Bezugsflächen, am besten in Form von Abbildungen. Das gilt insbesondere, wenn es um den kombinierten Einsatz mehrerer digitaler Datensätze für Zwecke der problembezogenen und differenzierenden Analyse und Bewertung der Flächen eines Planungsraumes geht. Anstelle solcher Abbildungen, die hier nicht wiedergegeben werden können, soll wenigstens verbal auf zwei Anwendungsbeispiele hingewiesen werden, bei denen das zweite besonders die Bewältigung einer ungeheuren Informationsfülle durch digitale Technologieansätze hervorhebt:

1. Die Stadt Potsdam wächst rasch und ist durch rege und starke Neubautätigkeit geprägt. Der Indikator „Bebauungsdichte" spiegelt das jeweils auf der gewählten Ebene „ganzer Planungsraum", „statistische Blöcke", „Teilflächen der Flächennutzungsplanung" oder „Teilflächen der Biotoptypenkarte" wieder. Es ist zunächst anzunehmen, dass die zunehmenden Werte bei diesem Indikator mit entsprechend abnehmenden Werten beim Indikator „Grünvolumen" korrespondieren. Die tatsächlichen Befunde zeigen jedoch, dass trotz der durch Bautätigkeit unvermeidlichen Verluste an Grünfläche das Grünvolumen in vielen Stadtbereichen konstant gehalten werden kann, oder dass es sogar steigt. Mit dieser Beobachtung kann belegt werden, dass die Lenkung und Überwachung der Bautätigkeit in Verbindung mit besonderer Förderung des Grünvolumens durch die eng kooperierenden Ämter für Stadtentwicklung einerseits und Natur- und Umweltschutz andererseits die erwünschte Wirkung auch tatsächlich erzielt (Landeshauptstadt Potsdam 2013).
2. Die beiden deutschen Bundesländer „Stadtstaat Berlin" und „Flächenland Brandenburg" haben sich darauf geeinigt, eine gemeinsame Landesplanung zu betreiben. Die Anzahl und die Vielfalt der zu koordinierenden einzelnen Pläne in diesem Gebiet sind unüberschaubar groß und unterliegen ständigen Veränderungen. Um dennoch auf der Gesamtfläche die Übersicht zu behalten und bei einzelnen Planvorhaben prüfen zu können, welche anderen Planwerke tangiert werden bzw. zu berücksichtigen sind, wurde seit 2006 ein hochkomplexes, digital gesteuertes Planungsinformationssystem (PLIS) eingerichtet, das ständig weiterentwickelt und aktualisiert wird. Beim Entwicklungsstand von 2012 umfasste es fast 14.000 Bebauungspläne, fast 1000 Flächennutzungspläne, über 1500 Raumordnungsverfahren sowie rund 12.000 weitere Planungen unterschiedlicher Art. Landschaftspläne sind bisher nicht direkt eingegeben, aber landschaftsplanerische Inhalte sind über deren Integration in die Bauleitplanung (vgl. Abb. 5) dennoch greifbar. Prinzipiell können für jeden beliebigen Ort innerhalb der beiden Bundesländer und für jedes Planwerk sowohl kartogra-

fische Darstellungen als auch Fachinformationen abgerufen werden, und das nicht nur bezogen auf den aktuellen Planungsstand, sondern teilweise auch für frühere Planungsstände und Termine. Zugriff auf das System haben bisher nur Behörden und Gebietskörperschaften der beiden Bundesländer (Kenneweg und Tervooren 2017).

Aktuelle Forschung und Entwicklung auf dem Gebiet der Landschaftsplanung ist in sehr vielen Fällen nur in Verbindung mit der Disziplin „Informatik" möglich bzw. Erfolg versprechend. Transdisziplinarität wird insbesondere durch deren Teilbereich „Geoinformatik" in landschaftsplanerische Projekte und Programme hineingetragen.

Literatur

Arbeitsgruppe Forstlicher Luftbildinterpreten (AFL) (2012). *Das digitale Luftbild – ein Praxisleitfaden für Anwender im Forst- und Umweltbereich. Beiträge aus der Nordwestdeutschen Forstlichen Versuchsanstalt, Band 7.* Göttingen: Universitäts-Verlag.

Becker, W. (1998). *Die Eigenart der Kulturlandschaft – Bedeutung und Strategien für die Landschaftsplanung.* Dissertation TU Berlin.

Bergmann, M. & Schramm, E. (Hrsg.). (2008). *Transdisziplinäre Forschung. Integrative Forschungsprozesse verstehen und bewerten.* Frankfurt a. M., New York: Campus.

De los Santos, J. & Concahcala, A. (Hrsg.). (2012). Jaba y Jate – Espacios Sagrados del Territorio Ancestral Sierra Nevada de Santa Marta. Santa Marta.

Frick, A. & Tervooren, St. (2010). Bodenversiegelung, Grünvolumen, Biotopwertigkeit – Praktische Erfahrungen des Umweltmonitorings in Potsdam im Flächennutzungsmonitoring II: Konzepte, Indikatoren, Statistik. In: Meinel, G. & Schumacher U. (Hrsg.), *IÖR-Schriften, Bd. 52* (S. 155–167). Berlin: Rhombos.

Gassner, E. (1995). *Das Recht der Landschaft – Gesamtdarstellung für Bund und Länder.* Radebeul: Neumann Verlag.

Gruehn, D. & Kenneweg, H. (1998). *Berücksichtigung der Belange von Naturschutz und Landschaftspflege in der Flächennutzungsplanung.* Bonn-Bad Godesberg: Bundesamt für Naturschutz.

Herberg, A. (2002). *Landschaftsrahmenplanung in Deutschland.* Dissertation TU Berlin.

Kenneweg, H. & und Tervooren, St. (2017). Zur Steuerungswirkung der kommunalen Landschaftsplanung – Wirkungsmechanismen mit online-Unterstützung und GIS. In: Wende, W. & Walz, U. (Hrsg.), *Die räumliche Wirkung der Landschaftsplanung* (S. 9–24). Wiesbaden: Springer Spektrum.

Kenneweg, H. (1998). Landschaftsmonitoring. *AFZ/Der Wald, 24,* 1469–1471.

Landeshauptstadt Potsdam (2013). Arbeitshilfe „Naturhaushaltswert" zur Anwendung der standardisierten Bewertungsmethode für Naturhaushaltsfunktionen – Eingriffsregelung in der verbindlichen Bauleitplanung der Landeshauptstadt Potsdam. https://www.potsdam.de/content/Arbeitshilfe-naturhaushaltswert-0.

Londono Nino, J. (2012). *Architektur und Wald in der Sierra Nevada de Santa Marta.*

Mielke, H.-J. (2016). *Die unendliche Geschichte des Berliner Teufelsberges – Wald und Politik.* Halle: Projekte-Verlag Cornelius.

Mintzberg, H. (1994). *The Rise and Fall of Strategic Planning.* New York [u. a.]: Prentice Hall.

TU Berlin (2010). 24.08.2010 – Technisches Fach *Planungswissenschaften* im Bachelor-Studien-
    gang Soziologie technikwissenschaftlicher Richtung. https://www.soz.tu-berlin.de/fileadmin/
    i62/Unterlagen_Lehre/nebenfaecher/nf_planungswissenschaften_20100824.pdf. Abruf am 19.
    04. 2017.
Von Haaren, Christina (Hrsg.). (2004). Landschaftsplanung, Verlag Eugen Ulmer, Stuttgart
Wende, W. & Walz, U. (Hrsg.). (2017). Die räumliche Wirkung der Landschaftsplanung. Wiesba-
    den: Springer Spektrum.

Von der landeskundlichen Inventarisation zum Landschaftsführer – Herausforderungen transdisziplinärer Forschung in einem Wahrnehmungs- und Interpretationsraum

Karl Martin Born

Der nachfolgende Beitrag befasst sich mit landeskundlichen Inventarisationen und Landschaftsführern, die seit langem Gegenstände geografischer Forschung sind – sowohl als Resultat von landeskundlicher Forschung als auch als Objekte metatheoretischer Überlegungen.

Tatsächlich sind mit diesen Publikationsformen vier Herausforderungen verbunden, die nachfolgend anhand der Publikationsreihe „Werte der deutschen Heimat – Landschaften in Deutschland", die seit 1955 erscheint, erläutert werden sollen. Allerdings handelt es sich um eine exemplarische Untersuchung einiger Bände und nicht um eine Gesamtevaluierung aller Bände.

1   Landschaften als Gegenstände inter- und transdisziplinärer Forschung

Die Beschäftigung mit Landschaften hat innerhalb der Geografie eine lange Tradition, die mit der Etablierung des landeskundlichen Schemas zur Erfassung von Landschaften einen methodischen Ansatz lieferte, der scheinbar aus der Geografie heraus zu maßgeblichen Ergebnissen führten sollte. Der Komplexität von Landschaften trägt dieser Ansatz insofern Rechnung, als dass alle Teildisziplinen – wenn auch nebeneinander stehend – ein Gesamtbild der jeweiligen Landschaft in ihrer Einzigartigkeit vermitteln sollten. Aus dieser disziplininternen Betrachtung wurden im Laufe der weiteren Spezialisierung von Disziplinen Überlegungen zu inter- und transdisziplinären Untersuchungen entwickelt.

K. M. Born (✉)
Institut für Strukturforschung und Planung in agrarischen
Intensivgebieten (ISPA), Universität Vechta, Vechta, Deutschland
E-Mail: karl-martin.born@uni-vechta.de

© Springer Fachmedien Wiesbaden GmbH, ein Teil von Springer Nature 2018   191
K. Berr (Hrsg.), *Transdisziplinäre Landschaftsforschung,* RaumFragen: Stadt –
Region – Landschaft, https://doi.org/10.1007/978-3-658-20781-6_11

Tress et al. (2003, S. 183) grenzen aus der Perspektive von Landschaftsforschern drei unterschiedliche Formen der disziplinübergreifenden Landschaftsforschung voneinander ab: Multidisziplinäre Forschung beinhaltet die Untersuchung eines Objektes durch mehrere akademischen Disziplinen mit mehreren disziplineigenen Zielen. Im Mittelpunkt dieser Kooperation steht der Austausch von Wissen unter Vermeidung der Überschreitung disziplinärer Grenzen. Da es sich um parallele, nicht integrierte Forschungen handelt ist auch kein Ziel der Schaffung neuen Wissens aus einem Überschreitungsprozess heraus erkennbar. Mithin bearbeitet multidisziplinäre Forschung Landschaften aus einer deutlich fragmentierenden Perspektive. Interdisziplinäre Forschungen hingegen sehen die Überschreitung der Fächergrenzen zur Schaffung neuen Wissens und neuer theoretischer Zugänge vor. Aus der Nutzung unterschiedlicher Forschungsparadigmen und deren wechselseitige Erklärung gelingt es neues Wissen über Landschaften und deren Komplexität zu generieren. Als typische Beispiele für derartige Paradigmen nennen die Autoren quantitative oder qualitative bzw. analytische oder interpretative Ansätze. Als transdisziplinär können Forschungen gelten, wenn an ihnen akademische und nicht-akademische Personen beteiligt sind; sie gelten mithin auch als Verknüpfung von grundlagen- und anwendungsbezogener Forschung. Elementar ist neben dieser Verknüpfung aber auch der auf Partizipation beruhende Forschungsprozess, der einen intensiven Austausch zwischen Grundlagenforschung und Anwendung postuliert, indem bspw. bereits die Grundlagenforschung eine spätere Anwendung berücksichtigen soll.

Tress et al. (2003, S. 185) warnen aber davor, inter- oder transdisziplinärer Forschung quasi automatisch einen Zuwachs an Qualität, Relevanz oder Erkenntniszugewinn zuzusprechen; dies gelte insbesondere für das Dilemma landschaftsbezogener Forschung, die einerseits als „überkomplexer Gegenstand" derartige Forschungen erschwere, aber eben auch als ideales Forschungsobjekt für ebendiese Forschungsansätze gesehen wird.

Zwischen interdisziplinären und transdisziplinären Ansätzen mit Landschaftsbezug sind offenkundig Differenzierungen zu beobachten: Während interdisziplinäre Forschungen deutlich entlang der Inhalte und Grenzen von spezifischen wissenschaftlichen Dimensionen durchgeführt werden, scheinen transdisziplinäre Forschungen durch die Integration von nicht-akademischen Beteiligten (z. B. Planer, Architekten, Tourismusmanagern) an eine an Landschaftsfunktionen orientierte Sichtweise gekoppelt zu sein.

Van Mansfeld (2003, S. 33) weist darauf hin, dass in inter- und transdisziplinären Projekten die Notwendigkeit der Einrichtung eines „Knowledge Brokers" besteht, d. h. einer Person oder Institution, die die jeweiligen Wissensbestände zusammenführt. Sie interpretiert Landschaften als Objekte von netzwerkgestützten Wissensprozessen, die nur durch disziplinenübergreifende Fragen-Antworten-Systeme erschlossen werden können.

Landeskundliche Bestandsaufnahmen und Inventarisationen weisen durch den implizierten Landschaftsbezug i.S. einer Befassung mit sichtbaren Objekten zunächst eine geringe disziplinübergreifende Tendenz auf (so findet sich bei Denecke (2009) keine deutliche Hervorhebung des interdisziplinären Charakters der landeskundlichen Bestandsaufnahme); insbesondere das Postulat der retrospektiven Landschaftsanalyse als historisch-genetische Siedlungsforschung führte dann aber zu einer interdisziplinären

Perspektive, die heute für die historische Kulturlandschaftsforschung im ARKUM-Arbeitskreis umgesetzt wird. Die Permanent European Conference for the Study of the rural Landscape (PECSRL) als das älteste, im Jahre 1957 gegründete Netzwerk von Landschaftsforschern, hat sich in jüngerer Zeit auch transdisziplinären Ansätzen geöffnet, was beispielsweise an den Diskussionen zur European Landscape Convention ablesbar ist.

Wie schmal der Grat zwischen Interdisziplinarität und der Eigenwahrnehmung als eigenständige Disziplin sui generis ist verdeutlichen die Ausführungen von Brückner und Vött (2008), die die Geoarchäologie als „interdisziplinäre Wissenschaft par excellence" als Vereinigung von Inhalten, Methoden und Perspektiven von Geografie, Geowissenschaften, Biologie, Physik, Chemie mit Klassischer Archäologie, Vor- und Frühgeschichte, Geschichtswissenschaften, Altorientalistik und Humangeografie bezeichnen und daraus dann eine eigenständige Wissenschaftsdisziplin synthetisieren. Demgegenüber weist ihr Schaubild (S. 184) aber eher auf eine multidisziplinäre Forschung hin.

Ein spezifischer multidisziplinärer Ansatz liegt bei der Erstellung von geografischen Informationssystemen (GIS) vor: Zwar handelt es um eine Zusammenführung von Einzelinventaren (Denkmäler, Biotoptypen etc.), aber es lassen sich auch Ansätze inter- bzw. transdisziplinärer Forschung erkennen, wenn Kleefeld et al. (2009, S. 118) postulieren, dass „eine landeskundliche Darstellung auf allgemeine, regionale und örtliche Bedeutung, auf räumliche historische und funktionale Bezüge, auf fachbezogene Beschreibung und Interpretation, auf Vermittlung und „Kunde" gerichtet sein muss".

2 Landschaftsbeschreibungen und Landschaftsführer

Die Wurzeln der heute vorliegenden Landschaftsbeschreibungen und Landschaftsführer liegen in den mittelalterlichen und spätmittelalterlichen Itineraren, also Beschreibungen von Reisewegen und Routennetzen nach und zwischen bedeutsamen und häufig genutzten Wegeverbindungen; so stellen die Beschreibungen der Wege nach Rom und hier insbesondere der Alpenüberquerungen wichtige Quellen dar (Denecke 1992). Obgleich der Schwerpunkt dieser Beschreibungen eindeutig in der Erklärung der Wegeführung – auch angesichts des damaligen Standes der Kartografie – lag, ergänzten die Autoren aber auch Informationen, die aus heutiger Perspektive zumindest Bruchstücke einer Landschaftsbeschreibung bieten könnten: So finden sich Informationen zu Qualität, Quantität und Lage von reisebezogenen Dienstleistungen (Gasthäuser etc.) und ebenso Beschreibungen von reiserelevanten Gebäuden und Landmarken, die Orientierung bieten konnten. An einigen Stellen wurde darüber hinaus eine grobe Landschaftsbeschreibung erstellt, wenn über Siedlungen, Landnutzung, Zustand der Landespflege oder über Ausmaß und Qualität der landwirtschaftlichen Nutzung durchaus bewertende Aussagen getroffen wurden. Vereinzelt lassen sich Beobachtungen sozialer Bedingungen in Stadt und Land wiederfinden.

Mit dem Beginn der systematischen Landesaufnahme gewannen Kartografie, Daten-
sammlung, Ressourcenerschließung und -bewertung eine größere Bedeutung, sodass
die vor-modernen und modernen Landschaftsbeschreibungen schon in die frühe Phase
der Angewandten Geografie eingebettet werden können (Denecke 1995). Hierbei entwickelte sich ein Dualismus aus physisch-geografischer Beschreibung der Oberflächenform
und Landnutzungsmuster unter Berücksichtigung der Landschaftsentwicklung. Denecke
(1994, S. 237) spricht sogar von einer Vorstufe der „historisch-genetischen Perspektive".

Mit dem Aufkommen des Tourismus im späten 19. Jahrhundert entsteht die spezifische Literaturform des Touristenführers, der nicht nur ausschließlich städtische, sondern
vereinzelt auch kulturlandschaftliche Eigenheiten beschreibt und somit einen Beitrag zu
deren Differenzierung in qualitativer Hinsicht leistet.

Aus wissenschaftlicher Perspektive sind dann erst in den 1960er Jahren erste Anstren-
gungen zur historisch-geografischen Inventarisation festzustellen, die eine kartografische
Aufnahme der Relikte und eine möglichst vollständige Inventarisation aller historischer
Relikte vorsahen; vorgeschaltet waren kurze Beschreibungen der Geografie, Ökologie
und Geschichte der Landschaft (vgl. Denecke 1972; Kobernus 1993; Kleefeld 1994;
Egli und Burggraaff 1984). Als ein Beispiel soll hier kurz auf das Vorhaben der historisch-landeskundlichen Exkursionskarten eingegangen werden, zumal hier in umfangreichen Maße methodologische Aspekte entwickelt, diskutiert und schließlich angewendet
wurden (Jäger 1964, 1965). Ab 1964 entstanden ausgehend vom Institut für Historische
Landesforschung der Universität Göttingen zahlreiche Bände mit Karten im Maßstab
1:50.000, die die historische Kulturlandschaft dem Wissenschaftler und den interessierten Laien vermitteln sollten. Da rasch deutlich wurde, dass eine vollständige Aufnahme
aller Objekte nicht möglich war, beschloss man, die Auswahl vor allem nach Bedeutung
und Anschaulichkeit vorzunehmen. Orientierungsrahmen war die damalige Diskussion
um Wüstungen, von denen man sich eine Verdeutlichung der landschafts- und landesge-
schichtlichen Zusammenhänge erwartete.

Die hier in aller Kürze und Unvollständigkeit umrissenen frühen Ansätze zur Landschaftsbeschreibung verdeutlichen bereits eine wesentliche Herausforderung, die für
spätere Arbeiten kennzeichnend werden sollte: Der Adressatenkreis und somit auch die
inhaltliche Ausgestaltung weiteten sich auf. Waren zunächst privilegierte Reisende und
deren Bedürfnisse nach einem sicheren Weg die Zielgruppe, erweiterte sich diese später um die herrschaftliche Landesverwaltung, deren Interesse in der Verfügbarkeit von
Informationen zur Ressourcennutzung lag. Die späteren Touristenführer richteten sich
ebenso wie die historisch-landeskundlichen Exkursionskarten an eine Leserschaft, die als
Bildungsbürgertum umrissen werden könnte. Für die historisch-landeskundlichen Exkursionskarten galt aber darüber hinaus auch ein Postulat zur Generierung von originären
Forschungsergebnissen, die sich aus der interdisziplinären Betrachtung der Landschaft
ergeben sollte.

3 Werte der deutschen Heimat – Landschaften in Deutschland

Etwas früher entstand ab 1955 ausgehend von der Sächsischen Akademie der Wissenschaften eine Buchreihe, die unter dem Titel „Werte unserer Heimat" ein Inventar von Objekten mit „Heimat-Wert" vorlegen wollte. Ziel war es, den interessierten Beobachter der Landschaft zu adressieren und ihm sowohl Informationen zur Abfolge und zum Wirkungsgefüge der Landschaftsentwicklung als auch Anregungen zur eigenständigen Erschließung des Heimatraums zu geben (vgl. dazu Lehmann 1977; Grundmann und Schmidt 1990; Schmidt 2004; Denecke 2008). Dementsprechend findet sich in den Vorworten zu den ersten Bänden die Selbstzuschreibung „Ratgeber für Touristen" und danach der Hinweis, dass dieser Band „ebenso hilfreich für die einheimische Bevölkerung" sein könnte. Die vorliegenden Bände sind bis heute nach einem einheitlichen Schema gegliedert, die nach einer disziplinären gegliederten Gesamtübersicht (z. B. Geologie, Biologie, Geschichte, Naturschutz und Denkmalpflege, Volkskunde) ein Inventar der wichtigsten Objekte als sogenannte Suchpunkte vorlegt. Der Gebietszuschnitt ist schematisch nach Blattnummern der TK 25 vorgenommen und umfasst somit 129 Quadratkilometer; zwangsläufig können einzelnen Landschaftseinheiten nicht vollständig erfasst werden. Waren die ersten Bände noch ausschließlich von Wissenschaftlern verfasst, erweiterte sich die Autorenschaft rasch um Heimatforscher.

Die zweite Phase der Buchreihe begann mit der Umbenennung in „Werte der deutschen Heimat" ab Band 52 im Jahre 1990. Zugleich ändert sich das Selbstverständnis, das nun eine Monografie über eine Landschaft vorlegen will, indem aufbauend auf ein Landschaftsinventar diejenigen Objekte dargestellt werden, die zu einem Verständnis der Landschaft beitragen. Dementsprechend bleibt die Grundgliederung aus disziplinär getrennter Darstellung der Gesamtlandschaft und umfangreichen Suchpunktesystem zum Landschaftsverständnis. In Umsetzung der Selbstverpflichtung zur Landschaftsvermittlung wird die Größe des Untersuchungsgebietes flexibler und somit landschaftsbezogener. Das Raster der Suchpunkte ist weiterhin enzyklopädisch aufgebaut, versucht aber bewusst Landschaftsverständnis (Wie konstituiert sich eine mitteleuropäische Kulturlandschaft?) und Landschaftswissen (Welche Eigenheiten weist der Suchpunkt auf?) miteinander zu verbinden.

Mit einem erneuten Namenswechsel zu „Landschaften in Deutschland – Werte der deutschen Heimat" ab Band 62 im Jahre 2010 beginnt die letzte Phase der Entwicklung: nunmehr ist der Gedanke der Auswahl charakteristischer Elemente weiterführend fortgesetzt worden, sodass das eigentliche Landschaftsinventar nur noch als Übersicht vorliegt. Kennzeichnend ist weiterhin, dass die sozialen, ökonomischen, kulturellen und politischen Prozesse innerhalb eines abgeschlossenen Gebietes dargestellt werden sollen. Allerdings muss man an dieser Stelle die redaktionelle Herausforderung und die sich daraus ergebende Schwerpunktsetzung der Bände berücksichtigen: Die inhaltliche und organisatorische Hauptverantwortung liegt bei einem oder mehreren Hauptbearbeitern, deren Aufgabe u. a. darin besteht, für die einzelnen Abschnitte und Suchpunkte geeignete

Autoren zu finden. Dass sich in der Auswahl der Autoren und der Schwerpunktbildung des Bandes auch immer das individuelle Forschungsprofil des Hauptbearbeiters widerspiegelt, ist verständlich und kann natürlich nur eingeschränkt durch die Zentralredaktion am Institut für Länderkunde ausgeglichen werden.

4   Herausforderungen für Landschaftsführer

Bereits die kurze Übersicht der Entwicklung der Reihe „Landschaften in Deutschland" verdeutlicht die konzeptionellen Herausforderungen, vor denen die Autoren gestellt sind. Allerdings ergeben sich vier weiterführende Fragekomplexe, denen nachgegangen werden sollte: Zunächst ist zu untersuchen, ob und wie aus einem raum-zeitlichen Verständnis heraus die Dynamik und Komplexität von Landschaften vermittelt werden kann. Weiterhin stellt sich im Hinblick auf die Heterogenität der Bearbeiter die Frage, wessen Landschaftsverständnis oder -perzeption denn nun tatsächlich abgebildet wird. Damit verbunden wird auch zu fragen sein, ob und in welchem Umfang die Darstellung von Landschaften und ihren Elementen normativen Diskursen folgt oder folgen soll. Letztlich geht es also um den Auswahlprozess der Suchpunkte an sich.

Die Verdeutlichung und Erklärung von Landschaftsdynamik ist vor die besondere Herausforderung gestellt, diese Dynamik sowohl diachron als Veränderung im Ablauf der Zeit als auch synchron als zeitgleiche Variation in der Fläche zu verdeutlichen. In den jeweiligen Abschnitten zur historischen Entwicklung gelingt es durch die umfangreiche Nutzung von Karten hoher Qualität Zeitschnitte zu verdeutlichen und dadurch indirekt Veränderungen zu illustrieren. In der Erläuterung der historischen Entwicklung stehen umfangreiche Erläuterungen der Landschaftsgeschichte, die vor allem durch Expansions- und Regressionsprozesse geprägt sind, neben „klassischen" und dem vorhandenen Quellenmaterial geschuldeten Historiografien von Adelsgeschlechtern, Klerus etc. Insgesamt findet sich eine „Einbettung" der Geschichte in die Landschaft in Form der Beantwortung der Frage „Wo fand etwas statt?". Landschaft wird so zur Szenerie historischer Ereignisse. Die physisch-geografisch und naturwissenschaftlich geprägten Abschnitte nutzen umfangreiches Kartenmaterial zur Verdeutlichung der räumlichen Differenzierung der Geofaktoren und -elemente, die sequenziell erläutert werden. Durch die Einbindung eines syntheseorientierten Unterabschnitts zur Landschaftsgliederung gelingt zumindest partiell eine Zusammenführung. Insgesamt ergibt sich also eine weitgehende Trennung von diachronen und synchronen Dynamiken: Während die diachrone Dynamik anhand der historischen Entwicklung anthropogener Aktivitäten verdeutlicht wird, fokussiert die synchrone Dynamik den Wandel der Landschafstypen. Auffällig ist weiterhin, dass zahlreiche Suchpunkte nur eingeschränkt geeignet sind, diese spezifische Dynamik zu verdeutlichen, da sie einerseits nur in geringem Umfang topografisch eingebettet sind und andererseits nur wenig Punkte mit der Möglichkeit eines weitreichenden Landschaftsüberblicks gewählt wurden.

Neben der Darstellung der Dynamik von Landschaft bedarf es auch der Erklärung der Komplexität der Landschaft im Sinne skalarer und prozessualer Differenzierungen. Dies gelingt in Ansätzen durch die Verschränkung von Natur- und Kulturlandschaftsfaktoren sowie die Identifizierung und Beschreibung von Mustern, Prozessen und Faktoren. Im Lichte der konzeptionellen Einschränkungen auf individuelle Suchpunkte und des Autorenkonzeptes mit einem hohen Grad an Spezialisierung konnten zwar nicht größere Abschnitte neu konzeptioniert werden, doch bietet der Einsatz von Textboxen wie im jüngsten Band zu Leipzig die Möglichkeit, an ausgewählten Beispielen Muster, Prozesse und Faktoren zu erläutern. Unbeachtet bleibt aber die Notwendigkeit, jegliche Erklärungen von Dynamik und Komplexität an den Kenntnisstand der jeweiligen Nutzer anzupassen, wobei zu beachten ist, dass Einheimische und Touristen als wesentliche Zielgruppen einerseits über direkt ortsbezogene Kenntnisse ihres unmittelbaren Lebensumfeldes verfügen können und andererseits Transferleistungen aus anderen Regionen erbringen könnten.

Ein weiterer Fragenkomplex, der in einer kritischen Reflexion von Landschaftsführern zu thematisieren ist, umfasst den Umgang mit Landschaftselementen, die als umstritten („disputed") gelten können. Hier ist zunächst aus einer gegenwartsbezogenen Perspektive zu prüfen, wie die gegenwärtigen Praktiken die Darstellung der Landschaft beeinflussen. Beispielhaft sei hier auf religionsbezogene Objekte zu verweisen, die in den Beschreibungen breiten Raum einnehmen, aber teilweise dysfunktional sind; zu diesem Diskurs zählt dann auch der Umgang mit religiösen Einrichtungen der nicht dominierenden Konfession. Regelmäßig ist außerdem zu prüfen und zu entscheiden, welche Schreibweise bei Ortsnamen zu verwenden ist; dies gilt für Siedlungsgebiete von Minderheiten ebenso wie für Siedlungen jenseits staatlicher Grenzen, zumal wenn diese Siedlungen eben früher andere Namen trugen. Neben diesen Herausforderungen der Auswahl und Benennung von Landschaftselementen spielen aber auch gegenwärtige politische Diskurse eine Rolle: Gerade in jüngerer Zeit gelten Großschutzgebiete als umstrittene Landschaften und stellen somit die Autoren von Landschaftsführern vor die Notwendigkeit, alle Positionen herauszuarbeiten.

Demgegenüber stellt sich der Umgang mit vergangenen Epochen und deren Relikten als weitaus komplexer dar, auch wenn hier durch die Denkmalpflege bereits Grundlagenarbeit betrieben wurde. Generell ist dennoch zu fragen, wie mit den Relikten heute negativ bewerteter Epochen umzugehen ist: Hier ist insbesondere an Landschaftselemente zu denken, deren Denkmalwert nicht erkennbar ist – in den vorliegenden Bänden finden sich fast keine Hinweise auf sowjetische Militärstandorte oder Relikte landwirtschaftlicher Produktionsgenossenschaften.

Natürlich sind diese Fragen im Kontext der jeweiligen Landschaftsperzeption der Autoren und der Schwerpunktsetzung zu sehen, die an dieser Stelle nicht weiter thematisiert werden soll. Stattdessen soll der Blick auf die Auswahlprozesse im Lichte der beiden Adressatengruppen geworfen werden. Für Einheimische müsste die Erklärung des Bekannten und Offensichtlichen aus wissenschaftlicher Perspektive im Mittelpunkt stehen; mithin sollten also bestehende Wissensbestände erweitert und vertieft werden.

Für Touristen hingegen muss eine Auswahl erfolgen, die das Spektakuläre und Besondere herausarbeitet, um es ihnen zu ermöglichen, innerhalb eines relativ kurzen Zeithorizonts und weitgehend ohne Vorkenntnisse Informationen über die Landschaft aufzunehmen, sie in situ umzusetzen und daraus Erkenntnisse über die o. g. Dynamik und Komplexität abzuleiten. Landschaft ist hier als Wahrnehmungs- und Interpretationsraum zu sehen, der beliebig viele Facetten aufweisen kann. Eine weitere Zuspitzung dieser Problematik ergibt sich dann, wenn man dem Postulat der Entwicklung eines „Handbuchs für Heimaterzieher" folgt.

Gegenwärtig wird – nicht zuletzt in der European Landscape Convention – Nachhaltigkeit als normativer Wert in der Landschaftsanalyse und -bewertung postuliert. Dem trägt auch das UNESCO-Programme "Education for sustainable development" Rechnung, wenn es formuliert: "empowers learners to take informed decisions and responsible actions for environmental integrity, economic viability and a just society, for present and future generations, while respecting cultural diversity. It is about lifelong learning, and is an integral part of quality education. ESD is holistic and transformational education which addresses learning content and outcomes, pedagogy and the learning environment. It achieves its purpose by transforming society" (http://en.unesco.org/themes/education-sustainable-development/what-is-esd). Somit ergibt sich die Notwendigkeit der Bewertung historischer Prozesse im Hinblick auf ihre Nachhaltigkeit: Ohne Zweifel sind die heutigen Heidelandschaften als Resultat wenig nachhaltiger Plaggenextraktionen zu sehen, die u. a. zur Entstehung von Binnendünen geführt haben. Dass aus einer wenig nachhaltigen Bewirtschaftung Flächen entstanden sind, die hohe Biotopwerte aufweisen, wird auf dem Hintergrund der obigen Aussage zur Bildung für nachhaltige Entwicklung nicht einfach. Insofern müssen Landschaftsführer der Herausforderung begegnen, einerseits eine Bewusstseinsbildung für Landschaftsdynamik zu fördern und andererseits eben keine normativ gefärbten Diskussionen zukünftiger Entwicklungen zu bieten. Die Frage, wie der Wandel normativer Setzungen im Zuge einer dynamik- und komplexitätsorientierten Landschaftsbeschreibung zu erklären ist, ist dahingehend zu diskutieren, welche Auswirkungen für die Annahmen einer Pfadabhängigkeit beim Betrachter zu erwarten sind. Landschaftsführer können so zu „Promotoren der Pfadabhängigkeit" werden, wenn sie normative Setzungen als landschaftsgestaltende Kräfte überinterpretieren.

Auffällig ist, dass die bisher vorliegenden Bände die Auseinandersetzung mit gesellschaftlich und politisch umstrittenen Themen scheuen: Windkraftanlagen, Biogasproduktion oder Tierwohldiskurse werden in ihren Auswirkungen auf die Landschaft nur selten erwähnt; natürlich können in derartigen Publikationen nicht alle Facetten der Diskussion wiedergegeben werden, doch wünscht man sich eine Auseinandersetzung mit dem Offensichtlichen. Allerdings soll an dieser Stelle nicht unerwähnt bleiben, dass die Autoren und Herausgeber auch die „Halbwertszeit" der Bände berücksichtigen müssen: Großlandschaften und Suchpunkte werden sich weniger stark wandeln als die gegenwärtigen Debatten um Energielandschaften, Wüstungen oder Neophythen bzw. invasive Arten.

Abschließend ist der Auswahlprozess der Suchpunkte zu diskutieren. Wie bereits erläutert unterliegen die Bände einem Wandel von einer enzyklopädischen Beschreibung aller Siedlungen zu einer Auswahl relevanter und für die Verdeutlichung der Landschaftsentwicklung besonders anschaulicher Punkte. Mithin ist also ein System aus Anschauungs- und Verdeutlichungspunkten entstanden, an denen exemplarisch Ausprägungen und Prozesse zugänglich gemacht werden sollen. Doch schon eine Ausweitung der Funktion der Landschaftsführer zu einem Instrument der Heimatbildung verweist auf die weitgehend unklaren materiellen Quellen regionaler und lokaler Identität und verleitet insgesamt zu einer Reduzierung von Heimat und Identität auf die umgebende Landschaft. Im Hinblick auf den starken historisch-geografischen Charakter der Bände ist dann auch das Verhältnis von regionaler bzw. lokaler Identität zu Modernisierungs- und Erinnerungskulturen und -praktiken zu fragen.

5   Ausblick

Die Entwicklung von Landschaftsführern und insbesondere der Reihe „Landschaften in Deutschland" illustriert den Wandel im Umgang mit historischen Kulturlandschaften aus der darstellenden Perspektive in Form einer Publikation; gleichzeitig manifestiert sich in den Bänden aber auch die wissenschaftliche Auseinandersetzung aus methodologischer Sicht.

Aus wissenschaftstheoretischer Perspektive leisten Landschaftsführer einen durchaus nicht zu unterschätzenden Beitrag zu Fragen der Inter- und Transdisziplinarität, da sie sich einem Gegenstand widmen, dessen disziplinenübergreifender und anwendungsbezogener Charakter unbestritten ist. Tatsächlich werden mit ihnen wesentliche Erwartungen im Hinblick auf die Verdeutlichung von Komplexität im Sinne einer Bildung für nachhaltige Entwicklung oder der Notwendigkeit landschaftserhaltender oder –entwickelnder Maßnahmen verbunden. Allerdings weisen Tress et al. (2003, S. 184) zurecht darauf hin, dass diese Erwartungen sowohl aus wissenschaftlicher wie auch planerisch-politischer Perspektive unrealistisch sind und sogar eine negative Wirkung entfalten, wenn die notwendigen kleinen Schritte (hier z. B. die Weiterentwicklung des Suchpunktsystems) eher als Scheitern aufgefasst werden.

Im Zuge der jüngeren Neukonzeption der Bänder sind in einer Reihe von Werkstattgesprächen Veröffentlichungen entstanden, die Anregungen und Anleitungen zur landeskundlichen Erfassung und Vermittlungen von Kulturlandschaften beinhalten (Deutsche Akademie für Landeskunde 2008; Denecke 2009; Denecke und Porada 2008, 2009; Denzer et al. 2011). Neue Ansätze zur inhaltlichen und methodischen Ausgestaltung von Landschaftsführern liegen aus den Niederlanden vor: In einem partizipativen und über weite Strecken von „Citizen Science" geprägten Vorgehen gelang es dort, die Kulturgeschichte eines Raumausschnittes zu rekonstruieren und medial aufzubereiten; neben einer herkömmlichen Veröffentlichung (Spek et al. 2015) liegen zahlreiche mediale Informationen vor.

Anhang

Hohlweg im Kaiserstuhl. (Born, 2016)

Rezente und fossile Terrassen am Mittelrhein. (Born, 2014)

Literatur

Brückner, H. & Vött, A. (2008). Geoarchäologie – eine interdisziplinäre Wissenschaft par excellence. In: Kulke, A. & Popp, H. (Hrsg.), *Umgang mit Risiken. Katastrophen – Destabilisierung – Sicherheit (=Tagungsband zum Deutschen Geographentag Bayreuth 2007)* (S. 181–202). Bayreuth, Berlin: DGFG.

Denecke, D. (1972). Die historisch-geographische Landesaufnahme. Aufgaben, Methoden und Ergebnisse, dargestellt am Beispiel des mittleren und südlichen Leineberglandes. *Göttinger Geographische Abhandlungen 60*, 401–436.

Denecke, D. (1992). Straßen, Reiserouten und Routenbücher (Itinerare) im späten Mittelalter und in der frühen Neuzeit. In: von Ertzdorff, X. & Neukirch, D. (Hrsg.), *Reisen und Reiseliteratur im Mittelalter und in der Frühen Neuzeit* (S. 227–253). Amsterdam: Rodopi.

Denecke, D. (1994). Historisch-geographische Umweltforschung. Klima, Gewässer, Böden im Mittelalter und in der frühen Neuzeit. *Siedlungsforschung 12*, 235–263.

Denecke, D. (1995). Frühe Ansätze anwendungsbezogener Landschaftsbeschreibung in der deutschen Geographie (1750-1950). In: Heinritz, G., Sandner, G. & Wiessner, R. (Hrsg.), *Der Weg der deutschen Geographie. Rückblick und Ausblick* (S. 111–131). Suttgart: Steiner.

Denecke, D. (2008). Von einer Bestandsaufnahme zur landeskundlichen Darstellung: Entwicklung der methodischen Ansätze in der Buchreihe „Landschaften in Deutschland – Werte der deutschen Heimat". In: Denecke, D. & Porada, H. T. (Hrsg.), *Die Darstellung von Städten im Rahmen einer landeskundlichen Erfassung und Übersicht. 50 Jahre „Landschaften in Deutschland – Werte der deutschen Heimat"* (S. 7–13). Leipzig: Selbstverlag Leibniz-Institut für Länderkunde.

Denecke, D. (2009). Strukturierende Leitbegriffe im Betrachtungsansatz einer landeskundlichen Bestandsaufnahme und Darstellung – Ein Leitfaden am Beispiel der Buchreihe „Landschaften in Deutschland". In: Denecke, D. & Porada, H. T. (Hrsg.), *Die Erfassung und Darstellung ländlicher Siedlungsräume, der Siedlung und Bausubstanz in einer landeskundlichen Bestandsaufnahme* (S. 101–115). Leipzig: Selbstverlag Leibniz-Institut für Länderkunde.

Denecke, D. & Porada, H. T. (Hrsg.) (2008). *Die Darstellung von Städten im Rahmen einer landeskundlichen Erfassung und Übersicht. 50 Jahre „Landschaften in Deutschland – Werte der deutschen Heimat"*. Leipzig: Selbstverlag Leibniz-Institut für Länderkunde.

Denecke, D. & Porada, H. T. (Hrsg.) (2009). *Die Erfassung und Darstellung ländlicher Siedlungsräume, der Siedlung und Bausubstanz in einer landeskundlichen Bestandsaufnahme*. Leipzig: Selbstverlag Leibniz-Institut für Länderkunde.

Denzer, V., Klotz, S. & Porada, H. T. (Hrsg.). (2011). *Die historisch-landeskundliche Bestandsaufnahme und Darstellung von Gewässern und Gewässernutzungen*. Leipzig: Selbstverlag Leibniz-Institut für Länderkunde.

Deutsche Akademie für Landeskunde (Hrsg.). (2008). *Der ländliche Siedlungsraum*. Leipzig: Deutsche Akademie für Landeskunde.

Egli, H.-R. & Burggraaff, P. (1984). Eine neue historisch-geographische Landesaufnahme der Niederlande. *Siedlungsforschung 2*, 283–293.

Grundmann, L. & Schmidt, W. (1990). Die Buchreihe „Werte unserer Heimat": Ergebnisse der heimatkundlichen Bestandsaufnahme in der ehemaligen DDR. *Berichte zur deutschen Landeskunde 64*, 429–438.

Jäger, H. (Hrsg.). (1964). *Blatt Duderstadt: Erläuterungsheft. Historisch-landeskundliche Exkursionskarte von Niedersachsen Band 1*. Hildesheim: Lax.

Jäger, H. (Hrsg.). (1965). *Methodisches Handbuch für Heimatforschung in Niedersachsen*. Hildesheim: Lax.

Kleefeld, K.-D. (1994). *Historisch-geographische Landesaufnahme und Darstellung der Kulturlandschaftsgenese des künftigen Braunkohleabbaugebietes Garzweiler II*. Bonn. Universitätsdissertation.

Kleefeld, K.-D., Knöchel, F.-J., Queckbörner, C. (2009). Digitale kulturlandschaftliche Informationssysteme – Anforderungen und Perspektiven für die landeskundliche Bestandsaufnahme. In: Denecke, D. & Porada, H. T. (Hrsg.), *Die Erfassung und Darstellung ländlicher Siedlungsräume, der Siedlung und Bausubstanz in einer landeskundlichen Bestandsaufnahme* (S. 117–130). Leipzig: Selbstverlag Leibniz-Institut für Länderkunde.

Kobernuss, J. (1993). Die historisch-geographische Landesaufnahme als Teil eines Konzeptes zum sanften Tourismus. *Kulturlandschaft 38, 2*, 15–20.

Lehmann, E. (1977). Die Stellung der Buchreihe „Werte der deutschen Heimat" in der Umweltforschung. *Sächsische Heimatblätter 1*, 11–14.

Schmidt, W. (2004). Geographische Regionalforschung als Grundlage der landeskundlichen Inventarisation, veröffentlicht in der Schriftenreihe „Werte der deutschen Heimat". *Abhandlungen der Naturwissenschaftlichen Gesellschaft ISIS*, 157–173.

Spek, T., Elerie, H., Bakker, J. & Noordhoff, I. (Hrsg.). (2015). Landschapsbiografie van de Drentsche Aa. Assen: Koninklijke Van Gorcum.

Tress, B., Tress, G. & Fry, G. (2003). Potential and limitations of interdisciplinary and transdisciplinary landscape studies. In: Tress, B., Tress, G., van der Valk, A. & Fry, G. (Hrsg.), *Interdisciplinary and transdisciplinary landscape studies: Potential and limitations* (S. 182–192). Wageningen: Delta Programm.

Van Mansfeld, M. (2003). The need for knowledge brokers. In: Tress, B.; Tress, G.; van der Valk, A.; Fry, G. (Hrsg.): Tress, B., Tress, G., van der Valk, A. & Fry, G. (Hrsg.), *Interdisciplinary and transdisciplinary landscape studies: Potential and limitations* (S. 33–39). Wageningen: Delta Programm.

Landschaft als Gegenstand der Naturethik

Gesine Schepers

Landschaft als Gegenstand der Naturethik ist eine vielgestaltige Sache. Behandelt man Landschaft entsprechend den verschiedenen naturethischen Argumenten, ergeben sich unterschiedliche Landschaften. So kann es durchaus sein, dass eine Landschaft, die einem naturethischen Argument entspricht, einer Landschaft gleichkommt, die von einer anderen Disziplin angestrebt wird, z. B. der Ökonomie. Dies ist, was sich im vorliegenden Beitrag zeigt. Ich stelle in ihm zentrale naturethische Argumente vor und prüfe, zu welcher Art von Landschaft sie jeweils führen, wenn man mit ihnen Ernst macht. Bevor ich dazu komme, sage ich kurz, was Naturethik ist und was man in ihr unter „Natur" versteht.

1   Naturethik und Natur

Naturethik ist der Teilbereich der Ethik, in dem es darum geht, wie wir mit Natur umgehen sollen. Angesichts umfangreicher Naturzerstörungen stellt sich dabei vor allem die Frage, ob wir Natur schützen sollen. Naturethische Argumente zeigen, ob und warum man Natur schützen soll. So gesehen ist Naturethik also die ethische Reflexion von Naturschutz.

Als Natur gilt dabei laut Krebs das Nicht-Menschengemachte im Gegensatz zum Artefaktischen, wobei das Nicht-Menschengemachte am Menschen ausgenommen ist. Natürliche Dinge sind ihr gemäß z. B. Tiere, Pflanzen und Steine im Gegensatz zu Autos, Möbeln und Computern. Zwar gibt es reine Natur fast nicht mehr, so Krebs, und totale

G. Schepers (✉)
Abteilung Philosophie, Universität Bielefeld, Bielefeld, Deutschland
E-Mail: gschepers@uni-bielefeld.de

© Springer Fachmedien Wiesbaden GmbH, ein Teil von Springer Nature 2018
K. Berr (Hrsg.), *Transdisziplinäre Landschaftsforschung,* RaumFragen: Stadt –
Region – Landschaft, https://doi.org/10.1007/978-3-658-20781-6_12

Artefakte ohnehin nicht, da auch sie letzten Endes immer aus natürlichen Materialien bestehen. Dies spricht nach Krebs jedoch nicht gegen das besagte Naturverständnis. Denn „‚Natur' und ‚Artefakt' [sind] *graduelle Begriffe*", welche die Dinge, die zwischen den beiden Extremformen liegen, umfassen (1997, S. 340 f.). Es gibt also nicht nur pure Natur, sondern auch mehr oder weniger menschlich beeinflusste Natur. Und nicht totale Artefakte, aber mehr oder weniger künstliche Artefakte.

Sofern Naturethik die ethische Reflexion von Naturschutz ist, geraten in ihr auch die Gegenstände des Naturschutzes in den Blick, also die Dinge, um deren Schutz es im Naturschutz geht. Gegenstände des Naturschutzes sind unter anderem Arten (Haber 1985, S. 569) sowie laut Meyer Biotope, Ökosysteme und eben Landschaften (2003, S. 23).

2 Landschaft als Gegenstand der Naturethik

Ich komme nun zum Hauptteil meines Beitrags, nämlich zur Prüfung, zu welcher Art von Landschaft die verschiedenen naturethischen Argumente führen, wenn man mit ihnen Ernst macht. Dabei enthalte ich mich einer Beurteilung der naturethischen Argumente. Das heißt, ich sage nicht, ob ich diese Argumente jeweils überzeugend finde oder nicht. Denn hier, im Kontext dieses Bandes, kommt es auf die systematische Frage an, ob es zwischen der Landschaft in der Naturethik und der Landschaft in anderen Disziplinen überhaupt Verknüpfungspunkte gibt. Und so nehme ich hier die naturethischen Argumente in ihrer Vielfalt in den Blick und ernst.

Die Argumente der naturethischen Debatte lassen sich unterteilen in anthropozentrische und in physiozentrische. Anthropozentrische Argumente sprechen für Naturschutz um des Menschen willen, physiozentrische Argumente hingegen sprechen für Naturschutz um der Natur selbst willen. Ich stelle nun der Reihe nach verschiedene naturethische Argumente vor und prüfe, zu welcher Art von Landschaft sie in der Praxis jeweils führen. Ich beginne dabei mit den anthropozentrischen Argumenten.

2.1 Anthropozentrismus

Das Existenz-Argument

Dem Existenz-Argument gemäß soll man Natur schützen, weil Natur und ihr Schutz notwendig für das Überleben des Menschen sind und weil das Überleben des Menschen wertvoll ist.[1] So braucht der Mensch zum Überleben Luft, Nahrungsmittel und Wasser in hinreichend verträglicher Form. Und diese Dinge kann es ohne Natur und ihren Schutz

---

[1]Ein derartiges Argument bringen z. B. Birnbacher (1986, S. 104 f.), Spaemann (1986, S. 197 f.) und Lanzerath (2008, S. 201 f.) vor.

nicht geben. So bilden Pflanzen den existenziell wichtigen Sauerstoff und stellen sowohl direkt als auch indirekt, als Tiernahrung, die Basis der menschlichen Nahrung dar. Darüber hinaus sind nur bestimmte Arten genießbar und so gilt es, zumindest so viele von ihnen zu schützen, wie zum Leben nötig sind. Abgesehen davon ist es existenziell wichtig, Luft, Nahrung und Wasser hinreichend vor Belastungen, z. B. vor Verschmutzung oder Verseuchung zu bewahren. Auch in diesem Sinne ist Naturschutz geboten. Manche Belastungen kann man zwar im Nachhinein wieder beseitigen, aber das scheint mir umständlicher zu sein als sie gar nicht erst zu verursachen. Ohnehin betrifft dies nur manche Belastungen. Radioaktivität z. B. ist nicht ohne Weiteres wieder zu entfernen.

Auch auf speziellere Weisen sichert Natur die Existenz von Menschen. Auch diese Weisen kann man für das Existenz-Argument fruchtbar machen. So schützen, um nur einige Beispiele zu nennen, Bergwälder vor Lawinen (Nentwig 2005, S. 379, 412), Pflanzen vor Luftverschmutzung (Nilsson et al. 2011, S. 6) und unter anderem Wälder und Meeresalgen vor einer Änderung des Erdklimas, da sie langfristig CO_2 binden (Nentwig 2005, S. 386 ff.). Bestimmte Arten bergen medizinisch wirksame Inhaltsstoffe, darunter auch Stoffe, die vor lebensbedrohlichen Krankheiten schützen (Mebs 2014). Auch die genetische Vielfalt – als Teil der biologischen Vielfalt ebenfalls ein Schutzgut des Naturschutzes (Hupke 2015, S. 20 f.) – kann die Existenz von Menschen sichern. So hätte z. B. die große Hungersnot in Irland Mitte des 19. Jahrhunderts laut Stammel und Cyffka durch eine größere genetische Vielfalt unter den Kartoffelpflanzen deutlich gemildert werden können. Tatsächlich wurden zu der Zeit in ganz Irland nur zwei Kartoffelsorten angebaut und beide waren nicht resistent gegen die sich ausbreitende Kartoffelfäule. Damit wurde fast die gesamte Ernte zerstört (2015, S. 43). Infolgedessen verhungerten eine halbe bis eine Million Iren (Spitzenberger 2010, S. 37). Vorausgesetzt, solche speziellen Ereignisse bedrohen das Leben von Menschen und es ist nicht anders zu schützen, gilt es auch um dieser Menschen Existenz willen, die entsprechenden natürlichen Dinge zu bewahren.

Wie sieht nun eine Landschaft aus, die dazu beiträgt, unsere Existenz zu sichern? Was die Versorgung mit hinreichend verträglicher Luft angeht, ist es eine Landschaft mit so vielen Pflanzen, dass genügend Sauerstoff zum Überleben vorhanden ist. Darüber hinaus ist es eine Landschaft mit hinreichend unbelasteter Luft. Landschaftsbestandteile, die mit einer Belastung der Luft einhergehen, z. B. Straßen und Industrieanlagen, entsprechen dem Geist des Argumentes daher nur sehr bedingt. Sie tun es nur, solange sie insgesamt keine Menschenleben bedrohen. Landschaftsbestandteile, die keine Luftbelastung mit sich bringen, z. B. Fahrradwege, sind hingegen bedenkenlos. Verbessern Landschaftsbestandteile die Luftqualität, wie es z. B. bei Filteranlagen der Fall ist, und werden dadurch Menschenleben gerettet, spricht das Argument sogar für diese Bestandteile.

Was die Versorgung mit hinreichend verträglichen Nahrungsmitteln angeht, ist es eine Landschaft, die so viele Nahrungsmittel produziert, dass alle davon leben können. Auch hier handelt es sich also um eine Landschaft mit genügend Pflanzen – anders als bei der Luft allerdings nicht mit irgendwelchen Pflanzen, sondern mit genießbaren oder solchen, die genießbaren Tieren als Nahrung dienen. Und zwar Pflanzen und Tieren so vieler genießbarer Arten, dass das Überleben des Menschen gesichert ist. Elemente, die Nahrungsmittel belasten, z. B. Pestizide und radioaktive Abfälle, sind hingegen nicht Bestandteil einer Landschaft gemäß dem Existenz-Argument, zumindest nicht, solange sie insgesamt Menschenleben gefährden.

Was die Versorgung mit hinreichend verträglichem Wasser angeht, ist es eine Landschaft mit hinreichend verträglichen und zugänglichen Gewässern. Gewässerbelastungen, z. B. durch den Eintrag von Gülle im Gelände, kommen dem Argument gemäß in der Landschaft daher nur sehr bedingt vor, nämlich nur, solange sie insgesamt keine Menschenleben bedrohen. Das Gleiche gilt für Maßnahmen, die den Zugang zum Wasser beschränken, z. B. solche, die den Grundwasserspiegel senken, sodass Brunnen trockenfallen. Auch diese Maßnahmen kommen nur vor, solange durch sie keine Menschenleben in Gefahr geraten. Gegen Maßnahmen im Gelände, die keine Gewässerbelastung mit sich bringen und die den Zugang zum Wasser nicht beschränken, z. B. den Bau von Brücken oder Windrädern, spricht aus dieser Sicht hingegen nichts. Machen die Maßnahmen Gewässer verträglich oder zugänglich und werden dadurch Menschenleben gerettet, spricht das Argument sogar für die Maßnahmen.

Darüber hinaus ist es eine Landschaft, die auch die speziellen existenzsichernden Funktionen gewährleistet, also eine Landschaft mit Berg- und anderen Wäldern, Meeresalgen, Pflanzen schlechthin, medizinisch wertvollen Arten und genetischer Vielfalt, um nur einige Elemente zu nennen. Die einzige Voraussetzung ist, dass sie dazu beitragen, das Überleben von Menschen zu sichern.

Zu guter Letzt schließlich stellt sich zumindest die Frage, ob es nicht auch eine Landschaft ohne lebensbedrohliche Elemente wie z. B. tödliche Krankheitserreger und Waffen ist – vorausgesetzt auch hier, diese Dinge bedrohen das Leben von Menschen und es ist nicht anders zu schützen.

So gesehen ist die existenzsichernde Landschaft keineswegs unbedingt eine sehr natürliche Landschaft. Nicht nur fehlen ggf. lebensbedrohliche Elemente auch natürlicher Art, sondern auch stören die schon erwähnten unbedenklichen nicht-natürlichen Landschaftsbestandteile wie Fahrradwege und Windräder nicht. Vor allem aber reicht z. B. für die Versorgung mit hinreichend verträglicher Luft und mit hinreichend verträglichen Nahrungsmitteln auch eine stark kultivierte Landschaft bis – zumindest kurzfristig – hin zur monokulturellen. Natürlich keine absolut monokulturelle, denn von einer einzigen Art kann sich niemand ernähren. Aber eine monokulturelle je lebensnotwendiger Art. Hauptsache, es gibt genügend (essbare) Pflanzen (genügend vieler Arten).[2] Auch Forste binden CO_2.[3] Und medizinisch wertvolle Inhaltsstoffe kann man aus Organismen auch und gerade gewinnen, wenn man die Organismen stark oder in Reinform kultiviert.

---

[2]Was den Aspekt „Luft" angeht, meinen Remmert und Meyer Ähnliches, nämlich Remmert, dass auch land- und forstwirtschaftliche Pflanzen den nötigen Sauerstoff produzieren können (1990, S. 49). Und Meyer, dass auch Forste vor Luftverschmutzung schützen können (2003, S. 72 f.).

[3]So auch Meyer (2003, S. 72).

Es sei denn, es geht nicht darum, einen Wirkstoff in großen Mengen zu extrahieren, sondern darum, ihn nur als Modell zu nehmen, um ihn dann synthetisch herzustellen.[4] In diesem Fall spricht das Argument für eine möglichst natürliche Landschaft, also eine mit möglichst vielen verschiedenartigen Organismen und damit Wirkstoffmodellen, damit einem keine Idee für einen neuen Wirkstoff entgeht. Allerdings gilt dies nur, solange man die Wirkstoffe noch nicht synthetisch herstellen kann, denn nur so lange sind die Modelle nötig.[5] Darüber hinaus gilt es nur, sofern es in der Natur überhaupt Wirkstoffe gibt.

Andererseits reicht es nicht, wenn es in der Landschaft nur die unmittelbar existenzsichernden Elemente gibt. Vielmehr sind diese in ihrer Existenz wiederum oftmals auf weitere Elemente angewiesen. Und so enthält die Landschaft auch diese weiteren Elemente. So gibt es in der existenzsichernden Landschaft z. B. nicht nur Pflanzen, sondern auch die laut Heydemann für ihr Bestehen nötigen Bodenorganismen (1985, S. 593). Darüber hinaus muss man aufpassen, dass die Sache durch eine stärkere Kultivierung nicht an anderer Stelle kippt, z. B. wenn durch die stärkere Kultivierung ein höherer Pestizideinsatz erforderlich ist.

Das Gesundheits-Argument

Das Gesundheits-Argument ist praktisch eine strengere Variante des Existenz-Argumentes. Im Gesundheits-Argument geht es nicht mehr allein darum, dass der Mensch *überlebt*, sondern darum, dass er *gesund* lebt. Es besagt, dass wir Natur schützen sollen, weil sie wichtig für die menschliche Gesundheit ist und weil die Gesundheit des Menschen wertvoll ist.[6] Sofern das Gesundheits-Argument eine strengere Variante des Existenz-Argumentes ist, lassen sich die im Existenz-Argument genannten Aspekte auch hier fruchtbar machen.

Das bedeutet zunächst, dass es Luft, Nahrungsmittel und Wasser nicht nur in einer Form geben muss, die hinreichend verträglich für das Überleben ist, sondern dass es sie in einer Form geben muss, die hinreichend verträglich für das gesunde Leben ist. Erst recht gilt es hier also, Pflanzen zu schützen, um genügend Sauerstoff und Nahrung zu haben. Und nicht nur genügend viele genießbare Arten zum Überleben, sondern genügend viele zum gesunden Leben, also wohl wesentlich mehr. Und auch die Gütestandards sind höher: Luft, Nahrungsmittel und Wasser müssen so unbelastet sein, dass niemand davon krank wird.

Auch auf spezielle Weisen ist Natur wichtig für die Gesundheit des Menschen. Besonders augenfällig ist dies bei medizinischen Wirkstoffen aus der Natur. Diese schützen

---

[4]Zu diesem Unterschied siehe Mebs (2014, S. 44).

[5]Siehe dazu auch Meyer (2003, S. 63).

[6]Ein derartiges Argument bringen z. B. Ott (2004, S. 291, 2010, S. 84 ff.) und Lanzerath (2008, S. 202) vor.

nicht nur vor lebensbedrohlichen, sondern auch vor anderen Krankheiten (Mebs 2014). Ebenso schützen z. B. Bergwälder nicht nur davor, durch Lawinen umzukommen, sondern auch davor, durch Lawinen gesundheitliche Schäden davonzutragen. Gleichermaßen ist es bei Pflanzen, die vor Luftverschmutzung schützen, bei Wäldern und Meeresalgen, die vor einer Änderung des Erdklimas schützen usw. In all diesen Fällen steht nicht nur die Existenz auf dem Spiel, sondern auch die Gesundheit. Und da unsere Gesundheit nicht nur durch lebensgefährliche Anlässe bedroht ist, sondern auch durch weitere Anlässe, z. B. einfache Krankheiten, und unter diesen weiteren auch Anlässe sind, vor denen Natur uns schützen kann, kommt Natur im Gesundheits-Argument wohl in einem vielfältigeren Sinne Bedeutung zu. Auch dies sieht man schon anhand der medizinisch wirksamen Stoffe aus der Natur. Sofern spezielle Ereignisse die Gesundheit des Menschen bedrohen und diese nicht anders zu schützen ist, spricht das Gesundheits-Argument dafür, die entsprechenden natürlichen Dinge um der Gesundheit der betroffenen Menschen willen zu bewahren.

Entsprechend ist eine gesundheitsfreundliche Landschaft eine existenzsichernde Landschaft „plus" – nämlich plus all der Elemente, die unsere Gesundheit über unsere Existenz hinaus schützen. Also eine Landschaft mit mehr Pflanzen, mehr und vielfältigeren Nahrungsmitteln, besseren Filteranlagen usw. Umgekehrt ist eine gesundheitsfreundliche Landschaft eine existenzsichernde Landschaft „minus" – minus all der Elemente, die unsere Gesundheit über unsere Existenz hinaus bedrohen. Es ist also auch eine Landschaft mit noch weniger Straßen, Industrieanlagen, Pestiziden usw. Landschaftselemente ohne gesundheitliche Auswirkungen können hingegen auch in der gesundheitsfreundlichen Landschaft vorkommen.

Auch die gesundheitsfreundliche Landschaft ist keineswegs in jeder Hinsicht eine sehr natürliche.[7] Andererseits umfasst auch sie nicht nur die gesunden Elemente, sondern auch die, auf denen diese basieren. (Dieser Zusammenhang gilt im Übrigen analog auch für die weiteren Argumente, ich benenne ihn aber im Folgenden nicht mehr.) Und auch hier muss man aufpassen, dass die Sache durch die stärkere Kultivierung nicht an anderer Stelle kippt. Dabei geschieht dies hier noch leichter als im Falle des Existenz-Argumentes. Denn hier bildet nicht mehr bloß die Existenz, sondern die Gesundheit die kritische Schwelle.

Das Wissenschafts-Argument

Das Wissenschafts-Argument besagt, dass wir Natur erhalten sollen, weil sie als Forschungsobjekt wertvoll für die Wissenschaft ist und weil Wissenschaft wertvoll für uns ist.[8]

Macht man mit diesem Argument Ernst, müsste man eine möglichst natürliche Landschaft bewahren – zumindest, wenn es einem um die Naturwissenschaften geht. Denn

---

[7]Im Hinblick auf die Erholungsfunktion von Landschaft meint das auch Ott (2010, S. 85).
[8]Ein derartiges Argument bringen z. B. Lanzerath (2008, S. 207) und Rolston (1985, S. 27 f.) vor.

je mehr etwas vom Menschen beeinflusst ist, desto weniger natürlich ist es und desto weniger ist es Forschungsgegenstand der Naturwissenschaften. Einzig könnte es sein, dass man eine menschlich geprägte Landschaft als naturwissenschaftliches Experiment auffasst. Denn auch bei naturwissenschaftlichen Experimenten greift der Mensch in die Natur ein, ohne dass sie damit als Untersuchungsgegenstand der Naturwissenschaften ausschiede. Da es sich bei der menschlichen Überprägung von Landschaften aber normalerweise nicht um Experimente handelt, fällt diese Möglichkeit eher flach.

Nimmt man hingegen humanwissenschaftliche Fächer wie Geschichtswissenschaften und Archäologie in den Blick, spricht nichts gegen eine Veränderung von Landschaft durch den Menschen. Denn die Veränderungsprozesse und ihre Auswirkungen sind hier Gegenstand der wissenschaftlichen Untersuchung.

Das moralpädagogische Argument

Das moralpädagogische Argument gibt es in einer negativen und in einer positiven Fassung. In der negativen besagt es, dass wir Natur nicht schädigen sollen, um unseren Charakter nicht zu verderben. So sollen wir z. B. keine Pflanzen zerstören, um nicht zu verrohen. In der positiven Fassung besagt das Argument, dass wir Natur Gutes tun sollen, um unseren Charakter zu verbessern. So sollen wir z. B. Tiere pflegen, um uns in Fürsorglichkeit zu üben. Denn wenn wir einen guten Charakter haben, so gehen beide Fassungen des Argumentes weiter, dient das der Moralität unter den Menschen, und diese ist wertvoll.[9] Dabei bringen einige Autoren die negative Fassung des Arguments nur in eingeschränkter Form und sagen, dass wir nur *unnötige* Schädigungen von Natur unterlassen sollen.

Macht man mit diesem Argument Ernst, gälte es einerseits, negativ, Landschaft nicht bzw. nicht unnötig zu schädigen, und andererseits, positiv, sie zu hegen und zu pflegen. Im ersten Fall landet man, wenn es darum geht, Landschaft *gar nicht* zu schädigen, bei einer Landschaft, wie sie gerade ist. Also bei einer natürlichen Landschaft, wenn man eine natürliche Landschaft hat, und bei einer menschlich überprägten Landschaft, wenn man eine menschlich überprägte Landschaft hat. Dies ist zumindest so, wenn man sich an Krebs orientiert, die meint, dass auch die Zerstörung von Artefakten den Charakter verdirbt (1999, S. 58). Denn demnach wäre es inkonsequent, bei einer menschlich überprägten Landschaft zu fordern, ihren natürlichen Anteil nicht zu schädigen, ihren künstlichen hingegen schon – etwa, um zu einer wilden Landschaft zurückzukehren. Vielmehr spricht das moralpädagogische Argument so gesehen gegen jede Schädigung von Landschaft – und so bei einer menschlich überprägten Landschaft auch gegen eine Schädigung ihres artefaktischen Anteiles.

---

[9]Ein Argument der moralpädagogischen Art bringen z. B. Kant (1990, § 17), Schlitt (1992, S. 98) und Hamington (2008, S. 178, 186) vor.

Geht es hingegen darum, Landschaft nicht *unnötig* zu schädigen, landet man bei einer „vernünftigen" Landschaft, sozusagen. Also bei einer Landschaft mit natürlichen und mit artefaktischen Anteilen, wobei die artefaktischen – Natureingriffe verkörpernd – wohlbegründet bestehen und ggf. einige natürliche Anteile, z. B. Krankheitserreger, und ggf. einige Artefakte wohlbegründet fehlen.

Im positiven Fall, also im Falle des Guttuns, landet man, ausgehend von einer natürlichen Landschaft, bei einer Art Paradiesgarten. Denn was da an Natur ist, gälte es zu hegen und zu pflegen. Ausgehend von einer menschlich überprägten Landschaft hingegen landet man bei einem Paradiesgarten mit gepflegtem Menschenwerk darin. Zumindest nach Krebs, denn ihr gemäß kann man seinen Charakter auch an Artefakten verbessern (1999, S. 58). Und vorausgesetzt, nicht alle verbessern ihren Charakter an den gleichen Dingen.

Das Heimat-Argument

Das Heimat-Argument besagt, dass man die Heimat von Menschen nicht zerstören soll, da sie – z. B. emotional oder durch ihre Identität – mit ihr verbunden sind und die Heimat damit für sie etwas Wertvolles ist. Natur macht die Heimat von Menschen mit aus. Sofern sie es tut, ist das Heimat-Argument ein Argument für Naturschutz.[10]

Dieses Argument ergibt eine Landschaft, in der es keine landschaftlichen Veränderungen gibt, die Menschen ihre heimatliche Verbundenheit rauben. Welche Veränderungen dies genau sind, ist schwer zu sagen. Man kann sich aber vorstellen, dass Menschen mit plötzlichen, unerwarteten und großmaßstäbigen Landschaftsveränderungen größere Probleme haben als mit allmählichen[11], vorhersehbaren und kleinmaßstäbigen. Allerdings gibt es auch plötzliche, unerwartete und großmaßstäbige Landschaftsveränderungen, die natürlich bedingt sind, natürliche Waldbrände zum Beispiel. Streng genommen kämen dem Heimat-Argument gemäß auch solche Veränderungen in der Landschaft nicht vor. Allerdings sind natürliche Landschaftsveränderungen meistens nur vorübergehende. Waldbrände, Hochwasser, der Befall von Wald mit Borkenkäfern – all diese Veränderungen setzen eine eigene Dynamik in Gang, die dem ursprünglichen Landschaftsbild langfristig nicht unbedingt zuwiderläuft. Irgendwann grünt der Wald wieder und ist das Wasser abgelaufen. Anders sieht es hingegen bei vielen menschlich bedingten Landschaftsveränderungen aus. Siedlungen, Straßen und Industriegebiete verschwinden so schnell nicht wieder. Insbesondere menschlich bedingte Landschaftsveränderungen kommen dem Heimat-Argument gemäß demnach nicht vor, zumindest, wenn sie plötzlich, unerwartet und großmaßstäbig erfolgen.

---

[10]Ein derartiges Argument bringen z. B. Meyer-Abich (1984, S. 149, 292 ff.), Krebs (2016, S. 140 f.), Lanzerath (2008, S. 203 f.) und Birnbacher (1988, S. 89 f., 1991, S. 309) vor.

[11]Auch Gethmann (2016, S. 134 ff.) sieht ein etwaiges Recht auf heimatliche Natur nur gewahrt, wenn menschengemachte Naturveränderungen hinreichend langsam erfolgen.

Brenner wiederum bringt das Heimat-Argument in einer etwas anderen Variante. So hält er die Forderung für berechtigt, Naturschädigungen zu unterlassen, die Menschen aus ihrer Heimat *vertreiben,* z. B. Bodenkontaminierungen und Umweltkatastrophen (2016, S. 20 f.). In diesem Fall ergibt sich eine Landschaft, die Menschen nicht in die Flucht schlägt, also in erster Linie wohl eine Landschaft, in der Überleben sowie gesundes Leben möglich sind. Eine Landschaft demnach, die derjenigen des Existenz- und derjenigen des Gesundheits-Argumentes entspricht.

Krebs schließlich meint, dass wir uns nur in Gegenwart schöner Natur in der Welt heimisch fühlen und dass diese Natur deshalb wertvoll ist (2016, S. 137 f.). Eine Landschaft gemäß dieser Fassung des Argumentes ist also in erster Linie eine schöne Landschaft. Und damit leitet diese Fassung auch zum nächsten Argument über, dem ästhetischen Argument.

Das ästhetische Argument

Das ästhetische Argument besagt, dass man Natur schützen soll, weil viele Menschen sie ästhetisch wertschätzen und weil man das, was viele Menschen ästhetisch wertschätzen, bewahren soll.[12] Viele von uns finden Blumenwiesen hübsch, Schmetterlinge schön, Wasserfälle imposant und Himbeeren lecker. Wir bewundern Adler für ihre Erhabenheit und Schwäne für ihre Eleganz. Wir sind beeindruckt von der Ebenmäßigkeit der Perle und von der Anmut der Meduse. Wir erachten Wälder als majestätisch und Flusstäler als malerisch. Und so soll man diese Dinge für uns bewahren, so der Gedanke.

Eine Landschaft, die diesem Argument gerecht wird, ist also eine Landschaft, die viele Menschen ästhetisch wertschätzen. Entweder sie wertschätzen die Landschaft als solche oder sie wertschätzen die verschiedenen Elemente, die in der Landschaft vorkommen. Wenn z. B. viele Menschen Blumenwiesen und Wasserfälle ästhetisch wertschätzen, spricht das Argument dafür, möglichst eine Landschaft zu erhalten oder zu gestalten, die diese Elemente enthält. Und wenn die Menschen auch Tempel und Paläste ästhetisch wertschätzen, sollten wohl auch diese in der Landschaft vorkommen. Welche Dinge Menschen ästhetisch wertschätzen, ist nicht einfach zu ermitteln. Ebenso ist es nicht einfach, eine Landschaft gemäß diesen Wertschätzungen zu gestalten, denn durch die bewusste Gestaltung mag der ästhetische Zauber verloren gehen. Aber wie dem auch sei – letztlich ergibt sich eine Landschaft, die viele Menschen ästhetisch wertschätzen.

---

[12]Ein derartiges Argument bringen z. B. Patzig (1983, S. 340 f.), Lanzerath (2008, S. 204 f.) und Ott (2004, S. 285) vor.

Das Naturliebe-Argument

Das Naturliebe-Argument besagt, dass wir Natur schützen sollen, weil wir sie lieben und weil es wertvoll für uns ist, diese Liebe zu leben. Und was wertvoll für uns ist, gilt es zu bewahren.[13]

Dieses Argument ergibt eine Landschaft, welche die Naturelemente enthält, die wir mögen. Und in einer erweiterten Variante vielleicht auch sonstige Dinge, die wir mögen. Hier hängt Landschaft im Ergebnis also von menschlichen Vorlieben ab. Unter Umständen entspricht die Landschaft der Naturliebe damit Landschaften voriger Argumente. Denn manchmal erfolgt die Liebe zur Natur z. B. auch in Form von Heimatliebe, der Liebe zur schönen Natur oder der Liebe zur wissenschaftlich interessanten Natur.[14] In solchen Fällen ergibt sich beim Naturliebe-Argument eine Landschaft wie im Falle des Heimat-, des ästhetischen oder des Wissenschafts-Argumentes usw. Die Landschaft der Naturliebe kann auch Landschaften physiozentrischer Positionen entsprechen, z. B. wenn sie als Tierliebe, als Liebe zu allen Lebewesen oder als Liebe zur gesamten Natur besteht. Mehr zu diesen Positionen folgt nun.

2.2   Physiozentrismus

Physiozentrische Positionen, also solche, die Naturschutz um der Natur selbst willen fordern, sind oft durch eine Ausweitungsstrategie gekennzeichnet. D. h. in ihnen wird zunächst eine Eigenschaft ausgemacht, von der angenommen wird, dass sie moralische Berücksichtigungswürdigkeit bedingt, z. B. Leidensfähigkeit oder das Haben von Interessen. Im Anschluss wird dann gezeigt, dass nicht nur Menschen diese Eigenschaft haben, sondern auch natürliche Dinge, z. B. Tiere oder Pflanzen. Physiozentrische Positionen lassen sich am besten unterteilen nach dem Gegenstandsbereich, für den sie moralische Rücksicht beanspruchen.

Pathozentrismus

Bei pathozentrischen Positionen ist die entscheidende Eigenschaft „Leidensfähigkeit". Entsprechend fordern sie die moralische Berücksichtigung aller leidensfähigen Wesen.[15]

Pathozentrische Positionen führen zunächst einmal zu einer Landschaft, in welcher der Mensch kein Leid verursacht. Je nachdem, welche Wesen als leidensfähig erachtet werden – ob nur Menschen und höhere Tiere oder auch weitere Wesen – ist dies eine

---

[13]Ein derartiges Argument bringt z. B. Kellert (1997, Kap. 1 und 7) vor. Das Konzept der Liebe zur Natur findet sich auch bei Meyer (2003, S. 124 ff.) sowie als „Biophilie" bei Wilson (1984, S. 1, meine Übersetzung) und im Rahmen von „Topophilie" bei Tuan (1990, meine Übersetzung).

[14]Zu diesen Formen der Naturliebe siehe Meyer (2003, S. 126 ff.) und Kellert (1997).

[15]Eine derartige Position vertreten z. B. Patzig (1983, S. 339), Birnbacher (1991, S. 292) und Wolf (1997, S. 62 f.).

Landschaft, in welcher der Mensch nur Menschen und höheren Tieren kein Leid zufügt, oder eine Landschaft, in welcher der Mensch auch weiteren Wesen kein Leid zufügt.

Eine interessante Frage ist dabei, ob die pathozentrische Position vom Menschen ausschließlich fordert, kein Leid zuzufügen, oder ob sie von ihm auch fordert, vorhandenes Leid zu beseitigen – sei dieses Leid durch Menschen, durch natürliche Wesen oder durch natürliche Verhältnisse verursacht. So könnte ein Pathozentriker z. B. auf die Idee kommen, zu fordern, wilde Tiere vor dem Verhungern zu retten.

Geht es nur darum, kein neues Leid zuzufügen, steht am Ende tendenziell wohl eine Landschaft, in welcher der Mensch nicht noch mehr in die Natur eingreift als bisher. Zumindest ist dies so, wenn man voraussetzt, dass natürliche Wesen schon leiden, wenn der Mensch ihre natürliche Umgebung verändert oder zerstört. Ganz zu schweigen davon, dass die Eingriffe diese Wesen auch selbst in Mitleidenschaft ziehen können. Und zweitens ist dies so, wenn man annimmt, dass die Unterlassungen des Natureingriffs nicht Menschen Leid zufügen. Geht es hingegen auch darum, vorhandenes Leid zu beseitigen, gibt es hingegen mehr Eingriffe in die Landschaft – allerdings keine beliebigen, sondern ausschließlich leidensmindernde.

Dabei stellt sich auch die Frage, was Leid genau ist und ob das Leid von Menschen und das von natürlichen Dingen gleich zu werten ist oder nicht. Mindert z. B. der Bau von Schulen menschliches Leid, nämlich das Leiden unter mangelnder Bildung? Oder der Bau von Straßen und Supermärkten das Leiden unter mangelnder Versorgung? Oder sind das keine „Leiden"? Und welches Leid wiegt schwerer: Das der unversorgten Menschen oder das der Feldhamster, die für Schule, Straße und Supermarkt weichen müssen? Je nachdem, wie man all diese Fragen beantwortet, ergeben sich verschiedene Landschaften.

Biozentrismus
Biozentrische Positionen fordern die moralische Berücksichtigung aller Lebewesen.[16] Eine biozentrische Landschaft, sozusagen, ist daher eine Landschaft, in der alle Lebewesen geschont werden. Gegen den Bau eines Supermarktes auf einem Felsen ist hier im Großen und Ganzen nichts einzuwenden, lässt man die Kleinstlebewesen außer Acht. Gegen den Bau eines Supermarktes auf einer Wiese hingegen wohl. Allerdings gibt es auch hier verschiedene Positionen. Während einige Biozentriker behaupten, dass alle Lebewesen gleichermaßen moralisch zu berücksichtigen seien, behaupten andere Biozentriker, dass verschiedene Lebewesen in unterschiedlichem Ausmaß moralisch zu berücksichtigen seien. Im zweiten Fall spricht dann eventuell auch nichts gegen den Bau des Marktes auf einer Wiese. Schwierig wird es, wenn man Lebewesen von gleicher moralischer Berücksichtigungswürdigkeit nicht gleichermaßen berücksichtigen kann. Angenommen, Kiefern und Kirschbäume sind gleichermaßen moralisch zu berücksichtigen. Und man kann den Markt nicht bauen, ohne die einen oder die anderen zu zerstören.

---

[16]Eine derartige Position vertreten z. B. Taylor (1997) und von der Pfordten (2016, S. 79 ff.).

Wie gestaltet sich die Sache dann? Von einem rein biozentrischen Standpunkt aus kann man diese Frage wohl nicht beantworten. Vielmehr scheint es in solchen Fällen nötig zu sein, auf andere naturethische Argumente und Positionen zurückzugreifen. So könnte man z. B. dafür plädieren, lieber die Kirschbäume zu bewahren, weil man ihre Früchte essen kann und weil viele Menschen die Blüten dieser Bäume besonders ästhetisch wertschätzen. Unter Umständen entspricht die biozentrische Landschaft demnach zumindest in Teilen der Landschaft anderer naturethischer Ansätze.

Holismus
Holistische Positionen fordern die moralische Berücksichtigung der gesamten Natur.[17] Je nachdem, wie natürliche Elemente im Verhältnis zu anderen Elementen moralisch gewichtet werden, ergibt sich hier eine sehr natürliche Landschaft oder eine auch vom Menschen beeinflusste Landschaft. Auch hier kann es sein, dass man Elemente, die von gleicher moralischer Berücksichtigungswürdigkeit sind, nicht gleichermaßen berücksichtigen kann. Und auch hier ist man in solchen Fällen wohl auf naturethische Ansätze anderer Art angewiesen, will man die Sache entscheiden. Entsprechend sieht also auch die holistische Landschaft unter Umständen zumindest in Teilen aus wie die Landschaft anderer naturethischer Ansätze.

3   Ergebnis

Macht man mit den verschiedenen naturethischen Positionen Ernst, ergeben sich also unterschiedliche Landschaften. Und so kann es durchaus sein, dass eine Landschaft der Naturethik der Landschaft einer anderen Disziplin entspricht. Z. B. ist vorstellbar, dass ein Vertreter des Existenz-Argumentes und ein Ökonom nicht unbedingt in Streit darüber geraten müssen, wie eine bestimmte Landschaft zu gestalten bzw. zu belassen sei. Denn es ist denkbar, dass man Natur als Lebensgrundlage des Menschen erhalten und Natur gleichzeitig – zumindest in gewissen Grenzen – ökonomisch nutzen kann. Und ein Vertreter des Gesundheits-Argumentes mag sich so gesehen mit einem Mediziner gut verstehen. Da die Naturethik viele Landschaften ergibt, stehen die Chancen gut, dass darunter solche sind, die mit Landschaften anderer Disziplinen übereinstimmen.

Dank
Für wertvolle Kommentare zu einer früheren Fassung des Textes danke ich Rüdiger Bittner.

---

[17]Eine derartige Position vertreten z. B. Meyer-Abich (1984) und Gorke (2010).

Literatur

Birnbacher, D. (1986). Sind wir für die Natur verantwortlich? In: Ders. (Hrsg.), *Ökologie und Ethik* (S. 103–139). Stuttgart: Reclam [Orig. 1979].

Birnbacher, D. (1988). Wie ist Umweltethik begründbar? In: Ingensiep, H. W. & Jax, K. (Hrsg.), *Mensch, Umwelt und Philosophie, interdisziplinäre Beiträge* (S. 69–94). Wissenschaftsladen Bonn.

Birnbacher, D. (1991). Mensch und Natur. Grundzüge der ökologischen Ethik. In: Bayertz, K. (Hrsg.), *Praktische Philosophie. Grundorientierungen angewandter Ethik* (S. 278–321). Reinbek: Rowohlt.

Brenner, A. (2016). Das große Wesen achten. Ecocid-Act und Gaia-Theorie. In: Demko, D. et al. (Hrsg.), *Umweltethik interdisziplinär* (S. 13–25). Tübingen: Mohr Siebeck.

Gethmann, C. F. (2016). Naturveränderung und Natur-Heimatrecht. Normative Fragen der Strukturveränderung des ländlichen Raumes. In: Demko, D. et al. (Hrsg.), *Umweltethik interdisziplinär* (S. 125–136). Tübingen: Mohr Siebeck.

Gorke, M. (2010). *Eigenwert der Natur. Ethische Begründung und Konsequenzen.* Stuttgart: Hirzel.

Haber, W. (1985). Warum ist Artenschutz notwendig? In: Deutscher Rat für Landespflege, *Warum Artenschutz? Gutachtliche Stellungnahme und Ergebnisse eines Kolloquiums des Deutschen Rates für Landespflege* (S. 569–571). Bonn.

Hamington, M. (2008). Learning Ethics From Our Relationships with Animals: Moral Imagination. *International Journal of Applied Philosophy 22/2*, 177–188.

Heydemann, B. (1985). Folgen des Ausfalls von Arten – am Beispiel der Fauna. In: Deutscher Rat für Landespflege, *Warum Artenschutz? Gutachtliche Stellungnahme und Ergebnisse eines Kolloquiums des Deutschen Rates für Landespflege* (S. 581–594). Bonn.

Hupke, K.-D. (2015). *Naturschutz. Ein kritischer Ansatz.* Berlin: Springer.

Kant, I. (1990). *Metaphysische Anfangsgründe der Tugendlehre.* Metaphysik der Sitten, Zweiter Teil. Herausgegeben von Bernd Ludwig. Hamburg: Meiner [Orig. 1797].

Kellert, S. R. (1997). *Kinship to Mastery. Biophilia in Human Evolution and Development.* Washington, D. C.: Island Press.

Krebs, A. (1997). Naturethik im Überblick. In: Dies. (Hrsg.), *Naturethik. Grundtexte der gegenwärtigen tier- und ökoethischen Diskussion* (S. 337–379). Frankfurt a. M.: Suhrkamp.

Krebs, A. (1999). *Ethics of Nature. A Map.* Berlin: de Gruyter.

Krebs, A. (2016). „Und was da war, es nahm uns an". Landschaft, Stimmung und Heimat. In: Demko, D. et al. (Hrsg.), *Umweltethik interdisziplinär* (S. 137–164). Tübingen: Mohr Siebeck.

Lanzerath, D. (2008). Der Wert der Biodiversität: Ethische Aspekte. In: Ders. et al., *Biodiversität* (S. 147–213). Freiburg: Alber.

Mebs, D. (2014). *Heilende Gifte. Toxische Naturstoffe als Arzneimittel.* Stuttgart: Wissenschaftliche Verlagsgesellschaft.

Meyer, K. (2003). *Der Wert der Natur. Begründungsvielfalt im Naturschutz.* Paderborn: Mentis.

Meyer-Abich, K. M. (1984). *Wege zum Frieden mit der Natur. Praktische Naturphilosophie für die Umweltpolitik.* München: Hanser.

Nentwig, W. (2005). *Humanökologie. Fakten – Argumente – Ausblicke.* 2. Auflage. Berlin: Springer [Orig. 1995].

Nilsson, K., Sangster, M. & Konijnendijk, C. C. (2011). Forests, Trees and Human Health and Well-being: Introduction. In: Nilsson et al. (Hrsg.), *Forests, Trees and Human Health* (S. 1–19). New York: Springer.

Ott, K. (2004). Begründungen, Ziele und Prioritäten im Naturschutz. In: Fischer, L. (Hrsg.), *Projektionsfläche Natur. Zum Zusammenhang von Naturbildern und gesellschaftlichen Verhältnissen* (S. 277–321). Hamburg: Hamburg University Press.

Ott, K. (2010). *Umweltethik zur Einführung.* Hamburg: Junius.

Patzig, G. (1983). Ökologische Ethik. In: Markl, H. (Hrsg.), *Natur und Geschichte* (S. 329–347). Oldenbourg, München.

Remmert, H. (1990). *Naturschutz. Ein Lesebuch nicht nur für Planer, Politiker, Polizisten, Publizisten und Juristen.* 2. Auflage. Berlin: Springer [Orig. 1988].

Rolston, H. (1985). Valuing Wildlands. *Environmental Ethics 7*, S. 23-48.

Schlitt, M. (1992). *Umweltethik. Philosophisch-ethische Reflexionen – Theologische Grundlagen – Kriterien.* Paderborn: Schöningh.

Spaemann, R. (1986). Technische Eingriffe in die Natur als Problem der politischen Ethik. In: Birnbacher, D. (Hrsg.), *Ökologie und Ethik* (S. 180–206). Stuttgart: Reclam [Orig. 1979].

Spitzenberger, F. (2010). Wozu Artenschutz? In: Bundesministerium für Land- und Forstwirtschaft, Umwelt und Wasserwirtschaft, Wien (Hrsg.), *Wie viele Arten braucht der Mensch? Eine Spurensuche* (S. 13–51). Wien: Böhlau.

Stammel, B. & Cyffka, B. (2015). *Naturschutz.* Darmstadt: Wissenschaftliche Buchgesellschaft.

Taylor, P. W. (1997). Die Ethik der Achtung gegenüber der Natur. In: Krebs, A. (Hrsg.), *Naturethik. Grundtexte der gegenwärtigen tier- und ökoethischen Diskussion* (S. 111–143). Frankfurt a. M.: Suhrkamp [Orig. 1981].

Tuan, Y.-F. (1990). *Topophilia. A Study of Environmental Perception, Attitudes, and Values.* New York: Columbia University Press [Orig. 1974].

von der Pfordten, D. (2016). Naturschutz jenseits des Menschen. In: Demko, D. et al. (Hrsg.), *Umweltethik interdisziplinär* (S. 71–90). Tübingen: Mohr Siebeck.

Wilson, E. O. (1984). *Biophilia.* Cambridge, Massachusetts: Harvard University Press.

Wolf, U. (1997). Haben wir moralische Verpflichtungen gegen Tiere? In: Krebs, A. (Hrsg.), *Naturethik. Grundtexte der gegenwärtigen tier- und ökoethischen Diskussion* (S. 47–75). Frankfurt a. M.: Suhrkamp [Orig. 1988].

Lightning Source UK Ltd.
Milton Keynes UK
UKHW05f2135010618
323583UK00004B/60/P